隋唐五代城市史

The urban history of Sui, Tang and Five Dynasties

冯兵 著

人民出版社

国家社科基金后期资助项目
出版说明

后期资助项目是国家社科基金设立的一类重要项目,旨在鼓励广大社科研究者潜心治学,支持基础研究多出优秀成果。它是经过严格评审,从接近完成的科研成果中遴选立项的。为扩大后期资助项目的影响,更好地推动学术发展,促进成果转化,全国哲学社会科学工作办公室按照"统一设计、统一标识、统一版式、形成系列"的总体要求,组织出版国家社科基金后期资助项目成果。

全国哲学社会科学工作办公室

目 录

导 论 ……………………………………………………………… 1

第一章 隋朝建立与城市发展 …………………………………… 43
第一节 魏晋南北朝战争与城市破坏 ……………………… 43
第二节 隋朝统一与城市重建 ……………………………… 47
第三节 大兴城修筑与营建东都 …………………………… 50

第二章 唐代城市繁荣与兴盛 …………………………………… 59
第一节 隋末战争对城市的破坏与重建 …………………… 59
第二节 贞观之治、开元盛世与城市繁荣 ………………… 63
第三节 唐中后期战乱与城市衰落 ………………………… 79

第三章 五代十国时期混战与城市兴衰 ………………………… 86
第一节 战争频仍的总体态势 ……………………………… 86
第二节 北方动乱与城市兴衰 ……………………………… 87
第三节 南方持续开发与城市发展 ………………………… 92

第四章 城市体系、空间结构与形态演变 ……………………… 101
第一节 城市等级体系与分布 ……………………………… 101
第二节 城市形态与空间结构 ……………………………… 112
第三节 里坊制与坊市制 …………………………………… 119

第五章 经济变迁与城市发展 …………………………………… 133
第一节 大运河开凿与运河城市发展 ……………………… 133
第二节 工商业繁荣与城市发展 …………………………… 142
第三节 草市与城乡关系变化 ……………………………… 153

第六章　城市营造与管理制度 ································· 165
- 第一节　城市营造制度 ····································· 165
- 第二节　市坊制与城市社会管理 ····························· 177
- 第三节　"行"的肇兴与城市工商业管理 ······················ 188

第七章　城市社会结构变迁 ··································· 198
- 第一节　城市人口增减与重要城市人口举隅 ··················· 198
- 第二节　城市人口结构与社会结构变迁 ······················· 206
- 第三节　城市的民族结构与民族融合 ························· 217

第八章　城市社会生活 ······································· 223
- 第一节　物质生活 ··· 223
- 第二节　节日与娱乐生活 ··································· 241
- 第三节　宗教文化生活 ····································· 253

第九章　城市教育文化与城市发展 ····························· 277
- 第一节　中外文化交流与多民族文化融合 ····················· 277
- 第二节　科举制建立与城市教育变迁 ························· 296
- 第三节　文学艺术的繁荣 ··································· 308
- 第四节　科学技术的发展 ··································· 317

参考文献 ·· 339

导　　论

　　城市是人类文明的产物,是技术进步、经济发展、社会文化发达的体现。20世纪以来,城市发展日新月异,城市化和现代化成为世界各国发展的必然趋势。与此同时,问题亦层出不穷,城市的过度膨胀与开发对自然生态干扰和破坏,人类难免遭受自然的残酷报复,城市成为环境污染、生态赤字、社会混乱的重要原因,并对人类社会的持续发展构成巨大威胁。严酷的现实促使人们不得不对城市的发展进行重新审视,城市环境研究由此成为人类面临的刻不容缓的重大课题。历史于现实的价值与意义表现之一为借鉴与参考。由此而要求治史者既需有求真、求实的治史精神,又要有"期于在今日为用"的现实功能预期。关于古代城市建设和发展于今日的借鉴意义,美国学者刘易斯·芒福德曾有精辟论述,"要想更深刻地理解城市的现状,我们必须掠过历史的天际去考察那些依稀可辨的踪迹,去了解城市更远古的结构和更原始的功能,这应成为我们城市研究的首要任务。但这还不够,我们还要循这些遗迹继续追寻,沿着城市经历的种种曲折和所留下的印痕,通考五千年文明的历史,直到今天正在展现的未来"①。基于此,本书选择对隋唐五代城市发展与社会变迁问题进行探讨,尝试以时间与空间、中观与微观、内地与边疆、北方与南方相结合的多维视角,在隋唐五代政治、经济、文化等历史变革的背景之下,梳理该时段城市的时间发展历程,展示城市空间形态特征,分析城市发展动力,考察城市功能及城市类型,探讨城市与市民的关系及多元城市文化特色等方面的问题,以期充实我国古代城市史研究。

　　"城市研究是历史学研究中的一项重要内容,主要包括以城市空间布局与建筑形式为主的外在结构形态研究,和城市功能与社会生活为主的内部机能研究。由于自然条件和社会状况的差异,在各个不同的历史时期和不同的社会地域,城市外在结构形态和内部机能,都会呈现出不同的特点。在很大程度上,可以说我们现有的城市史专题研究,其中很大一部分就是在探讨这些城市发展历史的地域特性。这既是城市史研究的基本内容,也是

---

①　[美]刘易斯·芒福德:《城市发展史——起源、演变和前景》,倪文彦、宋俊岭译,中国建筑工业出版社1989年版,第1页。

城市史研究最重要的基础工作。"①对于传统城市研究方面,往往缺乏整体性、宏观性。对历史城市发展内在规律方面的研究尤为欠缺。正是出于这一考虑,秉承中国修史传统精神,按照"搜采欲博,考证欲精,职任欲分,义例欲一,秉笔欲直,持论欲平"等原则编纂中国城市通史,倡导城市通史编纂遵循"三通"原则。"纵通",即对历时态全过程的贯通,上溯城市的起源,下迄中华人民共和国成立前,系统梳理中国城市发展的脉络和特点,展现历史进程与逻辑联系的一致性、连续性,同时也呈现不同阶段的曲折与特点,分析不同时期城市的兴衰流变,探究发展经验与内在规律。"横通",即对共时态城市各要素的互通,注意区域与城市之间、城市与城市之间的相互联系,城市内部结构和各要素的相互联系;以时间为经,以专题为纬,纵横补充,立体成像。"会通",即中国城市通史编纂要有广阔的视野,对城市要素和相关学科加以综合,实现各学科和研究对象的融会贯通。

城市是一个综合有机体,城市的各要素涉及多种学科的理论与方法,因而不能停留在对中国城市发展史的表面认识,而是要通过多学科的综合研究,触类旁通,探赜索隐,将中国城市通史的编纂上升到对规律抽绎解读,探寻中国城市发展的各种规律,再现中国城市发展的轨迹,突现中国城市发展的特色,展现中国城市文明的亮点。基于前辈这一学术追求,题为隋唐五代城市史的课题研究,可作为中国城市通史研究的重要构成,亦使得此项有意义的研究得以顺利进行。需要说明的是,虽然书稿尽可能汇集多方面的研究成果,但以隋唐五代城市史料内容之丰富,本书决不可能囊括全部问题。所以,本书仅仅是一份阶段性的研究成果,其中不成熟之处,无疑需要在今后做更深入的探究。

一、隋唐五代城市发展条件

生产力和商品经济的发展可为城市提供剩余物品和充足人力,是城市发展的前提和基础。社会生产力的发展是隋唐五代时期城市发展取得一切成就的基础。"农业上,曲辕犁的出现并广泛使用具有划时代的意义。小麦和水稻的种植日益普遍,复种指数空前提高,产生了两年三熟和一年两熟的现象,正是在这一基础上,正税征收改为一年两限或三限。灌溉器具有了很大改进。唐代,翻车得到普遍推广,人民还创造了筒车。农田水利事业发达。据统计全国的水利灌溉工程达264处。"②"水利工程的大量修建,促进

---

① [日]中村圭尔、辛德勇编:《中日古代城市研究》,中国社会科学出版社2004年版,"前言"第1页。
② 肖建乐:《试论唐代城市发展的原因》,《云南民族大学学报》(哲学社会科学版)2008年第1期。

了农业生产的发展兴旺,是农业生产力发展的一个重要标志。随着水利工程的兴修和灌溉技术的提高,复种指数的增加,耕作技术和农具的进步,农业单位面积产量有了空前的、大幅度的提高。"①

中国是以出产丝织品和陶瓷而著称的国家,造纸业亦为首先发展起来的手工业部门。隋唐五代时期,这三种具有代表性的手工业生产均取得了辉煌的成就。纺织技术上的平纹、斜纹、缎纹至唐臻于完备。绫的织制在当时达到高峰,甚至民间亦能织成精美的大型花绫。瓷器烧造在唐朝取得重大进展,形成了"南青北白"的局面。唐代后期,官营手工业比重下降,私营手工业比重上升,大量手工业品作为商品在市场上出售。粮食加工业相当发达,经营磨坊者甚多,出现了"磨行""糲行"等手工业者行会。手工业品商品化程度日趋提高,对城市手工业自身和商业繁荣发展起到了推动作用。

"商业是一个重要的经济部门,是联系生产与消费的桥梁和纽带。隋唐五代的商业活动,发展迅速、形式多样,对当时社会生产和城市发展产生了深远影响。商业发展是隋唐五代经济繁荣的重要表现,其发展动力来自农、林、牧、渔、手工业发展的推动和当时水陆交通的四通八达。该时期商业贸易蓬勃发展,盛况空前,表现之一为商品构成的丰富和变化,粮食、布帛、茶酒、陶瓷、鱼畜产等与民间生产、生活密切相关的商品比重增加,珠宝等奢侈性商品比重相对下降。其表现之二为南方商业发展较为迅速,各地交流商品种类大为增加,糖、茶等新产品进入市场;手工业产品所占比重提高,瓷器成为大宗商品。"②"表现之三为伴随商品货币关系的发展,柜坊、飞钱应运而生,原有的比较刻板的坊市制度逐步发生变化,许多地方出现草市、夜市、早市。表现之四为国际间贸易的频繁。如隋朝与日本间建立了朝贡关系;唐朝时,日本多次派遣唐使即规模庞大的朝贡贸易使团。"③民间私人贸易是隋唐五代时期中外贸易的重要形式,其规模、频繁程度、人数均大大超过官方的朝贡贸易。伴随海上贸易收入在王朝总收入中比重的逐步增加,政府专设机构负责海外贸易,由此推动了沿海城市的形成和发展。隋唐五代时期发达单体城市如扬州、广州、泉州均与对外贸易紧密相关。

人口数量的涨落影响城市建设与规模,城市人口数量的多寡是城市建设方式与方略的重要参考。"隋唐五代时期,受政权更迭影响而发生的社会动乱,使这一时期人口数量发生相应的变化。其总体特点为人口数目的

---

① 胡如雷:《论隋唐五代在历史上的地位》,《河北学刊》1988年第2期。
② 郭维森、柳士镇主编:《古代文化基础》,岳麓书社1995年版,第69页。
③ 贡久谅:《中国文化小通史》(第4卷),福建人民出版社2006年版,第48页。

大起大落,升降悬殊。南北朝时期,受社会变乱和王朝频繁更替影响,人口数量急剧变动。隋朝初期,伴随中央王朝一统格局恢复与建立,人口于短时期内迅速暴涨。隋朝建国的人口基础户数559万,人口总数2900万。"①"隋炀帝即位后,《隋书·地理志》记载,有户890万,人口4600万。"②陶文牛认为,隋代户口极盛时期当在隋文帝末年,当时北方有户800万,南方430万,合计户为1230万,人口则超过6000万,成为两汉之后中国人口的另一高峰③。王育民推算"隋代人口最盛时约为1200万户,6200万口左右"④。葛剑雄认为"隋朝本土人口峰值约为5600万至5800万,若加上周边各族,则突破6000万"⑤。然隋朝统治时间短暂,不久即出现社会动荡态势。受社会动乱和大规模农民起义爆发之影响,峰顶人口数值骤跌。唐初户口,武德年间为200余万户,贞观初年不满300万户,永徽三年稍有增长,达到380万户。⑥ 唐朝前期社会安定,政治稳固,为人口增长提供了良好社会环境。经过一百多年的发展,人口数量达到了另一个高峰。有学者认为,贞观十三年(639)至玄宗天宝十四年(755)的百余年是人口增长最快时期。快速增长的原因是奖励婚配与考绩制度、流出人口的收抚、收降少数民族人口和户口搜括⑦。

安史之乱之后,唐代人口发展陷入一个较长的低谷时期,户口呈直线下降趋势。《唐会要·户口数》记载:至德元年(756)为8018710户,乾元三年(760)1931145户,广德二年(764)2933125户,建中元年(780)3805076户,元和2473963户、长庆3944959户、宝历3978982户、太和4357575户、开成四年(839)4996752户、会昌4955151户。五代十国时期,全国性政权不复存在,各地政权各自为政,全面人口统计缺少必要社会条件。王育民估计,"当时人口为700万户。全国人口的重心虽仍在北方黄河中下游地区,但南方社会人口总量呈上升态势,部分地区增长幅度十分明显。北方人口受频繁战火影响而减员。南方人口已逐步赶上并超过北方地区"⑧。有学者甚至认为,到五代结束时,南方户口占到全国户口的一半,这一事实,明显告诉我们当时南方劳动力的迅速上升。惟其如此,安史之乱后,南方经济继续

---

① 冻国栋:《唐代人口问题研究》,武汉大学出版社1993年版,第70页。
② 冻国栋:《唐代人口问题研究》,武汉大学出版社1993年版,第73页。
③ 参见陶文牛:《隋代人口的南北分布》,《晋阳学刊》1993年第2期。
④ 王育民:《中国人口史》,江苏人民出版社1995年版,第201页。
⑤ 葛剑雄:《中国人口发展史》,福建人民出版社1991年版,第147页。
⑥ 参见(唐)杜佑:《通典》卷7,中华书局1988年版,第148页。
⑦ 参见黄盛璋:《唐代户口的分布与变迁》,《历史研究》1980年第6期。
⑧ 徐庭云主编:《中国社会通史·隋唐五代卷》,山西教育出版社1996年版,第93页。

上升发展,促使全国经济重心南移。南方新兴城市的发展,与该时期南方劳动力的增长是分不开的。

隋唐五代时期,随着生产力的发展,农业、手工业、商业、城市人口均有大幅增长。农业生产工具与生产技术有了很大改进,促使剩余粮食和剩余劳动力的增加,并推动农村劳动力向非农产业转移,拉开了社会生产力大规模转移的序幕,由此推动了手工业与商业的发展。农业、手工业与市场和商品经济联系更加紧密。特别是均田制瓦解后,庄园的兴起使农民的人身依附关系减弱,土地经营具有更多灵活性和自主权,劳动者的生产积极性和主动性得到发挥。农业、手工业产品大量涌入城市。促进了城市经济的繁荣,促成了传统城市的现代转型。手工业的发展直接为城市的发展提供了物质基础与保证,而商业则天然以城市为中心,商业的发展从经济上保证了城市与农村博弈中的优势地位。城市成为工商业结合的重要舞台,工商业在城市中的结合亦使城市的经济功能增强,并对周边地区产生辐射作用。手工业和商业的迅速发展,打破了坊市制度,突破了交易时间和空间的限制,有利于商品货币关系的发展。城市居民的身份等级弱化,人身自由度增加,一定程度上扫除了商品货币关系发展障碍,极大地提高了城市居民发展城市的积极性,为城市发展提供了精神与智力上的保证。① 凡此种种,均为隋唐五代时期城市的蓬勃发展开辟了道路。

二、隋唐五代城市发展特点

隋唐五代时期是我国历史上又一次长时期统一和分裂的形成时期。这个时期,在政治上虽然经历了一个从长时期的统一到分裂的过程,但在经济上却不断向前发展,是我国封建经济逐步走上鼎盛的时期。"尤其是长江流域广大地域国土得到了开发,人口增多,至南朝时已形成与黄河流域并重的局面。至唐朝时东南地区已形成为我国重要财赋之区,国力较秦汉时有了明显的增强。对外贸易有了新的、多方位的拓展;城市发展和分布重心明显南移;在城市规模上,由于经济发展、人口迁移变动和行政区划的调整等原因,也明显发生了变化,府、州一级城市数量显著增多,并出现了三个百万人口以上的特大城市。"②该时期城市无论在发展抑或建设方面,均表现出与以前时期诸多不同的特点。

---

① 参见肖建乐:《唐代城市发展动力初探》,《思想战线》2007年第4期。
② 庄林德、张京祥编著:《中国城市发展与建设史》,东南大学出版社2002年版,第38页。

第一,城与市简单结合到趋于融合。

尽管隋唐时期"涌现出了一批商贸功能比较突出的大城市,但在这一阶段,中国城市中一直实行坊市制度,即将每一城内的区域分隔为若干块,居民居住的地方叫坊,商人经商的地方叫市。坊和市严格分开,周围都用墙围起来,四面设门,都实行严格的门禁制度,定时启闭。坊里的居民和市里的商人的活动从空间和时间两方面都受到严格限制。如隋朝的令狐熙任汴州刺史时,'下车禁游食,抑工商,民有向街开门者杜之,船客停于郭外星居者勒为聚落,侨人逐令归本'。唐朝时坊市门禁更严:'越官府廨垣及坊市垣篱者,杖七十,侵坏者亦如之。'"①除对坊市进行严格控制之外,都市中市的规模亦受到压制。"隋代的东京洛阳有东、西、北三市,特别是北市北临通济渠,上有通济桥,天下舟船集于桥东,常万余艘,填满河道;商贾贸易,车马填塞于市。唐代长安设东、西两市,四面八方的商客和外国商人在此交易,仅东市就有'货财二百二十行,四面立邸,四方珍奇,皆所积集'。但这些城中的'市'的面积非常有限。如汉代长安的九市'各方二百六十步'。唐代长安东、西市的面积也只不过占当时长安城一百零八坊中的四坊之地。"②

"这种将商业区与居民区严格分开的坊市制度,将日益繁荣的商业活动严格限制在城内少数的几个空间有限的'市'里,并且'市'的开启和关闭又有严格的时间限制,这就大大限制了城市商贸经济功能的发挥。因此,尽管这一时期我国的城市中已经普遍地设立了'市',但由于存在着坊市制度对城市中'市'的严格限制,我们认为这一时期的中国城市还只是处在城与市简单结合的初级阶段。"③但时至唐末五代,"由于商品货币经济的发展,城市的商贸经济功能日趋加强,原来从时间和空间上均被严格控制的市,已经越来越不能适应新的要求了"④,固定的坊市结构开始瓦解,甚至在某些经济发达地区,出现了乡村草市。有些草市在交换发达的基础上,逐渐发展成为固定的市镇。由此,城与市进入逐步融合的新阶段。时至宋代,商品经济进一步发展,社会进一步开放,终于彻底打破市坊的界限和禁夜的限制,

---

① 丁建军、赵立梅:《从城与市的关系看我国古代城市发展的三个阶段》,《河北大学学报》(哲学社会科学版)2003年第3期。

② 丁建军、赵立梅:《从城与市的关系看我国古代城市发展的三个阶段》,《河北大学学报》(哲学社会科学版)2003年第3期。

③ 丁建军、赵立梅:《从城与市的关系看我国古代城市发展的三个阶段》,《河北大学学报》(哲学社会科学版)2003年第3期。

④ 丁建军、赵立梅:《从城与市的关系看我国古代城市发展的三个阶段》,《河北大学学报》(哲学社会科学版)2003年第3期。

便可沿街设铺和昼夜营业。坊市制度彻底被打破,城与市实现了融合。由此,应当说,坊市制度的解体始于隋唐五代,完成于宋代。

第二,城市军事政治特征向经济性特征转变。

城市作为古代商品经济的摇篮,不仅对于历史时期经济的发展,特别是商品经济的发展起了重要的作用,而且在很大程度上,城市经济的兴衰,标志着封建经济的发展状况。中国古代单个城市经济的兴衰虽与其所处的地理位置、当时的军事因素、经济条件和政治格局密切相关,但是,从整个历史发展的进程来看,它与政治因素的关系尤为重要。战国时期,城市数量大增,但每一座城市仍都局限于某一地区,未能成为全国性的中心城市。秦统一全国,成为全国性的王朝,所建都城也具有统治全国的机能;再由于郡县制在全国的推行,进一步推动了城市在全国范围内的增长,凡郡县治所多成为城市,而这一点恰好说明了中国古代城市始终具有浓厚的政治军事色彩。

隋唐五代之前,无论从城市规模、布局、设施、结构,还是出现少数以工商业著称的城市,均无法摆脱一个事实,即该时期中国古代城市军事政治意义大于经济意义。到了隋唐五代时期,城市的性质开始发生变化,城市发展开始了它的经济功能。一方面,一些大城市的经济功能增强;另一方面,新的工商业城市——市镇开始发展起来。城市经济的发展虽同秦汉一样,表现出政治中心与经济中心的合而为一,长安、洛阳既是全国的政治中心,同时也是全国的经济中心。但是,由于古老的关中和中原经济区的衰落,导致整个城市经济存在和发展基础出现了新情况,即北方的政治中心赖以存在的经济基础须仰仗江南。① 江南和一些远离统治中心的边陲地区,由于经济的发展,城市经济也获得了一定的发展,且具有一定的持续性。由此而发展的新兴城市经济功能逐渐增强,城市军事政治特征向经济性特征转变的趋势已初步显现。

第三,城市分布、规模、数量、人口变迁。

其一,城市发展和分布重心南移。发展上呈"南升北降"的态势,分布上重心由黄河流域转移到了长江流域。据《后汉书·郡国志》和谭其骧先生主编的《中国历史地图集》,"东汉中期,全国共有县城数为1181个。分布情况为:位于北方黄河流域者共有449个,位于淮河流域者161个,位于海河流域者90个,三者合计达700个,占全国城市总数的59.3%;而位于长江流域者共为327个,珠江流域56个,两者合计383个,仅占32.4%;此外

---

① 参见朱和平:《略论古代城市经济的兴衰与政治因素的关系》,《经济社会体制比较》1996年第2期。

还有98个(8.3%)分布于西北的凉州地区"①。至唐朝中期,情况发生很大变化,"其时全国15道共辖有县1639个,其中位于黄淮海河流域者降为615个,占县城总数亦降为37.5%;而位于南方长江、珠江等流域的则增至964个,较东汉时净增581个,其所占比重由东汉时的32.4%,上升到58.8%,基本上成了'倒四六开'"②。

其二,城市分布显现沿江、河、海发展的轴线。隋唐五代时期,随着长江流域广大地域得到开发,人口增多,其岸带自然也就为城市产生和发展提供了很好的依托条件。据统计,至唐代中期,除下游南京、扬州、润州,中游江陵和上游成都等较大城市之外,沿江还有江州、鄂州、沔州、岳州、峡州、归州、夔州、万州、涪州、渝州、泸州等10多座州城和江阴、江宁、当涂、武昌等20座县城以及一部分小城镇,从而使东西向一条城市发展轴线初具雏形。隋代大运河的贯通,将逐渐成为中国经济重心的长江流域与仍作为政治、军事中心的黄河流域以通畅便捷的水运联结起来,成为商品流通的主要通道和经济发展的命脉。不只对隋代,对以后唐五代的城市发展也都产生了深远影响。沿河两岸,一方面因其腹地经济比较发达;另一方面,商品流通的便捷促进了商业贸易的发展,遂使一些通都大邑由此兴旺起来。沿岸的楚州、扬州、苏州、杭州在当时并称四大都市;华州、陕州、汴州、宋州、泗州、润州、常州也渐次发展成为较大的城市。此外,在沿线水陆要道或津渡之地还兴起了一批县城(28个)和重要集镇,第一条南北向城市发展轴线开始出现。之外,随着隋唐五代时期对外贸易的发达与海外交往的频繁,罗马、大食、波斯、印度、日本、朝鲜、南洋等国家和地区前来贸易,由此催生了东部沿海港口城市的兴起。当时兴起的港市在长江以南者除交州、广州之外,还有广东的潮州,福建的泉州、福州,浙江的温州、明州;长江以北者有扬州,山东半岛南部的密州,北部的登州与莱州,渤海湾北部的平州,以及辽东半岛南端的都里镇。其中以交州、广州、扬州、泉州最重要,称四大港市;次一等的为明州与登州、莱州,其他地位较轻,均属于小港口。

其三,城市等级、规模、数量、人口的变化。隋唐五代时期,随着封建经济的发展和行政区划建制的调整,城市规模等级结构也发生了变化。在城市规模上,大小差距加大,向上、向下两级都有了扩展延伸,上级开始出现百万人口以上的特大城市,下级在县城以下小城镇开始出现。在中间等级上,府、州一级即地区中心一级城市数量明显增多。据《新唐书·地理志》,开

---

① 余方镇主编:《小城镇化与小城镇建设》,黑龙江科学技术出版社2007年版,第3页。
② 庄林德、张京祥编著:《中国城市发展与建设史》,东南大学出版社2002年版,第39页。

元二十八年(740)全国共有府、州328个,去掉13个附郭县驻所,府、州级城市达315个,比西汉时103个郡级城市多出212个,比东汉时105个郡级城市多出210个。如果加上唐代在西南、西北等边境和少数民族地区所设置的856个羁縻府、羁縻州,则唐代府、州级城市总数达到千个以上。城市繁荣的另一个重要特征是城市人口的增加。"唐宋时期随着经济的繁荣,人口有了大大的增加,又随着城市的开放,涌入城市的人也相应多起来,他们或做生意,或当手工业工匠,这样城市人口大大多于过去都市人口。如唐都长安约有一百万人,不仅是我国古代最大的城市,而且是当时世界上最大的城市。"①这在封建时代是很少见的。其他城市人口也有增加。唐时江陵号称"城中百万家"②。有人估计:"元和、长庆以后,户数达十多万,人口四五十万的城市,有益州、苏州、杭州、宣州、洪州、润州、襄州、越州、常州、婺州等。"③

隋唐五代时期是我国城镇体系发展的重要时期,封建经济的繁荣,使城镇体系的职能组合结构多样化,手工业城市、交通性城市大量兴起,小城镇也开始发展起来。与秦汉时期相比,城市等级规模差别加大,区域中心城市有了较大发展。在空间分布上,不仅表现为体系重心由黄河流域向长江流域转移,以及分布范围进一步扩大,而且出现了沿运河、沿江、沿海等多条城市发展轴线。城市之间的联系更加紧密,整体结构由相对封闭走向相对开放,是隋唐五代时期城镇体系最突出的特点。

三、隋唐五代城市研究现状

城市是社会发展的缩影,其发展的各个方面既受经济、政治、文化、社会变革的影响,亦是各方变革过程的生动体现。隋唐五代时期是我国封建社会历史发展的重要阶段,隋唐之际是中国封建社会历史上的一个大变革时期,五代则是中国历史上一次天下大分裂时期。隋唐五代时期的巨变体现于社会文化意识、经济结构、政治制度、城市建设等多方领域。梳理并分析20世纪以来隋唐五代城市学术史,对扩展并深化中国城市史研究及今天城市建设均有深远意义。

(一) 城市经济

城市经济尤其是商品经济的长足发展,成为影响隋唐五代城市发展的

---

① 叶玲:《我国古代城市发展与唐宋城市经济的特征》,《西安电子科技大学学报》(社会科学版)2002年第4期。
② 邹逸麟主编:《黄淮海平原历史地理》,安徽教育出版社1997年版,第335页。
③ [日]日野开三郎:《唐代邸店的研究》,《东洋史研究》1970年第29卷第2、3号。

直接动力,成为史学界研究和讨论的重点之一。长期以来,这一领域的研究成绩斐然。关于城市经济问题研究,肖建乐颇有建树,他认为,唐以前中国传统城市的发展动力来自政治,唐代以后主要为工商业结合的城市经济,生产力在整个历史长河中对城市的推动力表现并不直接,只有城市经济才是推动城市发展的内在、持久动力[1];其出版的《唐代城市经济研究》一书研究了唐代城市居民结构、工商业形态、商品货币关系、城市间联系、城市与周边地区关系方面的变化[2];其与孙德华的《唐代城市经济发展研究》则对商业都会所起经济作用进行了论述,认为商业都会促进了农产品的商品化倾向,带动了商品货币关系的发展。[3] 赵常兴、周敏的《唐代城市群发展过程中的经济因素》论述了唐代城市经济发展与政治控制的关系,认为城市发展始终未能摆脱政治控制而形成独立城市经济发展体系。从城市发展过程看,中国封建城市发展历史在某种意义上是摆脱封建政治控制的历史。[4]

张洁的《唐代城市消费经济研究》认为唐代城市消费具有六大特点,分别为:唐代城市消费初期与中后期呈现明显阶段性变化;唐前期领导城市消费方向者为几个全国性大城市,但中唐以后商品市场出现向小城市延伸趋势,且北方、江南、东南沿海一些城市居民消费各具特色;奢侈性高消费、狎妓消费类畸形消费盛行;节日消费异常繁荣;唐人对舶来品普遍有特殊嗜好;女性消费呈现前所未有兴盛态势。[5] 张雁南的《唐代消费经济研究》主要关注唐代消费活动,以及唐代各个阶层消费观念、行为和现象。[6] 张剑光、张洁的《唐代城市消费的方式、水平和结构研究》指出唐代城市中各阶层与市场联系逐渐密切,城市中各阶层消费水平高低有别。[7] 宁欣的《唐宋城市经济社会变迁的思考》提醒学界应当重视唐宋城市经济社会整体性研究。[8] 其《转型期的唐宋都城:城市经济社会空间之拓展》通过梳理唐宋都城长安、洛阳、开封、临安等城市经济社会的变化,展示以上城市的有形变

---

[1] 参见肖建乐:《中国传统城市发展动力研究》,《云南民族大学学报》(哲学社会科学版)2009年第3期。
[2] 参见肖建乐:《唐代城市经济研究》,人民出版社2009年版。
[3] 参见肖建乐、孙德华:《唐代城市经济发展研究》,《城市发展研究》2007年第1期。
[4] 参见赵常兴、周敏:《唐代城市群发展过程中的经济因素》,《西安电子科技大学学报》(社会科学版)2007年第3期。
[5] 参见张洁:《唐代城市消费经济研究》,上海师范大学硕士学位论文,2006年。
[6] 张雁南:《唐代消费经济研究》,齐鲁书社2009年版。
[7] 参见张剑光、张洁:《唐代城市消费的方式、水平和结构研究》,《吉林大学社会科学学报》2006年第2期。
[8] 参见宁欣:《唐宋城市经济社会变迁的思考》,《河南师范大学学报》(哲学社会科学版)2006年第2期。

化、张力弹性变化和无形变化,即平面布局的突破,地域空间的拓展,功能区域格局的重组,人口流动的加快,官府市场管理方式的探索与调整等方面。①

1. 宏观经济研究

斯波义信在《商业在唐宋变革中的作用》一文中从交通运输、商业制度、市场区域等方面的变化探讨唐宋间商业变革,认为水路运输系进一步扩大为农村及城市经济扩展提供了基础,区域劳动分工的建立极大地提高了贸易量和贸易额。商人设计出新的商业惯例、制度安排和合伙方式拓展贸易。商业状况逐渐依赖于更高水平私人交易与商业交换,交易场所更趋自由,商业贸易进一步渗入农村。② 李彩璋的《唐代商业之研究》论述了唐代商务官司与商律、商品与商埠、国内国际贸易及商业繁荣之影响。认为商务官司与商律的设立是唐代商业繁荣之需,主要为应付管理类频繁事务,于中央、地方特别是贸易繁荣港口设立官场。商业场所内地以两京为最,国际及江南贸易以安南、广州、泉州、扬州为首。商品种类主要为盐、茶、酒类、纸、糖、燃料等项。③

陶希圣的《新旧五代史》写的随笔《五代的都市与商业》从都市的残破,北方都市与商业的复兴与繁荣,长江以南都市与商业的复兴与繁荣等方面对五代时期都市与商业发展情况进行了论述,认为五代时期都市残破与黄巢暴动后战士集团的争夺有关;长江以南都市与商业的复兴则在黄巢暴动之后,发展原因在于农村市场需求与工业独立存在,交换经济的进行;北方都市与商业复兴主要在于北方武士集团将商人作为其政治基础,支持商人发展。特色在于将都市与商业发展放置于社会动态环境下进行详细考察。④ 秦璋的《唐代之交通与商业》对唐代交通、商业发展状况加以论述,重点分析唐代商业现象、金融机关、商人种类,对了解唐代都市商业发展意义深远。⑤ 陈恩成的《唐代之福建对外贸易》虽以唐代福建贸易为标题,但论述范围则较为广泛,注重全局与局部研究相结合。从唐代以前中国对外贸易概况,唐代中国对外贸易港,福建成为中国对外贸易之要地,唐代对南番诸国贸易港之泉州、福州及漳州、福建与台湾交通的曙光,五代福建对外贸易之发展等方面加以研究,既以福建为主要研究对象,亦不拘泥个案,对整

---

① 参见宁欣:《转型期的唐宋都城:城市经济社会空间之拓展》,《学术月刊》2006年第5期。
② 参见[日]斯波义信:《商业在唐宋变革中的作用》,张天虹译,《文史哲》2009年第3期。
③ 参见李彩璋:《唐代商业之研究》,《师大月刊》1936年第7卷26期。
④ 参见陶希圣:《五代的都市与商业》,《史地社会论文摘要》1935年第1卷第8期。
⑤ 参见秦璋:《唐代之交通与商业》,《中国经济月刊》1934年第2卷第12期。

体研究唐代对外贸易城市有参考价值。①

2. 城市商人与商业管理

刘志远的《雏议唐代"夜市"经济的雏形——鬼市》认为,唐代"鬼市"是"夜市"经济的雏形与发端。② 陈磊的《从〈太平广记〉的记载看唐后期五代的商人》研究了《太平广记》中记载的大商人、中层商人及小商贩的经营活动和他们在唐人心目中的形象,认为唐后期至五代商人人数众多,但远未形成一个有自觉意识的阶层。③ 宁欣的《文本的阐释与城市的舞台——唐宋笔记小说中的城市商业与商人》依据小说中的商人形象,探讨了长安商业社会商人身份转化、经商背景的非经济因素及商人的人文风貌。④ 武建国的《唐代市场管理制度研究》考察了市场设置、行政管理体系、交易管理、市场秩序和市容管理,认为唐代市场管理已基本形成系统、完整的制度,该制度有利于唐代市场的繁荣稳定。⑤ 宋立的《唐宋都城商业市场管理机构考略》认为,唐宋都城商业市场管理机构和官员职数差异反映了唐宋都城商业繁荣发展的趋势。⑥

3. 各类商业构成

张泽咸的《唐代工商业》一书分手工业、商业两编:手工业编全面论述了金属器、纺织、陶瓷、粮食加工、造纸、漆器、印刷业生成状况,展示出唐手工业全貌;商业编从国内商业、边境互市贸易、对外贸易方面详细论述了唐代商业发展情况。⑦ 林立平的《唐宋之际城市租赁业初探》对唐宋变革中城市变迁进行了对比分析,认为唐宋之际城市性生活气息愈发浓郁,城市租赁业蓬勃发展,租赁业与城市生活联系日趋紧密,于城市生活中占据重要地位。⑧ 其《唐宋之际城市旅店业初探》认为,唐宋旅店服务业有了突出发展,推动旅店业发展的条件为人口流动结构改变和工商业发展。⑨ 韩香的《唐代长安的旅舍》论述了外地来长安的集散地、具有商业性质的公私旅舍地

---

① 参见陈恩成:《唐代之福建对外贸易》,《经济商业期刊》1941 年第 1 期。
② 参见刘志远:《雏议唐代"夜市"经济的雏形——鬼市》,《中北大学学报》(社会科学版) 2009 年第 2 期。
③ 参见陈磊:《从〈太平广记〉的记载看唐后期五代的商人》,《史林》2009 年第 1 期。
④ 参见宁欣:《文本的阐释与城市的舞台——唐宋笔记小说中的城市商业与商人》,载荣新江主编:《唐研究》第 15 卷,北京大学出版社 2009 年版,第 75—90 页。
⑤ 参见武建国:《唐代市场管理制度研究》,《思想战线》1988 年第 3 期。
⑥ 参见宋立:《唐宋都城商业市场管理机构考略》,《宜宾学院学报》2011 年第 5 期。
⑦ 参见张泽咸:《唐代工商业》,中国社会科学出版社 1995 年版。
⑧ 参见林立平:《唐宋之际城市租赁业初探》,《中国史研究》1988 年第 3 期。
⑨ 参见林立平:《唐宋之际城市旅店业初探》,《暨南学报》(哲学社会科学版)1993 年第 2 期。

理分布、经营性质和社会功能。① 胡发强的《唐代图书市场探究》认为唐代图书市场相当活跃,形成了书肆贸易和政府购买互为补充的图书买卖形式。② 荣新江的《五代洛阳民间印刷业一瞥》考察了五代时期洛阳的印刷业。③ 宿白的《唐五代时期雕版印刷手工业的发展》以唐成都府成都县龙池坊卞家印本《陀罗尼经》实物为例,说明当时大城市里的市已无法限制手工业,手工业开设至居住区之坊内。④ 妹尾达彦的《唐代长安东市的民间印刷业》分析中国印刷业开始时的唐代长安东市印刷业之经商内容、印刷品内容及特征、东市印刷业的意义。⑤ 魏明孔的《隋唐手工业与居民饮食结构的改善》认为,隋唐酱醋加工业普及、食糖种类增加、酿酒技术提高与饮酒之风盛行、制茶业崛起、食品和乳制品加工发展等均在一定程度上丰富了当时居民的饮食内容,改善了其食物结构。⑥ 温翠芳的《唐代长安西市中的胡姬与丝绸之路上的女奴贸易》研究了唐代长安西市中的特殊商品"女奴"。⑦

(二) 坊市制度

阎文儒、阎万钧编著的《两京城坊考补》,以大量的考古和文献资料对清人徐松的《唐两京城坊考》做了补充,展示了唐代长安、洛阳的城坊布局社会习俗、礼俗。⑧

高敏的《〈唐两京城坊考〉东都部分质疑》⑨《唐代东都坊数蠡测——读〈唐两京城坊考〉及〈元河南志〉札记》⑩对《唐两京城坊考》涉及的相关问题进行了思考,提出了不同的观点。宁欣的《唐宋城市社会公共空间形成的再探讨》对"场"的类型、"市场"出现等问题进行了探讨,认为社会公共空间拓展反映了市民社会的成长。⑪ 宋立的《唐都长安与宋都汴京"宫市"探

---

① 参见韩香:《唐代长安的旅舍》,载荣新江主编:《唐研究》第15卷,北京大学出版社2009年版,第51—74页。
② 参见胡发强:《唐代图书市场探究》,《内蒙古社会科学》(汉文版)2009年第2期。
③ 参见荣新江:《五代洛阳民间印刷业一瞥》,《文物天地》1997年第5期。
④ 参见宿白:《唐五代时期雕版印刷手工业的发展》,《文物》1981年第5期。
⑤ 参见[日]妹尾达彦:《唐代长安东市的民间印刷业》,《中国古都研究——中国古都学会第十三届年会论文集》1995年。
⑥ 参见魏明孔:《隋唐手工业与居民饮食结构的改善》,《首都师范大学学报》(社会科学版)1997年第6期。
⑦ 参见温翠芳:《唐代长安西市中的胡姬与丝绸之路上的女奴贸易》,《西域研究》2006年第2期。
⑧ 参见阎文儒、阎万钧编著:《两京城坊考补》,河南人民出版社1992年版。
⑨ 参见高敏:《〈唐两京城坊考〉东都部分质疑》,《中华文史论丛》1980年第3期。
⑩ 参见高敏:《唐代东都坊数蠡测——读〈唐两京城坊考〉及〈元河南志〉札记》,载中国古代史论丛编委会编:《中国古代史论丛》第2辑,福建人民出版社1981年版。
⑪ 参见宁欣:《唐宋城市社会公共空间形成的再探讨》,《中国史研究》2011年第2期。

析》分析了唐都长安、宋都汴京"宫市"源流及其特点。① 室永芳三的《唐都长安城的坊制与治安机构》考察了唐都长安的坊制与治安警备体制。② 佐藤武敏的《唐代的市制与行——尤其以长安为中心》以唐代长安为中心考察了唐都市制、市的位置与构造、市制的衰退与行的推移等问题。③ 何一民的《中国城市史纲》认为,唐以前益州的市主要集中在城西的少府内,商业活动受到很大限制。唐建立后,随着商品经济的发展,益州的市得以扩充,有东市、大东市、南市、北市、新北市和西市等数处市场,市的数量增加和广泛分布体现出益州商业的繁盛。④ 辛德勇的《隋唐两京丛考》利用考古资料对唐代城市建筑和坊市布局进行了研究。⑤ 宁欣的《街:城市社会的舞台——唐宋城市变革中的线形空间》《转型期的唐宋都城:城市经济社会空间之拓展》等论文对唐代坊市制度破坏渐进性给予观照,论述了"街"在坊市向街市转变过程中的作用。⑥ 郭天沅的《上古至宋中国古代城市考略》认为,唐中期以后,伴随商品经济的快速发展,交换场所突破市制,城内各地店铺林立,坊制限制得以突破。⑦ 肖建乐的《唐代坊市制度及其历史定位》认为,唐代坊市制度具有管理、服务双重功能,管理功能以维护封建统治为主要目的,服务功能以维护市场秩序,促进经济稳定发展为目的。⑧

李久昌的《隋唐洛阳城里坊住宅时空变化与环境的关系》认为,隋唐洛阳城里坊住宅呈满天星斗与局部簇群状分布,具有发展和分布两方面皆不平衡的特点。⑨ 张永禄的《唐都长安城坊里管理制度》指出,唐朝政府对长安城的行政管理分府、县两级制,县之下市民居住的坊里即成为最基层的管理单位。坊正是长安城各坊人民的直接统治者。之外,另有监察、军事警备系统。城内各坊内居民房舍建造按封建身份等级不同严格规定,禁止房屋墙壁突出路

---

① 参见宋立:《唐都长安与宋都汴京"宫市"探析》,《西安文理学院学报》(社会科学版)2011年第1期。
② 参见[日]室永芳三:《唐都长安城的坊制与治安机构》,《九州大学东洋史论集》1974年第75卷。
③ 参见[日]佐藤武敏:《唐代的市制与行——尤其以长安为中心》,《东洋史研究》1966年第25卷。
④ 参见何一民:《中国城市史纲》,四川大学出版社1994年版。
⑤ 参见辛德勇:《隋唐两京丛考》,三秦出版社1991年版。
⑥ 参见宁欣:《街:城市社会的舞台——唐宋城市变革中的线形空间》,《文史哲》2006年第5期;《转型期的唐宋都城:城市经济社会空间之拓展》,《学术月刊》2006年第5期。
⑦ 参见郭天沅:《上古至宋中国古代城市考略》,《学术月刊》1981年第6期。
⑧ 参见肖建乐:《唐代坊市制度及其历史定位》,《光明日报》2009年12月1日。
⑨ 参见李久昌:《隋唐洛阳城里坊住宅时空变化与环境的关系》,《西北大学学报》(自然科学版)2009年第4期。

面。不许侵占街道建造房舍。出入城门,左入右出。各坊门定时启封。① 贺从容的《(隋大兴)唐长安城坊内的道路》对坊内的区划和道路形态等问题进行探讨,讨论了坊内街巷曲的道路格局和坊内用地的初步划分。② 成一农的《走出坊市制研究的误区》指出,讨论坊市形态应考虑长安、洛阳与地方城市的差异,认为唐代商业活动可以存在于坊,限制人们自由的因素为禁夜而非坊制。③ 齐东方的《魏晋隋唐城市里坊制度——考古学的印证》从里与坊的异同、里坊制度形成变化、里坊基本形态、管理机制和特质影响、瓦解过程等方面进行了探讨。④ 陶希圣的《唐代管理市的法令》从市是什么、市的官吏、行与市的标榜、斛斗程度的平校、物价的评定、把持及诈欺的禁止、立券的限制、不合规程的货物禁卖等方面对唐代市的管理法令进行了论述,对研讨唐代市问题极具启发意义。⑤

(三) 城市地域

自然条件影响城市发展。自然条件对城市选址、规划、布局的影响和制约引起学者的关注。李润田的《自然条件对洛阳城市历史发展的影响》指出,南北大运河的开凿对隋唐时期东都的高度繁荣起到了促进作用。隋炀帝和唐高宗将洛阳作为东都后,洛阳能成为当时全国乃至世界最大都市之一,固然由当时的政治、经济条件决定,但险要的地理位置亦至关重要。⑥ 满颖之的《唐代大都市发展之地理因素》对人口分布、地形、交通与都市之关系加以研讨,认为盛唐之都市政治中心为西北长安,经济中心为东南扬州,广州乃外货集散港口,洛阳、汴州等地因处转输货物要卫,商业均属繁荣。之外,都市发展与交通地形紧密相关,都市兴衰受时代影响最大,时势变迁,政治中心移动,交通亦因之改变,附庸地大小决定都市生机贫富,水路交通则为培养都市动脉。⑦ 平冈武夫的《唐代的长安与洛阳》分资料、地图、索引三篇,专门章节介绍长安城水渠水源、流向和利用情况。⑧ 陈俊志的

---

① 参见张永禄:《唐都长安城坊里管理制度》,《人文杂志》1981 年第 3 期。
② 参见贺从容:《(隋大兴)唐长安城坊内的道路》,载王贵祥主编:《中国建筑史论汇刊》(第 2 辑),清华大学出版社 2009 年版。
③ 参见成一农:《走出坊市制研究的误区》,载荣新江主编:《唐研究》第 12 卷,北京大学出版社 2006 年版,第 305—318 页。
④ 参见齐东方:《魏晋隋唐城市里坊制度——考古学的印证》,载荣新江主编:《唐研究》第 9 卷,北京大学出版社 2003 年版,第 53—84 页。
⑤ 参见陶希圣:《唐代管理市的法令》,《食货》1936 年第 8 期。
⑥ 参见李润田:《自然条件对洛阳城市历史发展的影响》,《中国古都研究——中国古都学会第三届年会论文集》,1985 年。
⑦ 参见满颖之:《唐代大都市发展之地理因素》,《志林》1943 年第 4 期。
⑧ 参见[日]平冈武夫:《唐代的长安与洛阳》,京都大学人文科学研究所 1956 年版。

《中晚唐五代洛阳开封地位消长对比研究——以漕运为中心》从四个方面论述中晚唐五代时期都城由洛阳到开封变迁的原因,介绍洛阳和开封的地理环境及唐代之前的历史概况,陈述中晚唐五代时期洛阳衰落和开封崛起的客观历史过程。认为中晚唐五代时期江淮经济崛起和漕运改革使开封取代了洛阳漕运中心地位,逐渐发展成为漕运重镇和经济重镇;唐廷和藩镇之间关于运河的争夺促使开封从漕运重镇发展为军事重镇。由于唐代中期以来黄河和汴水运输条件逐渐恶化,洛阳失去联系东南经济基地的可能,开封作为全国漕运枢纽地位快速提升。①

文化影响城市规划、布局和选址。关于影响城市规划、布局、选址的因素,学界多持二说:一为文化、礼制影响城市规划、布局、选址;二为自然因素对城市规划、布局、选址影响广泛。

关于城市规划,王树声的《隋唐长安城规划手法探析》探讨了长安城规划设计中的深层结构。② 赵立瀛的《论唐长安城的规划思想及其历史评价》认为,唐长安城是对《周礼·考工记》"营国"思想的继承和发展,由"气派宏伟"规划观念出发,道路、广场、建筑配置目的之一为政治效果之取得,其可行性与局限性并存。③ 程义的《隋唐洛阳城不是半成品——兼论东西二京布局差异》否定洛阳城"半成品"说,论证"礼制说"的合理,认为洛阳和长安是按封建礼制的要求而设计的两座功能不同的城市。④ 肖爱玲的《隋唐长安城空间等级规范》认为,受中国古代礼法约束、等级森严社会状况影响,中国历代王朝不仅要建立一套严密有序的政治制度,而且在都城建设上突出等级差异,使都城空间构成秩序化。隋唐长安城历经三百年建设最终形成一套等级森严的城市空间等级规范。⑤

尚民杰的《隋唐长安城的设计思想与隋唐政治》将隋唐长安城设计思想概括为"借天象以达人欲"。长安城东西长南北短的长方形状与古人心目中大地形象吻合;将宫城、皇城置于都城之北正中,实有"众星共之"与"王者受命创始建国,立都必居中"的双重意义;皇城两侧南北排列十三坊认为是"象一年有闰",皇城正南东西四列坊乃"以象四时",南北九坊则取

---

① 参见陈俊志:《中晚唐五代洛阳开封地位消长对比研究——以漕运为中心》,山东大学硕士学位论文,2008年。
② 参见王树声:《隋唐长安城规划手法探析》,《城市规划》2009年第6期。
③ 参见赵立瀛:《论唐长安城的规划思想及其历史评价》,《建筑师》1988年第29期。
④ 参见程义:《隋唐洛阳城不是半成品——兼论东西二京布局差异》,载荣新江主编:《唐研究》第12卷,北京大学出版社2006年版,第339—356页。
⑤ 参见肖爱玲:《隋唐长安城空间等级规范》,《建筑与文化》2009年第5期。

《周礼》王城九达之制。① 宿白的《隋唐长安城和洛阳城》对长安和洛阳城街坊市渠的规划布局加以研讨,认为二者在宫城皇城布局上差别显著,类似之处为坊的设计上均设置有十字街。与长安相较,洛阳都城设计将促进工商业发展放置于重要地位。② 傅熹年的《隋唐长安洛阳城规划手法的探讨》认为,明北京城以宫城之广、长为模数规划都城的手法于隋代已经使用,隋代规划大兴城有意以宫城之广、长比为基准,洛阳城规划中模数运用明显比隋代大兴城成熟。③ 肖爱玲的《隋唐长安城空间秩序及其价值》认为隋唐长安城建设凸显等级差异,使都城空间构成秩序化。④ 李孝聪的《公元十至十二世纪华北平原北部亚区交通与城市地理的研究》将宏观区域与微观地貌相结合,讨论在政治形势和自然环境演变的双重制约下,华北平原交通框架的演变及区域历史城市选址与分布的联系。⑤ 曹家齐的《唐宋时期南方地区交通研究》讨论唐宋时期南方地区交通与城市发展的关系,指出前者是制约后者的一个先决条件,认为当时城市的繁荣程度以江南运河与浙东运河沿线为先,沿海次之,长江沿岸又次之。一方面,梳理了交通条件与城市发展间相辅相成的关系;另一方面,描绘出南方地区城市结构沿交通线分布的大致框架。⑥

石自社的《隋唐东都形制布局特点分析》认为,隋唐东都城规划设计因应山川地势,遵循中国古代都城规划基本原则,将形制布局安全适用与皇权体现相结合,实践"天人合一"设计理念。⑦ 马正林的《唐长安城总体布局的地理特征》认为宇文恺运用《周易》理论选择龙首原以南和少陵原以北作为长安城址,以其横贯东西的六条高坡象征乾之六爻,按顺序布设各种建筑物,显示不同的特殊功能,使理想与现实达到了奇妙的统一。唐长安城规模宏大,布局整齐划一,注重实效,选择城址和地形等方面均堪称完美。⑧ 霍宏伟的《〈大业杂记〉与隋唐洛阳城》讨论了《大业杂记》所载东都城营建、

---

① 参见尚民杰:《隋唐长安城的设计思想与隋唐政治》,《人文杂志》1991年第1期。
② 参见宿白:《隋唐长安城和洛阳城》,《考古》1978年第6期。
③ 参见傅熹年:《隋唐长安洛阳城规划手法的探讨》,《文物》1995年第3期。
④ 参见肖爱玲:《隋唐长安城空间秩序及其价值》,《陕西师范大学学报》(哲学社会科学版)2009年第5期。
⑤ 参见李孝聪:《公元十至十二世纪华北平原北部亚区交通与城市地理的研究》,《历史地理》编委会编:《历史地理》第9辑,上海人民出版社1990年版。
⑥ 参见曹家齐:《唐宋时期南方地区交通研究》,华夏文化艺术出版社2005年版。
⑦ 参见石自社:《隋唐东都形制布局特点分析》,《考古》2009年第10期。
⑧ 参见马正林:《唐长安城总体布局的地理特征》,载《历史地理》编委会编:《历史地理》第3辑,上海人民出版社1983年版。

布局、建筑形制等问题。① 宋肃懿的《唐代长安之研究》讨论了长安的格局、建都因素等问题,其风格为论述范围广泛,简略明了。② 张泽咸的《唐代城市构成的特点》概括了城市布局和坊市格局变化。③ 方孝廉的《隋通济渠与东都洛阳城布局》认为唐东都洛阳城始建于隋炀帝大业元年(605),宇文恺规划和营建东都洛阳城时,在西苑引谷水和洛河入积翠池,经皇城前黄道渠入通济渠,后因谷洛河多次暴涨,改变了原来皇城前的水道布局。④

王静的《唐代长安的空间与社会流动》将长安城空间布局分为长安城、城郊及联系各地的水陆交通网络与长安城内空间分布两类。社会变迁对长安城市空间的分布和变化有着至深且巨的影响。政治、经济及权力布局的改变均带来长安城空间构造和职能的变化。而社会流动方向和频率反映着社会变迁趋势,社会流动与变迁和空间布局变化相互影响。⑤ 雍际春的《隋唐都城建设与六朝都城之关系》考察了六朝时期曹魏邺城、前后凉姑臧、南朝建康、北魏平城和洛阳规划建设上的各自风格和共性特征,认为六朝都城对隋唐都城建设产生了深远影响。⑥ 任士英的《长安宫城布局的变化与玄宗朝中枢政局——兼及"太子不居于东宫"问题》认为宫城布局和太子不居于东宫使太子权力与政治上可能的发展受到控制。⑦ 胡方的《隋唐长安、洛阳城空间形态的演变》认为,隋大兴(长安)城以其规整对称的空间形态体现《周礼·考工记》"营国"制度的传统规范。其后而建的洛阳城布局形式由轴线对称到非轴线对称,功能配置由均衡对称到非均衡对称,地形利用由强调平面空间到注重立体空间。这一演变过程反映了我国古代都城空间形态逐渐适应城市功能需要和地理环境特征的趋势。⑧ 牛来颖的《唐宋建筑构造变化与城市新格局——以接檐建筑为例的研究》认为,唐宋时期接檐造舍行为使原有的街道构造和城市布局被逐渐打破,造就了新型的商业建筑形式和格局。⑨

---

① 参见霍宏伟:《〈大业杂记〉与隋唐洛阳城》,《中国地方志》2006年第12期。
② 参见宋肃懿:《唐代长安之研究》,大立出版社1983年版。
③ 参见张泽咸:《唐代城市构成的特点》,《社会科学战线》1991年第12期。
④ 参见方孝廉:《隋通济渠与东都洛阳城布局》,《华夏考古》2009年第3期。
⑤ 参见王静:《唐代长安的空间与社会流动》,《光明日报》2009年4月21日第12版。
⑥ 参见雍际春:《隋唐都城建设与六朝都城之关系》,《中国历史地理论丛》1997年第2期。
⑦ 参见任士英:《长安宫城布局的变化与玄宗朝中枢政局——兼及"太子不居于东宫"问题》,载荣新江主编:《唐研究》第9卷,北京大学出版社2003年版,第169—184页。
⑧ 参见胡方:《隋唐长安、洛阳城空间形态的演变》,《广西师范大学学报》(哲学社会科学版)2008年第1期。
⑨ 参见牛来颖:《唐宋建筑构造变化与城市新格局——以接檐建筑为例的研究》,《中国经济史研究》2010年第1期。

礼法制度、城市选址。李孝聪的《唐宋运河城市城址选择与城市形态的研究》认为研究古代城市地理，除考虑地理因素外，礼法制度对城市外貌形态和内部空间结构塑造的影响亦须关注。不仅要注重城市物质形态，还应挖掘城市物质形态形成变化的深层次社会、政治、礼法等人文动因。这种将城市研究静态描述与动态分析相结合的方法值得借鉴。① 宁欣的《唐初至宋中期城市修建扩建述略——兼论南北地区城市发展之异同》认为唐初至北宋中期，城市修建工程分为唐前期的帝业初创以经营两京为主、唐后期修补两京且地方中心城市改建扩建发展、唐末五代宋初城市修建重心地域性转移三个阶段，体现南北方城市因政治经济差异而趋向不同的发展道路与特色。② 李虎、申红涛的《周宋时期开封城市的形态发展研究》将五代开封城市形态发展看作有形与无形形态的结合。朱温废唐建梁，定都开封，拉开唐宋都城空间转移序幕。后梁、后晋、后汉、后周置都于开封，经过历代开发和建设，开封作为都城的地理条件更为优越，加之拥有多个朝代定都经历，政治条件已趋成熟，国都地位已经稳固，标志着由唐到宋都城空间转移基本完成。③ 侯甬坚的《周秦汉隋唐之间：都城的选建与超越》认为，隋唐王朝都城选址学习继承前代经验并有所超越。④ 辛德勇的《〈冥报记〉报应故事中的隋唐西京影像》以《冥报记》所述史事分析了大兴城和长安城地理建置问题。⑤

（四）城市文化

肖建乐的《试论唐代城市发展的原因》论及商业都会的发展对市民阶层社会生活文化的影响。⑥ 史向军的《唐长安城市文化特征探究》由唐代长安选址体现之天人关系、建筑主题文化概念与内涵、内外文化交往和融合程度出发分析唐长安城市文化特征。⑦ 荣新江的《盛唐长安与敦煌——从俄

---

① 参见李孝聪：《唐宋运河城市城址选择与城市形态的研究》，载侯仁之主编：《环境变迁研究》第4辑，北京古籍出版社1993年版，第153—179页。
② 参见宁欣：《唐初至宋中期城市修建扩建述略——兼论南北地区城市发展之异同》，《扬州大学学报》（人文社会科学版）2006年第2期。
③ 参见李虎、申红涛：《周宋时期开封城市的形态发展研究》，《沈阳大学学报》（自然科学版）2010年第5期。
④ 参见侯甬坚：《周秦汉隋唐之间：都城的选建与超越》，《唐都学刊》2007年第2期。
⑤ 参见辛德勇：《〈冥报记〉报应故事中的隋唐西京影像》，《清华大学学报》（哲学社会科学版）2007年第3期。
⑥ 参见肖建乐：《试论唐代城市发展的原因》，《云南民族大学学报》（哲学社会科学版）2008年第1期。
⑦ 参见史向军：《唐长安城市文化特征探究》，《扬州大学学报》（人文社会科学版）2006年第4期。

藏〈开元廿九年(741)授戒牒〉谈起》认为,唐玄宗编纂的《御注金刚经》及《法华经》《梵网经》为长安佛教与敦煌佛教之间搭建起了一座桥梁,通过两地的联系,长安新的佛典、画样、艺文等传入敦煌,给敦煌佛教文化增添了光彩。① 朱玉麒的《隋唐文学人物与长安坊里空间》从文学作品中揭示长安坊里之间的人物关系。② 妹尾达彦的《韩愈与长安——9世纪的转型》将韩愈和长安结合起来,分析了韩愈思想产生的地理时空背景。③ 于赓哲的《唐人疾病观与长安城的嬗变》认为由于医学理论影响和现实疾病威胁,唐代社会普遍持有"居高避湿"的建筑理念,隋代长安城初建时过分注重礼制布局、忽略地形缺陷的做法被部分修正,整齐划一的城市布局被打破,长安里坊人口分布受到直接或间接的影响。④ 妹尾达彦的《9世纪的转型——以白居易为例》通过分析白居易的诗歌,反映中唐长安、洛阳两京城市社会变化。⑤ 耿占军的《汉唐长安乐舞百戏演出场地的选择及其启示》指出唐代出现常设固定戏场。⑥ 朱玉麒的《唐宋都城小说的地理空间变迁》由唐宋传奇与宋元话本所反映的地理空间变迁出发,讨论中国古代城市模式变革。⑦

张同利的《长安与唐小说》以丰富的长安资料为基础,探讨了长安与唐代文学之间的关系。⑧ 关德洪的《唐代小说与城市研究》以唐代城市发展与传奇小说创作状况为切入点,认为唐代繁荣带来城市规模扩大,市民阶层崛起,物质生活改善,市民精神领域新需求使文学创作发生明显变革。⑨ 神尾戈春的《唐代长安文化与契丹文化》认为契丹民族与李唐文化最早接触,由其塞外民族之意识与立场,与其固有民族文化融合,使李唐文化多样性中带有塞外化倾向。⑩ 荣新江的《高楼对紫陌,甲第连青山——唐长安城的甲第

---

① 参见荣新江:《盛唐长安与敦煌——从俄藏〈开元廿九年(741)授戒牒〉谈起》,《浙江大学学报》(人文社会科学版)2007年第3期。
② 参见朱玉麒:《隋唐文学人物与长安坊里空间》,载荣新江主编:《唐研究》第9卷,北京大学出版社2003年版,第85—128页。
③ 参见[日]妹尾达彦:《韩愈与长安——9世纪的转型》,载杜文玉主编:《唐史论丛》第9辑,三秦出版社2007年版。
④ 参见于赓哲:《唐人疾病观与长安城的嬗变》,《南开学报》(哲学社会科学版)2010年第5期。
⑤ 参见[日]妹尾达彦:《9世纪的转型——以白居易为例》,载荣新江主编:《唐研究》第11卷,北京大学出版社2005年版,第485—524页。
⑥ 参见耿占军:《汉唐长安乐舞百戏演出场地的选择及其启示》,《唐都学刊》2005年第6期。
⑦ 参见朱玉麒:《唐宋都城小说的地理空间变迁》,载荣新江主编:《唐研究》第11卷,北京大学出版社2005年版,第525—542页。
⑧ 参见张同利:《长安与唐小说》,南开大学博士学位论文,2009年。
⑨ 参见关德洪:《唐代小说与城市研究》,西北大学硕士学位论文,2010年。
⑩ 参见神尾戈春:《唐代长安文化与契丹文化》,《西北论衡》1937年第6期。

及其象征意义》从门第观念对城市建设的影响出发,研究了长安城内甲第的规格、主人、特征及其对于唐代人文和地理环境的意义。① 朱玉麒的《长安都市空间与唐人小说的场景还原》认为,中国小说在唐代的独立与唐代长安城市发展关系密切。长安城市形制影响唐人小说作品对社会的反映,亦影响读者对作品理解的深度。② 樊锦诗的《敦煌与隋唐城市文明》由敦煌文献出发详细论述了唐代城市建筑、城市居民生活、城市商业经济,并探讨隋唐时代都市衣、食、住、行各种形态,以及敦煌文献中包含的隋唐城市文明因素。③ 康震的《隋唐长安城若干布局特点与初盛唐诗歌美学特征》认为,长安官员的早朝诗与寓直诗具有稳定性、秩序性美感与衙署官舍在皇城内的布局特点有关。④ 荣新江的《关于隋唐长安研究的几点思考》论述了《两京新记》读书班的缘起和主要研究方向,并介绍了以往有关唐长安的研究成果。⑤

(五) 城市居民

孙英刚的《隋唐长安的王府与王宅》考察了隋代诸王的南城立宅、唐代前期王府变迁、王府与王宅的分离及唐后期诸王合府等现象,分析了诸类现象背后的政治因素。⑥ 蒙曼的《唐代长安的公主宅第》考察了武周改制前、武周末年至睿宗朝、玄宗朝以后和中晚唐部分公主的宅居分布与形制,认为此种情况与政治因素紧密相关。⑦ 王静的《唐长安城中的节度使宅第——中晚唐中央与方镇关系的一个侧面》考察了中晚唐朝觐制度、节度使宅第、节度使家庙,论述了唐代后期节度使权力消长与朝廷关系对长安社会的影响。⑧ 张永帅、唐亦功的《论唐长安住宅所有权的延续与转移》从所有权角度将唐长安住宅分为官舍和私宅,认为二者可以转化,私宅所有权可以通过

---

① 参见荣新江:《高楼对紫陌,甲第连青山——唐长安城的甲第及其象征意义》,《中华文史论丛》2009年第4期。
② 参见朱玉麒:《长安都市空间与唐人小说的场景还原》,《光明日报》2009年4月21日第12版。
③ 参见樊锦诗:《敦煌与隋唐城市文明》,上海教育出版社2010年版。
④ 参见康震:《隋唐长安城若干布局特点与初盛唐诗歌美学特征》,《人文杂志》2002年第1期。
⑤ 参见荣新江:《关于隋唐长安研究的几点思考》,载荣新江主编:《唐研究》第9卷,北京大学出版社2003年版,第1—8页。
⑥ 参见孙英刚:《隋唐长安的王府与王宅》,载荣新江主编:《唐研究》第9卷,北京大学出版社2003年版,第185—214页。
⑦ 参见蒙曼:《唐代长安的公主宅第》,载荣新江主编:《唐研究》第9卷,北京大学出版社2003年版,第215—234页。
⑧ 参见王静:《唐长安城中的节度使宅第——中晚唐中央与方镇关系的一个侧面》,《人文杂志》2006年第2期。

买卖、赠与及掠夺的方式发生转移;官舍、私宅所有权通过多种形式相互转化,出租和自然传承不会根本改变住宅所有权属。① 《唐长安住宅的规模》研究了唐长安居民住宅情况,认为唐长安住宅规模宏大的原因在于长安城土地宽广,且伴随宫室格局变化、住宅分布集中程度加强和土地利用方式转变,唐长安住宅规模趋于减小。② 刘阿平的《唐宋城市私有房产出租者构成浅析》认为,唐宋时期私有房产出租者主要为皇室、官员、商人、富室等,房屋租赁市场发展迅速。③ 杜文玉的《唐代长安的宦官住宅与坟茔分布》认为,宦官居住区围绕皇宫分布反映出宦官势力对皇权的依附;家族聚居于同坊或邻坊表明宦官阶层保持了同族聚居传统。④ 尚民杰的《长安城郊唐皇室墓及相关问题》主要考察了埋葬于长安近郊的长安、万年、昭应三县的唐皇室嫡系成员及妃嫔墓葬情况。⑤

宁欣的《从士人社会到市民社会——以都城社会的考察为中心》从城市转型角度研究唐宋时期都城居民群体演变。⑥ 其专著《唐宋都城社会结构研究——对城市经济与社会的关注》则研究唐宋都城社会变迁及都城空间与经济社会关系、人口流动对都城经济社会的影响问题。提出城市作为社会的载体至少包括地域、社会与政治、精神三个空间概念。⑦ 程存洁的《唐代城市史研究初篇》论述了唐代东都及其留守的演变、城市人口的历史变迁和建城礼制,分方位考察了唐代边城与政府边城政策。⑧ 郭正忠的《唐宋时期城市的居民结构》对唐宋时期政治城市、军事城堡、综合型城市及雏形经济、都市居民人口数量、社会成分、职业结构、稳定性或流动性、居民组织特点与差异进行了考察。⑨ 韩昇的《南北朝隋唐士族向城市的迁徙与社会变迁》重点关注南北朝、隋唐士族向城市的迁徙及所带来的社会变迁。⑩

---

① 参见张永帅、唐亦功:《论唐长安住宅所有权的延续与转移》,《陕西师范大学学报》(哲学社会科学版)2009年第5期。
② 参见张永帅、唐亦功:《唐长安住宅的规模》,《史林》2009年第2期。
③ 参见刘阿平:《唐宋城市私有房产出租者构成浅析》,《咸阳师范学院学报》2009年第3期。
④ 参见杜文玉:《唐代长安的宦官住宅与坟茔分布》,《中国历史地理论丛》1997年第4期。
⑤ 参见尚民杰:《长安城郊唐皇室墓及相关问题》,载荣新江主编:《唐研究》第9卷,北京大学出版社2003年版,第403—426页。
⑥ 参见宁欣:《从士人社会到市民社会——以都城社会的考察为中心》,《文史哲》2009年第6期。
⑦ 参见宁欣:《唐宋都城社会结构研究——对城市经济与社会的关注》,商务印书馆2009年版。
⑧ 参见程存洁:《唐代城市史研究初篇》,中华书局2002年版。
⑨ 参见郭正忠:《唐宋时期城市的居民结构》,《史学月刊》1986年第2期。
⑩ 参见韩昇:《南北朝隋唐士族向城市的迁徙与社会变迁》,《历史研究》2003年第4期。

陶希圣的《盛唐户口较多的州郡》为作者读《新唐书》随笔内容之一，认为《新唐书·地理志》记载的州郡户口于天宝年间调查，数目较为接近于当时实在的人口数目。论文按照人口数量对不同城市进行了分类，为研究唐代城市人口提供了重要参考资料。① 宁欣的《由唐入宋都市人口结构及外来、流动人口数量变化浅论——从〈北里志〉和〈东京梦华录〉谈起》以都城妓女及工商、服务业人口为例，讨论唐宋间都城人口结构的变化，同时分析它们的外来人口与流动人口数量增长的现象。②《唐代长安流动人口中的举选人群体——唐代长安流动人口试析之一》讨论唐代长安流动人口中的一个特殊人群"举子"。③ 张泽咸的《唐代城市构成的特点》认为，隋唐时期经济性城市增多，长安、洛阳之外的不同规模等级城市体制开始出现，城市居民包括官吏、地主、军人、知识界、宗教徒、贫民、浮客、艺人及工商业者。④ 王晓鹃的《从〈北里志〉看唐末长安歌妓的生活》研究了唐末长安歌妓来源、家庭构成、技艺训练、居住场所、身份类型、交往对象、人生归宿。⑤ 姜伯勤的《从判文看唐代市籍制的终结》从几则判文记载分析了唐代城市"市人"特殊身份制度瓦解的现象。⑥ 范邦瑾的《唐代蕃坊考略》、马娟的《唐宋时期穆斯林蕃坊考》、刘莉的《试论唐宋时期的蕃坊》重点关注唐宋城市中特殊人群"蕃商"，丰富了有关唐宋时期城市人口问题的研究。⑦

黄煌的《唐代的城市居民生活与城市经济》勾勒了唐代城市居民物质文化生活图景，探讨了唐代城市居民的衣食住行及文化精神生活，认为商品生产发展和城市经济进步推动了唐朝的繁荣和昌盛。⑧ 黄敏枝的《从开元天宝社会的积富看长安生活的奢华》⑨以长安为研究重点，讨论唐长安社会生活与风土人情。周益、姚丽君的《从长安、扬州的繁荣看唐代城市个人消

---

① 参见陶希圣:《盛唐户口较多的州郡》,《食货》1935 年第 10 期。
② 参见宁欣:《由唐入宋都市人口结构及外来、流动人口数量变化浅论——从〈北里志〉和〈东京梦华录〉谈起》,《中国文化研究》2002 年第 2 期。
③ 参见宁欣:《唐代长安流动人口中的举选人群体——唐代长安流动人口试析之一》,《中国经济史研究》1998 年第 1 期。
④ 参见张泽咸:《唐代城市构成的特点》,《社会科学战线》1991 年第 2 期。
⑤ 参见王晓鹃:《从〈北里志〉看唐末长安歌妓的生活》,《兰州学刊》2009 年第 10 期。
⑥ 参见姜伯勤:《从判文看唐代市籍制的终结》,《历史研究》1990 年第 3 期。
⑦ 参见范邦瑾:《唐代蕃坊考略》,《历史研究》1990 年第 4 期；马娟:《唐宋时期穆斯林蕃坊考》,《回族研究》1998 年第 3 期；刘莉:《试论唐宋时期的蕃坊》,《中央民族大学学报》(哲学社会科学版) 1999 年第 6 期。
⑧ 参见黄煌:《唐代的城市居民生活与城市经济》,《华东师范大学学报》(哲学社会科学版) 1992 年第 3 期。
⑨ 参见黄敏枝:《从开元天宝社会的积富看长安生活的奢华》,《成功大学历史学报》1975 年第 2 期。

费特点》认为,中国城市发展至唐代出现重大变化,不论政治性城市代表长安抑或消费性城市魁首扬州,城市个人消费最大特色为依靠市场。[1] 孙运芳的《唐代长安家庭衣食住行风俗变迁》从初唐、盛唐、中晚唐三个时间段梳理关于着装、饮食、住宅、出行、风俗变迁的历史过程与原因,得出唐代长安家庭衣食住行风俗变迁规律、传播途径及现实镜鉴作用。[2]

牛来颖的《论唐长安城的营修与城市居民的税赋》考察了唐长安"地子"(税名)用于营缮建筑和充当赋税的情况。[3] 林立平的《中唐后城市生活的"俗世化"倾向》考察了中唐后社会各阶层的变化,分析了皇室贵族官僚的生活方式,认为中唐以后城市生活确已发生历史性转折,皇室贵族和官僚士大夫的特权式自给性消费方式已发生变化,他们的日常生活通过各种途径同世俗社会产生日益广泛的联系。[4] 冻国栋的《略述唐代人口的城乡结构与职业结构》论及隋唐五代时期人口的城乡结构与职业结构问题,认为随着社会生产力的缓慢推进,所谓"四民"分业已远无法概括行业间或部门间分工的实况。工商业者人数的增长是一个基本的现实,城市中其他的行业正在吸纳更多人户走向城市或新兴市镇。[5] 宁欣的《中国古代市民争取话语权的努力——对唐朝"罢市"的考察》认为,中国古代市民的成长有一个过程,如何争取话语权是市民群体意识增强的重要表现。伴随唐中叶以后商品经济发展,市民集体"罢市"的记载逐渐增加,"罢市"成为市民伸展民意、价值判断、政治取向的手段,侧面反映中国市民社会的成长。[6] 李斌城等的《隋唐五代社会生活史》重点关注隋唐五代城市社会生活状况,对研究隋唐五代城市居民生活状态具有重要参考价值。[7] 成荫的《日常生活视野下的唐宋都城变革——以节日游乐社会环境为中心》考察了节日游乐社会环境历史变迁、社会功能、历史意义,分析了唐宋都城变革在日常生活领域中的

---

[1] 参见周益、姚丽君:《从长安、扬州的繁荣看唐代城市个人消费特点》,《湖南师范大学社会科学学报》2001年第S2期。

[2] 参见孙运芳:《唐代长安家庭衣食住行风俗变迁》,曲阜师范大学硕士学位论文,2010年。

[3] 参见牛来颖:《论长安城的营修与城市居民的税赋》,载荣新江主编:《唐研究》第15卷,北京大学出版社2003年版,第91—110页。

[4] 参见林立平:《中唐后城市生活的"俗世化"倾向》,载中国唐代史学会编:《中国唐史学会论文集》,三秦出版社1991年版,第229—247页。

[5] 参见冻国栋:《略述唐代人口的城乡结构与职业结构》,《魏晋南北朝隋唐史资料》2002年第19辑。

[6] 参见宁欣:《中国古代市民争取话语权的努力——对唐朝"罢市"的考察》,《中国经济史研究》2009年第3期。

[7] 参见李斌城等:《隋唐五代社会生活史》,中国社会科学出版社1998年版。

表现与特征。① 宋肃懿的《唐代之长安研究》探讨了唐代长安的市民生活。②

黄新亚的《消逝的太阳——唐代城市生活长卷》是描述长安城市生活的代表性作品,其从外来文化输入、城市布局设施、市场繁华与活跃、科场士子、求学少年、佛教信仰与佛寺文明、节日与休闲活动等方面描述当时的城市生活。③ 程蔷、董乃斌的《唐帝国的精神文明——民俗与文学》视角新颖,从岁时节日、都市民俗、妇女生活习俗、文人士子风貌、神灵崇拜与巫术禁忌、民间文学与技艺六个方面叙述了唐人的精神生活。④ 武伯纶的《唐长安郊区的研究》打破了以往研究者过多关注中心城市的惯例,对城市郊区给予关注,以出土墓志及有关诗文说明长安市郊田园别墅风貌和劳动者生产、生活状况。⑤ 李昌舒的《中唐时期东都士人的生活方式及其美学意蕴》认为,中唐时期白居易等人以闲官身份居住于东都洛阳,生活方式以宴集和游赏为主,感官刺激享受与追求玄远精神境界并举。其对中国美学的影响主要体现在饮茶、填词、私人园林和清幽淡雅的审美趣味上。⑥ 毕斐的《张彦远笔下的长安画家与画迹》对张彦远身世及其名作《历代名画记》中画家分野和书中所描写寺观等建筑的分布进行了考察。⑦ A.F.Wright 的《象征性与功能——关于长安及其他大都市的考察》以与都市传统相关问题为研究中心,说明作为东亚最大都市计划的隋唐长安城。⑧ 侯晓燕的《唐都长安城绿化》介绍了唐都长安城建筑景观中的绿化情况,分析了唐长安城绿化的状况和特色。⑨

(六) 区域城市

王涛的《唐后期南方城市的兴起与繁荣》探讨了唐代南方经济发展及

---

① 参见成荫:《日常生活视野下的唐宋都城变革——以节日游乐社会环境为中心》,《中国经济史研究》2009 年第 3 期。
② 参见宋肃懿:《唐代之长安研究》,台北大立出版社 1983 年版。
③ 参见黄新亚:《消逝的太阳——唐代城市生活长卷》,湖南出版社 1996 年版。
④ 参见程蔷、董乃斌:《唐帝国的精神文明——民俗与文学》,中国社会科学出版社 1996 年版。
⑤ 参见武伯纶:《唐长安郊区的研究》,载中华书局编辑部编:《文史》第 3 辑,中华书局 1963 年版,第 157—184 页。
⑥ 参见李昌舒:《中唐时期东都士人的生活方式及其美学意蕴》,《安徽师范大学学报》(人文社会科学版)2012 年第 6 期。
⑦ 参见毕斐:《张彦远笔下的长安画家与画迹》,载荣新江主编:《唐研究》第 15 卷,北京大学出版社 2003 年版,第 361—384 页。
⑧ 参见[美]A.F.Wright:《象征性与功能——关于长安及其他大都市的考察》,《历史教育》1966 年第 14 卷。
⑨ 参见侯晓燕:《唐都长安城绿化》,陕西师范大学硕士学位论文,2009 年。

其总体特征,表现为传统城市体制变化,城市间联系日益增强,政治职能未完全消退,经济职能有所加强。① 邹逸麟的《淮河下游南北运口变迁和城镇兴衰》论述了交通地理环境和区域经济发展的关系。② 杜瑜的《汉唐河西城市初探》就河西走廊城市兴起的地理基础、城市兴衰及其原因进行了研究,总结出汉唐河西地区城市的发展经历了一个迂回曲折的三起三落过程。除地理因素影响外,更多是政治、军事、交通和人口迁徙等人文因素在起作用。③ 程存洁的《略论唐王朝对西北边城的经营》分析了河西走廊及伊西北庭等地的边城设置和分布,唐王朝建军对西北边城建置的影响等问题。④ 周怀宇的《论隋唐五代淮河流域城市的发展》认为,隋唐五代时期是淮河流域城市发展的黄金阶段,以扬州、开封为龙头的宋、楚、泗、寿、颍、濠、宿、庐等城市快速发展。⑤ 张剑光的《略论唐五代江南城市的经济功能》认为,唐五代江南地区城市布局愈发密集,城市经济功能不断增强,市场商业经济普遍繁荣,商业经营范围不断扩大。夜间商业交换现象普遍出现,城市服务业蓬勃兴起。城市对周围农村经济带来一定影响,农民与城市关系日益密切。⑥

李孝聪的《论唐代后期华北三个区域中心城市的形成》从城市历史地理学角度分析定州、恒州、魏州三个唐代后期区域中心城市的形成、演化历史背景和自然地理条件。⑦ 赵鸿昌的《唐代南诏城镇散论》认为,南诏中后期城镇增加至100余座,城镇本原为唐城、吐蕃城、境内豪族大姓和部落部族城镇及南诏自建城镇,其发展巩固支撑着南诏政权并与南诏政治军事力量发展同步。重点城镇将南诏领域划分为东、西、南、北、中五大区域。与中原城镇相较,南诏城镇政治军事功能明显。⑧ 李映涛的《唐代巴蜀地区城市

---

① 参见王涛:《唐后期南方城市的兴起与繁荣》,《晋阳学刊》1999年第5期。
② 参见邹逸麟:《淮河下游南北运口变迁和城镇兴衰》,载《历史地理》编委会编:《历史地理》第6辑,上海人民出版社1988年版。
③ 参见杜瑜:《汉唐河西城市初探》,载《历史地理》编委会编:《历史地理》第7辑,上海人民出版社1990年版。
④ 参见程存洁:《略论唐王朝对西北边城的经营》,载程存洁:《唐代城市史研究初篇》,中华书局2002年版,第201—227页。
⑤ 参见周怀宇:《论隋唐五代淮河流域城市的发展》,《安徽大学学报》(哲学社会科学版)2001年第3期。
⑥ 参见张剑光:《略论唐五代江南城市的经济功能》,《上海师范大学学报》(哲学社会科学版)2001年第3期。
⑦ 参见李孝聪:《论唐代后期华北三个区域中心城市的形成》,《北京大学学报》(哲学社会科学版)1992年第2期。
⑧ 参见赵鸿昌:《唐代南诏城镇散论》,《云南社会科学》1991年第4期。

等级结构与空间分布特征研究》认为,唐代巴蜀地区城市数量大幅增加,城市体系等级结构更为复杂和完善,城市商业日趋繁荣,城市商品种类丰富,服务性商业兴起,城市商业对农村经济的辐射作用增强;其《唐代巴蜀城市商业发展特征浅析》亦对比做了讨论。① 史念海的《隋唐时期的交通与都会》综合论述唐代以长安为中心向外辐射的交通体制、道路,研究了长安及各陪都,扬、益二州,开元十五道采访使治所,十万户州和边州地理及交通情况;②《唐代通西域道路的渊源及其途中的都会》分析了通西域道路,指出这些道路千百年来变化不大,论述了凉州、鄯州、甘州、敦煌、安西都护、北庭都护、原州、秦州和凤翔府等都会的交通、自然地理、经济发展的情况。③ 鞠情远的《唐代的都市概况》将都市划分为由于交通而发展的,如长安、洛阳、汴州、扬州等;以工业与矿业而发展的,如山西安邑,四川云安、陵州、夔州。除以上城市外,因交通关系渐渐发展的马头、桥市、草市、陆上驿店亦逐步发展为小市镇。④

(七) 单体城市

目前,学术界关于隋唐五代单体城市的研究重点为扬州,对其的研究成果占据单体城市研究大半,广州、泉州、成都、幽州亦逐步引起研究者关注。

1. 扬州

顾敦信的《扬州在唐代国际交往中的地位》认为,扬州地处长江与运河交汇之地,江南各地物资多须经扬州沿运河转运北上或出口外销,东南沿海港口北上中原之外国人及商品必经扬州,扬州于国际交往中地位突出。⑤ 史念海的《论唐代扬州和长江下游的经济地区》认为,扬州成为唐代全国最大经济都会受益于长江下游经济区域的发展。长江流经扬州城下并与其他运河形成交叉地带,对扬州城的繁荣促进作用确属明显。后长江南北流向有所变动,导致扬州段江面趋于狭窄,其与之后运河间歇性中断共同导致了扬州城的衰败。⑥ 李廷先的《唐代扬州史考》介绍了唐代以前扬州经济、文

---

① 参见李映涛:《唐代巴蜀地区城市等级结构与空间分布特征研究》,《社会科学研究》2009年第3期;《唐代巴蜀城市商业发展特征浅析》,《西南民族大学学报》(人文社会科学版)2009年第6期。
② 参见史念海:《隋唐时期的交通与都会》,载史念海主编:《唐史论丛》(第6辑),陕西人民出版社1995年版。
③ 参见史念海:《唐代通西域道路的渊源及其途中的都会》,《中国历史地理论丛》1995年第1期。
④ 参见鞠情远:《唐代的都市概况》,《〈益世报〉食货副刊》1937年3月16日第15版。
⑤ 参见顾敦信:《扬州在唐代国际交往中的地位》,《海交史研究》1982年第3期。
⑥ 参见史念海:《论唐代扬州和长江下游的经济地区》,《扬州师院学报》(社会科学版)1982年第2期。

化的发展进程及唐代扬州大都督及大都督府长史编年、城区规模、农业、手工业、商业、道教、寺庙和唐代诗人等方面内容。①西冈弘晃的《唐宋时期扬州的盛衰与水利问题》从扬州发展、扬州城变迁、扬州城内水利与大运河等方面论述了扬州盛衰与水利的关系，认为大运河完成后，交通变迁，经济繁荣程度是决定唐宋扬州盛衰的重要原因。②杜瑜的《历史地理变迁与扬州城市兴盛的关系》认为，扬州位于运河入江口附近，它的兴起、发展均与运河密切相关，但运河交通绝非扬州城兴盛的主要因素，其作用只有在江淮经济发展后才得以发挥。扬州周围经济地理的变化是影响扬州兴盛最重要、最根本的因素。③李裕群的《隋唐时代的扬州城》概述了隋唐扬州城子城和罗城的形制布局及河渠水平桥梁等，分析了扬州作为商业经济型城市，布局上对长安和洛阳城的承袭和发展。④庄林德、张京祥编著的《中国城市发展与建设史》认为，唐代扬州不仅是我国最大、最繁荣的工商业城市，也是我国最主要的外贸港市之一，并对扬州之所以成为主要港市的原因进行了深入分析，还对唐代主要都会长安、洛阳的发展对政治、经济和文化等方面的影响做了深刻阐述。⑤

全汉昇的《唐宋时代扬州经济景况的繁荣与衰落》从唐到宋四五百年间扬州的盛衰演变，分析影响扬州盛衰的各种因素，尤其是交通条件的变化及由此引起的区域经济格局调整。⑥李廷先的《唐代扬州城区的规模》结合文献记载和考古资料推断唐代扬州城区规模为周遭15千米以上，其为当时国内少有规模的巨大城市。⑦蒋忠义的《隋唐宋明扬州城的复原与研究》认为扬州为隋唐开发的新兴城市，其营造促进了南北经济贸易发展，随着民殷物富逐步成为江南政治、经济、文化中心城市。受隋唐都城影响，扬州规划体现封闭式里坊意识，城市规划整齐，形如棋盘，坊外以道路相隔，不筑城墙，此规划有利于商业发展。⑧典元的《隋唐时扬州繁荣的素描》对隋唐时

---

① 参见李廷先：《唐代扬州史考》，江苏古籍出版社2002年版。
② 参见[日]西冈弘晃：《唐宋时期扬州的盛衰与水利问题》，《中村学园研究纪要》2002年第34号。
③ 参见杜瑜：《历史地理变迁与扬州城市兴盛的关系》，载《平准学刊》编辑委员会编：《平准学刊》（第4辑上册），光明日报出版社1989年版。
④ 参见李裕群：《隋唐时代的扬州城》，《考古》2003年第3期。
⑤ 参见庄林德、张京祥编著：《中国城市发展与建设史》，东南大学出版社2002年版。
⑥ 参见全汉昇：《唐宋时代扬州经济景况的繁荣与衰落》，《历史语言研究所集刊》（第11本），1943年。
⑦ 参见李廷先：《唐代扬州城区的规模》，《中国历史地理论丛》1991年第4期。
⑧ 参见蒋忠义：《隋唐宋明扬州城的复原与研究》，载中国社会科学院考古研究所编著：《中国考古学论丛：中国社会科学院考古研究所建所40年纪念》，科学出版社1993年版。

期扬州繁荣的情况进行了生动描述,分析了隋唐时期扬州繁荣的交通与转运中心等因素。交通地位带动商业繁荣,商业进而推动制造业发展,二者共同推动都市生活的热闹和繁华。① 韩茂莉的《唐宋之际扬州经济兴衰的地理背景》就地理条件对扬州经济兴衰的影响加以探讨,分析地理条件在城市形成和发展过程中的作用。② 周运中的《港口体系变迁与唐宋扬州盛衰》从正史、诗歌、笔记中搜寻前人忽略之史料,描绘了唐代扬州的商贸范围,并结合长江三角洲港口变迁,分析宋代扬州经济衰落因由。③ 武仙卿的《隋唐时代扬州的轮廓》对江淮一带的富饶、以扬州为中心的水陆交通、以扬州为中心的转运、扬州商业的兴盛与扬州繁荣的素描、制造业的一斑、中唐以降江淮一带、扬州的破坏等内容进行了全面系统的论述,堪称研究扬州的奠基之作。④ 全汉昇的《唐宋时代扬州经济景况的繁荣与衰落》分绪论,唐代扬州繁荣状况、繁荣因素,唐末以后扬州衰落状况、衰落因素,结论等部分,全面论述了唐宋时代扬州经济的变迁兴衰,认为唐代扬州繁荣因由为国内外贸易、工业、金融业发达;扬州衰落是战争破坏与繁荣的国内外贸易、工业、金融业及运输业凋敝共同作用的结果。⑤ 谢元鲁的《论"扬一益二"》探讨了扬州和益州于唐代空前繁盛的基础及条件。⑥

2. 广州、泉州、成都

林家劲的《唐代广州与南海的交通》提出,唐代广州为我国与南海交通最为重要之港口,亦为国际性都市之一,其对外贸易对象主要为南海和阿拉伯地区,贸易商品种类繁多。⑦ 李庆新的《论唐代广州的对外贸易》认为,唐代广州对外贸易发展在经营方式、管理体制、经营规模和经营内容方面均开创了一个全新的时代,影响广泛而深远。⑧ 曾一民的《唐代广州之内陆交通》据唐人所记分述广州主要干线的经济与军事作用。⑨ 刘文波的《唐末五代泉州对外贸易的兴起》认为,唐代当政者的积极施政及政局和平与稳定

---

① 参见典元:《隋唐时扬州繁荣的素描》,《江苏文献》1942年第3—4期。
② 参见韩茂莉:《唐宋之际扬州经济兴衰的地理背景》,《中国历史地理论丛》1987年第1期。
③ 参见周运中:《港口体系变迁与唐宋扬州盛衰》,《中国社会经济史研究》2010年第1期。
④ 参见武仙卿:《隋唐时代扬州的轮廓》,《食货》1937年第1期。
⑤ 参见全汉昇:《唐宋时代扬州经济景况的繁荣与衰落》,《历史语言研究所集刊》(第11本),1943年。
⑥ 参见谢元鲁:《论"扬一益二"》,载史念海主编:《唐史论丛》第3辑,陕西人民出版社1987年版。
⑦ 参见林家劲:《唐代广州与南海的交通》,《学术研究》1979年第6期。
⑧ 参见李庆新:《论唐代广州的对外贸易》,《中国史研究》1992年第4期。
⑨ 参见曾一民:《唐代广州之内陆交通》,国璋出版社1987年版。

局面的保持,延续了自唐初以来社会经济全面发展的局面,促进了对外贸易兴起。① 李东华的《唐末泉州的兴起及其背景》及《五代北宋时期泉州海上交通之发展》描述了南海交通及贸易圈成立。② 谢元鲁的《成都:唐宋城市公共空间的变迁》利用丰富史料揭示了唐宋时期成都城市公共空间在社会中的作用逐渐增强,表现出由封闭向世俗、等级向平等发展的特点。③ 严耕望的《唐五代时期之成都》深入讨论成都经济发展,从宗教、学术、政治、军事方面指出唐末时成都为中国第一大都市及最大的文学艺术中心。④

3. 营州、西州、棣州

徐效慧的《略述唐代营州的经济》考察了营州农业、畜牧业、手工业、建筑业、商业经济,总结了营州经济发展的动因。⑤ 衡之的《唐代西州的市场经济》认为,唐代西州市场经济发展已达到相当高的水平,并分析了西州市场经济发达的原因。⑥ 杜立晖的《隋唐五代黄河三角洲的开发——以棣州为中心的考察》论述了隋唐五代时期黄河三角洲在市镇、人口、农工商业等方面发生的显著变化,并考察了黄河三角洲开发状况、原因、受制约因素等内容。⑦ 宁欣、李凤先的《试析唐代以幽州为中心地区人口流动》以人口流动的表现和特点来探讨幽州地区从政治重心边缘次中心到政治重心中心区的转移这一变迁过程中的人口基础。⑧ 魏存成的《渤海都城的布局发展及其与隋唐长安城的关系》认为渤海都城的修建和完备集中体现了渤海对中原先进制度、文化的吸收融化。经过修建完善,渤海上京各个建制与设施完备化、制度化,成为当时我国东北地区又一座繁荣昌盛的小长安城,生动体现渤海与中原"疆理虽重海,车书本一家"的内在密切联系。⑨ 丹化沙的

---

① 参见刘文波:《唐末五代泉州对外贸易的兴起》,《泉州师范学院学报》2003 年第 3 期。
② 参见李东华:《唐末泉州的兴起及其背景》,《台大历史学报》1982 年第 9 期;《五代北宋时期泉州海上交通之发展》,《台大历史学报》1984 年第 10—11 期。
③ 参见谢元鲁:《成都:唐宋城市公共空间的变迁》,载严耀中主编:《唐代国家与地域社会研究——中国唐史学会第十届年会论文集》,上海古籍出版社 2008 年版。
④ 参见严耕望:《唐五代时期之成都》,载《严耕望史学论文选集》(上),中华书局 2006 年版。
⑤ 参见徐效慧:《略述唐代营州的经济》,《渤海大学学报》(哲学社会科学版)2006 年第 3 期。
⑥ 参见衡之:《唐代西州的市场经济》,《西域研究》1997 年第 3 期。
⑦ 参见杜立晖:《隋唐五代黄河三角洲的开发——以棣州为中心的考察》,《东岳论丛》2010 年第 6 期。
⑧ 参见宁欣、李凤先:《试析唐代以幽州为中心地区人口流动》,《河南师范大学学报》(哲学社会科学版)2003 年第 3 期。
⑨ 参见魏存成:《渤海都城的布局发展及其与隋唐长安城的关系》,载教育部人文社会科学重点研究基地吉林大学边疆考古研究中心编:《边疆考古研究》,科学出版社 2004 年版,第 273—297 页。

《略谈渤海上京龙泉府》认为,渤海国都城上京龙泉府仿造唐长安布局设计建造,城址、宫阙、禁苑、街坊风格特点与长安城较为一致。① 姜华昌的《渤海上京龙泉府与唐长安城建筑布局的比较》则认为,渤海上京龙泉府完全仿唐都长安城之说比较片面。渤海国建筑上京龙泉府时学习和仿照了唐长安城,同时亦接受了洛阳城建筑成果,将北方建筑风格和本民族特点相结合。②

另外,研究其他城市的学术成果亦值得一提。如砺波护研究唐代苏州之文《唐代的苏州》③,佐藤武敏关于唐杭州饮水问题的《唐宋时代都市饮水的问题——以杭州为中心》一文等亦用力甚多;④爱宕元的《唐代太原城的规模与构造》、气贺泽保规的《唐代幽州的地域与社会》、菊池英夫的《作为边境城市的"燕云十六州"研究序说》、爱宕元的《唐代的蒲州河中府城与河阳三城——与浮梁和中潬城相结合的城郭》、中村治兵卫的《宋代黄河南岸的都市滑州与商人组合"行"》等有关唐代长安及地方城市的论文,涉及范围广泛而具体,与长安有关的论考细致入微,对地方城市乃至边城的探讨也较深入,在资料的搜集、解说上下了功夫,尤可重视的是爱宕元关于隋唐都市构造及相关问题的复原、研究业绩。

(八) 城市宫殿寺院

秦建明等的《唐初诸陵与大明宫的空间布局初探》对隋大兴城、唐长安到大明宫诸陵空间布局发展过程进行了分析。⑤ 佐藤武敏的《唐长安的宫城》强调依例设计宫城,唐长安城设计与中国传统都城并非完全无所关联。⑥ 陈忠凯的《唐长安城寺院与丝绸之路》认为,丝绸之路畅通对唐长安寺院宗派、建筑、信徒人数产生了重要影响。⑦ 气贺泽保规的《武则天的感业寺出家问题与德业寺》认为,感业寺是在强烈意识着德业寺的心理状况下虚构的寺名。⑧ 牛来颖的《〈法苑珠林〉中所见的唐长安里坊与佛寺》考

---

① 参见丹化沙:《略谈渤海上京龙泉府》,《黑龙江大学学报》(哲学社会科学版) 1979 年第 2 期。
② 参见姜华昌:《渤海上京龙泉府与唐长安城建筑布局的比较》,《北方文物》1988 年第 2 期。
③ 参见[日]砺波护:《唐代的苏州》,载[日]梅原郁编:《中国近世的都市与文化》,京都大学人文科学研究所 1984 年版。
④ 参见[日]佐藤武敏:《唐宋时代都市饮水的问题——以杭州为中心》,《中国水利史研究》1975 年第 7 期。
⑤ 参见秦建明等:《唐初诸陵与大明宫的空间布局初探》,《文博》2003 年第 4 期。
⑥ 参见[日]佐藤武敏:《唐长安的宫城》,载《江上波夫教授古稀记念论集——考古·美术篇》,山川出版社 1976 年版。
⑦ 参见陈忠凯:《唐长安城寺院与丝绸之路》,《文博》1992 年第 2 期。
⑧ 参见[日]气贺泽保规:《武则天的感业寺出家问题与德业寺》,载西安碑林博物馆编:《纪念西安碑林九百二十周年华诞国际学术研讨会论文集》,文物出版社 2008 年版。

察了《法苑珠林》中《唐亲卫高法眼》蕴含的长安地理因素。① 马得志的《唐长安青龙寺建筑规模及对外影响》考察了唐长安青龙寺建筑规模和对外影响,认为青龙寺至少有五六个院,僧房及附属建筑亦不在少数。青龙寺作为佛学教育中心,对中外文化交流起到积极作用。② 孙英刚的《想象中的真实——隋唐长安的冥界信仰与城市空间》研究了长安居民的冥界知识,讨论了西市独柳树、东市狗脊岭与冥界关系、冥界空间与长安真实空间的对应。③ 王涛的《唐宋城市保护神二元格局的形成与分布》认为,毗沙门天王信仰形成之后主要分布于北方城市,城隍神则主要分布于南方城市。④

王静的《城门与都市——以唐长安通化门为主》论述了长安外郭城通化门及章敬寺、长乐驿的社会功能,认为它们在一定程度上体现了秩序和权力。⑤ 介永强的《〈唐长安佛寺考〉补苴》以孙昌武的《唐长安佛寺考》为基础,新增补唐长安及其近郊佛寺28所,考证了有关佛寺的建置沿革问题。⑥ 荣新江的《隋唐长安的寺观与环境》把隋唐时期的寺观放在环境史中进行考察,研究了长安寺观与周边地区人文、自然环境的关系。⑦ 荣新江的《从王宅到寺观——唐代长安"公共空间"的扩大与社会变迁》认为,唐代长安规模较大佛寺和道观多数由王宅改建。王宅向寺观转变体现其社会功能意义转换。王宅变为寺观给城市提供了公共空间,使其具备了政治和社会功能。⑧ 小野胜年的《长安的大明宫》论述唐代长安三宫之一的大明宫。⑨

（九）城市考证考古

张可辉的《敦煌写本〈诸山圣迹志〉所载扬州城考补》探讨了敦煌写本《诸山圣迹志》所载扬州城的规模及城门数。⑩ 王文才的《成都城坊考》对唐

---

① 参见牛来颖:《〈法苑珠林〉中所见的唐长安里坊与佛寺》,《南都学坛》2010年第2期。
② 参见马得志:《唐长安青龙寺建筑规模及对外影响》,载"中国考古学研究"编委会编:《中国考古学研究——夏鼐先生考古五十年纪念论文集》,文物出版社1986年版,第277—285页。
③ 参见孙英刚:《想象中的真实——隋唐长安的冥界信仰与城市空间》,载荣新江主编:《唐研究》第15卷,北京大学出版社2009年版,第139—170页。
④ 参见王涛:《唐宋城市保护神二元格局的形成与分布》,《社会科学战线》2009年第5期。
⑤ 参见王静:《城门与都市——以唐长安通化门为主》,载荣新江主编:《唐研究》第15卷,北京大学出版社2009年版,第23—50页。
⑥ 参见介永强:《〈唐长安佛寺考〉补苴》,《中国历史地理论丛》2009年第3期。
⑦ 参见荣新江:《隋唐长安的寺观与环境》,载荣新江主编:《唐研究》第15卷,北京大学出版社2009年版,第3—22页。
⑧ 参见荣新江:《从王宅到寺观——唐代长安"公共空间"的扩大与社会变迁》,《光明日报》2009年4月21日。
⑨ 参见［日］小野胜年:《长安的大明宫》,《佛教艺术》1963年第51期。
⑩ 参见张可辉:《敦煌写本〈诸山圣迹志〉所载扬州城考补》,《敦煌学辑刊》2006年第2期。

宋以前成都建置沿革、城郭、宫苑、城门、江桥、坊巷、岁时等详加考求。① 李健超的《增订唐两京城坊考》就墓志及唐人文集等校正徐松的《唐两京城坊考》之误，增补了西京坊里。② 周晓薇、王其祎、王灵的《隋代东都洛阳城四郊地名考补——以隋代墓志铭为基本素材》对隋代东都洛阳城下辖的河南与洛阳两县所辖乡、里、村等地名进行稽考订补。③ 陈久恒的《唐东都洛阳坊里宅第补》根据唐人墓志材料补录《唐两京城坊考》中有关东都坊里大批宅第和遗漏坊里。④ 赵超的《唐代洛阳城坊补考》以墓志资料补正唐代洛阳城坊，认为唐代坊、里本义存异，里由人口户数所决定，坊为面积固定的居住区划，里与坊并非完全对应。⑤ 呼琳贵的《由礼泉坊三彩作坊遗址看唐长安坊里制度的衰败》通过唐三彩商业性作坊遗址资料，得出唐长安坊里围墙被推倒，是一个逐渐的变化过程的结论。⑥ 田莹的《论隋唐洛阳城的池沼》根据文献资料考证出34处池沼，从池沼的分布、面积、水源等方面探讨了当时洛阳城池沼的特点。⑦

有关考古学发掘成果为数甚多，仅举代表若干。安家瑶、李春林的《唐大明宫含元殿遗址1995—1996年发掘报告》讨论了含元殿柱网布置、大台形制、遗址殿前广场，证实了含元殿前东、西均有龙尾道。⑧ 陈双印、张郁萍的《扬州城"四面十八门"再考辨》认为敦煌文书所载扬州城门数不确，指出十八门应该是扬州城的陆门而不包括水门。⑨ 李向菲的《唐大明宫浴堂殿方位考》认为，唐大明宫浴堂殿应位于金銮殿西、东翰林院北。⑩ 樊波的《唐大明宫玉晨观考》认为，至迟在元和十四年（819）大明宫内存在女道观——玉晨观，其服务对象是皇帝和后妃宫女，该观既是皇帝虔修法事、祈福求德的场所，亦是后妃宫女礼拜天尊、听讲道经、施舍钱财的地方。⑪ 李鸿宾的

---

① 参见王文才：《成都城坊考》，巴蜀书社1986年版。
② 参见（清）徐松撰，李健超增订：《增订唐两京城坊考》（修订版），三秦出版社2006年版。
③ 参见周晓薇、王其祎、王灵：《隋代东都洛阳城四郊地名考补——以隋代墓志铭为基本素材》，《中国历史地理论丛》2009年第3期。
④ 参见陈久恒：《唐东都洛阳坊里宅第补》，载"中国考古学研究"编委会编：《中国考古学研究——夏鼐先生考古五十年纪念论文集》（二集），文物出版社1986年版，第191—209页。
⑤ 参见赵超：《唐代洛阳城坊补考》，《考古》1987年第9期。
⑥ 参见呼琳贵：《由礼泉坊三彩作坊遗址看唐长安坊里制度的衰败》，《人文杂志》2000年第1期。
⑦ 参见田莹：《论隋唐洛阳城的池沼》，《唐都学刊》2008年第1期。
⑧ 参见安家瑶、李春林：《唐大明宫含元殿遗址1995—1996年发掘报告》，《考古学报》1997年第3期。
⑨ 参见陈双印、张郁萍：《扬州城"四面十八门"再考辨》，《敦煌研究》2008年第5期。
⑩ 参见李向菲：《唐大明宫浴堂殿方位考》，《中国历史地理论丛》2008年第4期。
⑪ 参见樊波：《唐大明宫玉晨观考》，载严耀中主编：《唐代国家与地域社会研究——中国唐史学会第十届年会论文集》，上海古籍出版社2008年版，第417—424页。

《唐幽州雄武军(城)位置再考》指出安禄山初建之雄武军应称雄武城,位置在今张家口宣化一带。① 高敏的《〈唐两京城坊考〉东都部分质疑》对徐松的《唐两京城坊考》提出质疑,重新考察了东都洛阳城。② 赵虹光的《渤海上京龙泉府城址调查发掘工作的回顾》介绍了渤海上京龙泉府城址调查和发掘之重要考古成果,认为渤海上京龙泉府规划布局、建筑风格等模仿了唐代长安城。③ 另有郭义孚的《含元殿外观复原》,马得志的《唐长安兴庆宫发掘记》,庄锦清的《唐长安城西市遗址发掘》,冈崎敬的《隋大兴——唐长安城与隋唐东都洛阳城——以近年的调查成果为中心》,阎文儒的《洛阳汉魏隋唐城址勘查记》,刘致平、傅熹年的《麟德殿复原的初步研究》,河南省博物馆、洛阳市博物馆的《洛阳隋唐含嘉仓的发掘》,大石良材的《中国宫殿的建筑》等研究。

(十) 资料与新视角

李健人的《洛阳古今谈》是1936年出版的第一部通史性的洛阳都城史研究著作,提供了多种罕见的有关河南洛阳研究的史料。④ 郭绍林的《隋唐洛阳》叙述和分析了隋唐时期洛阳的政治、经济、文化状况。⑤ 刘连香的《张全义与五代洛阳城》强调了历经唐末、后梁、后唐的朝代更迭而稳居于府尹之位的张全义对洛阳发展作出的建设性贡献。⑥ 王静的《终南山与唐代长安社会》认为,终南山与长安间互动关系有着具体的、物质的、无形的、观念的传统文化与历史基础。⑦ 荣新江的《碑读与隋唐长安研究》论述了"长安学"建立的必要性和可行性,并指出长安传存的碑刻和长安周边出土的墓志对研究隋唐长安学的价值和意义。⑧

王炳华的《唐置轮台县与丝绸之路北道交通》认为唐代丝路征税轮台,因由在于控扼交通咽喉,居于北道商业运行核心地位。⑨ 王涛的《唐代中后

---

① 参见李鸿宾:《唐幽州雄武军(城)位置再考》,载荣新江主编:《唐研究》第16卷,北京大学出版社2010年版,第249—260页。
② 参见高敏:《〈唐两京城坊考〉东都部分质疑》,《中华文史论丛》1980年第3期。
③ 参见赵虹光:《渤海上京龙泉府城址调查发掘工作的回顾》,《北方文物》1988年第2期。
④ 参见李健人:《洛阳古今谈》,史学研究社1936年版。
⑤ 参见郭绍林:《隋唐洛阳》,三秦出版社2006年版。
⑥ 参见刘连香:《张全义与五代洛阳城》,《洛阳工学院学报》(社会科学版)2002年第2期。
⑦ 参见王静:《终南山与唐代长安社会》,载荣新江主编:《唐研究》第9卷,北京大学出版社2003年版,第129—168页。
⑧ 参见荣新江:《碑读与隋唐长安研究》,载西安碑林博物馆编:《纪念西安碑林九百二十周年华诞国际学术研讨会论文集》,文物出版社2008年版,第46—54页。
⑨ 参见王炳华:《唐置轮台县与丝绸之路北道交通》,载荣新江主编:《唐研究》第16卷,北京大学出版社2010年版,第151—168页。

期城乡关系之状况及其成因》指出中唐后由于商品经济发展,城乡关系由原来的对抗性转化为依存性,并对其原因进行了分析探讨。① 郭正忠的《唐宋城市类型与新型经济都市——镇市》认为,唐宋以来兴起的镇市一部分已属于新型的经济都市,大多数镇市规模略小,具有不同于传统政治、军事城市的突出经济职能。② 史兵的《唐代长安城军事防御体系研究》以唐长安城防御体系为考察重点,构建都城军事防御体系研究框架。讨论了关中军事地形及长安防御设施、军队布防情况、后勤补给系统等各个方面。③ 李瑞的《唐宋都城空间形态研究》以唐长安和北宋东京两座都城空间形态要素与关系为切入点,通过对两个都城形态要素的比较分析,揭示了唐宋都城空间形态演化的特点、影响因素、动力机制。④ 陈昊的《隋唐长安的医疗与社会空间》以隋唐长安公共卫生为视角,从医疗照料和诊治入手,对隋唐长安城中与医疗相关的社会空间展开、运作乃至冲突历史过程进行了具体历史分析,展现古代医疗活动如何"重构"城市空间。⑤ 久保和田男等的《五代宋初的洛阳和国都问题》通过王朝祭天典礼地址选择问题反映出五代前期洛阳地位优于开封。后周时郊祀在开封举行则使开封国都机能更加完备,奠定了宋都开封的基础。⑥

纵观以上研究成果与趋势,可以明晰近年来隋唐五代城市史研究的显著进步和变化,研究领域日趋广泛,研究者队伍亦趋壮大。应当说,经过学者的辛勤耕耘,隋唐五代城市史研究取得了令人瞩目的成就,但存在的不足亦显而易见。

第一,资料整理与利用仍存不足。近年来,古代城市史研究较为重视资料整理与建设,各类资料已相继数据化、网络化,这些均为隋唐五代城市史研究带来了极大便利,有力地推动了古代城市史研究工作的进展。我们还应看到,研究隋唐五代城市史,仅仅沿袭传统的研究方式和方法,依旧停留于以往的旧有资料是不够的,应加强遗留资料的整理、发掘工作,注重考古成果的应用与转化,强化已有资料与研究成果的交流,考证并辨析已有数据化、电子化的古代城市史资料。

---

① 参见王涛:《唐代中后期城乡关系之状况及其成因》,《山西大学学报》(哲学社会科学版)2001年第4期。
② 参见郭正忠:《唐宋城市类型与新型经济都市——镇市》,《天津社会科学》1986年第2期。
③ 参见史兵:《唐代长安城军事防御体系研究》,陕西师范大学博士学位论文,2010年。
④ 参见李瑞:《唐宋都城空间形态研究》,陕西师范大学博士学位论文,2005年。
⑤ 参见陈昊:《隋唐长安的医疗与社会空间》,《光明日报》2009年4月21日。
⑥ 参见[日]久保和田男:《五代宋初的洛阳和国都问题》,赵望秦、黄新华译,《中国历史地理论丛》2001年第3期。

第二,理论探索与建设有待加强,学科体系尚待建立完善。城市史为中国历史的重要构成,隋唐五代城市史是古代城市史研究的重要时段。城市史总体研究存在的理论建设不足问题于隋唐五代城市史研究中亦有明显体现。运用新理论、新方法建构隋唐五代城市史学体系的探索性文章乏善可陈。多数研究者仍停留于单一历史学方法应用与简单历史描述,甚至是资料罗列,缺乏符合中国国情的深层次理论分析和科学总结。更无得到学界认可的隋唐五代城市发展的权威性理论体系,隋唐五代城市研究基本内涵、线索、发展动力机制、城市化主体脉络等深度成果难得一见。研究方法上,鲜有研究者将历史学、地理学、地质学、政治学、经济学等相关学科综合运用于隋唐五代城市史研究。由此,未来隋唐五代城市史研究,应于理论上加以全面总结和提高,不断推动城市史学向高深方向拓展。应认识到对隋唐五代城市史研究理论、方法,研究对象、目的、意义的探讨是建构城市史学的重要条件,在引介西方理论的同时,推行古代城市史研究理论与方法的本土化。

第三,研究不平衡问题较为明显,亟待平衡与协调。从上述已有成果看,近年来学者们在隋唐五代都城研究方面取得不俗成绩,对地方性城市的关注度正在加强。但城市个案研究、区域研究与总体研究均存在严重不足。都城研究多重视长安、洛阳,短暂作为都城的城市还未引起学者的关注,如以五代时期各政权所建都城为研究对象的成果寥寥。地方性城市明显侧重扬州。区域研究过分重视南方城市而忽略北方城市。边疆城市研究空间更为广大,需深入探讨领域实属广泛。就总体研究而论,隋唐五代城市史研究过多重视精细碎片化分析,研究选题注重某一城市,或某一城市的一个方面,缺乏宏观性视野,以隋唐五代城市总体发展脉络与规律为依据的总体性、系统化研究成果亟待出现。由此,未来隋唐五代城市史研究应努力加强对隋唐五代城市全面系统的总体研究,将隋唐五代城市作为一个独立的整体进行全方位的综合分析,从总体上把握隋唐五代时期城市发展的过程与主题,于延续传统都城研究的同时,关注地方性城市、市镇、边疆城市。

四、研究意义、方法与思路

第一,研究隋唐五代城市发展与社会变迁,具有重要的学术价值、理论价值和社会意义。

一是隋唐五代城市史研究是研究中华文明史的重要内容。近年来,一直有学者倡导编纂大型多卷本"中国城市通史",如果此项有深远意义的学术规划得以顺利推进,作为中国城市通史重要节点和构成的隋唐五代城市史,无疑对深入认识中国城市文明甚至中华文明的特质有着重要意义。正如学者们指出的那样,城市是文明的要素和主要载体,历史上的重大变革和进步几乎都是发生在城市之中,重要的历史人物也大多在城市中活动,重大的发明创造也多数是在城市中进行,因而研究中国城市史对于研究中华文明的起源和发展,可以起到引领和推动的作用。城市史研究的一个重要任务,就是以文明发展为线索,勾勒出城市萌生、发展与成熟的进程,并揭示出这一进程及人类社会架构作为一个整体的运动与变迁的规律性和阶段性。几千年来,城市发展史也可以说就是一部人类文明发展史,城市史不仅是研究一个国家或一个地区城市兴起发展的兴衰史,更是研究人类文明史的重要介入点。中国累世发展起来的辉煌灿烂的城市文明是中华文明的集中体现,对于中国传统城市发展道路、特征及其规律的认识,将有助于揭示中华文明在世界文明史上的独特地位和作用。

二是隋唐五代城市发展与社会变迁问题研究将推动历史学研究的开拓和创新。城市是中国社会、经济、文化发展的重要空间载体与结构组群,城市在社会经济发展中具有重要地位和作用,因而研究中国城市的发展变迁对于我们全面、深入地了解和把握中国历史发展的脉搏具有至关重要的作用,是中国历史研究不可分割的重要内容。隋唐五代城市史研究有助于更为全面真实地反映中国历史的发展、演变。该项研究将成为记述和反映中国几千年历史的"知识总汇",能够提供一个新的视角,让人们进一步深入了解中国社会变迁与发展历程。具体而言,加强对几千年来中国城市发展进程、规律、特点的研究更具有重要的意义。长期以来,由于对中国城市史研究的缺失,因而对于城市的产生、发展,城市的功能、结构,城市的发展动力,城市衰落的原因,城市发展的基本规律,城市的特点等还缺乏深刻认识,很多研究还处于空白状态。因此,加强中国城市史长时段研究与断代城市史研究,对推动和深化中国历史研究将起到十分重要的作用,可以使我们对中国历史有更加全面、系统、立体的了解,进而为历史学研究开拓新的研究领域,提供新的研究平台,成为一个重要的学术生长极。

三是隋唐五代城市与社会发展问题研究,有助于揭示中国城市发展的特征和规律,对于当代中国城市化发展战略有着重要的借鉴和指导意义。20世纪中叶,西方主要发达国家已经完成了城市化进程,80%左右的人口居住、工作、生活在城市当中。目前,全球已经有超过50%的人口居住、工作、生活在城市当中,包括中国、印度等在内的亚洲、非洲、拉丁美洲的若干发展中国家的城市化进程也已经进入高速发展期。中国是一个人口大国,如何走出一条符合中国国情的城市化道路,需要对中国城市发展历史进行科学总结。当今中国大多数重要城市都是在历史城市的基础上发展演变而来,现代城市的发展与历史上城市的政治、经济、军事、文化等各个领域的发展变化息息相关。课题研究将加强对中国城市历史系统的研究,从而有助于揭示中国城市发展的特征、规律,对于我们今天认识和推动城市现代化和城市化进程有着重要的借鉴意义。

四是中国城市史作为中国历史学的一个分支和历史学、经济学、规划学、地理学、社会学等多学科相结合的交叉学科,近年来显示出强劲的学术生命力,受到广泛关注。但中国城市史如果要真正形成一个独立的分支学科和交叉学科,需要在研究对象、研究理论和方法等方面形成体系,完善的学科理论不仅是学科成熟的标志,也是指导和推动学科发展的关键因素。隋唐五代城市发展与社会变迁问题研究,将充分吸取学术界目前有关城市史研究的资料和相关成果,通过不同学科的对话和不同研究方法的碰撞,对城市发展规律和重大理论进行进一步探讨、提炼和升华,将极大地推动中国城市史学科的形成,从而使中国城市史从目前历史学、历史地理学、经济史学、规划史学、人类学、社会学、环境学、考古学、民俗学、宗教学等学科各自为政的研究现状中突破和超越出来,形成以坚实而丰富的多学科理论为基础的、融合多学科研究方法的综合学科体系。

五是实现城市史学术理论的拓展与创新。著名城市史研究专家何一民曾经指出,长期以来,由于对中国城市通史研究的缺失,因而对于城市的产生、发展,城市的功能、结构,城市的发展动力,城市衰落的原因,城市的基本规律,城市的特点等还缺乏深刻认识,很多研究还处于空白状态。因此加强中国城市通史研究对于推动和深化历史研究将起到十分重要的作用,可以使我们对中国历史有更加全面、系统、立体的了解,进而为历史学研究开拓新的研究领域,提供新的研究平台,推动中国特色的城市史研究理论体系的构建。无疑,隋唐五代城市发展与社会变迁研究,正是朝着这一方向前进的。选题亦可丰富城市史研究。研究将尽最大努力广泛、深入地收集和挖掘有关隋唐五代城市史的汉文及其他民族文字史料(包括有关少数民族地区的现存档案资料及新发现的碑刻文字材料),同时亦尽可能地收集和利用有关城市史的考古材料和石碑、传说及史诗材料,以求多角度、全方位和最大限度地勾勒与呈现隋唐五代城市发展的真实面貌,以确保本项研究在使用资料上的权威性、丰富性和完整性。

第二,研究隋唐五代城市发展与社会变迁的方法。

科学地运用多学科的理论和方法来研究城市发展,是城市史研究深入发展的一个主要努力方向。城市史学是一门交叉学科,与某些自然科学和社会科学的学科具有共生性。目前,与城市史研究相近的学科主要有城市社会学、城市经济学、城市文化学、城市地理学、城市规划学、人口学、环境学等学科,这些学科各自所形成的理论和方法,对于城市史研究有着重要的借鉴和参考价值。① 因此,在研究城市史时,要把自然科学与社会科学相关学科的理论和方法结合起来,加以综合运用。同时,要发挥历史学长时段综合性研究的优势,将对城市历史的研究与城市现实的发展研究结合在一起。

一是系统研究方法。注意多学科交叉和综合研究,进行多方考据和论证。在历史学、城市学、建筑学研究方法的基础上,吸纳和借鉴相关学科的研究方法。对相关史料史实的细致甄别,考证和扎实深入的实证研究是课题的基本研究方法。主要运用文献考证分析法、系统研究法,同时充分吸收和借鉴历史地理学、城市史学、社会学、考古学、经济学、管理学、地理学等学科方法和视野,爬梳古文献史料,尽可能全面掌握文献资料,同时将宏观研究与微观研究、整体研究与个案研究、定性分析与定量分析、史实论述与理论剖析结合起来,以便多角度多层面研究这一问题。

将历史记载的资料对比分析,如将不同正史记载相互印证,将正史记载与笔记小说、野史记载相互考证,以找出和发现历史的真实情况,还历史本来面貌。拓宽和深化对中国城市史的宏观把握与认识,通过对史料与史实的多学科、多角度的分析论证来揭示隋唐五代城市历史的丰富内涵。注重综合性、整体性和基础性,在把握主脉、突出重点的基础上,既注重对史料的实证分析,也充分吸收学界已有的观点与认识,做到史实叙述与阐释并重,实证研究与史实分析相结合,既避免"以论带史"的弊端,也要克服"只见树木而不见森林"的倾向,处理好主干与细节、微观与宏观、史实与史论的关系,客观、准确地呈现隋唐五代城市历史的全貌。

二是文献研究法。研究的基本方法是调查分析与文献查阅相结合的方法。由于隋唐五代城市史在某些区域及时段上均存在资料不足的缺陷,如五代时期资料与隋唐时期相较较为缺乏,研究以隋唐五代城市发展与社会变迁为框架,以历史文献资料为线索,用历史史实,并充分参考已有和最新考古研究成果、文物资料及现有城市古迹遗存来印证。利用各个历史时期的档案、图片及文献资料,借鉴前人的研究成果,为研究提供佐证和依据,以补文献资料之不足,这亦是本项研究在研究方法上的一个重要特点。

---

① 参见何一民、曾进:《中国近代城市史研究的进展、存在问题与展望》,《中华文化论坛》2000年第4期。

史无定法,任何事物均具多方面特征,任何一种方法亦存局限性。无论何种方法所提供的视角均不能使我们认识该事物所具有的全部特征。为使我们对过去的认知尽可能全面,就要从尽可能多的视角研究,亦当尽可能使用多种方法。只有将史学内外各种方法结合才能全面深入研究。如此就涉及各方法之间关系问题,此方面最大分歧在于城市史研究究竟应以城市学抑或历史学方法为主? 曾有学者解释,就方法论而言,有新、老学派之分,但很难说有高下、优劣之别。新方法有新功能,以至开辟新的研究领域;但就历史研究而言,没有什么方法是太老了,必须放弃,在方法论上不应抱有倾向性,而应根据所论问题之需要与资料等条件的可能做出选择。① 由此,本书力图摆脱就事论事的研究旧路,采用实证、统计、比较等方式,充分、全面挖掘和解读史料,力图做到从史料出发,综合历史学、城市学、经济学、社会学等相关学科理论与方法,对隋唐五代城市发展与社会变迁研究作深入拓展。

第三,研究隋唐五代城市发展与社会变迁的思路。

本书时段为隋唐五代,内容包括对此一历史时段中国城市发展演变的总体把握,对城市文明发展的总体特征及其表现形式的系统梳理,以揭示这一时期城市文明发展的本质与规律。

一是对此一时段城市发展进行总体把握。秦汉时期是中国封建社会确立和初步发展时期,空前统一的封建中央集权国家的建立对中国城市产生了深远影响。魏晋南北朝时期是中国封建社会大动荡、大分裂时期,四百多年中内战不已,城市受到严重破坏,尤以黄河流域城市为甚。随着南方封建经济发展——与北方截然不同——南方城市发展出现新机遇,包括三国城市发展、晋朝短暂统一与城市发展、南北朝分裂割据与区域城市发展等。隋唐结束南北朝时期分裂动乱局面,开创了中国城市发展新阶段,故而探讨这一时期各个阶段不同类型城市发展过程与特点及其发展规律,得出一个总体结论,是本课题研究的重要目标之一。

二是对隋唐五代时期城市结构与形态的演变过程及其规律进行研究。此一时期,中国城市结构变迁在中国城市发展史上有承前启后的意义。本书重点探讨这一时期城市结构的变迁,以揭示城市结构深层变化及其坊市制度变迁所带来的影响。

三是对隋唐五代时期城市社会结构变迁过程进行梳理。通过分析这一时期城市居民结构变化表现、原因及市民阶层兴起,以探讨人身等级弱化原

---

① 参见吴承明:《中国经济史研究的方法论问题》,《中国经济史研究》1992年第1期。

因及引发的后果——居民人身地位提高及发展城市的积极性增强。

四是对隋唐五代时期城市经济发展过程及其规律的探讨。汉代和唐代分别是中国历史城市发展的两个高峰,主要表现在城市经济功能的增强,农业、手工业和商业的发展,通过分析手工业和商业的变化,商品货币关系的变化,商品、货币与城市联系日益密切关系,以探讨城市经济发展过程及其动因,是本课题研究的关键问题之一。

五是对隋唐五代时期城市社会生活的研究。秦汉至隋唐五代是中国多民族文化融合和文化开放的时期,城市社会生活呈现出新的内容,探讨城市居民的物质与精神生活及其习俗,是本课题研究的重要内容之一。

六是对隋唐五代时期城市文化的研究。隋唐是中国城市文明高度发展的时期,城市文化内容丰富多彩,探讨这一时期城市文化的不同表现形式、发展成果及其内在价值、发展规律,以揭示中国在世界城市文明史中的地位与影响。

五、篇章结构与主要内容

隋朝结束了中国的分裂,在此基础上建立起来的唐代则是中国历史上的又一个盛世,此次统一建立在南北朝以来民族融合和南北经济发展的基础上,统一事业的完成使封建经济文化出现飞跃发展,城市发展亦进入一个新阶段,城市文明达到历史上的一个高峰,长安被称为大唐盛世的国际大都市,对东西方城市的发展产生了重要的影响。研究首先关注隋唐五代城市发展的社会经济环境,即城市发展条件;其次论及隋唐五代城市发展的特点。隋朝建立前,农民战争对城市的破坏十分明显;隋朝建立后,统治者日趋重视城市重建,其中大兴城与东都的修建即为实证。

第一章重点关注了隋朝建立与城市发展的关系问题,通过论述魏晋南北朝战争与城市破坏、隋朝统一与城市重建、大兴城修筑与营建东都等内容,展现隋代城市发展的主要问题。时至唐代,由于隋末同样出现了农民战争,城市再度遭受毁损,城市重建工作再度引起唐统治者的重视。伴随贞观之治、开元盛世等时代的出现,唐代城市亦日趋繁荣。然而安史之乱的出现打乱了城市发展进程,之后唐代城市再度遭受破坏,走向衰落。

第二章讲述唐代城市繁荣与兴盛,以隋末战争对城市的破坏与重建为背景,分析唐代城市发展的主要动力,由之论及贞观之治、开元盛世与城市繁荣的关系,并指出唐代中后期的战乱是这一来之不易城市建设成果付诸东流的重要因素。五代十国时期城市发展同样与社会动荡息息相关。北方动乱造成城市衰败,而南方各区域城市则日趋发展。

第三章对五代十国时期混战与城市兴衰进行了关注。论及北方动乱与城市兴衰,南方持续开发与城市发展的具体关联。

第四章涉及隋唐五代时期城市体系、空间结构与形态演变,主要介绍城市等级体系的重建与发展;城市分布、数量、规模演变;城市形态与空间结构;里坊制与坊市制的发展。

第五章为经济变迁与城市发展,重点分析大运河开凿与运河城市初步发展的关系;工商业繁荣对城市发展的促进作用;草市与城乡关系的变化等内容。

第六章剖析了城市营造与管理制度。涵盖了城市营造制度;市坊制与城市社会管理;行会与工商业管理;城市治安管理等多项内容。

第七章对城市内部的社会结构进行了研究,探讨了城市人口与居民结构分类、市民阶层的兴起、城市社会结构变迁等问题。

第八章重点研析城市社会生活,观照城市居民的物质生活、民俗节日与文化娱乐生活、宗教文化生活。

第九章论及城市教育文化与城市发展,主要关注中外文化交流与多民族文化融合、科举制建立与城市教育变迁、文学艺术的繁荣、科学技术的发展等相关内容。

第一章　隋朝建立与城市发展

隋朝开启了中国历史上第二次大统一时期。这次统一建立在南北朝以来民族大融合和南北经济发展的基础上。统一事业的完成,结束了将近四个世纪因外族入侵和统治阶级混战而造成的纷乱局面,从此,腐朽的豪强士族日趋不振,广大人民群众的生活得以安定下来,为社会生产的发展创造了条件。全国范围内各种有利于生产发展措施的推行以及广大劳动人民群众的辛勤劳动,使中国封建经济文化出现飞跃发展,生产力有了进一步的提高。① 中国进入封建时代的全盛时期,城市发展也进入一个新阶段。隋朝存在的时间虽然短暂,仅三十余年,却是上承南北朝、下启唐朝的朝代,被学者们认为是中国古代承前启后的重要时期。"隋统一全国,结束了南北长达二百七十余年的分裂割据状态,从而为中国封建经济文化的进一步发展创造了条件,也为城市的兴盛打下了基础。"②

第一节　魏晋南北朝战争与城市破坏

魏晋南北朝时期,是中国历史在经过秦汉四百多年统一之后出现的又一次动荡、战乱和分裂的时期。有研究者指出,"从东汉灵帝中平元年(184)黄巾起义到隋文帝开皇九年(589)完成统一止,共建立过大大小小三十五个政权。除了西晋朝有过短暂的统一,其余绝大部分时期都处于分裂割据状态"③。王朝之间不断战争不仅给社会经济造成严重破坏,亦给城市发展带来严峻威胁。此外,魏晋南北朝时期农民战争十分频繁,据张泽咸、朱大渭主编的《魏晋南北朝农民战争史料汇编》统计"有 537 次之多"④,"仅南北朝时期发生的战争即有 178 次"⑤。

由于"城镇聚集着财富和权力,因此引起征服者或掠夺者的注意"。

---

① 参见吴枫:《隋唐五代史》,人民出版社 1958 年版,第 25 页。
② 何一民:《中国城市史纲》,四川大学出版社 1994 年版,第 92 页。
③ 宋雪玲:《魏晋南北朝战争诗文研究》,浙江大学博士学位论文,2012 年。
④ 张泽咸、朱大渭主编:《魏晋南北朝农民战争史料汇编》(上),中华书局 1980 年版,第 3 页。
⑤ 《中国军事史》编写组编:《中国军事史:附卷　历代战争年表(上)》,解放军出版社 1985 年版,第 3 页。

"占据城市中心,就能最好地从政治上和经济上控制地区。因而,城镇是战争的首要目标……未来的征服者为取得控制权,必须要夺占城镇"。①"长期频繁的战争和分裂割据,不仅使社会经济遭到巨大的破坏,也使许多重新恢复起来的城市和新建城市遭到严重破坏,出现百业萧条、人口锐减、城池破败的衰落局面。主要表现为对城镇基础设施、基本建筑的损坏;人口的削减;城镇经济和社会秩序的全面破坏。城市从其外在的物质形态来看,在空间结构上是形制各异的建筑物体,它包括街道、衙门、店铺、厂房、市场、宗教建筑物、居民住宅、城墙、护城沟壕、园林树木等等。这些物态性城市构成因素随着城市的兴起与发展而逐渐完成其各自的空间区域分布,它们构成了城市的物态主体。"②"物态主体作为一个城市权力和财富的象征,每当战争爆发时,便成为交战双方争夺和控制的主要目标,最容易受到战火的摧残,突出表现为城市建筑的毁坏,繁荣的消失。"③事实上,战争中"不仅城市物态型建筑遭到人为破坏,而且因豪民贵族的大量被迁走,社会财富的转移,巨大消费群体的消失等综合因素的影响,更进一步加剧了这些城市的衰落与破败"④。

就城市的物态主体破坏而言,魏晋南北朝时期长安、洛阳、建康等中心城市即为有力例证。西汉末年战乱,长安虽遭受严重破坏,但后经东汉近二百年的恢复与发展,其鼎盛虽不及西汉,在规模上也不及都城洛阳,但仍具有了相当的规模,却因董卓及其部将兵乱,并纵火焚烧宫室,使长安城"出门无所见,白骨蔽平原"。直到西晋时期,长安城内仍是"街里萧条,邑居散逸"。西晋末年,刘曜攻占长安后,"发掘陵墓,焚烧宫庙,城府荡尽",使长安变成"户不盈百,墙宇颓毁,蒿棘成林"⑤的残破景象。洛阳城在东汉末期遭兵祸而毁灭。汉末大乱,董卓在乱局中独揽军政大权,残暴异常,初入洛阳时,"纵放兵士,突其庐舍,淫略妇女,剽虏资物,谓之'搜牢'。人情崩恐,不保朝夕"⑥。后群雄声讨董卓,董卓挟汉献帝西迁长安,去洛阳时,"悉烧宫庙官府居家,二百里内无复孑遗"⑦。

"曹丕废汉称帝后,不得不另择址重修洛阳城,并移民数万户于洛阳。

---

① [美]帕特里克·奥沙利文:《战争地理学》,荣旻译,解放军出版社1988年版,第193页。
② 蔡云辉:《战争与近代中国衰落城市研究》,社会科学文献出版社2006年版,第79页。
③ 钱程、韩宝平、唐娟:《历代战争对徐州社会经济发展的影响》,《中国矿业大学学报》(社会科学版)2009年第1期。
④ 蔡云辉:《战争与古代中国城市衰落的历史考察》,《中华文化论坛》2005年第3期。
⑤ (唐)房玄龄等:《晋书》,中华书局1974年版,第132页。
⑥ (南朝宋)范晔:《后汉书》,中华书局1965年版,第2325页。
⑦ (南朝宋)范晔:《后汉书》,中华书局1965年版,第2327页。

到曹魏后期,新建的洛阳城已发展成为一个繁华的大都市。时至西晋末年惠帝时期,经过八王之乱及公元310年匈奴族刘曜破洛阳,掳掠晋怀帝,大杀官民豪族,并放火焚烧洛阳城,使历经曹魏以来建立起的繁华之都再次化为灰烬。后经孝文帝持续9年重建,洛阳城又重显其大都市的巍峨与壮观,"城市总面积达到约73万平方公里,人口50万以上。"①但好景不长,北魏末年的战乱使洛阳城再遭战火浩劫。公元538年的侯景之乱,使本已残破的古城又遭火焚,劫后的洛阳城"城廓崩毁,宫室倾覆,寺观灰烬,庙塔丘墟。墙被蒿艾,巷罗荆棘,野兽穴于荒阶,山鸟巢于庭树"②,一片荒凉。公元539年,高欢又遣高隆之拆除了洛阳宫城,将建筑材料运往邺城。公元327年,苏峻以讨伐庾亮为名,举兵南渡长江,攻下建康,"因风放火,台省及诸营寺署,一时荡尽"③。"至梁武帝时期的建康城,历经前朝的兴建,总人口达一百多万,成为我国历史上第一个人口超百万的城市。"④侯景之乱爆发后,建康遭到致命破坏,石头城、东府城、西州城成为荒凉之地。公元589年,隋灭陈,建康又一次历经灭顶之灾。隋文帝恐反叛势力以建康为基地东山再起,遂下令将建康城完全拆除,"平荡耕垦",彻底铲除地域王气。这样的人为破坏,又一次使建康城由繁荣而至衰落。"吴宫花草埋幽径,晋代衣冠成古丘。"经300年建立起来的六朝之都成为废墟,"昔日繁盛的商业、手工业也一落千丈,豪华盛况成为过眼烟云"⑤。

城市物态遭受战争破坏之外,人口的削减亦为战乱影响城市发展的突出表现。有研究者注意到,"魏晋南北朝时期,战争连年不断,特别是西晋灭亡以后,除汉族外还有多个少数民族曾在北方建立政权。为了扩大地盘,掠夺财富,掳掠劳动力,各政权之间的战争频繁发生,这些战争成为民族人口迁徙的又一个动因"⑥。"在战争中,数以万计的人口成为俘虏,被胜利者带回自己控制的区域。如南朝刘宋元嘉后期沈庆之伐蛮,前后俘获20余万人,多被迁至建康以为营户。"⑦北魏拓跋焘出击柔然,"凡所俘虏及获畜产车庐,弥漫山林,盖数百万"⑧。战乱中,各势力集团为削弱敌方实力,保证和扩大兵源,往往乘机掳掠大量人口。如建安年间,三郡乌桓就曾"承天下

---

① 参见蔡云辉:《战争与古代中国城市衰落的历史考察》,《中华文化论坛》2005年第3期。
② (北魏)杨衒之:《洛阳伽蓝记·序》,中华书局2012年版。
③ (唐)房玄龄等:《晋书》,中华书局1974年版,第2629页。
④ 叶骁军:《都城论》,甘肃文化出版社1994年版,第18页。
⑤ 蔡云辉:《战争与古代中国城市衰落的历史考察》,《中华文化论坛》2005年第3期。
⑥ 伍晓晴:《魏晋南北朝民族迁徙的特点及影响》,《河北学刊》1997年第2期。
⑦ 伍晓晴:《魏晋南北朝民族迁徙的特点及影响》,《河北学刊》1997年第2期。
⑧ (北齐)魏收:《魏书》,中华书局1974年版,第818页。

乱,破幽州,略有汉民合十余万户"①。关中膏腴之地顷遭荒乱,人民"流入益州数万家"②,说的也是建安时期的境况。西晋永嘉之乱后,黄河流域的汉族大规模迁往江南,史称"洛京倾覆,中州士女避乱江左者十六七"③。战乱还造成城市人口的迅速减少。如董卓被杀之后,其部将李傕、郭汜为其复仇,率兵攻长安,破城之后,赶走吕布,杀死王允,"放兵掳掠,死者万余人"。兵乱过后,长安城内,"人相食啖,白骨委积,臭秽满路"④。《后汉书·董卓列传》描述这场兵乱的结果时载:"初,帝入关,三辅户口尚数十万,自傕汜相攻,天子东归后,长安城空四十余日,强者四散,羸者相食,二三年间,关中无复人迹。"

永嘉二年(308),刘渊正式称帝。永嘉四年(310),刘渊死,子刘聪继位。永嘉五年(311),刘聪遣石勒、王弥、刘曜等率军攻晋,徙都平阳,并派刘景攻打洛阳,于延津大败晋将王堪,"沉男女三万余人于河"⑤。永嘉五年,汉将刘曜等攻入洛阳,"焚烧公庙,逼辱妃后……百官士庶死者三万余人"⑥。建兴四年(316),刘曜逼近长安,导致长安"内外断绝,城中饥甚,米斗直金二两,人相食,死者太半,亡逃不可制"⑦。侯景之乱时,台城陷落,叛军入城,繁华的建康城遭到前所未有之浩劫。劫难之后,"道路断绝,数月之间,人至相食,犹不免饿死,存者百无一二"⑧。当时,即使被认为最为富庶的江浙地区,也是"千里绝烟,人迹罕见,白骨成聚,如丘陇焉"⑨。后赵末年,中原陷入一片混乱之中,"贼盗蜂起,司冀大饥,人相食。自季龙末年而闵尽散仓库,以树私恩。与羌胡相攻,无月不战。青、雍、幽、荆州徙户及诸氐、羌、胡、蛮数百余万,各还本土,道路交错,互相杀掠,且饥疫死亡,其能达者十有二三"⑩。王朝战争之外的农民起义,同样造成了城市人口的流失。《三国志》载:"鄱阳贼彭绮自称将军,攻没诸县,众数万人。"⑪"义阳蛮张昌举兵反,以山都人丘沈为主,改姓刘氏,伪号汉,建元神凤,攻破郡县。"⑫"东

---

① (晋)陈寿撰,(南朝宋)裴松之注:《三国志》,中华书局1982年版,第29页。
② (晋)陈寿撰,(南朝宋)裴松之注:《三国志》,中华书局1982年版,第29页。
③ (唐)房玄龄等:《晋书》,中华书局1974年版,第1746页。
④ (南朝宋)范晔:《后汉书》,中华书局1965年版,第2336页。
⑤ (宋)司马光编著,(元)胡三省音注:《资治通鉴》,中华书局1956年版,第2742页。
⑥ (唐)房玄龄等:《晋书》,中华书局1974年版,第1746页。
⑦ (宋)司马光编著,(元)胡三省音注:《资治通鉴》,中华书局1956年版,第2834页。
⑧ (宋)司马光编著,(元)胡三省音注:《资治通鉴》,中华书局1956年版,第5018页。
⑨ (唐)李延寿:《南史》,中华书局1975年版,第2009页。
⑩ 《晋书》卷107《石季龙载记下》。
⑪ 《三国志》卷47《吴书·吴主传》。
⑫ 《晋书》卷4《惠帝纪》。

海人徐道期流寓广州,无士行,为侨旧所陵侮,因刺史谢欣死,合率群不逞之徒作乱,攻没州城,杀士庶素憾者百余,倾府库,招集亡命,出攻始兴。"①可见,大规模、长时间、高频率的战争严重破坏了城市建筑,造成大量的城市人口流失,成为隋朝建立之初城市破败不堪最为直接的社会动因。

第二节　隋朝统一与城市重建

"581 年,北周丞相杨坚废周静王自立,称隋文帝,国号隋。隋文帝即位后,积极做统一全国的准备工作,在政治、经济等方面采取了一系列措施来加强中央集权和扩张军事力量。其时,南方的陈朝政治极度腐败,士族衰落,南北力量均势被打破。589 年,隋军攻入建康,陈朝灭亡,全国统一。"②隋朝的统一结束了长达两百七十多年的南北分裂割据状态,为全国政治的稳定、经济的繁荣和文化的发展奠定了基础。同时,国内都城和地方城市的工商业者,在生产活动、居住地点、政治地位等方面大大超过了前代,城市发展遇到难得机遇。

隋朝建立后,进行了一系列改革,使社会矛盾趋于缓和,经济、文化得以迅速发展和繁荣,开创出开皇之治。范文澜先生曾说:"隋文帝统一天下,综合前代各种制度有沿有革,厘定成隋制。"③隋文帝所定的制度,同秦制一样,都有划时代的意义。在政治制度方面,隋朝确立了影响后世深远的三省六部制,以巩固中央集权制度;正式制定出完整的科举制度,以选拔优秀人才,弱化士族垄断仕官的能力;另外还建立政事堂议事制度、监察制度、考绩制度,这些都强化了政府机制,深刻影响到唐朝及后世的政治制度。在军事方面,继续推行和改革府兵制度。在经济方面,隋文帝采取了一系列利于发展生产的措施。如隋建立初期,"山东尚承齐俗,机巧奸伪,避役惰游者十六七"。隋文帝下令整理户口。"于是计帐进四十四万三千丁"。又如隋统一前,赋役繁苛,隋朝初定江表,"给复十年",剥削有所减轻。再如货币、度量衡的统一,"自是钱货始一,所在流布,百姓便之"④。这都说明统一是促成隋初经济繁荣的首要前提。

由于全国统一事业的完成,消除了阻碍经济发展的割据分裂障碍,为经济繁盛创造了较好的客观环境,故隋朝一方面实行均田制和租庸调制,减轻

---

① 《宋书》卷 50《刘康祖传》。
② 何一民:《中国城市史纲》,四川大学出版社 1994 年版,第 214 页。
③ 范文澜:《中国通史》(第 3 册),人民出版社 1965 年版,第 8 页。
④ 《隋书》卷 24《食货志》。

农民生产压力,使土地兼并受到一定的限制,农民可以得到一些土地;另一方面,减轻租调力役,采取"大索貌阅"和"输籍定样"等清查户口措施,使农民负担减轻,政府纳税户口增加。据《文献通考·户口考》载:"文帝之初,有户三百六十余万,平陈所得又五十万,至大业之始,不及二十年而增至八百九十余万者。"《文献通考·田赋考》载:"开皇九年,垦田四千九百四十万四千二百六十七顷。……至大业中,天下垦田五千五百八十五万四千四十顷。"《隋书·食货志》称:"虽数遭水旱而户口岁增。"这是前代不可比拟的。"人口耕地的大量增加,加强了政府的经济实力,削弱了豪强大族的力量,从而有利于农业生产的恢复和发展,促进了隋朝城市经济的繁荣。这些改革措施成就了隋初的开皇之治。"①

隋朝统一的完成,有力地推进了城市的恢复和重建。城市工商业、手工业得以快速发展。由于政治上的统一,全国市场的扩大,特别是受农业、手工业发展的影响,以及"除入市之税""罢酒坊,通盐池盐井""百姓共之"②等措施的施行,大力促进了工商业的发展。因此,隋代商业贸易显现出繁荣景象。西南、东南地区出现许多比较繁华的商业城市。四川的蜀郡,是"水陆所凑,货殖所萃,盖一都之会也"③。江南的宣城、毗陵、吴郡、会稽、余杭、东阳等数郡,"川泽沃衍,有海陆之饶,珍异所聚,故商贾并凑"。丹阳即所谓"人物本盛,小人率多商贩,君子资于官禄。市廛列肆,埒于二京"。豫章郡的官僚地主,"多有数妇,暴面市廛,竞分铢(二十四分之一两为一铢)以给其夫"。南海"所处近海,多犀象、玳瑁、珠玑,奇异珍玮,故商贾至者,多取富焉"④。荆州"南控岷峨,东连吴会,五方杂厝,四民昌阜"⑤。岐州"密迩京圻,古称繁剧,兼以西通河陇,舟车辐辏,内多豪族,外引名商"。蔡州"地接荆郢,商旅殷繁"⑥。特别是东、西二京,是当时最大的商业都市。西京长安有东、西二市,东市名都会,西市名利人,因系国都所在,"华俗具五方,人物混淆,华戎杂错。去农从商,争朝夕之利;游手为事,竞锥刀之末"⑦。"东京洛阳有三市,东市名丰都,南市名大同,北市名通远。通远市邻通济渠,周围六里,二十门分路入市,商贾云集,停泊在渠内的舟船,数以

---

① 何一民:《中国城市史》,武汉大学出版社2012年版,第213页。
② 《隋书》卷24《食货志》。
③ 《隋书》卷29《地理志上》。
④ 《隋书》卷31《地理志下》。
⑤ 转引自赵万里编:《汉魏南北朝墓志集释》,科学出版社1956年版,第329页。
⑥ 转引自赵万里编:《汉魏南北朝墓志集释》,科学出版社1956年版,第340页。
⑦ 《隋书》卷29《地理志上》。

万计。丰都市周围八里,通十二门,市内有百二十行,三千余肆,'市四壁有四百余店,重楼延阁,互相临映,招致商旅,珍奇山积'。"①

前文所及,隋文帝曾有统一货币、度量衡之举。隋初钱币紊乱,关东有北齐所制的常平钱,关中有五行大布、永通万国等钱,不但大小、轻重不一,而且有许多币质低劣的钱,对于商品交换极不便利。杨坚称帝后,改铸新五铢钱,"背面肉好,皆有周郭,文曰五铢,而重如其文。每钱一千,重四斤二两"。铸成后,于开皇三年(583),"诏四面诸关,各付百钱为样,从关外来,勘样相似,然后得过;样不同者,即坏以为铜入官"。开皇五年(585),"又严其制,自是钱货始一,所在流布,百姓便之"②。在统一度量衡方面,开皇时,规定以古尺一尺二寸为一尺,以古斗三升为一升,以古秤三斤为一斤。种种措施的施行促进了都市商业的繁荣。商业之外的手工业这一时期亦颇为发达。周怀宇在论及隋唐统一对淮河流域手工业的促进问题时指出,"隋唐时期,全国出现统一的新形势,为淮河流域的手工业带来了发展机遇。从手工业经济运行的内在规律看,手工业生产的发展需要两个重要的外部条件:一是广阔的市场,二是便捷的交通网络。有了这两个条件,手工业产品就有了畅销的出路,才能扩大再生产,获得良性发展,否则就会萎缩。而市场的培育与发展,需要有政治上统一的社会环境,否则市场的发展就会受到制约"③。并且,"隋唐时期还调整了商业政策,促进了商业发展。这些,为淮河流域的手工业发展带来了契机。又因为独特的地理位置,地处南北交汇之处,东接大海,西连两京,水陆交通发达,为淮河流域的手工业产品提供了通向全国的广阔市场。淮河流域手工业由此迅速兴盛。传统的手工业如纺织、冶铸、酿造等率先繁荣,新兴的手工业如造船、淮盐开发、竹木编织等也适应新的形势要求而相继兴盛与发展"④。如扬州成为隋朝铸币业的主要基地;扬州地区的铜镜、铜屏风更是声名远扬;扬州的造船业在当时中国各大城市中相当出名。"杨玄感之乱,龙舟水殿,皆为所焚,诏江都更造,凡数千艘,制度仍大于旧者。"⑤"在很短的时期内就能造出如此数量多、质量高、规模大的龙舟,足以说明扬州地区造船业的基础非常雄厚,系全国造船业的中心。这些情况已经充分说明,隋代南方部分地区的手工业经济有了比较

---

① 吴枫:《隋唐五代史》,人民出版社1958年版,第29页。
② 《隋书》卷24《食货志》。
③ 周怀宇:《论隋唐统一对淮河流域手工业的促进》,《安徽史学》2001年第2期。
④ 周怀宇:《论隋唐统一对淮河流域手工业的促进》,《安徽史学》2001年第2期。
⑤ 《资治通鉴》卷182,隋炀帝大业十一年(615)十月条。

大的进步。"①淮河流域之外，其他城市手工业迅速发展亦得益于隋朝统一的政治局势。在丝织业方面，河北成为丝织业的中心地；相州所产绫文细布，非常精美；四川的蜀郡，"人多工巧，绫锦雕镂之妙，殆侔于上国"②；豫章郡更出产一种鸡鸣布，这里"一年蚕四五熟，勤于纺绩，亦有夜浣纱而旦成布者，俗呼为鸡鸣布"③。由此，隋朝统一即隋文帝所取各种巩固统一的措施，使连续三百年的战事得以停止，全国安宁，南北民众获得休息，城市社会呈现空前的繁荣。

第三节 大兴城修筑与营建东都

政治的统一和经济的发展，推动了隋代城市的兴建。"隋朝城市建设的成就主要表现为大兴城（长安）和东都洛阳的兴建。"④"隋朝是隋文帝杨坚受北周静帝禅让而建立的，隋朝建立之初，其都城仍为北周的都城长安。后隋文帝称帝，心生别建新都的想法。其原因有以下几方面：一是北周都城是在汉长安的基础上修建的，从西汉末年至隋初的800年间，长安故城历经沧桑，凋敝日久，屡为战场，遭到多次严重破坏，到处残破不堪，墙宇颓毁，蒿棘成林，城市难以更新"⑤。二是北周所建宫室形制狭小，事近权宜，不能适应新建的统一国家都城的需要，"不足建皇王之邑，合大众所聚"⑥。"文帝继北周都长安（汉旧都），嫌其制度狭小，庾季才言，汉营此城，年将八百，水皆咸卤，不甚宜人。开皇二年六月，诏于城东南廿一里龙首川处，创建新都。"⑦三是汉长安从建设开始至北周，城市分区不明，宫殿与一般建筑杂处，统治者安全防范不易，管理也不方便，因此应另择地址重建新都城。

除此之外，还有两个理由促使隋文帝决心另建都城。"一是汉长安故城一度为前赵、前秦、后秦、西魏、北周的都城，而这些王朝存在的时间都很短，因此在隋文帝等人看来此城已是气息奄奄的不祥之地。二是汉长安建在龙首原北麓，地势较低，距渭水又近，城内较潮，不利居住，特别是几百年来城市污水沉淀，壅底难泄，水皆咸卤，不甚宜人，饮水供应也成问题。因此

---

① 魏明孔：《隋唐手工业与我国经济重心的南北易位》，《中国经济史研究》1999年第2期。
② 《隋书》卷29《地理志上》。
③ 《隋书》卷31《地理志下》。
④ 何一民：《中国城市史纲》，四川大学出版社1994年版，第92页。
⑤ 何一民：《中国城市史》，武汉大学出版社2012年版，第214页。
⑥ 《隋书》卷1《高祖纪上》。
⑦ 转引自岑仲勉：《隋唐史》，河北教育出版社2000年版，第29页。

在隋朝建立的第二年,隋文帝即下诏选择新都的地址。经过周密的考察论证,新都城决定修筑在龙首山南麓,这里川原秀丽,地势开阔,有扩建新都之余地,居高临下,自然条件较好,便于将来发展,也能体现大一统国家新王朝的气派。"①"因隋文帝在北周时曾封为大兴公,故新都城被称大兴城。大兴城是经过详细的计划和全面的规划而修建的。由著名建筑学家宇文恺负责总体设计。宇文恺在设计时充分吸取北魏洛阳和高齐邺城的优点,巧妙利用龙首南麓六坡地形,将宫室、百官廨署等统治机构布置在全城制高点六坡上,以此为中心来设计全城,从而显示出皇权的至高无上。"②

大兴城的营建始于开皇二年(582),其组织、领导、设计者均为实干家。如总领其事的是左仆射高颎,创制规模者为太子左庶子宇文恺,将作大匠刘龙、工部尚书贺娄子干、太府少卿高龙义等。"开始先修宫城,即大兴宫,大业九年(613)三月开始修外郭城,当时曾役使十多万人参加修建。又开龙首渠、永安渠、清明渠,引浐水、交水、潏水入城。修完的大兴城,北临渭水,东有灞、浐两水,漕渠运输很方便。城南对终南山,西有秦代阿房宫及汉昆明湖等遗址,西、北两面是皇帝的禁苑,并将汉长安城也包括进禁苑以内。城的区划,正中北是宫城,宫城南为皇城,也叫子城,再外是郭城。城制为左祖右社,市场、居民都有一定分置布局。"③

"大兴城建在旧长安城东南约7公里处的渭水南岸,总面积约84平方公里,约为今西安旧城(明、清时建)的7.5倍。据《隋书·地理志》载,大兴城南北长15里175步(据考古勘察,实为16里125步,即8651.25米)"④,"东西长18里115步(实为18里1步,即9721米)"⑤,"周长约37.6公里,总面积为84平方公里"⑥,是世界古代史上规模最大的城市。

"大兴城由宫城、皇城、郭城三部分组成。城东、南、西各开三门,北面开一门。城的北部中心地区为宫城和皇城。宫城、皇城的东、南、西三面,分列106个居民住区——坊(包括官吏府第、百姓户室及寺观庙宇)。"⑦"城东、城西各设一市,作为民间商品交易活动场所。宫城、皇城、坊、市由有规则的纵横25条大街分隔开。其中通向城门的6条主干大街,最宽的达150

---

① 李洁萍:《中国古代都城概况》,黑龙江人民出版社1981年版,第101页。
② 何一民:《中国城市史》,武汉大学出版社2012年版,第215页。
③ 李洁萍:《中国古代都城概况》,黑龙江人民出版社1981年版,第101页。
④ 马得志:《唐代长安城考古纪略》,《考古》1963年第11期。
⑤ 马得志:《唐代长安城考古纪略》,《考古》1963年第11期。
⑥ 王振复:《中国建筑的文化历程》,上海人民出版社2000年版,第135页。
⑦ 武金铭、颜吾芟、杨西岩:《中国隋唐五代经济史》,人民出版社1994年版,第16页。

米。其他街道一般也都有几十米宽。"①

宫城为皇室所居处,位于城市正中北部,南面为皇城,北面为禁苑——大兴苑。据载,"宫城东西四里,南北二里二百七十步,周十三里一百八十步,其崇(高)三丈五尺"②。"经实测南北 1492.1 米,东西宽 2820.3 米,周围 8.6 公里,面积约 4.2 平方公里。宫城中部是宫殿区,正殿称大兴宫,居中轴线上。宫城西侧是掖庭宫,东侧是东宫。各宫之间隔着高墙,有门相通。宫城共设四门,南为长乐门、东为承天门、西为广运门、北为定武门。宫城正南门外为一横街,宽 220 米,是大兴城中最宽的大道,也可视为广场。"③

皇城为官府所在地,"位于宫城之南,北部无墙,与宫城南墙隔一横街,东西两墙与宫城的东西两墙相接、南北长 1843.6 米,东西宽度与宫城东西距离相同。皇城共有 7 门,东西各两门,南面 3 门:含光门、朱雀门、安上门。皇城内有东西向街道 7 条,南北向街道 5 条,皇城集中设置了中央各官府衙署及附属机构,以及官办作坊、仓库、禁卫部队。设立皇城是大兴城首创。隋文帝在总结以前各朝都城的得失时,感到六朝时期宫阙、官府和居民杂处,很不方便。因此修大兴城时,将官府集中于封闭式的皇城内,与市民区分隔开来。这种明确的功能分区成为大兴城规划建设的一个特点"④。"廓城城垣为夯土板筑,最厚处约 9—12 米,城垣外距墙基约 3 米挖有一条濠沟,宽 9 米,深 4 米。郭城东、西、南三面各开三门。南面正中的明经门是最大的城门,共有 5 个门道,各宽 5 米,深 18.5 米,其余各门均为 3 个门道。郭城有南北向大街 11 条,东西向大街 14 条,均直角相交,形成非常严整的方格网形道路系统,其中通往南面 3 门的 3 条大街和连接东西 6 门的 3 条大街为主要干道,除一条宽 55 米外,其余均宽 100 米以上,其中连接皇城南正门、朱雀门和外郭南正门、明德门的朱雀大街宽 150—155 米,为城市的南北中轴线。中轴线以东为大兴县、以西则是长安县,两县同城。各街皆中间高,两面低,两侧建有宽 2.5 米左右的排水沟。"⑤

"外廓城采用严格的里坊制,南北 11 条街和东西 14 条街将郭城划分成了 108 个坊。每坊的大小有些区别,最大的坊达 80 多万平方米,小的坊为 34 万平方米。除朱雀大街两侧的四列坊内只设东西向的横街外,其余各坊

---

① 马得志:《唐代长安城考古纪略》,《考古》1963 年第 11 期。
② 《长安志图》卷上《城市制度》。
③ 何一民:《中国城市史》,武汉大学出版社 2012 年版,第 216 页。
④ 何一民:《中国城市史》,武汉大学出版社 2012 年版,第 216—217 页。
⑤ 何一民:《中国城市史》,武汉大学出版社 2012 年版,第 217 页。

内均设十字形街,街宽15米左右。坊的四周筑有夯土墙,在对街处开有坊门,晨开夜闭。多数坊被十字街划分为四个区域,每个区又被小的十字街划分为四个小区,居民的住宅便建置在小区内。大兴城居民区占全城面积的63.8%,较之汉代长安城宫殿建筑占全城2/3,有了很大改变和进步。大兴城内设有两个市,分别置于皇城外东南和西南处,各占一坊之地。市场内分设四条大街,成'井'字形,周围建有夯土城墙,开有八门,内有沿墙街道。市中有肆及行,管理市场的市署及平准署位于'井'字街的中央。东市主要为官僚服务,西市颇多外国商人开设的商店,以波斯人和阿拉伯人居多。市内有少量与店铺相连的手工业作坊。"①

"为解决大兴城生活用水和环境用水,隋初,开凿龙首、清明、永安三条水渠。龙首渠位于城东,引浐水经长乐坡,然后分成两条支渠:一支渠经通化门、兴庆宫,由皇城入太极宫;一条支渠绕城东北隅入大明宫南部流入禁苑。清明渠位于城南,引交水经安化门,北向流入安乐坊,再北流入皇城和太极宫。永安渠也位于城南,仍然引交水经大安坊、大通坊流入禁苑。由于佛教盛行,隋文帝大力提倡佛教和鼓励建造寺庙,因此大兴城内寺庙很多,这些也成为大兴城的一个特点。大兴城的规划修建以北魏洛阳城和东魏、北齐邺都南城为参照,并在此基础上有所发展与创新。"②

一是城市选址较科学,符合古人都城选址原则。隋大兴城相距汉长安十余里,北枕渭水,南临终南山,东有浐水、灞水,西有沣河。大兴城所在地以龙首原以南的6条自然形成的高坡视乾卦的"六横道"的乾之六爻并以此为核心,作为长安城总体规划的地理基础。"'六坡'是大兴城的骨架,'九二置宫阙,以当帝王之居;九三立百司,以应君子之数;九五位贵,不欲常人居之,故置玄都观、兴善寺,以镇之'③。从而将居于统治地位的皇宫、衙署和寺庙都布置在城市的高处,与一般居民区形成鲜明对照。大兴城充分利用地形的优势,增大了立体空间,显得更加雄伟壮观。二是因地制宜,充分利用地形,在冈原之间的低地除建居民区外,还开渠引水,挖掘湖泊,增大了城市的水域,对美化城市环境和解决城市用水起了重要作用。另外,也根据城区四隅的特点,并按传统礼教分别在各隅修建园苑或寺庙,如东北隅'入苑',西北隅修真坊、建汉明堂、辟雍、积善寺,东南隅建曲江芙蓉园,西南隅建禅定寺、大禅定寺。三是大兴城的平面布局整齐划一,形制为长方

---

① 何一民:《中国城市史》,武汉大学出版社2012年版,第217页。
② 何一民:《中国城市史》,武汉大学出版社2012年版,第217—218页。
③ 《唐会要》卷50《玄都观》。

形。全城由宫城、皇城、外郭城三部分组成,完全采用东西对称布局。中国都城均衡对称格局从周朝开始提出,其间经历了若干都城规划实践,至大兴城则形成典范,街道整齐划一,南北交错,东西对称,大街小巷,井井有条。四是功能分区严整,皇宫、官署、民居严格区分,界线分明,安全实用,又利于统治者加强防卫,有利于对城市的管理,特别是使坊市制更加完善。五是外郭城面积约占全城总面积的88.8%,居民住宅区的大幅度扩大是大兴城建筑总体设计的一大特点。"①

大兴城规模宏大,布局严整,结构合理,成为严谨的对称轴线封闭式棋盘形城市格局的范例。宋人吕大防云:"隋氏设都,虽不能尽循先王之法,畦分棋布,闾巷皆中绳墨,坊有墉,墉有门,逋亡奸伪,无所容足,而朝廷、宫寺、门居、市区,不复相参,亦一代之精制也。"②可见,大兴城不仅是中国古代城市建设规划高超水平的标志,也是隋朝经济实力和科技水平的综合表现,是当时世界规模最大的城市,对后世中国和日本、朝鲜等国的城市规划也产生了巨大影响。

"隋代另一座大都市东都洛阳的建成,对中国城市的发展影响也很大。隋炀帝即位后,为进一步加强对关东和江南地区的控制,于604年下诏于伊洛间营建东都。隋文帝建大兴城,其规模宏伟,与世无匹,但隋炀帝对此并不满意,他认为洛阳更适宜作为帝都,他在诏书中称:'我有隋之始,便欲创兹怀、洛,日复一日,越暨于今。念兹在兹,兴言感哽!'他认为只有洛阳可以西控突厥,东抚齐鲁,北定辽东,南接淮扬,控以三河,固以四塞,从而彰显大隋天下独尊地位。"③炀帝营建东都,除出于地理、政治因素考虑之外,经济原因亦颇为重要。有学者认为,其经济目的是利用南方的经济来支撑北方的政治局面,以图巩固统治地位。文帝建国后,虽仍以长安为都,但粮食和物资供应开始依靠漕运从南方运输,但由于洛阳以西黄河中段,艰难险阻,故而难以运达长安。南粮大多囤积于洛阳,长安缺粮问题并未解决,以至隋文帝常因长安缺粮而就食洛阳。洛阳当时经济条件优于长安,其地域辽阔,农业发达,又位于南北运河的中点,漕运便利,南方的粮食和其他物资可以源源不断地输入这里,正如炀帝建东都诏令所说,建东都可以使"水陆通,贡赋等"④,故而隋炀帝"在即位后就迫不及待地营建东都"⑤。与大兴

---

① 何一民:《中国城市史》,武汉大学出版社2012年版,第218—219页。
② 《长安志图》卷上《城市制度》。
③ 何一民:《中国城市史》,武汉大学出版社2012年版,第219页。
④ 《隋书》卷3《炀帝纪上》。
⑤ 伯岳:《隋炀帝为何营建东都洛阳》,《西北大学学报》(哲学社会科学版)1987年第2期。

城类似,隋东都洛阳亦抛弃故城旧址,而另行选址,重新设计,精心建造新城。

隋东都洛阳距旧城8公里,东望伊阙,北据邙岭,东临瀍水,西接涧河,洛水横贯其中。在营建东都洛阳之前,隋炀帝还"发丁男数十万掘堑,自龙门东接长平、汲郡,抵临清关、度河,至浚仪、襄城,达于上洛,以置关防"①,从而构建一条长数百公里拱卫洛阳的军事防御工程,以使洛阳城处于安全境地。605年春,营建东都洛阳的工程正式开始,负责营建东都洛阳的营作大监为尚书令杨素、纳言杨达和担任营作副监的将作大匠宇文恺。"始建东都,以尚书令杨素为营作大监,每月役丁二百万人。"②"在军队监督下,共有200余万人参加了营建东都洛阳的工作,他们夜以继日地辛勤劳动,其中筑宫城者70万人,建宫殿墙院者10余万人,建东都城的土工80余万人,木工、瓦工、金工、石工等10余万人。其动员人数之多,花费之大,为历史上罕见。"③由于此时隋已统一全国,经济也得到进一步发展,所谓"七德既敷,九歌已洽,四海富有,士马全盛之际",从而为建设东都洛阳提供了雄厚的物质基础。

炀帝在营建诏书中曾要求"今所营构,务从节俭,无令雕墙峻宇复起于当今,欲使卑宫菲食将贻于后世。有司明为条格,称朕意焉"④。但实际上东都洛阳的建设完全不是"务从节俭",而是"穷极壮丽",耗费巨大。据史料记载,隋炀帝"发大江以南五岭以北奇材异石,输之洛阳,又求海内嘉木异草,珍禽奇兽,以实园苑"⑤。"隋室造殿,楹栋宏壮,大木非随近所有,多从豫章采来。二千人曳一柱,其下施毂……以随之,终日不过三二十里。略计一柱已用数十万功,则余费又过于此。"⑥"606年,在耗费了无数人力、物力、财力之后,洛阳城基本建成。如此规模宏大的都城修筑,仅用了一年的时间就大功告成,可以说是世界建筑史上的一大奇迹。但这个奇迹是建立在广大劳动人民的生命和膏脂之上的。"⑦

"东都洛阳也是由宫城、皇城、郭城三部分组成。修建洛阳先修宫城和皇城,然后再建郭城。在布局上,初欲建一个与大兴相似的,以宫城为中心

---

① 《隋书》卷3《炀帝纪上》。
② 《旧唐书》卷75《张玄素传》。
③ 何一民:《中国城市史》,武汉大学出版社2012年版,第220页。
④ 《隋书》卷3《炀帝纪上》。
⑤ 《资治通鉴》卷180《隋纪四·炀皇帝上之上》。
⑥ 《隋书》卷24《食货志》。
⑦ 何一民:《中国城市史》,武汉大学出版社2012年版,第220页。

的对称布局的新城市，但建了东半部后，却未再往西部发展，因而东都洛阳的宫城和皇城不是位于全城中轴线上，而是在西北隅，规模也比大兴城小。外郭城东墙长7312米，西墙长6776米，南墙长7290米，北墙长6183米，总面积为45.2平方公里。东、西、南三面各开了3个城门，北面开2门，南面上鼎门与皇城的端门、宫城的承天门相对。洛水横贯洛阳城东西，将城分为南北两部分。河上建有三座桥连接南北。南半城主要是居住区和商业区，北半城东部为居住区，西部是宫城和皇城，其地势较高，南面正对伊阙，从而使宫城和皇城显得气势磅礴宏伟。南半城有南北向大街12条，东西向大街6条，洛水以北有南北向街道4条，东西向街道3条，这些街道都呈直角平面相交。将郭城划分为132坊，洛水以南有96坊，以北有36坊，多数坊呈正方形，边长一里，坊内有十字形街，四面开门。郭城内建有3个市：大同市（南市）、丰都市（东市）、通远市（西市）。"①三个市以丰都市最大，该市居二坊之地，"周八里，通门十二，其内一百二十行，三千余肆，甍宇齐平，四望如一，榆柳交阴，通衢相注，市四壁有四百余店。重楼延阁，互相临映，招致商旅，珍奇山积"②。其他两个市的规模略小一些，但是也相当繁华热闹。三个市在隋末战乱时毁于战火。

"宫城称紫微城，是皇帝的宫殿所在处。东西四里一百八十八步，南北二里八十五步，周一十三里二百四十一步。其崇（高）四丈八尺，以象北辰藩卫。城中隔城二，在东南隅者太子居之，在西北隅者皇子公主居之。宫城内从南到北建筑了多座殿宇。宫城后是陶光园，北面还有曜仪、圆壁两小城。皇城称太微城又称南城，是朝廷文武官司所在处。其墙垣绕宫城的东西南三面，东西两侧有一段与宫城之间形成夹墙。东面1门，西面2门，南面3门，正南门为端门。皇城内有南北向街4条，东西向街4条。此外，在皇城之东又筑有东城，呈南北纵向长方形。在东城之北、宫城之东又建有含嘉仓城，内建400多座粮窖，是全国最大的粮仓。"③

"洛阳城西修有西苑，周200里，又于皂涧营显仁宫，苑围连接，北至新安，南及飞山，西至渑池，周围数百里。西苑，名曰芳华苑，栽养有各地征集而来的奇花异草、奇禽异兽。苑内凿有大池，称之为海，周10余里，海中建有蓬莱、方丈、瀛洲诸山，高出水面百余尺，山上建有台观殿阁，穷极华丽。罗络山上，向背如神。"④北有龙鳞渠，萦纡注海内。苑内沿龙鳞渠建有16

---

① 何一民：《中国城市史》，武汉大学出版社2012年版，第220页。
② （唐）杜宝：《大业杂记》。
③ 何一民：《中国城市史》，武汉大学出版社2012年版，第221页。
④ 何一民：《中国城市史》，武汉大学出版社2012年版，第221页。

所宫院,门皆临渠,"每院以四品夫人主之,堂殿楼观,穷极华丽。宫树秋冬凋落,则剪彩为华叶,缀于枝条,色渝则易以新者,常如阳春。沼内亦剪彩为荷芰菱芡,乘舆游幸,则去冰而布之。十六院竞以淆羞精丽相高,求市恩宠。上好以月夜,从宫女数千骑游西苑,作《清夜游曲》,于马上奏之"①。

大业二年(606)四月,隋炀帝率百官浩浩荡荡到达洛阳,"自伊阙,陈法驾,备千乘万骑,入于东京"②。其后隋炀帝徙原洛阳故城的居民和"诸州富商大贾数万户以实之",又命"江南诸州科上户分房入东都住,名为部京户,六千余家"。另令"河北诸郡送工艺户陪东都三千余家,于建阳门东道北置十二坊,北临洛水,给艺户住"③。据《隋书·地理志》记载,此各种措施致洛阳城内的居民大增,达 202230 户。"按每户 5 口人计算,洛阳人口达 100 万以上,成为继南朝建康之后,世界上第二个百万人口的城市。"④"洛阳不仅是全国的政治中心,随着大运河开凿,洛阳更是天下之舟船所集,常万余艘,填满河路,商贩贸易,车马填塞。故而洛阳也成为全国的经济中心,同时也是东南通江都、太湖、浙江,东北通山东、涿郡,西通关中长安的大运河交通中心。"⑤

隋大业三年(607)全国设郡一览表

地区	郡名									
雍州地区	京兆 朔方 西平 汉阳	冯翊 盐川 武威 临洮	扶风 灵武 张掖 宕昌	安定 榆林 敦煌 武都	北地 五原 汉川 同昌	上郡 天水 西城	雕阴 陇西 房陵	延安 金城 清化	弘化 枹罕 通川	平凉 浇河 宕渠
梁州地区	河池 涪陵 越巂	顺政 巴郡 牂柯	义城 巴东 黔安	平武 蜀郡	汶山 临邛	普安 眉山	金山 隆山	新城 资阳	巴西 泸川	遂宁 犍为
豫州地区	河南 上洛	荥阳 弘农	梁都 淅阳	淮郡 南阳	济阴 流通	襄城 育阳	颍川 淮安	汝南	淮阳	汝阴
兖州地区	东郡	东平	济北	武阳	渤海	平原				
冀州地区	信都 临汾 赵郡	清河 龙泉 恒山	魏都 西河 博陵	汲郡 离石	河内 雁门 河间	长平 马邑 涿郡	上党 定襄 上谷	河东 太原 渔阳	绛郡 襄国 北平	文城 武安 安乐 柳城

---

① (宋)司马光:《资治通鉴》卷180《隋纪》四,中华书局1956年版。
② 《隋书》卷3《炀帝纪上》。
③ (唐)杜宝:《大业杂记》。
④ 彭子严:《古都洛阳的城市发展与变迁》,《城市规划》1982年第3期。
⑤ 何一民:《中国城市史》,武汉大学出版社2012年版,第222页。

续表

地区	郡名
青州地区	北海　齐郡　东莱　高密
徐州地区	彭城　鲁郡　琅邪　东海　下邳
扬州地区	江都　钟离　淮南　弋阳　蕲春　庐江　同安　历阳　宣城　毗陵 吴郡　会稽　余杭　新安　东阳　永嘉　建安　遂安　鄱阳　临川 庐陵　南康　宜春　豫章　南海　龙川　义安　高凉　信安　永熙 苍梧　始安　永平　郁林　合浦　珠崖　宁越　交趾　九真　日南 比景　海阴　林邑
荆州地区	南郡　夷陵　竟陵　沔阳　沅陵　武陵　清江　襄阳　汉东　安陆 永安　义阳　九江　江夏　澧阳　巴陵　长沙　衡山　桂阳　零陵 熙平　巴郡　巴东

资料来源:施和金:《中国行政区划通史·隋代卷》,复旦大学出版社2009年版,第93—101页。

"隋朝之前的魏晋南北朝时期,连绵不断的大规模战争,对城市的物态本体、人口、腹地环境、发展动力机制、发展脉络等造成巨大破坏与影响,导致城市本身及发展所必需的内外支持要素系统无法保持常态运行,城市随之出现衰落,城市文明积淀无法完成延续性积累。"[1]隋朝的统一,结束了将近4个世纪外族入侵和统治阶级混战的纷乱局面。隋文帝全国范围内利于生产发展措施的采取,广大民众的辛勤耕耘,使封建经济获得难得的发展机遇,中国进入封建经济较为繁盛的时期。政治统一和经济发展,有力推动了隋代城市的兴建。大兴城和东都洛阳的兴建即为历史典型。"隋代大兴和洛阳两座都城的建设改变了秦汉时期宫殿、官署占据城市一半以上主要空间,而手工业者、商人和一般市民仅占据城市外围空间的格局。隋代宫殿官署建筑所占据的城市空间缩小,却更加集中,形成宫城、皇城与郭城相套的格局,王权的至高无上和封建中央集权的专制统治在城市建设中更加突出,政治对城市建设的干预作用不是减弱了,而是进一步加强,城市仍然首先是政治中心。但另一方面,随着经济、文化的发展,城市受经济文化影响也加大,手工业、商业和市民居住区占据城市的大部分空间即是经济发展的结果。手工业、商业离不开城市,而城市的发展也离不开手工业和商业。因此大兴、洛阳的建设成为中国城市进入一个新的发展阶段的标志,对今后中国城市的发展产生了深远影响,也促进了隋朝其他地区城市的兴建。"[2]

---

[1]　蔡云辉:《战争与中国古代城市的衰落》,《贵州社会科学》2005年第6期。
[2]　何一民:《中国城市史》,武汉大学出版社2012年版,第222—223页。

第二章 唐代城市繁荣与兴盛

"唐朝是中国封建社会的一个鼎盛时期,尤其是唐朝中前期,国力强大,经济繁荣,文化昌盛,疆域辽阔,与同时期西方世界的腐败、混乱、分裂形成鲜明对照,从而居于世界领先地位,中国文明缓慢而稳定地传入周边国家。正是唐代中前期生产力和商品经济快速发展,工农商业的协调,社会生产力由农村向城市的转移,城市商品货币关系促使居民等级身份的弱化"①,再加上诸如政治的统一、民族团结与融合增强等因素,共同为唐代城市发展提供了丰富剩余物品和充足人力资源,有力地推动了唐代城市的发展,城市面貌发生根本性变化。

第一节 隋末战争对城市的破坏与重建

"城市是生产力发展的产物,生产力发展水平决定城市的发展水平。从城市发展的整个历史进程观察,城市与社会发展具有一致性,当社会处于经济发展、国泰民安之时,城市就获快速发展,而当社会处于动乱之秋,战争此起彼伏之时,城市发展所必需的内外支持系统难以保持常态,城市发展的各相关聚集要素很难得以充分进行和输入,城市发展就处于低迷和衰落状态,城市文明积淀被战争严重摧残。由此而论,隋末战争虽非导致当时城市衰落唯一因素,却为重要因由之一。战争作为一种权力与利益争斗的暴力游戏仍不乏广阔市场。与前代类似,这一时期战争爆发无非两种原因:一由统治阶级内部矛盾冲突而起;一种来自统治阶级以外的压力。"②第一种表现为某些权臣或特殊势力取代皇位而为政权新的领导者;第二种则显现为地方势力和农民起义及其他民族和国外入侵。隋末战争无论归属第一类情况抑或与第二类相符,其共同性特征即为暴力性,且这一暴力性争斗多发生于隋代统治力量脆弱的末期。

关于隋末战争对城市的破坏,研究者多有关注。蔡云辉认为:"隋朝东

---

① 肖建乐:《唐代城市发展动力初探》,《思想战线》2007年第4期。
② 史念海:《中国古代都城的萧条与破坏》,《中国古都研究——中国古都学会第七届年会论文集》1989年第7辑,第11页。

都洛阳在隋末战争中受到一定程度的冲击,城中重要商贸区大同市(南市)、丰都市(东市)、通远市(西市)及部分城市建筑均毁于战火,唐代才得以恢复。"①这一观点关注到战争对隋末城市的直接性影响。各类资料亦不乏战争中城市被攻破的记载。《隋书·炀帝本纪下》大业十三年(617)四月条载:"贼帅房献伯陷汝阴郡"。王永兴编《隋末农民战争史料汇编·翟让、李密领导的农民起义》之《太平寰宇记·河南道·颍州》载:"废信州城,在(汝阴)县西北十五里,隋大业十四年,郡城为贼房献伯所陷。"复引《太平寰宇记·河南道·亳州》记,"永城县,故城在县东北三里……大业十二年,为贼房献伯所破,因废"。《太平寰宇记·淮南道·寿州·霍丘县》称,"废期思县,在县北八十里……大业十三年,狂贼房献伯攻破县,因此遂废"。② 隋末战争中城市建筑破坏相当严重。姜伯勤的《隋末农民战争与反佛浪潮》一文提及,江南士族的故乡、寺院备受打击。活动在长白山的一支义军渡淮转战江南时,攻占海陵,"破县烧寺"③。掀天揭地的"隋末军飚"使苏州通玄寺"玉石俱尽"④。山东南下的义军曾在荆州青溪山玉泉寺夺取给养物资。荆州四层寺亦受其他义军频繁的"搜求"。与关中毗邻的巴蜀地区,如利州,由于义军竞起,遂使"诸寺湮灭,不可目见"⑤。义宁元年(617),长安近郊的司竹园义军攻打各僧俗庄堡,张旗十里,鼓行郊野。⑥ "所至摧殄,无抗拒者"。《续高僧传》记载,"义宁之初,通庄并溃"⑦。隋末农民战争在反对隋王朝、打击门阀士族时,波及寺院和僧侣,使其出现"法众消亡""诸寺湮灭"的局面。故《大慈恩寺三藏法师传》中惊呼,"天下寺庙遭隋季凋残,缁僧将绝"。可见隋末农民战争对城市内佛教建筑的冲击相当严重。

隋末战争对城市的破坏和影响远不止于城池等有形建筑的损毁,人口流失是战争对城市影响的另一表现。隋炀帝发动"三征"高句丽的战争,大业七年二月,令山东、河北等地增置军府,"扫地为兵","舳舻相次千余里,载兵甲及攻取之具,往还在道常数十万人"。⑧ 全国军队集中于涿郡,达到一百一十三万三千八百人,民夫二百余万,共三百多万人。"良家之子,多

---

① 蔡云辉:《战争与古代中国城市衰落的历史考察》,《中华文化论坛》2005年第3期。
② 王光照:《隋末安徽农民起义简论》,《安徽史学》2007年第5期。
③ (宋)乐史撰:《太平寰宇记》,中华书局2007年版,第2552页。
④ (唐)道宣撰:《续高僧传》,中华书局2014年版,第491页。
⑤ (唐)道宣撰:《续高僧传》,中华书局2014年版,第963页。
⑥ 参见姜伯勤:《隋末农民战争与反佛浪潮》,《历史研究》1978年第2期。
⑦ (唐)道宣撰:《续高僧传》,中华书局2014年版,第895页。
⑧ (宋)司马光编著,(元)胡三省音注:《资治通鉴》,中华书局1956年版,第5654页。

赴于边陲,分离哭泣之声,连响于州县"①。炀帝又"亲征吐谷浑,驻军青海,遇雨雪,士卒死者十二三,又三驾东征辽泽,皆兴百余万众,馈运者倍之"②。由于连年全国性征发徭役,不仅使大部分劳动力脱离生产,更严重的是造成大量劳动人民的死亡,造成了"耕稼失时,田畴多荒"③,"百姓失业,道殣相望"④,"天下死于役而家伤于财"⑤,"行者不归,居者失业……邑落为墟",⑥"老弱耕稼,不足以救饥馁,妇工纺绩,不足以赡资装"的残破社会景象,⑦将社会经济推向崩溃绝境,甚至出现隋书记载之人相食的惨状。《隋书·食货志》曰:"初皆剥树皮以食之,渐及于叶,皮叶皆尽,乃煮土或捣藁为末而食之,其后人乃相食。"⑧

经过隋末农民战争,大批劳动者脱离国家羁绊,唐初户口骤然而减。《通典》卷七载:"炀帝大业二年,户八百九十万七千五百三十六,口六千六百一万九千九百五十六,此隋之极盛也。"⑨这条资料基本反映了隋代户口的真实情况。当时户部尚书高履行的奏文有所反映。《旧唐书》卷四《高宗本纪上》载,永徽三年秋七月丁丑,上问户部尚书高履行:去年进户多少?履行奏称:进户总15万。又问:隋日有几户?今见有几户?履行奏:隋开皇中有户870万,即今见有户380万⑩。自炀帝大业七年(611)隋末农民战争爆发,国家户口开始减少。唐初武德年有户二百余万。贞观初期,国家户籍上的户口"不满三百万"。贞观二年(628),尚书左丞戴胄上言曰:"今丧乱之后,户口凋残,每岁纳租,未实仓廪,随时出给,才供当年,若有凶灾,将何赈恤?"⑪贞观六年(632)魏征说:"然承隋末大乱之后,户口未复,仓廪尚虚。"并根据其所见所闻说:"今自伊、洛以东,暨乎海岱,灌莽巨泽,苍茫千里,人烟断绝,鸡犬不闻,道路萧条,进退艰阻。"⑫描绘了唐王朝版图内人口稀少、鸡犬不闻的荒凉景象。贞观十一年(637),马周上疏:"今百姓承丧乱

---

① (唐)魏征、令狐德棻:《隋书》,中华书局1973年版,第672页。
② (唐)杜佑:《通典》,中华书局1988年版,第148页。
③ (宋)司马光编著,(元)胡三省音注:《资治通鉴》,中华书局1956年版,第5656页。
④ (唐)魏征、令狐德棻:《隋书》,中华书局1973年版,第636页。
⑤ (唐)魏征、令狐德棻:《隋书》,中华书局1973年版,第672页。
⑥ (唐)魏征、令狐德棻:《隋书》,中华书局1973年版,第95页。
⑦ (唐)魏征、令狐德棻:《隋书》,中华书局1973年版,第688页。
⑧ 转引自刘进宝:《隋末农民起义的原因、特征和作用》,《西北师大学报》(社会科学版)1988年第2期,第30页。
⑨ (唐)杜佑:《通典》,中华书局1988年版,第148页。
⑩ 转引自刘进宝:《隋末唐初户口锐减原因试探》,《中国经济史研究》1989年第3期。
⑪ (后晋)刘昫等:《旧唐书》,中华书局1975年版,第212页。
⑫ (后晋)刘昫等:《旧唐书》,中华书局1975年版,第2560页。

之后,比于隋时才十分之一。"①《资治通鉴》记载马周的上疏说:"今之户口不及隋之十一。"②同年,岑文本也说:"既承丧乱之后,又接凋弊之余,户口减损尚多,田畴垦辟犹少。"③贞观十四年(640),侯君集率兵进军高昌时,高昌王麴文泰说:"往吾入朝(指贞观四年),见秦、陇之北,城邑萧条,非复有隋之比。"④平定高昌时,陇右,特别是河西地区负责军粮的运输,但由于唐初河西各"州县萧条,户口鲜少,加因隋乱,减耗尤多"⑤。河西各州县"十室九空,数郡萧然,五年不复"⑥。直到贞观十六年(642),房玄龄还说:"遭隋室大乱之后,户口太半未复。"⑦

由此可见,户口锐减始于隋末,具体年代可定为大业七年。大业二年有户八百九十万,至武德有二百余万户,可知武德年间的户口只有隋大业二年的四分之一,贞观初户不及三百万,即贞观初的户口只有隋大业二年的三分之一。永徽三年有户三百八十五万,即永徽三年的户口是隋大业二年的三分之一强。造成隋末唐初人口锐减的因素是多方面的,战争中人口的掳掠即为形式之一。有研究者认为,突厥自隋末丧乱之后,不断入侵,从武德到贞观初年几乎年年侵扰,多次掳掠人口。《新唐书·突厥传》载,武德三年秦王李世民讨刘武周时,突厥处罗可汗"以弟步利设骑二千会并州三日,多掠城中妇人女子去"。武德五年刘黑闼"以突厥万人扰山东,又残定州,颉利未得志,乃率十五万骑入雁门,围并州,深钞汾、潞,取男女五千"。由此资料可见,战争中对城市人口的掳掠是普遍现象,这一情形当与兵临城下之强力所为不可分割,但亦有躲避战乱之民众自愿逃路者。《资治通鉴》载:"时中国人避乱者多入突厥,突厥强盛,东自契丹、室韦,西尽吐谷浑、高昌,诸国皆臣之,控弦百余万。"⑧而且"中国士民在北者,处罗悉以配之,有众万人"⑨。唐太宗《修缘边障塞诏》曰:"自隋氏季年,中夏丧乱,黔黎凋尽,州城空虚。突厥因之,侵犯疆场。乘闲幸衅,深入长驱,寇暴滋盛,莫能御制。皇运以来,东西征伐,兵车屡出,未遑北讨,遂令胡马再入,至于泾渭,蹂践禾

---

① (后晋)刘昫等:《旧唐书》,中华书局1975年版,第2615页。
② (宋)司马光编著,(元)胡三省音注:《资治通鉴》,中华书局1956年版,第6132页。
③ (后晋)刘昫等:《旧唐书》,中华书局1975年版,第2537页。
④ (宋)司马光编著,(元)胡三省音注:《资治通鉴》,中华书局1956年版,第5295页。
⑤ (后晋)刘昫等:《旧唐书》,中华书局1975年版,第2388页。
⑥ (后晋)刘昫等:《旧唐书》,中华书局1975年版,第2736页。
⑦ (唐)吴兢:《贞观政要集校》,中华书局2009年版,第479页。
⑧ (宋)司马光编著,(元)胡三省音注:《资治通鉴》,中华书局1956年版,第5792页。
⑨ (宋)司马光编著,(元)胡三省音注:《资治通鉴》,中华书局1956年版,第5878页。

稼,骇惧居民,丧失既多,亏废生业。"①之后,唐政府不断讨伐突厥,使百姓在突厥者全部归附,通过各种途径,唐朝获得从突厥归附之百姓50余万人。可见突厥掠掳是隋末唐初户口减少的原因之一。

第二节　贞观之治、开元盛世与城市繁荣

贞观之治是指李世民登上帝位后,次年改元贞观,其执政的23年(627—649),接受历史教训,正视社会现实,采取果断措施,妥善处理复杂社会问题,短时期内对国家实行卓有成效的治理。具体表现为生产力快速发展,社会经济迅速恢复,人口大有增长,国家统一与版图扩大等诸多方面。由此被史学家称为"商旅野次,无复盗贼,囹圄常空,马、牛布野,外户不闭,频致丰稔,米斗三四钱"的"贞观之治"时代。②

"正是唐太宗大力推行力革弊政,与民休息,奖励生产,用贤纳谏等有效政策"③,使得生产力迅速得到提高,生产快速发展,出现"振古而来,未之有也"的昌盛局面。④ 史籍载:"贞观初,户不及三百万、绢一匹易米一斗。至四年,米斗四五钱,外户不闭者数月。马牛被野,人行数千里不赍粮。民物蕃息,四夷附降者百二十万人。是岁天下断狱,死罪二十九人,号称太平。此高祖、太宗致治之大略,及其成效也如此。"⑤反映出唐太宗时期生产发展、社会安定的局面。

有学者认为,贞观之治的一个首要标志是国家的统一和版图的扩大。贞观二年(628),唐太宗消灭了割据势力梁师都以后,基本上结束了全国各地割据混乱的局面,统一了全国。在此基础上,唐朝统治者首先集中精力动员、组织人力、物力,对付强大的突厥,以稳定北方边疆形势。两年后,唐军大败突厥颉利可汗,于铁山附近全歼突厥,并生擒颉利可汗,占领了大漠南北,肃清了多年危害边疆的突厥势力,唐王朝北方边疆得以安定。国家的统一、边疆的稳定,使国内出现相对安定的局面,流落到塞外地区的各族人民纷纷返回内地,国内农业人口迅速增加,土地垦辟不断扩大,生产发展出现繁荣景象。

---

① (清)董诰等编:《全唐文》,中华书局1983年版,第53页。
② 参见(唐)吴兢:《贞观政要集校》,中华书局2009年版,第52页。
③ 陈志贵:《贞观之治新探——唐太宗政绩兴与衰》,辽宁人民出版社1990年版,第2页。
④ 参见(唐)吴兢:《贞观政要集校》,中华书局2009年版,第17页。
⑤ (宋)欧阳修、宋祁:《新唐书》,中华书局1975年版,第1334页。

"贞观之治为之后的开元盛世奠定了较为雄厚的基础。"①开元年间(713—741)是唐王朝的鼎盛时期,也是中国封建社会的黄金时代,史称"开元盛世"。"开元盛世局面的开启与唐玄宗的治国蓝图密不可分。其夺取中央政权后,一面着手革中宗弊政,一面采取系列措施控制皇室、安定皇储。"②之后任用贤能,整顿朝纲吏治;调整经济,发展农业生产;加强边防,促进对外交流。以唐玄宗为首的统治集团所采取的这种励精图治的举措,有效调整了生产和阶级关系,于贞观之治基础上开创了新的盛世时期。有学者评价:开元、天宝经济之盛,以"海内富实"载入史册,③是时国家粮仓储满,"陈腐不可较量";私仓亦然,"人家粮储,皆及数岁"。④ 这一局面的开创,有力推进了当时城市的繁荣和发展。

　　贞观之治时期,城市有了进一步发展。其不仅是全国和地方的政治、军事中心和水陆交通枢纽,而且成为商品交易中心和物资交流枢纽。当时,长安称西京,洛阳称东京,均是政治、军事、经济中心。西南的成都、桂林,南方的广州、交州,西北的兰州、凉州,黄河流域及其北部的开封、太原、定州、滑州,沿海地区的泉州、杭州、扬州、登州以及荆州、相州、幽州、津州、宋州等均为政治中心城市,或是经济中心城市。一般州县的城市则更多。加上新设的县城和少数民族地区发展起来的城市,城镇总数达到1000个以上。⑤ 关于这一时期城市发展迅速的原因,有学者认为"和隋炀帝开凿贯穿南北的大运河有紧密关系。运河的开凿,给唐初城市的发展带来交通的便利,漕运的兴起和沿河码头的兴建,极大促进了唐代沿运河流域城市的兴起。在运河的带动下,扬州迅速崛起,成为唐代后期最繁华的城市之一。紧接着苏州、杭州、润州、常州、楚州也迅速崛起,成为区域重要城市和全国举足轻重的城市"⑥。

　　与其他新兴城市相较,唐长安作为皇朝的都城最为繁荣、热闹。其规模、布局、坊市位置等虽在隋朝时即已确立,但唐朝时对它的宫廷楼观又进行了扩充加工。"长安城南北长8651米,东西长9721米,周围约36.7千米,分为宫城、皇城和外郭城三个部分。自高宗、武则天修筑含元殿,外郭城

---

① 陈克明:《试论唐代"贞观之治"(下)》,《辽宁大学学报》(哲学社会科学版)1981年第6期。
② 张仁木:《"开元盛世"论》,《南昌大学学报》(人文社会科学版)1988年第4期。
③ (宋)欧阳修、宋祁:《新唐书》,中华书局1975年版,第1346页。
④ (清)董诰等编:《全唐文》,中华书局1983年版,第3860页。
⑤ 武金铭等:《中国隋唐五代经济史》,人民日报出版社1994年版,第70页。
⑥ 肖建乐、孙德华:《以唐代为例看城市与国家统一的关系》,《沈阳建筑大学学报》(社会科学版)2007年第4期。

后基本定型。至武周时宫室宏伟,坊街整齐,市场繁荣,人口滋增。洛阳是当时全国的政治、经济、军事、文化中心,其繁荣情况可与长安媲美,已跨入名城之列。太原发展显著,太原旧有东西二城,西城是原来的旧城,东城系贞观十一年李勣所修",中间为汾水所隔。武则天以太原为北都,派精明强干的崔神庆为并州长史,神庆架桥筑"中城",把东西二城连为一个统一的整体,使并州成了名副其实的北方重镇。此外,扬州、益州等城也有了较大发展,后来的"扬一益二"正是在这个基础上发展起来的。

这一时期城市繁荣的另一表现为城市商业的发达。"长安是西域和剑南等地商业的汇集点,隋朝时就有东市都会和西市利人二市,商业发达,唐朝承此。唐初京师长安亦有东西二市,东都有东、南、北三市,都督府以至于县多亦各有之。"①《长安志》载,长安东市有"二百二十行,四面立邸,四方珍奇,皆所积集"②。西市"市内店肆如东市之制,市署前有大衣行,杂糅货卖之所"③。"两市各占两坊之地,商业极盛。武周时,人口增长,物品繁多,旧市或不能满足需要,即扩大规模或另增新市"。仅次于长安的全国最大的市是东京洛阳。东京洛阳的市称为南市,有 120 行,3000 多个肆。唐高宗时,又将临德坊立为北市。之外,各州和多数县的治所也都设市。市由市令掌握钥匙,按时开闭市门。在各州中,广州、扬州等贸易兴盛,同属第一等。扬州被夸为"十里长街市并连"。福建泉州也是重要商埠。此外,楚州、洪州、荆州、湖州、益州、汴州等都是著名的大州市。著名的县市也不少,如富阳、盐官、盐亭等,其商业活动虽比不上州市,但也相当兴旺。

淮南的扬州,四川的成都,岭南的广州,都是极其繁盛的商业大都市。扬州地处运河和长江的汇合处,"商贾如织,故谚称'扬一益二',谓天下之盛,扬为一而蜀次之也"④。广州是中国南方的国际大都会,为波斯、阿拉伯、南洋等商人的集中地,珍货充积,官吏乘机贪污,"前后作牧者,多以黩货为蛮夷所患"⑤。"《唐国史补》卷下说:南海舶,外国船也,每岁至……广州,师子国舶最大,梯而上下数丈,皆积宝货。至则本道奏报,郡邑为之喧阗。有蕃长为主领,领市舶使籍其名物,纳舶脚,禁珍异。蕃商有以欺诈入牢狱者。当时东南亚各国如林邑、真腊、诃陵、室利佛逝,以至师子、波斯、阿

---

① 王双怀:《论武则天当政时期的经济形势》,《唐都学刊》2005 年第 6 期。
② (清)徐松撰,张穆校补:《唐两京城坊考》,中华书局 1985 年版,第 75 页。
③ (清)徐松撰,张穆校补:《唐两京城坊考》,中华书局 1985 年版,第 118 页。
④ (宋)洪迈:《容斋随笔》,中华书局 2005 年版,第 123 页。
⑤ (后晋)刘昫等:《旧唐书》,中华书局 1975 年版,第 4872 页。

拉伯等西方各国,都到广州来做生意。除对欧、非、西亚、东南亚各国的来往贸易外,东方和新罗、日本的贸易更为频繁,登州、楚州、扬州、明州是和他们贸易的重要都市。"①

城市中,富商大贾的普遍增多是城市繁荣的重要表现。史念海认为:"唐代的富商大贾比前代明显增多。由于城市商品经济迅速发展,唐代城市比南北朝时期更加繁荣,它们聚集的富商大贾自然要比以前增多。南北朝时尚不太发达的城市如杭州、扬州、汴州、凉州等在唐时都得到迅猛发展。这些城市聚集了众多富商大贾。"②唐代,杭州已发展成为"鱼盐大贾所来交会"的商业都市。③ 扬州富商巨贾之多,则更为突出。史称"扬州地当冲要,多富商大贾"④。唐人罗隐在《广陵妖乱志》中说:"广陵为歌钟之地,富商大贾通逾百数。"⑤实际决不止数百人。肃宗时,田神功入扬州平乱,仅"商胡大食、波斯等商旅死者数千人"⑥。这些胡商多为富商巨贾。当时汴州史称"雄郡","舟车辐辏,人庶浩繁"⑦。"此州都会,水陆辐辏,实曰膏腴"⑧。可见汴州已相当繁盛,其所聚积的富商自然很多。凉州"为河西都会,襟带西蕃、葱右诸国,商贾往来,无有停绝"⑨。玄宗时,都市中的富商大贾层出不穷。当时仅长安巨商就有郭行先、任宗、杨崇义、王元宝、郭万金、任令方等人。杨崇义"家富数世,服玩之属,僭于王公"⑩。开元中,唐政府"没京兆商人任令方资财六十余万贯"⑪。"而唐代全国每年最多铸钱——货币发行量才三十二万贯。"任令方被没收的资产竟多达六十余万贯,其拥有的资产值约等于全国两年的货币发行量之和,足见其财力之雄厚。王元宝亦为"都中巨豪","常以金银叠为屋,壁上以红泥泥之。……故时人呼为王家富窟"。其"器玩服用,僭于王公"⑫。玄宗曾对臣下说:"我闻至富可敌贵,朕天下之贵,王元宝天下之富"⑬。可见王元宝

---

① 韩国磐:《隋唐五代史纲》,人民出版社1979年版,第205页。
② 史念海主编:《唐史论丛》第7集,陕西师范大学出版社1998年版,第262页。
③ (清)董诰等编:《全唐文》,中华书局1983年版,第53页。
④ (宋)洪迈:《容斋随笔》,中华书局2005年版,第2878页。
⑤ (清)董诰等编:《全唐文》,中华书局1983年版,第9361页。
⑥ (后晋)刘昫等:《旧唐书》,中华书局1975年版,第3313页。
⑦ (后晋)刘昫等:《旧唐书》,中华书局1975年版,第5037页。
⑧ (后晋)刘昫等:《旧唐书》,中华书局1975年版,第2435页。
⑨ (唐)慧立、彦悰:《大慈恩寺三藏法师传》,中华书局1983年版,第12页。
⑩ (五代)王仁裕:《开元天宝遗事》,中华书局2006年版,第17页。
⑪ (后晋)刘昫等:《旧唐书》,中华书局1975年版,第200页。
⑫ (五代)王仁裕:《开元天宝遗事》,中华书局2006年版,第37页。
⑬ 史念海主编:《唐史论丛》第7集,陕西师范大学出版社1998年版,第26页。

已为"天下至富"。长安以外还有许多巨商,如李秀升、杨溥、康谦、刘成等人。东京洛阳商人李秀升曾"于南市北,架洛水造石桥,南北二百步,募人施财巨万计"①。李氏能够出资造桥,足见其财力之雄厚。又如胡商康谦"善贾",其资产亿万计。② 都市中大量富商群的出现,彰显贞观之治与开元盛世时期城市的繁荣和发展,也正是这些大贾的出现,推动了城市商业的鼎盛。

唐贞观元年(627)中国地方行政区划道、州(府)一览表③

道名及道治所	府州名
关内道,治所凤翔府(今陕西凤翔)	京师(长安)、京兆府、华州、同州、坊州、丹州、凤翔府、邠州、泾州、陇州、宁州、庆州、鄜州、定州、绥州、银州、夏州、灵州、盐州、丰州、会州、宥州、胜州、麟州、安北大都护府
河南道,治所洛阳、汴州(今河南洛阳、开封)	东都(洛阳)、河南府、孟州、陕州、虢州、汝州、许州、汴州、蔡州、陈州、亳州、宋州、濮州、郓州、泗州、海州、兖州、徐州、宿州、沂州、密州、齐州、青州、棣州、莱州、登州
河东道,治所河中府(今山西永济西)	河中府、绛州、晋州、隰州、汾州、慈州、潞州、泽州、沁州、辽州、太原府(北京)、蔚州、忻州、岚州、石州、朔州、云州、单于大都护府
河北道,治所魏州(今河北大名东南)	怀州、卫州、相州、魏州、澶州、博州、贝州、洺州、磁州、邢州、赵州、冀州、深州、沧州、景州、德州、定州、祁州、易州、瀛州、莫州、幽州、涿州、檀州、妫州、平州、顺州、归顺州、营州、燕州、威州、慎州、玄州、崇州、夷宾州、师州、鲜州、带州、黎州、沃州、昌州、归义州、瑞州、信州、青山州、凛州、安东都护府
山南道,治所襄州(今湖北襄阳)	兴元府、兴州、凤州、利州、通州、洋州、泽州、合州、集州、巴州、蓬州、壁州、商州、金州、开州、渠州、渝州、邓州、唐州、均州、房州、隋州、郢州、襄州、复州、江陵府、硖州、归州、夔州、万州、忠州
淮南道,治所扬州(今江苏扬州)	扬州、楚州、和州、濠州、寿州、光州、蕲州、申州、黄州、安州、舒州
江南道,治所苏州(今江苏苏州)	润州、常州、苏州、湖州、杭州、越州、明州、台州、婺州、衢州、信州、睦州、歙州、处州、温州、福州、泉州、建州、汀州、漳州、宣州、池州、洪州、虔州、抚州、吉州、江州、袁州、鄂州、岳州、潭州、衡州、澧州、朗州、永州、道州、郴州、邵州、连州、黔州、辰州、锦州、施州、巫州、夷州、播州、思州、费州、南州、溪州、溱州、珍州、琜州
陇右道,治所鄯州(今青海乐都)	秦州、成州、渭州、兰州、临州、河州、武州、洮州、廓州、叠州、宕州、凉州、甘州、瓜州、伊州、沙州、西州、安西大都护府、北庭大都护府

---

① 史念海主编:《唐史论丛》第7集,陕西师范大学出版社1998年版,第262页。
② (后晋)刘昫等:《旧唐书》,中华书局1975年版,第4861页。
③ 何一民:《中国城市史》,武汉大学出版社2012年版,第235—236页。

续表

道名及道治所	府州名
剑南道,治所成都府(今四川成都)	益州、汉州、彭州、蜀州、眉州、锦州、剑州、梓州、阆州、果州、遂州、普州、陵州、资州、荣州、简州、嘉州、邛州、雅州、黎州、泸州、茂州、翼州、涂州、炎州、彻州、向州、冉州、穹州、笮州、戎州、嵩州、松州、文州、扶州、龙州、当州、悉州、恭州、保州、真州、霸州、柘州
岭南道,治所广州(今广东广州)	广州、韶州、循州、贺州、端州、新州、康州、封州、泷州、恩州、春州、高州、藤州、义州、窦州、勤州、桂州、昭州、富州、梧州、龚州、浔州、郁林州、平琴州、宾州、澄州、绣州、象州、柳州、融州、邕州、贵州、党州、横州、田州、严州、山州、峦州、罗州、潘州、容州、辩州、白州、牢州、钦州、禹州、滚州、汤州、岩州、古州、安南都督府、武峨州、粤州、芝州、爱州、福禄州、长州、罐州、林州、景州、峰州、陆州、廉州、雷州、笼州、环州、德化州、郎茫州、崖州、儋州、琼州、振州、万安州、赤土国、丹丹国

唐代州级城市一览表[1]

州府	别称	州治所	县数
京城	京城、西京、中京、西京、上都	—	—
雍州	京兆府	京城	20
华州	华阴郡	郑县	4
同州	冯翊郡	冯翊县	8
商州	上洛郡	上洛县	6
岐州	凤翔府	雍县	9
邠州	新平郡	新平县	4
陇州	汧阳郡	汧源县	3
泾州	保定郡	安定县	5
原州	平凉郡	平高县	2
渭州	—	襄武县	1
武州	—	萧关县	1
宁州	彭原郡	定安县	5
庆州	顺化郡	安化县	10
鄜州	洛交郡	洛交县	5
坊州	中部郡	中部县	4

---

[1] 何一民:《中国城市史》,武汉大学出版社 2012 年版,第 237—250 页。

续表

州府	别称	州治所	县数
丹州	咸宁郡	义川县	4
延州	延安郡	肤施县	10
灵州	灵武郡	回乐县	4
威州	—	鸣沙县	2
会州	会宁郡	会宁县	2
盐州	五原郡	五原县	2
夏州	朔方郡	朔方县	3
绥州	上郡	上县	5
银州	银川郡	儒林县	4
宥州	宁朔郡	延恩县	2
麟州	新秦郡	新秦县	3
胜州	榆林郡	榆林县	2
丰州	九原郡	九原县	2
单于大都护府	云中都护府	—	—
安北大都护府	燕然都护府	—	2
镇北大都护府	—	—	2
东都	洛阳、神都、东京、东都	—	—
洛州	河南府	东都	20
汝州	临汝郡	梁县	7
陕州	陕郡	陕县	6
虢州	弘农郡	弘农县	6
滑州	灵昌郡	白马县	7
郑州	荥阳郡	管城县	7
颍州	汝阴郡	汝阴县	4
许州	颍川郡	长社县	9
陈州	淮阳郡	宛丘县	6
蔡州	汝南郡	汝阳县	10
汴州	陈留郡	浚仪县	6
宋州	睢阳郡	宋城	10
亳州	谯郡	谯县	7
徐州	彭城郡	彭城县	7
泗州	临淮郡	临淮县	4

续表

州府	别称	州治所	县数
濠州	钟离郡	钟离县	3
宿州	—	符离县	4
郓州	东平郡	须昌县	9
齐州	济南郡	历城县	6
曹州	济阴郡	济阴县	6
濮州	濮阳郡	鄄城县	5
青州	北海郡	益都县	7
淄州	淄川郡	淄川县	4
登州	东牟郡	蓬莱县	4
莱州	东莱郡	掖县	4
棣州	乐安郡	厌次县	5
兖州	鲁郡	瑕丘县	10
海州	东海郡	朐山县	4
沂州	琅邪郡	临沂县	5
密州	高密郡	诸城县	4
蒲州	河中府	河东县	13
晋州	平阳郡	临汾县	8
绛州	绛郡	正平县	7
慈州	文城郡	吉昌县	5
隰州	大宁郡	隰川县	6
并州	太原府	晋阳县	13
汾州	西河郡	西河县	5
沁州	阳城郡	沁源县	3
辽州	乐平郡	辽山县	3
岚州	楼烦郡	宜芳县	4
宪州	—	楼烦县	3
石州	昌化郡	离石县	5
忻州	定襄郡	秀容县	2
代州	雁门郡	雁门县	5
云州	云中郡	云中县	1
朔州	马邑郡	善阳县	2
蔚州	兴唐郡	灵丘县	3

续表

州府	别称	州治所	县数
武州	—	文德县	1
新州	—	永兴县	4
潞州	上党郡	上党县	10
泽州	高平郡	晋城县	6
孟州	—	河阳县	5
怀州	河内郡	河内县	5
魏州	魏郡	贵乡县	14
博州	博平郡	聊城县	6
相州	邺郡	安阳县	6
卫州	汲郡	汲县	5
贝州	清河郡	清河县	8
澶州	—	顿丘县	4
邢州	巨鹿郡	龙冈县	8
洺州	广平郡	永年县	6
惠州	—	滏阳	4
镇州	常山郡	真定县	11
冀州	信都郡	信都县	9
深州	饶阳郡	陆泽县	7
赵州	赵郡	平棘县	8
沧州	景城郡	清池县	7
景州	—	弓高县	4
德州	平原郡	安德县	6
定州	博陵郡	安喜县	10
易州	上谷郡	易县	6
幽州	范阳郡	蓟县	9
涿州	—	范阳县	5
瀛洲	河间郡	河间县	5
莫州	文安郡	莫县	6
平州	北平郡	卢龙县	3
妫州	妫川郡	怀戎县	1
檀州	密云郡	密云县	2
蓟州	渔阳郡	渔阳县	3

续表

州府	别称	州治所	县数
营州	柳城郡	柳城县	1
安东都护府	—	—	—
荆州	江陵府	江陵县	8
峡州	夷陵郡	夷陵县	4
归州	巴东郡	秭归县	3
夔州	云安郡	奉节县	4
澧州	澧阳郡	澧阳县	4
朗州	武陵郡	武陵县	2
忠州	南宾郡	临江县	5
涪州	涪陵郡	涪陵县	5
万州	南浦郡	南浦县	3
襄州	襄阳郡	襄阳县	7
泌州	淮安郡	泌阳县	7
隋州	汉东郡	隋县	4
邓州	南阳郡	穰县	6
均州	武当郡	武当县	3
房州	房陵郡	房陵县	4
复州	竟陵郡	沔阳县	3
郢州	富水郡	京山县	3
金州	汉阴郡	西城县	6
梁州	兴元府	南郑县	5
洋州	洋川郡	西乡县	4
利州	益昌郡	绵谷县	6
凤州	河池郡	梁泉县	3
兴州	顺政郡	顺政县	2
成州	同谷郡	上禄县	3
文州	阴平郡	曲水县	1
扶州	同昌郡	同昌县	4
集州	符阳郡	难江县	3
壁州	始宁郡	诺水县	5
巴州	清化郡	化城县	9
蓬州	蓬山郡	大寅县	7

续表

州府	别称	州治所	县数
通州	通川郡	通川县	9
开州	盛山郡	盛山县	3
阆州	阆中郡	阆中县	9
果州	南充郡	南充县	5
渠州	潾山郡	流江县	3
扬州	广陵郡	江都县	7
楚州	淮阴郡	山阳县	4
滁州	永阳郡	清流县	3
和州	历阳郡	历阳县	3
寿州	寿春郡	寿春县	5
庐州	庐江郡	合肥县	5
舒州	同安郡	怀宁县	5
光州	弋阳郡	定城县	5
蕲州	蕲春郡	蕲春县	4
安州	安陆郡	安陆县	6
黄州	齐安郡	黄冈县	3
申州	义阳郡	义阳县	3
润州	丹杨郡	丹徒县	4
升州	江宁郡	上元县	4
常州	晋陵郡	晋陵县	5
苏州	吴郡	吴县	7
湖州	吴兴郡	乌程县	5
杭州	余杭郡	钱塘县	8
睦州	新定郡	建德县	6
越州	会稽郡	会稽县	7
明州	余姚郡	鄞县	4
衢州	信安郡	信安县	4
处州	缙云郡	丽水县	6
婺州	东阳郡	金华县	7
温州	永嘉郡	永嘉县	4
台州	临海郡	临海县	5
福州	长乐郡	闽县	10

续表

州府	别称	州治所	县数
建州	建安郡	建安县	5
泉州	清源郡	晋江县	4
汀州	临汀郡	长汀县	3
漳州	漳浦郡	漳浦县	3
宣州	宣城郡	宣城县	8
歙州	新安郡	歙县	6
池州	—	秋浦县	4
洪州	豫章郡	豫章县	7
江州	浔阳郡	浔阳县	3
鄂州	江夏郡	江夏县	7
岳州	巴陵郡	巴陵县	5
饶州	鄱阳郡	鄱阳县	4
虔州	南康郡	赣县	7
吉州	庐陵郡	庐陵县	5
袁州	宜春郡	宜春县	3
信州	弋阳郡	弋阳县	4
抚州	临川郡	临川县	4
潭州	长沙郡	长沙县	6
衡州	衡阳郡	衡阳县	6
永州	零陵郡	零陵县	4
道州	江华郡	营道县	5
郴州	桂阳郡	郴县	8
邵州	邵阳郡	邵阳县	2
黔州	黔中郡	彭水县	6
辰州	卢溪郡	沅陵县	5
锦州	卢阳郡	卢阳县	5
施州	清化郡	清江县	2
叙州	潭阳郡	龙标县	3
奖州	龙溪郡	夜郎县(峨山县)	3
夷州	义泉郡	绥阳县	5
播州	播川郡	遵义县	3
思州	宁夷郡	务川县	3

第二章　唐代城市繁荣与兴盛

续表

州府	别称	州治所	县数
费州	涪川郡	涪川县	4
南州	南川郡	南川县	2
溪州	灵溪郡	大乡县	2
溱州	溱溪郡	荣懿县	5
益州	成都府（又称蜀郡）	蜀县	10
彭州	蒙阳郡	九陇县	4
蜀州	唐安郡	晋原县	4
汉州	德阳郡	雒县	5
嘉州	犍为郡	龙游县	8
眉州	通义郡	通义县	5
邛州	临邛郡	临邛县	7
简州	阳安郡	阳安县	3
资州	资阳郡	盘石县	8
嶲州	越嶲郡	越嶲县	9
雅州	卢山郡	严道县	5
黎州	洪源郡	汉源县	3
茂州	通化郡	汶山县	4
翼州	临翼郡	卫山县（原翼针）	3
维州	维川郡	薛城县	3
戎州	南溪郡	僰道县	5
姚州	云南郡	姚城县	3
松州	交川郡	嘉诚县	4
当州	江源郡	通轨县	3
悉州	归诚郡	左封县	2
静州	静川郡	悉唐县	3
柘州	蓬山郡	柘县	2
恭州	恭化郡	和集县（广平县）	3
保州	天保郡	定廉县	4
真州	昭德郡	真符县	4
霸州	静戎郡	—	4
干州	—	—	2
梓州	梓潼郡	郪县	9

续表

州府	别称	州治所	县数
遂州	遂宁郡	方义县	5
绵州	巴西郡	巴西县	8
剑州	普安郡	普安县	8
合州	巴中郡	石镜县	6
龙州	应灵郡	江油县	2
普州	安岳郡	安岳县	6
渝州	南平郡	巴县	5
陵州	仁寿郡	仁寿县	5
荣州	和义郡	旭川县	6
昌州	—	昌元县	4
泸州	泸川郡	泸川县	5
保宁都护府	—	—	
广州	南海郡	南海县	13
韶州	始兴郡	曲江县	6
循州	海丰郡	归善县	6
潮州	潮阳郡	海阳县	3
康州	晋康郡	端溪县	4
泷州	开阳郡	泷水县	4
端州	高要郡	高要县	2
新州	新兴郡	新兴县	2
封州	临封郡	封川县	2
潘州	南潘郡	茂名县	3
春州	南陵郡	阳春县	2
勤州	云浮郡	富林县	2
罗州	招义郡	石城县	4
辩州	陵水郡	石龙县	2
高州	高凉郡	良德县	3
恩州	恩平郡	齐安县	3
雷州	海康郡	海康县	3
崖州	珠崖郡	舍城县	3
琼州	琼山郡	琼山县	5
振州	延德郡	宁远县	5

续表

州府	别称	州治所	县数
儋州	昌化郡	义伦县	5
万安州	万安郡	陵水县	4
邕州	朗宁郡	宣化县	7
澄州	贺水郡	上林县	4
宾州	岭方郡	岭方县	3
横州	宁浦郡	宁浦县	3
浔州	浔江郡	桂平县	3
峦州	永定郡	永定县	3
钦州	宁越郡	钦江县	5
贵州	怀泽郡	郁林县	4
龚州	临江郡	平南县	5
象州	象郡	武化县	3
藤州	感义郡	镡津县	4
岩州	常乐郡	常乐县	4
宜州	龙水郡	龙水县	4
瀼州	临潭郡	瀼江县	4
笼州	扶南郡	武勤县	7
田州	横山郡	横山县	5
环州	整平郡	正平县	8
桂州	始安郡	始安县	11
梧州	苍梧郡	苍梧县	3
贺州	临贺郡	临贺县	6
连州	连山郡	桂阳县	3
柳州	龙城郡	马平县	5
富州	开江郡	龙平县	3
昭州	平乐郡	平乐县	3
蒙州	蒙山郡	立山县	3
严州	循德郡	来宾县	3
融州	融水郡	融水县	2
思唐州	武郎郡	郎县	2
古州	乐兴郡	乐兴县	3
容州	普宁郡	北流县	6

续表

州府	别称	州治所	县数
牢州	定川郡	南流县	3
白州	南昌郡	博白县	4
顺州	顺义郡	—	4
绣州	常林郡	常林县	3
郁林州	郁林郡	石南县	4
党州	宁仁郡	善劳县	8
窦州	怀德郡	信义县	4
禺州	温水郡	峨石县	4
廉州	合浦郡	合浦县	4
义州	连城郡	龙城县	3
交州	安南中都护府（原交趾郡）	宋平县，治所多移	8
陆州	玉山郡	乌雷县	3
峰州	承化郡	新昌县	5
爱州	九真郡	九真县	6
驩州	日南郡	九德县	4
长州	文杨郡	文阳县	4
福禄州	唐林郡	安远县	3
汤州	汤泉郡	汤泉县	3
芝州	忻城郡	忻城县	7
武峨州	武峨郡	武峨县	7
演州	龙池郡	忠义县	7
武安州	武曲郡	武安县	2
凉州	武威郡	姑臧县	5
沙州	敦煌郡	敦煌县	2
瓜州	晋昌郡	晋昌县	2
甘州	张掖郡	张掖县	2
肃州	酒泉郡	酒泉县	3
伊州	伊吾郡	伊吾县	3
西州	交河郡	前庭县（原高昌）	5
庭州	北庭大都护府	金满县	4
安西大都护府	—	原治于西州，后随军迁治多处	—

续表

州府	别称	州治所	县数
河州	安昌郡	枹罕县	3
渭州	陇西郡	襄武县	4
鄯州	西平郡	湟水县	3
兰州	金城郡	金城县	2
临州	狄道郡	狄道县	2
阶州	武都郡	将利县	3
洮州	临洮郡	临潭县	1
岷州	和政郡	溢乐县	3
廓州	宁塞郡	广威县	3
叠州	合川郡	合川县	2
宕州	怀道郡	怀道县	2

第三节　唐中后期战乱与城市衰落

前文已述，"时长288年的唐代为中国古代社会蓬勃发展与动荡并存的重要时段，是中国历史上颇为人称道的辉煌时期。这一时期中国社会经济、文明高度发展，不仅先后产生唐朝长安、扬州、成都等一批繁华大都市，而且随着大运河开凿，江南经济进一步发展，城市数量与质量、分布空间等均有显著发展。城市总体规模远超前代，城市人口30万以上者达30余个，城市总人口达800万左右，占全国总人口的10%以上，远高于世界人口城市化水平"①。"唐代成为中国城市文明与发展的高峰期。但唐代中后期，随着社会动荡加剧和频繁战乱，城市政治和军事价值成为攻防双方重要目标与打击对象，城市得失影响战争进程和结局。战争给城市造成严重破坏，阻滞战区城市发展。"②正如美国著名城市学家刘易斯·芒福德的《城市发展史——起源、演变和前景》所论，"城市虽有发挥保护作用、保障安全的外形，但几乎从其最初出现的时刻，便不仅带来对外掠夺进攻，也带来城内紧张的斗争"③。刘氏观

---

① 何一民：《中国城市史纲》，四川大学出版社1994年版，第111页。
② 陈守民主编：《打开战争之门》（上册），世界知识出版社2011年版，第45页。
③ ［美］刘易斯·芒福德：《城市发展史——起源、演变和前景》，倪文颜、宋俊岭译，中国建筑工业出版社1989年版，第95页。

点于认知唐中后期城市发展与战乱关系颇具意义。

"唐代中后期,战争频仍,有学者统计指出,隋唐五代发生较大规模战争353次,仅唐代即有192次,年均0.666次,且主要集中于唐代中后期。"①唐中后期有定边战争,有平定安史之乱的战争,有唐末农民起义战争等,这些战争此起彼伏,打断了城市的正常发展和发展顺序,破坏了有机构成的城市系统,使战乱波及之城市内外发展网络中断,最终使当时的城市处于低迷和衰退状态。唐代中后期战争导致战区城市衰落表现之一为人口锐减。人口作为生产力要素中之劳动主体,是生产力中最活跃要素,亦为城市系统存在与发展的重要构成。战争状态下,以屠杀方式消耗城市主体人群,往往成为交战双方迫使对方屈服,并最终占有对方社会经济财富的惯用方式。这一方式普遍采用,在战区民众中形成巨大心理压力,无论战场屠杀本身抑或其潜在恐惧作用,均使城市人口锐减成为战时的常态。

有关唐代中后期战争带来人口严重破坏的史料颇多。"乾元元年(758)郭子仪兵围邺城,城中人相食,米斗钱七万余,鼠一头值数千,马食聧墙麦及马粪濯而饲之。"②"乾元三年(760)闰四月,史思明再陷东都,京师米斗八百文,人相食,殍骸蔽地。"③"上元二年(761),洛阳诸郡人相食,城邑榛墟。"④"代宗时,东都凋破,百户无一存,起宜阳、熊耳、虎牢、成皋五百里,见户才千余,居无尺椽,爨无盛烟,兽游鬼哭"⑤。《旧唐书·郭子仪传》载:"以东周之地,久陷贼中,宫室焚烧,十不存一。百曹荒废,曾无尺椽,中间畿内,不满千户。井邑榛棘,豺狼所嗥,既乏军储,又鲜人力。东至郑、汴,达于徐方,北自覃怀,经于相土,人烟断绝,千里萧条。"另有史料载,洛阳经安史和回纥兵的焚烧杀掠,所存人口"征郡国之版在,在验地官之籍,列太平之人,已无七八"⑥。"唐中和元年(881),起义军设计于长安城内大败唐军,纵兵屠杀,流血成川,谓之洗城。乾宁二年(895),昭宗出幸南山麓莎城、石门等处旬余,京城士庶从幸者数十万人,中暑而死者三分之一。"⑦

战争导致战区城市衰落表现之二为财富遭受劫掠,经济凋敝。"唐中

---

① 《中国军事》编写组编:《中国军事史:附卷 历代战争年表(上)》,解放军出版社1985年版,第3页。
② (后晋)刘昫等:《旧唐书》,中华书局1975年版,第5373页。
③ (后晋)刘昫等:《旧唐书》,中华书局1975年版,第1361页。
④ (宋)欧阳修、宋祁:《新唐书》,中华书局1975年版,第643页。
⑤ (宋)欧阳修、宋祁:《新唐书》,中华书局1975年版,第4794页。
⑥ (清)董诰等编:《全唐文》,中华书局1983年版,第7648页。
⑦ (宋)司马光编著,(元)胡三省音注:《资治通鉴》,中华书局1956年版,第8232页。

后期,无论战争发动因由如何,攻入城池之军队掠夺城市财富是为共同特点。以唐代洛阳为例,仅安史之乱期间,洛阳城内财富被劫掠就有四次之多。"①几次劫掠之后,"宫室焚烧,十不存一,百曹荒废,曾无尺椽"②。"比屋荡尽,人悉以纸为衣"③。安史之乱后的洛阳则是"中间畿内,不满千户。井邑榛棘,豺狼所嗥"④。刘晏在给元载的信中称:"函、陕凋残,东周(指洛阳附近地区)尤甚。过宜阳、熊耳,至武牢、成皋,五百里中,编户千余而已。居无尺椽,人无烟爨,萧条凄惨,兽游鬼哭。牛必羸角,舆必说輹,栈车辁漕,亦不易求。"⑤宋人李格非描述称:"唐贞观、开元之间,公卿贵戚,开馆列第于东都者,号千有余邸。及其乱离,继以五季之酷,其池塘竹树,兵车蹂践,废而为丘墟。高亭大榭,烟火焚燎,化而为灰烬。"⑥以至于到了数十年之后的敬宗时期,裴度指出:"国家营创两都,盖备巡幸。然自艰难已来,此事遂绝。东都宫阙及六军营垒、百司廨署,悉多荒废。陛下必欲行幸,亦须稍稍修葺。一年半岁后,方可议行。"⑦可见此时洛阳依旧萧索。

安史之乱后,藩镇割据继之而起,洛阳因处"四战之地"而屡遭破坏。广明元年(880),"汝州所募军李光庭等五百人自代州还,过东都……焚掠市肆"⑧。中和四年(884),秦宗权命将出兵,寇掠邻道,"屠残人物,燔烧郡邑。西至关内,东极青、齐,南出江淮,北至卫、滑,鱼烂鸟散,人烟断绝,荆榛蔽野"⑨。孙儒陷东都,"所至屠剪焚荡,殆无孑遗"⑩。如韦庄的《秦妇吟》所说:"自从洛下屯师旅,日夜巡兵入村坞。……入门下马若旋风,罄室倾囊如卷土。家财既尽骨肉离,今日垂年一身苦。一身苦何足嗟,山中更有千万家。朝饥山草寻蓬子,夜宿霜中卧荻花。"其后孙儒、李罕之、张全义的交争,洛阳便"鞠为煨烬","野无遗秆","寂无鸡犬之音"⑪。张全义任河南尹时,洛阳仍是"白骨蔽地,荆棘弥望……四野俱无耕者"⑫。由此,唐末的

---

① 吴涛:《唐"安史之乱"至五代时期的洛阳》,《郑州大学学报》(哲学社会科学版)1988年第5期。
② (后晋)刘昫等:《旧唐书》,中华书局1975年版,第3457页。
③ (后晋)刘昫等:《旧唐书》,中华书局1975年版,第5204页。
④ (后晋)刘昫等:《旧唐书》,中华书局1975年版,第3457页。
⑤ (后晋)刘昫等:《旧唐书》,中华书局1975年版,第3513页。
⑥ 周祖譔主编:《历代文苑传笺证》,凤凰出版社2012年版,第603页。
⑦ (后晋)刘昫等:《旧唐书》,中华书局1975年版,第4428页。
⑧ (宋)司马光编著,(元)胡三省音注:《资治通鉴》,中华书局1956年版,第8232页。
⑨ (后晋)刘昫等:《旧唐书》,中华书局1975年版,第4428页。
⑩ (宋)司马光编著,(元)胡三省音注:《资治通鉴》,中华书局1956年版,第8232页。
⑪ (宋)薛居正等:《旧五代史》,中华书局1976年版,第207页。
⑫ (宋)司马光编著,(元)胡三省音注:《资治通鉴》,中华书局1956年版,第8359页。

几次战乱使繁华似锦的隋唐都城长安变成了一片废墟,从而使昔日繁荣的长安商业遭到毁灭性破坏。这种破坏主要表现在三个方面:其一是城市、市场设施的破坏,例如长安城内的房屋、道路交通及各种市(肆)、店铺因战乱而遭到严重破坏;其二是人口大量死亡或流散,导致居民锐减;其三是长安及关中经济遭到破坏。这几个方面恰好是长安商业赖以发展的基本条件。唐末社会动荡,经济萧条,长安城渐为废墟,千年繁华荡然无存。长安城到处皆是残垣断壁和焦土瓦砾。历史上的黄金时代一去不返。正如韦庄在《长安旧里》诗中所说:"满目墙匡春草深,伤时伤事更伤心。车轮马迹今何在,十二玉楼无处寻。"可见长安景象残破凋敝之甚。唐末诗人韦庄的《秦妇吟》说:"长安寂寂今何有,废市荒街麦苗秀。采樵斫尽杏园花,修寨诛残御沟柳。华轩绣毂皆销散,甲第朱门无一半。含元殿上狐兔行,花萼楼前荆棘满。昔时繁盛皆埋没,举目凄凉无故物。内库烧为锦绣灰,天街踏尽公卿骨。……百万人家无一户。破落田园但有蒿,摧残竹树皆无主。"诗文虽有夸张、不实之处,但大体反映了唐末长安城遍布麦苗、皇园被毁、官邸遭残、人口稀少的萧条破败景象。诗人子兰《悲长安》的描述再次为此提供了佐证。其诗曰:"何时天事祸未回,生灵愁悴苦寒灰。岂知万顷繁华地,强半今为瓦砾堆。"彰显经过朱温破坏后,长安城面目全非的概貌。

军队大肆抢掠直接破坏了当时的城市社会经济,成为导致城市衰落的因素之一。市内建筑损毁为城市于战争中遭受损失的另一表现。以洛阳为例,经安史之乱以来的战乱破坏,洛阳城池几乎成为废墟。唐末之际,洛阳满目是战争的疮痍。由于频年战争破坏与日久失修,洛阳城门建筑为战火焚毁,城垣多已颓废坍塌。时至五代,城内所留多为唐末战争时期的战垒和壕沟。市内建筑原有布局被人为打破。"光启末张全义为河南尹,为蔡贼所攻,乃于南市一方之地筑垒自固,后更于市南又筑嘉善坊为南城"①,至唐明宗天成年间"张全义土功斯设,季罕之寨地犹存"②即为有力例证。再以长安为例,唐代宗李豫广德元年(763)正月,安史之乱刚结束,吐蕃开始东犯,十月攻陷长安,李豫逃往陕州。"吐蕃剽掠府库、市里,焚官舍,长安萧然一空"。③ 唐僖宗李儇广明元年(880)二月,黄巢起义军攻克长安,"焚坊市","火宫城"。当时京师"九衢、三内、宫室宛然"。④ "公元881年底,唐军从四面围攻长安,放火焚烧诸城门。"公元883年,黄巢起义军退出长安,

---

① (清)顾炎武:《历代宅京记》,中华书局1984年版,第160页。
② (清)董诰等编:《全唐文》,中华书局1983年版,第53页。
③ (宋)司马光编著,(元)胡三省音注:《资治通鉴》,中华书局1956年版,第7152页。
④ (后晋)刘昫等:《旧唐书》,中华书局1975年版,第722页。

唐军及沙陀兵入长安暴掠,"宫、庙、寺、署焚荡殆尽"。长安室屋及民所存无几"。"公元884年六月,黄巢败北,然长安府寺民居被焚十之六七,京兆尹王徽累年补葺,仅完一二。公元885年十二月,田令孜挟持僖宗出奔凤翔,乱兵入长安,焚掠坊市与宫城,宫阙萧条鞠为茂草。"①《资治通鉴》卷257《唐纪七十三》僖宗光启三年(887)六月条云:"初,东都经黄巢之乱,遗民聚为三城以相保,继以秦宗权、孙儒残暴,仅存坏垣而已。全义初至,白骨蔽地,荆棘弥望,居民不满百户。"唐哀帝在《禁论认洛阳田宅敕》中指出"洛城坊曲内,旧有朝臣诸司宅舍,经乱荒榛"②。公元890年,军阀李茂贞攻占长安,"争货相攻,纵火焚剽,宫室廛间鞠为灰烬,十焚六七"③。"公元895年七月,右神策军将李继鹏欲劫皇驾幸凤翔,纵火焚烧宫门,烟炎蔽开,京城大乱。"④"唐昭宗李晔乾宁三年(896)七月,李茂贞入长安,大肆焚掠,自僖宗中和以来修葺宫室,市肆幡烧俱尽。"天复元年(901)十一月,宦官韩全晦勾结神策军指挥使李继筠等,劫持昭宗去凤翔,又"遂焚其城"。唐昭宗天复三年(903),朱温"逼车驾幸洛阳"⑤,面对残破情况,只好"率诸道丁匠财力,同构洛阳宫,不数月而成"⑥。天祐元年(904)正月,宣武、宣义、天平、护国四镇节度使朱温勾结宰相崔胤,劫帝迁都洛阳,"毁长安宫室百司及民间庐舍"⑦。"取其材木,浮渭沿河而下,长安自此遂成丘墟。"⑧

除北方城市而外,南方城市亦破坏严重。"江淮之间,广陵大镇,富甲天下。自师铎、秦彦之后,孙儒、行密继踵相攻,四五年间连兵不息,庐舍焚荡,民户丧亡,广陵之雄富扫地。""上元元年(760),田神功入广陵及楚州,掠杀商胡以千数,城中地穿掘略遍。光启三年(887)四月广陵兵乱,毕师铎纵兵大掠。宣军以所求未获,焚进奉两楼数十间,宝货悉为煨烬,自城陷,诸军大掠,昼夜不已。货财在扬州者,填委如山,悉为乱兵所掠。大顺二年(891)七月,朱全忠和杨行密相约共攻孙儒,孙儒于是悉焚扬州庐舍。"⑨由此,战争使城市财富遭受劫掠,经济凋敝,成为导致战区城市衰落的主要因素。由于战争兵燹,许多著名的大城市遭到严重破坏,元气大伤,由此而

---

① 薛平拴:《长安商业》,西安出版社2005年版,第226页。
② (清)董诰等编:《全唐文》,中华书局1983年版,第427页。
③ (后晋)刘昫等:《旧唐书》,中华书局1975年版,第759页。
④ 薛平拴:《长安商业》,西安出版社2005年版,第226页。
⑤ (后晋)刘昫等:《旧唐书》,中华书局1975年版,第778页。
⑥ (宋)王钦若等编纂:《册府元龟》,凤凰出版社2006年版,第2097页。
⑦ (后晋)刘昫等:《旧唐书》,中华书局1975年版,第778页。
⑧ (后晋)刘昫等:《旧唐书》,中华书局1975年版,第4716页。
⑨ 陈磊:《唐后期江淮城市的发展及衰落》,《史林》2010年第6期,第32页。

衰落。

需要注意的是，传统战争中，"人"无疑是经济活动中最核心和活跃的生产要素，而战争最直接的一个影响就是造成人口的大量减少和地域性迁徙。囿于战争的破坏性特点，必然导致青壮年士兵的大量伤亡，普通民众也可能在战争中死亡，而频仍的战争、动荡的社会秩序、民众大量逃亡、政府所能控制的户口数量进一步减少均是人口数字变化的重要因素。以往研究者对战争导致人口损失观照较多，而对战争引发之人口迁徙较少留意，除了战争中屠杀所致人口损失之外，大量人口向何处迁徙对研究战争与城市发展关系问题而言不可或缺。唐中后期，频繁战争导致民不聊生，人口迁移成为普遍现象。"人口流动原因大致有二，一为民众为逃避战火主动迁移，一为统治者为控制民众而取人口掳掠政策。以唐代安史之乱为例，安史之乱使北方遭受重创。就人口而言，天宝末年有户九百余万"①，"战乱发生后的乾元三年（760），户数只剩下一百九十三万三千一百七十四户"，损失四分之三以上。人口的这一损失，不可否认主要来自兵燹的事实，但有些户口却是逃亡的结果。安史之乱时，北方四处混战，南方虽有冲突，战事很快平息，并未酿成大乱。张巡、许远得以死守睢阳，"而唐全得江、淮财用，以济中兴"②。安禄山欲南取江、汉，而军民合力助鲁炅扼守南阳，"南夏所以保全"③。"故南方未直接蒙受安史之乱战祸，民众为逃避北方战乱，移民南方，长江以南新兴城市得以迅速发展。可见，安史之乱后，由于频繁战乱，唐王朝大多数州郡户口数量锐减。"由此而影响城市的繁盛和城市规模的扩大。

唐代是中国古代城市史研究的重要时期，该时期城市发展与否直接关系到区域乃至整个国家的前途和命运。由此，多数君主能够重视城市的经营与建设。其在政治、经济、文化等方面的种种活动都直接或间接地影响城市的发展途径、发展模式和发展水平。由此彰显城市兴衰与社会政治的一致性。当社会处于国家统一、开明之治、经济发展、国泰民安之时，城市即获快速发展，当社会处于动乱之秋，战争此起彼伏之时，城市发展因必需的内外支持系统难以保持常态，各相关聚集要素未能充分进行和输入而处于低迷和衰落状态，城市文明积淀遭受严重侵蚀。唐代贞观之治、开元盛世即是开明政治推动城市繁荣的典型案例。而隋末、唐末战乱频仍，亦时刻强化着

---

① 韩国磐：《隋唐五代史纲》，人民出版社1979年版，第266页。
② （宋）欧阳修、宋祁：《新唐书》，中华书局1975年版，第5页。
③ （后晋）刘昫等：《旧唐书》，中华书局1975年版，第3363页。

战乱对城市摧残的深刻记忆。由此我们应当认识到,开明的政治、统一的国度、稳定的秩序,是城市发展不可或缺的重要推力,有助于城市间、城市与地区间的经济交流,有利于各种资源的优化配置和充分利用,从而极大地激发城市自身的潜能,增强其吸纳其他城市或地区资金、技术和人才的能力,加速城市经济、社会多方位的全面发展。反之,社会动荡加剧与战争频仍,则使城市破坏严重,财富遭受劫掠,经济凋敝,人口流失,发展受到严重阻滞。基于此,城市史研究在关注城市经济、交通环境、形态布局等内容的同时,理应关注政治因素与城市兴衰的紧密关联。唐代城市兴衰与政治环境的辩证关系凸显了其典型意义与价值。

第三章 五代十国时期混战与城市兴衰

五代十国是中国古代历史上的短暂时期,唐后期分裂割据与政治动荡的延续是这一时期社会局面的主要表现。南北方城市经济发展与社会运行受到严重影响。城市人口下降、建筑破败、经济凋敝、财富流失是共同现象。南北相较,北方城市破坏严重,南方城市多有发展。南方多数城市进行修剪整治,人口显著增加,经济功能不断增强,文化生活丰富多样。战乱给予城市摧花折柳般蹂躏的同时,亦打破了人为隔绝机制,实现了人口、交通等资源的重新配置,为城市周边资源向新兴城市的集聚开辟了广阔的前景。

第一节 战争频仍的总体态势

"中国古代历史上,五代十国是为短暂时期。时间虽只有五十多年,却是由唐后期藩镇割据过渡到北宋的重要阶段。这一时期的藩镇割据是中国历史上多次出现分裂局面的重要形式之一。"①唐末农民起义的威力基本上摧毁了唐王朝,但对藩镇割据者的势力却未能彻底消灭,地方的实际权力逐步被藩镇军阀即节度使所窃取。正如《旧唐书·田承嗣传》所说,田承嗣不仅有兵十万,并有衙兵,而且"郡邑官吏,皆自署置,户版不籍于天府,税赋不入于朝廷。虽曰藩臣,实无臣节"②。这种分裂割据,一旦条件成熟,就会向另一种形式的割据即多政权并存局面转变,五代十国既是多政权并存形式的分裂割据,亦是唐后期藩镇割据的继续和发展。

分裂格局的出现,促使政权之间的战争频仍。五代时期年均战争次数在隋唐五代各个时期中居于前列。有学者研究指出,"隋唐五代时期的整个378年间共爆发有一定规模的战争353次,其中隋朝88次,年均2.44次;唐朝192次,年均0.666次;五代73次,年均1.4次"③。大规模战争如后唐灭后梁及平蜀之战、中原军民抗击契丹的战争、后周的统一战争等。这些战争必然对当时中国城市的兴衰产生深远影响。其因由在于,城市作为

---

① 袁英光:《"五代十国"历史中几个问题的探索》,《历史教学问题》1957年第5期。
② 郑学檬:《五代十国史研究》,上海人民出版社1991年版,第1页。
③ 《中国军事》编写组编:《中国军事史·附卷 历代战争年表(上)》,解放军出版社1985年版,第3页。

人类政治、经济、文化、军事中心,是国家和地方权力、财富的象征,集中了人类的智慧与文明,亦成为战争攻防双方的重要目标与打击对象。

薛平拴先生在《五代宋元时期古都长安商业的兴衰演变》一文中指出:"长安在中国古代曾长期作为封建王朝的国都。每当它成为封建王朝国都时,这里的商业繁荣兴盛,无与伦比;但当它失去国都地位时,这里的商业也随着政治地位的下降而一落千丈,萧条不堪。古都长安商业的兴衰变化,不但受自然地理条件、关中社会经济状况的影响,也与其政治地位的变化密切相关。独特的政治地位即可以为长安商业的发展提供难得的有利条件,但正因为其所处独特的政治、经济、军事地位,它往往成为各方政治势力必争之地,因而这里的商业也最容易遭到破坏,从而为商业的衰落带来难以避免的厄运。不仅古都长安如此,对于中国古代其他都城的商业来说,也同样如此。"① 这一论断具有普遍意义,既看到城市作为政治中心的重要地位,亦认识到正是这种政治中心的象征性意义使之难免遭受战争的侵扰。

五代战争对战区城市直接影响表现为基础设施破坏、建筑物损毁、市民流失、城内财富遭受劫掠。战争是社会财富、资源、人口流动与配置的激烈方式,其发生于城市内部或以城市为主体攻击对象时,必然对城市化进程产生深刻影响。当其爆发于城市外部时,引发之城市周边资源则有向城市内部聚集的趋势,抑或为远离战争或受战争影响较小区域的城市兴起提供难得的历史机遇。客观认知五代战争与城市发展关系,关注战争对城市作"恶"的同时,理应看到战争还用其"恶"行撬开城市闭锁,扩大城市网络,刺激新城市勃兴,成为后起城市崛起的主要杠杆。五代十国时期北方城市的败落与南方城市的兴起即为重要体现。

第二节　北方动乱与城市兴衰

安史之乱后,唐中央政权被削弱,对于跋扈的藩镇采用姑息政策,藩镇各自独霸一方,与唐廷俨然有似敌国,唐中央政权和藩镇及藩镇间发生了许多屠杀和抢劫的悲剧战争。随着私家田庄和工商业的发展,统治者为扩大土地和财富,产生了基于封建关系的争权夺利集团,出现了宦官和朋党之争,从而加深了对人民的残酷剥削。因此,"五代十国初期,社会经济受到严重破坏,北方亦未完成统一,基本处于诸国混战局势之下,人民所遭到的

---

① 薛平拴:《五代宋元时期古都长安商业的兴衰演变》,《中国历史地理论丛》2004年第1期。

浩劫是巨大的"①。如齐邻间,朱温与朱瑄数十战,造成"野无人耕"②的悲惨情况。时溥与朱温争夺徐州,以致"徐泗三郡,民无耕稼,频岁水灾,人丧十六七"。903年,朱温遣朱友宁攻博昌,"月余不拔,朱全忠怒,遣客将刘捍往督之。捍至,友宁驱民丁十余万,负木石,牵牛驴,诣城南筑土山。既成,并人畜木石排而筑之,冤号声闻数十里。俄而城陷,尽屠之"③。912年,杨师厚攻下枣强,"无问老幼皆杀之,流血盈城"④。邢洺地区在李克用与孟方立争战下,"地为斗场,人不能稼"⑤。开封在朱温即位初年亦是"连年阻饥,公私俱困"。

后晋末年,契丹三次南侵,"丁壮毙于锋刃,老弱委于沟壑"⑥。五代叛乱亦令无数无辜民众遭殃。叛乱多为军队积愤而发,叛乱后常将无辜民众当作发泄不满及怨恨的对象而大肆屠戮。魏博镇军队叛乱,"魏之士庶被屠戮者不可胜纪"⑦。汴、晋争衡时,晋泽、潞二州叛乱,卫州、黎阳为后梁所据,"州以西,相(州)以南,寇钞日至,编户流亡"⑧。"镇州张文礼叛乱,出则千余人露刃相随,日杀不辜,道路以目。"⑨赵思绾据永兴叛数月后,"城中食尽,杀人而食,每犒宴杀人数百,庖宰一如羊豕。思绾取其胆以酒吞之,语其下曰:食胆至千,则勇无敌矣"⑩。叛将以"日杀不辜"立威,企图震慑军士民众,以此增强凝聚力。"多数情况下叛军闭城抗拒官军,常常长达数月、一年以至数年。频繁出现城中食尽,以人为食现象。后晋末年杨光远叛,自开运元年(944)三月至十一月,城中人民相食将尽。"⑪"后汉朝杜重威据邺城叛,至叛乱被平定,邺城士庶,孵殡者十之六七。"⑫"后汉三叛被平后,时已有僧聚骸髅二十万。"⑬以此推算,每次战争死伤数万至数十万实为常事。"北汉的十二州,盛唐时有二十八万户,而北汉亡国时仅有三万余

---

① 臧嵘:《关于五代十国时期北方和南方经济发展估价的几点看法》,《史学月刊》1981年第2期。
② (后晋)刘昫等:《旧唐书》,中华书局1975年版,第4717页。
③ (宋)司马光编著,(元)胡三省音注:《资治通鉴》,中华书局1956年版,第8610页。
④ (宋)司马光编著,(元)胡三省音注:《资治通鉴》,中华书局1956年版,第8753页。
⑤ (宋)欧阳修、宋祁:《新唐书》,中华书局1975年版,第5449页。
⑥ (宋)司马光编著,(元)胡三省音注:《资治通鉴》,中华书局1956年版,第9335页。
⑦ (宋)薛居正等:《旧五代史》,中华书局1976年版,第121页。
⑧ (宋)薛居正等:《旧五代史》,中华书局1976年版,第407页。
⑨ (宋)薛居正等:《旧五代史》,中华书局1976年版,第830页。
⑩ (宋)欧阳修撰,(宋)徐无党注:《新五代史》,中华书局1974年版,第606页。
⑪ (宋)薛居正等:《旧五代史》,中华书局1976年版,第1293页。
⑫ (宋)薛居正等:《旧五代史》,中华书局1976年版,第1436页。
⑬ (宋)薛居正等:《旧五代史》,中华书局1976年版,第1366页。

户,约为盛唐时户口的八分之一。839年唐文宗时期,户口有4990000户,到宋朝再度统一时,全国户口只剩3790000户。"①在这一百四十年间减少达一百二十万户,可以想象五代战乱的剧烈和战争对人口之破坏情形。

洛阳作为国都、陪都亦饱受战争之苦。"公元901年,朱温为控制朝政,劫帝迁都洛阳,毁长安宫室百司及民间庐舍,长安自是遂丘墟矣。废市荒街麦苗秀,强半今为瓦砾堆。"②后梁乾化三年(913),朱友建杀其父自立,禁军将官袁象先发动兵变推翻朱友珪,"诸军十余万大掠都市"③。后唐天成元年(926),郭从谦率众哗变,"诸军大掠都城"④。之外,契丹南下中原,史称耶律德光"纵胡骑四出,以牧马为名,分番剽掠,谓之打草谷。丁壮毙于锋刃,老弱委于沟壑,自东、西两畿(开封、洛阳)数百里间,财畜殆尽"。宋人李格非说:"唐贞观、开元之间,公卿贵戚,开馆列第于东都者,号千有余邸。及其乱离,继以五季之酷,其池塘竹树,兵车蹂躏,废而为丘墟。高亭大榭,烟火焚燎,化而为灰烬。"⑤后唐明宗李嗣源夺取庄宗李存勖帝位,放任兵士在洛阳大肆抢掠,当时"京城大乱,燔剽不息"⑥。郭威夺取后汉政权时与士兵约定,允许入开封后大抢十天。"王峻谕军曰,我得公(郭威)处分,俟平定京城,许尔等旬日剽掠,众皆踊跃。……帝(郭威)回车自迎春门入,诸军大掠,烟火四发。"⑦时至朱温控制汴州,倾巢攻徐、泗地区,历时近八年,使"徐、泗三郡,民无耕稼,频岁水灾,人丧十六七"⑧。其攻郓州历时三四年,郓州"人不得耕织,民为俘者十五六"⑨。洛阳地区经过孙儒、诸葛爽、李罕之等军阀杀掠,"都城灰烬,满目荆榛,井邑穷民,不满百户"⑩。梁晋战争波及的河北州县,征粮征夫,民疲田荒。即使青、齐各州亦不免于供军之扰。

五代时期,军阀混战,关中地区亦多次沦为战场,长安屡遭浩劫,社会经济长期处于一蹶不振的境地。当然在相对安定的时候,社会经济能够有所

---

① 李常生:《中国历史发展摘要(七)》,五代十国(未刊稿),第52页。
② 朱逸宁:《花间词人与晚唐五代江南的城市文化》,《河南大学学报》(哲学社会科学版)2007年第5期,第18页。
③ (宋)司马光编著,(元)胡三省音注:《资治通鉴》,中华书局1956年版,第8767页。
④ (宋)司马光编著,(元)胡三省音注:《资治通鉴》,中华书局1956年版,第8975页。
⑤ 周祖譔主编:《历代文苑传笺证》,凤凰出版社2012年版,第603页。
⑥ (宋)薛居正等:《旧五代史》,中华书局1976年版,第490页。
⑦ (宋)薛居正等:《旧五代史》,中华书局1976年版,第1365页。
⑧ (宋)薛居正等:《旧五代史》,中华书局1976年版,第4717页。
⑨ (宋)薛居正等:《旧五代史》,中华书局1976年版,第4717页。
⑩ (宋)薛居正等:《旧五代史》,中华书局1976年版,第839页。

发展,商业稍见复苏。但这种复苏总是被频繁的战乱所打断,从而使商业陷入徘徊不前的状态。后汉时发生在长安的叛乱最能说明这一点。后汉乾祐元年(948)三月,原京兆尹赵赞的部将赵思绾在京兆府城发动叛乱,并联络河中节度使李守贞,不久,镇守关中西部的凤翔节度使王景崇也起兵响应。后汉政府调兵遣将,久无战功。久经围困的长安城粮食极为短缺,以至出现人食人的现象。赵思绾残暴至极,"杀人而食,每犒宴,杀人数百,庖宰一如羊豕。思绾取其胆以酒吞之,语其下曰:'食胆至千,则勇无敌矣!'"①乾祐二年(949)五月,他被迫开城投降,不久又叛,被斩于长安市。赵思绾临刑时,"市人争投瓦石,军吏不能禁"。这次战乱历时一年有余,长安深受破坏,人口急剧减少。长安城内原有十余万人,经赵思绾之乱,人口锐减为一万人,"其饿殍之数可知矣"②。可知此前长安人口仍有一定规模,此次战乱使长安又陷入极为萧条的状态,长安的商业也再次跌入历史低谷。有研究者认为,长安被毁程度比唐末大有增加。诗人荆叔诗云:"汉国山河在,秦陵草树深。暮云千里色,无处不伤心。"唐末张泌的《题华严寺木塔》亦云:"六街晴色动秋光,雨霁凭高只易伤。一曲晚烟浮渭水,半桥斜日照咸阳。休将世路悲尘事,莫指云山认故乡。回首汉宫楼阁暮,数声钟楼自微茫。"诗人伤心、自伤、微茫的心情恰恰反映出长安所受破坏之深。长安由唐末至五代失去全国政治、经济、文化中心的地位,下降为一般性的地方都会。

即使生产比较发达的山东、河北、河南也出现了满目荒凉、"疮痍数千里"③的惨象。山西更是"赤地千里",寥无人迹。北方地区的经济破坏情形如《旧唐书·秦宗权传》所说:"西至关内,东极青齐……北至卫滑,鱼烂鸟散,人烟断绝,荆榛蔽野。"繁荣的长安被破坏后"荆棘满城,狐兔纵横"④。洛阳也"井邑穷民,不满百户"⑤。南方的破坏程度不下于北方,淮南"士民转徙几尽",著名的扬州"饥民相杀而食"⑥。关于扬州的衰落,何一民先生曾有论述,认为扬州在五代时期日趋衰落,一方面是受战乱影响,史载:"江淮之间,广陵大镇,富甲天下。自师铎、秦彦之后,孙儒、行密继踵相攻,四五年间连兵不息,庐舍焚荡,民户丧亡,广陵之雄富扫地矣。"另一方面,由于战乱,大运河北段的汴河埋塞,大运河南北运输中断,扬州的商业

---

① (宋)欧阳修撰,(宋)徐无党注:《新五代史》,中华书局1974年版,第605页。
② (宋)薛居正等:《旧五代史》,中华书局1976年版,第1443页。
③ (宋)司马光编著,(元)胡三省音注:《资治通鉴》,中华书局1956年版,第8185页。
④ (宋)司马光编著,(元)胡三省音注:《资治通鉴》,中华书局1956年版,第8320页。
⑤ (宋)薛居正等:《旧五代史》,中华书局1976年版,第837页。
⑥ (宋)欧阳修撰,(宋)徐无党注:《新五代史》,中华书局1974年版,第605页。

受到影响而衰微,同时,长江向南岸摆动,海船不能像过去那样停泊在扬州城外,扬州逐步失去了外贸港口城市的地位。扬州的经济情况更趋衰落,"扬一益二"之称成为历史的陈迹。可见,8世纪中期至10世纪初期,由于生产事业的严重破坏,而失去了统一全国的经济基础。维系统一全国的经济基础的破坏,体现在政治斗争上,便是各军阀集团在短时期内无一个集团能成为比较突出的力量,建立全国统一的封建政权。如此反复大动荡,北方很多城市在相当长的时间里已无法恢复元气,重现繁荣。

"看到战争对城市发展造成严重破坏的同时,还应注意,为应对战争,统治阶层会有意识地加强与战争有关的城市建设,战争不仅能够打破与城市有关的旧有政治秩序,且可以巩固既有城市的政治地位,某种情况下利于新兴城市的地位攀升。五代时期的幽州即为典型。五代的民族冲突加剧,使统治者必须屯集重兵,加以防卫。幽州于此背景之下,于安史之乱前发展成为显赫一时的军事重镇。幽州政治地位的不断提升正为战争不断推动的直接结果。五代的战乱打破了民族之间的壁垒,幽州附近产生了大量战俘和归附人口,幽州地区掀起大规模民族迁移浪潮,民族大融合和燕山南北经济文化交流得以加强。以至有研究者认为,五代时期,幽州地区战争频繁激烈,这些战争给幽州地区的经济带来了极大的破坏,亦使得幽州人民遭受战火兵燹的残酷侵袭。然由于幽州历来是一个军事重镇。从长远来看,这些战争又在客观上为幽州地区经济发展创造了条件,推动着幽州地位的不断攀升。"①战争引发了庞大规模的民族迁移和融合,移民的涌入有利于迁入地城市的繁荣和发展。

当然,五代时期,并非北方所有城市均遭受严重破坏,部分城市仍有发展。以开封为例,其在唐代即是经济较发达的城市。907年,后梁建立,开封从地方城市上升为都城,此后开封又相继成为后晋、后汉、后周的都城。城市政治、行政地位提高,促进了开封城市建设和经济的发展。从后梁到后汉,因政权不断变更,战争频繁,故开封在营建方面无大的变动。后周时期,中原社会经济逐渐恢复发展,社会也较前稳定,而开封"华夷臻凑,水陆会通,时向隆平,日增繁盛"。但城市建成区狭窄,百司公署无处兴修,坊市之中邸店有限,工商外至拥挤不堪,旧有的城市已不能适应政治、经济发展的需要。后周世宗柴荣即下诏扩建开封城。经过几年营建,完成了外城的修筑工程。新修开封城周长48里,由于有充分的准备,并经过"官中劈画,定

---

① 王春强:《隋唐五代时期幽州地区战争与军事研究》,首都师范大学硕士学位论文,2007年。

军营、街巷、仓场、诸司公廨院,务了,即任百姓营造",因此开封具有相当的规划性,建筑规整有序。城市建成区较前扩大4倍,城内拓展道路,改善交通条件,街道宽阔笔直,主干道宽50步,一般街道也宽25—30步。道两旁划定植树地带,城内的宫殿建筑相当雄伟壮丽。可谓"琪树明霞五凤楼,夷门自古帝王州"。后周还制定了一些城市防火和改善城市卫生的措施,加强城市供应,促进经济发展。由于藩镇割据,战火连绵,流经开封的大运河已不能通航,黄河水患不断。"周世宗发徐、宿、宋、单、滑等州丁夫浚汴河、五丈河,堵塞黄河决口,修固黄河河堤,还在汴河口立斗门控制黄河水势,确保京城的安全。使汴河东流定陶,入于济,以通青、郓水运之路,从而恢复了以开封为中心的水路交通网,使山东和江南各地的粮食、货物均可由水道直达开封,从而使开封城市进入一个新的发展时期,为宋朝开封城市的繁盛奠定了基础。"①

总体而论,五代十国时期,城市兴衰变化较大。北方战乱频繁,由于战争兵燹,许多著名的大城市遭到严重破坏,元气大伤,由此而衰落。与北方相较,南方虽亦有城市遭受战争破坏,但大体上好于北方。一些城市受战乱影响较小或成为新的都城和经济中心而得到较大发展。

第三节 南方持续开发与城市发展

"五代时期,是我国经济和文化重心继续南移的阶段。北方地区战争不断,加之五代的统治者多数为大军阀,既无治国之才,又无治国之策,所以北方地区的经济遭到严重破坏。持续战乱,政局不稳,生态环境日益遭到破坏,气温下降,雨量增多,自然灾害频发等共同作用",使北方城市少有发展。与北方相比,南方植被较好,平均气温高,降雨充沛,加之战争规模较小,时间较短,几经较量,得人心者由弱转强,消灭对手,建立了几个割据一方的封建政权。这些割据政权的建立者都能采取"保境息民""重农抑武"之策,互相基本上保持和平,各于境内劝课农桑,兴修水利,招徕商旅,所以大量北方人口流落而来,"其中既有众多普通的农业劳动力和手工业者,又有许多文学之士,前者是为了生计而辗转流徙,他们的到来不仅为南方各政权补充了必要的劳动力,同时也带来了中原的生产技术,促进了当地农业和手工业的发展,为江淮地区经济发展与繁荣创造了前提条件,后者是为了个人生存空间和政治前途而流寓他乡,他们一方面促使五代时期文人政治格

---

① 何一民:《中国城市史》,武汉大学出版社2012年版,第270页。

局的形成,还为南方著名城市文化艺术的发展注入了新的活力"①。

正是由于上述诸多优势,使得南方社会经济获得不同程度的发展。如在毕师铎、秦彦和高骈等军阀集团混战时惨遭破坏的扬州,经过杨行密的"轻徭薄赋,招抚流移,未及数载,几复承平之旧,吴王称号淮海时,广陵殷盛,士庶骈阗"②。"大兵之后,井邑萧条"的江陵,经过高季兴的所谓"招辑抚绥,民皆复业",奠定了荆南建国的基础。至于两浙地区,由于吴越的水利事业非常发达,故"钱塘富庶,甲于东南"。吴越的杭州"开肆三万室"③,钱塘江内"舟楫辐辏,望之不见其首尾"④。福州、泉州"招徕蛮裔商贾,敛不加暴,而国用日益富饶"。自古为天府之国的四川地区,前蜀时生产的发达体现在财政收入上是"仓廪充溢",后蜀时是"斗米三钱"。江淮、剑南、岭南也都恢复旧状,且有相当进步。⑤ 这一切都为南方经济的繁荣和城市发展提供了有利条件。

五代时期的金陵,作为南唐国都,经济和文化发达,是这一时期经济和文化重心南移的重要体现。南唐统治者注意恢复生产,重视农桑,奖励耕织,不到十年,南唐就"旷土尽辟,国以富强"⑥。唐末五代割据形势下,江淮流域经济繁盛远远超过唐代,金陵的经济、文化尤为发达。政治地位持续上升,最终成为南唐国都江宁府,再加上优越的地理位置,使其成为南唐乃至全国重要的经济和文化中心。当时的金陵城周围长达二十五里多(有说三十里),其四至东达今日大中桥,西临长江,即抵今水西门和汉中门,南到长干里,即今中华门,北至今北门桥、竺桥,秦淮河和石头城都包括在内,相当于其后明代应天府城的西南部分。城四周有城墙,高两丈五尺,共有八门,即龙门、栅寨门、上水门、下水门和东门、南门、西门、北门。子城(宫城)位于金陵城中偏北,周围长达四里,除北面无门外,其余东、南、西面各有一门。其范围南临今内桥,北尽小虹桥,东到升平桥,西至大市桥(羊市桥),御街由宫城南门一直延伸到今中华路。

人口大量迁入。"金陵五代升州改为江宁府,为南唐国都,境内的北方移民必然以此为首选迁入地,如卢氏、朱元",都自北方迁入。"南唐后期因后周南侵而大举南迁的淮南人民,也多定居在金陵一带"。大量贵族、官僚

---

① 薛正超:《五代金陵史研究》,中央编译出版社2011年版,第105页。
② (清)吴任臣:《十国春秋》,中华书局2010年版,第160页。
③ (清)董诰等编:《全唐文》,中华书局1983年版,第3206页。
④ (宋)薛居正等:《旧五代史》,中华书局1976年版,第1774页。
⑤ 参见陶懋炳:《五代史略》,人民出版社1985年版,第114页。
⑥ 李洁萍:《中国古代都城概况》,黑龙江人民出版社1981年版,第133页。

的定居,使得奢侈品消费出现了很多商机。另外,金陵城内居住有一定数量的外国商人,曾有大食国使者前来进贡龙脑油,南唐元宗爱惜异常。郑文宝的《耿先生传》云:"南海常贡奇物,有蔷薇水、龙脑浆。上实宝之,以龙脑调酒服,香气连日,也以赐近臣。"①王贞白的《娼楼行》云:"龙脑香调水,教人染退红。""看来大食国带来的龙脑油还真不少,连一般的娼楼中也在大量使用。尤其是到了唐末五代,外商人数可能更多,金陵城内外经营奢侈品的外商到处留下了他们的足迹。"以至有研究者指出,"南唐时商业日趋发达,金陵为南唐都城,李昪未称帝以前在此就做了一番整顿修理工作,以后日渐繁荣,商旅很多,金陵城破时豪民富商被越兵烧死于瓦棺阁者甚众"。可见,"金陵是当时相当繁华的城市,贸易也相当繁盛,酒店、酒肆都相当普遍。金陵还出现了层楼开设的酒店"②。

"当时的金陵,新型的经商场所不断出现,商品交易多方位化的趋势,延展了商业时空。商业布局除保留传统的大市、小市以外,沿秦淮河两岸临街设置商肆,与手工业作坊相结合形成行业街市,打破了传统的封闭型商市格局。由于再次成为东南地区的政治中心,人口增长迅速,因而产生了强大的消费需求,刺激了其本地商业贸易的发展。南唐时期金陵城内有一些专为居民日常生活服务的市集,多集中在城南地区。"③郑文宝曾在《南唐近事》中提及的"鸡行",是南唐的闹市区,宋《庆元建康续志》说此地"自昔为繁富之地,南唐放进士榜于此"。又云,"戚氏〈续志〉云银行,今金陵坊银行街,物货所集。花行,今层楼街,又呼花行街,有造花者,诸市但名存,不市其物"。④"这些坊均为手工业作坊集中地,所谓银行,就是金银器加工场,花行是专门制作装饰用花的地方。"⑤

南唐重商及商业的活跃造就了金陵城内庞大的富商阶层,他们甚至与士大夫共同执掌国运,开历代风气之先。南唐开国元老周宗,"既阜于家财而贩易,每自淮上通商,以市中国羊马",成为政客与富商双料货。"其交易规模巨大,闻于中原,以至周世宗兵谋渡淮时,竟想出了将士兵蒙上羊皮、伪为商旅的计谋。"大商人的囤积居奇,一度使南唐财富集中到了商贾手中,李煜即位之初,国库储备不足以向宋进贡,不得不从金陵富商那里购得绢品以充贡物。金陵城内官员及其家属、军队、部分商贾、城市手工业者,经营

---

① 杜文玉:《南唐史略》,陕西人民教育出版社2001年版,第82页。
② (清)吴任臣:《十国春秋》,中华书局2010年版,第158页。
③ 吴松弟:《唐后期五代江南地区的北方移民》,《中国历史地理论丛》1996年第3期。
④ 何剑明:《南唐时期江苏区域经济与社会发展论要》,《江苏行政学院学报》2004年第3期。
⑤ 姚亦锋:《南唐金陵城格局追溯》,《现代城市研究》2006年第8期。

盐、茶暴发的富豪,北方南下的士大夫、文人墨客及妓女等成为金陵及其周边中心城市新的消费阶层,他们人数众多,经济实力雄厚,其生活状态影响着城市的消费习惯,对金陵的城市经济繁荣起到了推波助澜的作用。

正是在此背景下,金陵城市建设者的意识在发生变化,城市的核心区域慢慢变成了官员生活和休闲的场所。在城市的核心区域能够追求到山水的清静,这使得城市已从纯军事和政治的所在,变成具有舒适生活气息的场所。官衙从平面、单调的建筑,变成了庭院、长廊、园圃、楼阁的结合体,建筑样式自然而多变。南唐首都金陵富豪、高官众多,对建造园林十分热衷。时人对这种情况描绘云:"有唐再造,俗厚政和,人多暇豫,物亦茂遂,名园胜概,隐辚相望。至于东田之馆,西州之墅,娄湖张侯之宅,东山谢公之游,青溪赋诗之曲,白杨饮酒之路,风流人物,高视昔贤。京城坤隅,爰有别馆,百亩之地,芳华一新。"①金陵城私人园林众多,有财有势者想方设法在自己的住宅中建楼造园。如司徒徐价家里的池亭园苑十分出名,诗人李中的《徐司徒池亭》诗云:"亭榭跨池塘,泓澄入座凉。扶疏皆竹柏,冷淡似潇湘。萍嫩铺波面,苔深锁岸傍。朝回游不厌,僧到赏难忘。"园中有亭榭等建筑,有水面很广的池塘,种植了很多竹子和树木,给人幽静淡雅的感觉。②

与在这里居住的达官贵人、富商大户和文学之士逐步增多相关联的还有手工业的发展。与江淮其他地区的手工业发展相比,其突出的特点是与奢侈性消费品和文化用品生产有关的手工业非常发达。又因金陵自唐末以后军事地位日益重要,造船等与军事有关的手工业也有较快发展。例如,当时的印染技术有了较大的发展。在后主时期,流行一种叫"天水碧"的印染品,相传这种技术是由后主李煜的宫人偶然发明的:"南唐将亡前数年,宫人掇蔷薇水染生帛,一夕忘收,为浓露所渍,色倍鲜翠,因令染坊染碧必经宿露之,号为天水碧。"可见在宫廷贵族的需求下,印染技术明显进步。这种技术后来传到民间而成为一种时尚,"建康市中染肆之榜,多题曰'天水碧',天水碧成为染织品店主们吸引顾客的招牌。同时,金陵出现大量染肆、染坊,意味着该地区也有众多纺织作坊,这也应是五代江淮地区'桑柘满野'现象的必然产物。"③金陵造纸业颇为发达。其所产文人用品中,宫廷内苑所出"澄心堂纸"堪称一绝。其制作经过冷水浸楮、取脂、烘焙等工序,纸品制成后坚滑如玉,质量上乘,因而价值极高。其纸除了供君主使用外,

---

① (清)董诰等编:《全唐文》,上海古籍出版社1990年版,第9225页。
② 张天启、张剑光、邹国慰:《唐五代江南城市的园林建设及其特点探析》,《江西社会科学》2014年第4期。
③ 薛正超:《五代金陵史研究》,中央编译出版社2011年版,第107页。

也"供名人书画"。大画家徐熙就"多在澄心(堂)纸上"画花果。① "澄心堂纸"不仅为南唐文人所喜爱,亦为后世文人所珍。宋人咏"澄心堂纸"云:"诗老囊空一不留,百番曾作百金收。"② 喜爱之情,可见一斑。

再以杭州为例。杭州位处江南运河和钱塘江、浙东运河的交汇处,"当舟车辐辏之会,是江湖冲要之津"。唐时已是咽喉吴越,势雄江海,骈樯二十里,开肆三万室。③ 成为东南的大都会。钱镠定都杭州之前,为巩固地盘,加强防守,曾两次对杭州旧城进行扩建。④ 第一次是唐昭宗大顺元年(890),钱镠任杭州刺史兼防御使,出于军事需要,开始在杭州修筑新城。"筑新夹城,环包家山,自秦望山而回,凡五十余里,皆穿林架险而版筑焉"⑤。第二次在唐昭宗景福二年(893),"王(钱镠)率十三都兵,自役徒二十万余众,新筑罗城,自秦望山由夹城东亘江午,自钱塘湖、霍山、范浦,凡七十里"。这次罗城的扩建,比今日杭州的城区还要大,东南濒钱塘江,西南到六和塔,东北抵艮山门。"城门凡十,皆金铺铁叶,用以御海"。城形"南北展而东西缩",形如腰鼓,故称"腰鼓城"。十个城门分别为:"朝天门,在吴山下,今镇海楼;龙山门,在六和塔西;竹车门,望仙桥东南;新门,在炭桥东;南土门,在荐桥门外;北土门,在旧菜市门外;盐桥门,在旧盐桥西;西关门,在雷峰塔下;北关门,在夹城巷;宝德门,在良山门外无星桥。"每一城门的建造都十分讲究,如朝天门"上架危楼,楼基叠石,高四仞有四尺,东西五十六步,南北半之。中为通道,横架交梁,承以藻井,牙柱壁立三十有四。东西阅门对辟名曰武台,夷敞可容兵士百许。武台左右北转登石级两曲达于楼上,楼之高六仞有四尺,连基而会十有一仞,贮钟鼓以司漏刻"⑥。城垣的修筑,加强了杭州的防卫能力,是"保境安民"的重要措施。据传唐乾宁年间(894—898),吴王杨行密将攻杭州,亲带祖肩和尚潜至城郊侦察地形与城防虚实,他们登山望城,祖肩感叹说:"此腰鼓城也,击之终不可得。"意即杭城南北狭长,东西距离很近便于接应,很难攻破。加上"又闻鼓角声",知守备严密,遂打消了进犯杭州的念头。此外钱镠还在凤凰山麓唐州治故址修筑子城,建造宫室。子城周九里,"南为通越门,北为双门",殿堂楼台雕

---

① 参见(元)汤壁:《古今画鉴》,载《丛书集成初编》,上海商务印书馆1937年版,第7页。
② (清)王文诰辑注:《苏轼诗集》卷29《次韵宋肇惠澄心纸二首(其一)》,中华书局1982年点校本,第1539页。
③ 参见白寿彝总主编,史念海主编:《中国通史》第6卷,上海人民出版社2015年版,第605页。
④ 参见徐规、林正秋:《五代十国时期的杭州》,《杭州师范学院学报》1979年第1期。
⑤ 陈志坚:《杭州城址变迁史话》,杭州出版社2015年版,第67页。
⑥ 林正秋:《古代杭州研究》,杭州师范学院浙江地方史研究室1981年版,第7页。

梁画栋,重枪叠阁。①

"时至五代十国,杭州成为钱镠建立的吴越国都城,加名西府,亦称西都,一跃而成为地占两浙十三州的吴越国的政治、经济和文化中心。"吴越国是个地狭、人少的弱国,但它统治杭州却近百年,是南方割据政权中立国最久的国家。钱氏"知尊中国(指中原朝廷),效臣顺,及其亡也,顿首请命,不烦干戈,今其民富完安乐"。国内政治局面相对稳定。而南方各个割据政权间,你争我夺,互相并吞。吴越国"西南一面当福州王氏,地小力微,不敢为害;独西北二面皆淮南之地,兼之悍臣,两相构煽,遂无宁岁,武肃百战而始定,而润常竟不能复至"。因此,吴越向中原朝廷称臣纳贡以利牵制吴国,就成为它的开创者钱镠既定的国策。由于钱氏三世五王均坚持了这种远交近和、保境息民的政策,从而赢得了长时期的和平环境,客观上有利于杭州经济和文化的发展。由此,吴越时期杭州已成为东南一大都会,有二十多万人口。欧阳修在《有美堂记》中称赞杭州的盛况是:"(钱塘自五代时)其习俗工巧,邑屋华丽,盖十万余家,环以湖山,左右映带。"苏东坡也曾描述说:"吴越地方千里,带甲十万,铸山煮海,象犀珠玉之富甲于天下。""周三十里,邑屋之繁会,江山之雕丽,实江南之胜概也。"②"轻清秀丽,东南为甲,富兼华夷,余杭又为甲,百事繁庶,地上天宫也。"

杭州的商业通过海道,对外也展开了贸易。由于凿平钱塘江中妨碍交通的巨石,可使船顺利航行到山东蓬莱;海路畅通北至登、莱,南达闽、广。"闽商海贾,风帆浪舶,出入于江涛浩渺、烟云杳霭之间,可谓盛矣"③。同时,与日本、高丽、大食等国友好往来。当时杭州有锣木营、锣木桥,所用锣木即为"日本国所献"。吴越统治者又设"博易务",专门管理对外贸易。④正是由于杭州出海十分方便,理所当然地吸引了很多外商。尤其在吴越时期,前来杭州的外国人众多,高丽人和日本人最为常见。僧契盈陪侍忠懿王游西湖碧波亭,"时潮水初满,舟楫辐辏,望之不见其首尾"⑤。919年,吴越军曾用火油焚烧吴军战舰,"火油得之海南大食国,以铁筒发之,水沃其焰弥盛"⑥。可知杭州与大食国之间有着直接的海上往来。在国内,吴越既以丝织品、茶叶、瓷器向北方朝廷进贡,又利用以此换取的允许贸易的机会,往

---

① 参见吕以春:《五代吴越的基本国策与都城杭州的开拓》,《杭州研究》1993年第6期。
② (宋)薛居正等:《旧五代史》,中华书局1976年版,第1771页。
③ (宋)欧阳修:《欧阳修全集》,中华书局2001年版,第585页。
④ 参见李洁萍:《中国古代都城概况》,黑龙江人民出版社1981年版,第139页。
⑤ (宋)薛居正等:《旧五代史》,中华书局1976年版,第1774页。
⑥ 张剑光:《唐代经济与社会研究》,上海交通大学出版社2013年版,第9页。

来贸易以获利。

吴越钱氏笃信佛教，厚礼僧人，他们还在西湖内外大兴寺院、建造佛塔、雕凿石窟佛像。据明人田汝成统计："杭州内外及湖山之间，唐之前为三百六十寺，及钱氏立国，宋朝南渡，增为四百八十，海内都会，未有加于此者也。"①"杭州众多寺庙，创建于吴越时代的几乎过半。著名的有钱塘门外的昭庆寺、南屏山的净慈寺、梵村的云栖寺、天竺山的上天竺寺、吴山的宝成寺、六和塔的开化寺、北高峰的韬光寺、南高峰下的法相寺、赤山埠的六通寺、九溪十八涧的理安寺、青芝坞的灵峰寺等等。"杭州佛院发展形成一个高潮。据史书记载："东南塔庙之盛……自唐而更钱氏，日增月益，不可遽数。"②在钱氏当权不到一百年的时间里，于杭州一地，以各种名义新建了三百多个寺院，比以前骤增了数十倍。因此，时人称杭州为"佛国"。

五代十国时期，杭州市政建设颇有成效。钱氏在城内广开池井，较著者如涌金门内引湖水以入城的涌金池，吴山北麓大井巷的五眼吴山大井，南屏山西法因寺的钱王井，凤凰山梵天寺的灵鳗井。其中吴山大井"私深莹洁，品其水，为钱塘第一"，至今仍为居民所用。据古籍记载，仅在今下城区百井坊巷一带，就有"钱王所凿九十九眼井"，称"祥符寺井"或"钱王百井"。这一做法，改善了当时杭州城的淡水供应。之外，钱氏还加强了连接各城门的街道、通衢，横跨各河渠的桥梁及市场、房舍、城楼等都有多方面的规划和修建。诸如此类之努力，使当时的杭州华美绝伦，风景如画。据记载："邑屋之繁会，江山之雕丽，实江南之胜概也。"③欧阳修的《有美堂记》称："邑屋华丽，盖十万余家。"至于位于凤凰山麓的王城府署，其豪华更不待说，非但殿堂楼台，雕梁画栋，庄严巍峨，还"廊回路转"，"垂杨夹道，间以芙蓉"，"环以古松"，"风帆沙鸟，咸出，履局下"，④俨然如一座江滨大公园。

经过吴越钱氏对杭州八十余年的苦心经营，杭州城市范围扩大，东至捍海塘，西抵西湖，南达净寺雷峰塔和六和塔西，北到武林门外夹城巷和良山门外。非但大大超出隋代杨素所创的州城，甚至已和今天的市区相仿。城市人口亦大量增加。据《乾道临安志·户口》记载，"唐贞观中，户三万五百七十一"，到吴越归宋时发展到"户主六万一千六百八，客八千八百五十七"。主客共七万零四百六十五户。海路畅通，经济繁荣，特别是丝织业更

---

① 杜文玉主编：《唐史论丛》第26辑，三秦出版社2018年版，第232页。
② 林正秋：《古代杭州研究》，杭州师范学院浙江地方史研究室1981年版，第79页。
③ （宋）薛居正等：《旧五代史》，中华书局1976年版，第1771页。
④ （清）吴任臣：《十国春秋》，中华书局2010年版，第160页。

是兴旺发达,产品远销海内外。"钱塘富庶盛于东南"①,"象犀珠玉之富,甲于天下"②。应当说,"五代十国时期,是杭州城市发展史上的一个承先启后,继往开来的开拓阶段,对后代杭州的发展奠定了重要基础,产生了广泛而深远的积极影响"③。

五代十国时期的战争,对战区城市最直接的影响表现为城市基本设施和建筑的损毁、公共与市民私有财富的劫掠及市民人口的流失。这些严重破坏了城市经济发展与社会运行秩序。战争与城市发展关系亦体现哲学发展概念原理,城市发展必然是一个螺旋式上升过程,均会经历萌芽、兴起、鼎盛、衰亡的历史进程。多数城市经历一个发展周期,即进入下一个生命周期,在如此循环往复的发展过程中,战争所破坏的只是战乱时期城市发展单个过程,无法永久阻挡城市恢复与进步的步伐,即使于战乱区内,旧有城市虽短期内难以从衰退阴影中走出,但社会资源流动与配置则于其他区域得以体现。这与战争性质本身渊源深厚,因战争本身是财富、资源、人口等社会发展要素的重新调整与配置方式,战争于财富掠夺、人口虐杀、城市毁灭、政治强暴表象之下,隐藏着战胜方或远离战争区域财富的集中,人口数量、素质的提高,新城市的创造,政治的新生。于此之外,战争与政治自古密不可分,互为因果,合而为一。

战争不仅可以巩固相关城市既有的政治、经济、文化地位,亦可强力突破其旧有秩序,形成新的政治、经济地位。伴随着城市新的政治、经济地位不断攀升,亦会引发政治集团广泛关注,或为战争一方屯集重兵、进行防卫之目标,或为新一轮战争争夺的对象,卷入战争的城市原有地位再次被打破,如此循环,推动新旧城市不断更迭与变动。战争给予城市摧花折柳般蹂躏的同时,亦打破人为隔绝机制,畅通的交通,配置的资源,为其他区域城市发展开辟广阔前景。换而言之,当战争发生于城市内部或以城市为攻击对象时,对一个城市或城市群的城市化进程产生阻碍作用,而当战乱发生在城市外部时,战乱所引发的城市周围资源向城市的集聚势必对城市化有着不可低估的积极作用。五代时期,北方洛阳、长安等城市遭受浩劫,南方诸如扬州等城市亦难幸免。但伴随经济和文化重心的南移,在北方地区经济遭受严重破坏的同时,南方社会经济却获得难得的发展,由此而形成南北方城市发展的不同特点,金陵、杭州等城市的蓬勃发展即为有力例证。源于此,

---

① (宋)袁枢撰:《通鉴纪事本末》,中华书局2015年版,第3671页。
② (宋)祝穆撰,(宋)祝洙增订:《方舆胜览》,中华书局2003年版,第20页。
③ 吕以春:《五代吴越的基本国策与都城杭州的开拓》,载《中国古都研究》第五、六合辑,北京古籍出版社1991年版,第199页。

在五代战乱与城市兴衰关系问题上,关注战争对城市作"恶"的同时,理应看到战争还用其"恶"的形式撬开城市闭锁,扩大城市网络,刺激新型城市兴起,成为新区域、新城市崛起的杠杆。[①]

[①] 参见谭天星、陈关龙:《未能归一的路——中西城市发展的比较》,江西人民出版社1991年版,第36页。

第四章　城市体系、空间结构与形态演变

"城市体系是指一个国家或地区范围内由一系列规模不等、职能各异的城市所组成,并具有一定的时空地域结构,相互联系的城市网络的有机整体。城市体系并不是固定不变的,而是处于不断的变化发展之中,由不发达走向发达,由不完善趋向完善。"[①]"城市是多种社会与经济活动集聚而成的地理空间实体,各种活动在城市地域内部具有不同的组合格局,从而形成不同的城市空间结构。我们也可以认为城市空间结构,实际上就是各种人类活动与功能组织,在城市地域上的空间投影,这种投影是多维性的,包括了城市的土地利用结构、经济空间结构、人口空间分布、就业空间结构、交通流动结构、社会空间结构、生活居住空间结构等。"[②]城市形态是指一个城市的全面实体组成,或实体环境及各类活动的空间结构和形成。广义上可分为有形形态和无形形态两部分。前者主要包括城市区域内城市布点形式,城市用地的外部几何形态,城市内各种功能地域分异格局,以及城市建筑空间组织和面貌,等等。后者指城市的社会、文化等各无形要素的空间分布形式,如城市生活方式、文化观念和价值观念等形成的城市社会精神面貌、社会群体、政治形式及经济结构所产生的社会分层现象和社区的地理分布特征,以及由此而构成的城市生态结构。狭义上一般指城市物质环境构成的有形形态,事实上它们也是城市无形形态的表象形式。城市体系、空间结构和形态演变等要素既有历史继承性,亦随着社会政治制度、经济结构、军事局势和自然条件的改变而发生变化,这一状况于隋唐五代时期广泛存在。

第一节　城市等级体系与分布

秦朝所确立的城市行政等级体系,在三国两晋南北朝时期因长期的战争而发生扭曲。张觉人的《隋朝的地方自治制度》印证了这一观点。文章指出:"自汉末群雄割据,以迄隋朝统一,中经三国,两晋,南北朝的四百年

[①] 李映涛:《唐代巴蜀地区城市等级结构与空间分布特征研究》,《社会科学研究》2009年第3期。

[②] 黄志宏:《城市居住区空间结构模式的演变》,中国社会科学院研究生院博士学位论文,2005年。

之中,战乱相寻,兵运祸结,地方行政制度迭经改革,地方行政区域,亦时加变更,郡县割裂,版籍混淆。至隋代统一宇内之时,政治典章,紊乱已极。"①《宋书》律志序载,魏晋以来,迁徙百计。一郡分为四五,一县割成两三,或昨属荆豫,今隶司兖,朝为零桂之士,今为庐九之民,来去纷扰,无暂止息,版籍为之混淆,职方所以不能记。显然,由于列国并起,南北分离,政区混乱,变动频繁,州、郡两级建置变动甚大,相对而言,县级建置较为稳定。何一民先生在其著述中有所论及,隋代统一之前,州由最初的20多个增至200多个,而且设置混乱,分布不均;郡的数量也从汉代百余郡增至600多个郡,其中又杂有若干侨郡和双头郡,亦是意乱不堪,"百室之邑,便立州名,三户之名,空张郡目"②。南北各国相加,共有253州,698郡,1562县。隋统一之初,"郡县倍多于古,或地无百里,数县并置;或户不满千,二郡分领"③。

隋朝建立,天下一统,对行政区划进行了全面而深刻的改革。隋文帝鉴于地方郡县林立,行政效率低下,中央赋税减少的弊病,采纳杨尚希和苏威的建议,于开皇三年(583)十一月,下令"罢天下诸郡",实行裁郡并县的政策。此次调整,并未从省并与建设政区着手,而是废除了已毫无意义的郡,使东汉末年以来的州、郡、县三级行政区制度,变成了州、县二级政区,由州直接统县。州分为上中下三等,每等又有上中下之差,计凡九等。具体分为上上州、上中州、上下州、中上州、中中州、中下州、下上州、下中州、下下州。至文帝即位之十四年即开皇十四年,更改为上、中、下,凡四等,较九等少五等。文帝执政二十余年间,天下太平,户口滋生,因而屡屡增置州县,仁寿四年(604),全国有州303个,县1362个。炀帝继位,改州为郡,仍为二级制,再次存要去闲,交省并州县,从而使全国地方行政区划整齐划一,分布合理,彻底扭转了魏晋南北朝时期的乱局。大业三年,全国有郡185个,县1249个。大业四年,增加楼烦郡。大业五年增加鄯善、且末、西海、河源四郡,故郡的总数增至190个,县则增至1255个。由此,中国城市行政等级体系重新确立。

经过文帝和炀帝多次改革,中国的地方行政建制较为规范,一改南北朝时期郡、县空置的情况,因而郡县治所基本上都是所管辖区域内较为重要的城市,尤其是郡治所多是各地区历史较悠久的城市。由于隋朝统一中国后,其疆域大为扩展,"东西九千里,南北万四千八百一十五里。东、南至海,西

---

① 张觉人:《隋朝的地方自治制度》,《地方自治》1947年第1卷第4期。
② 何一民:《中国城市史》,武汉大学出版社2012年版,第223页。
③ 钟起煌主编,陈金凤著:《江西通史(隋唐五代卷)》,江西人民出版社2008年版,第70页。

至且末，北至五原"。因而中国城市的空间分布也承受之而发生变化。

隋朝的城市分为都城—郡治—县治三级，京城大兴和东都洛阳是全国的政治中心，同时也是全国的经济中心。大兴的城市规模为最，而隋文帝迁都洛阳后，洛阳的人口则为全国各城市之最。当时的郡，亦分为九等，具体分为上上郡、上中郡、上下郡、中上郡、中中郡、中下郡、下上郡、下中郡、下下郡。县是地方行政地位最低的一层，不论是实行三级制，抑或二级制。隋代计有县1255个，除畿内各县外，在初皆视其事务简繁、人口多寡，以及经济裕穷而分为九等，即上上、上中、上下、中上、中中、中下、下上、下中、下下。[①] 郡级城市为地区的政治中心，其中部分位于区域中心，具有良好的交通优势。经济腹地的郡级城市发展成为具有区域影响的重要城市，其影响力甚至辐射全国。隋朝所存在的时间虽然较短，但此一时期，长江下游与运河沿岸的城市开始出现江都（今扬州）等一批重要的城市，位于蜀地的成都和岭南的广州也在此一时期成为区域性的经济中心，从而为在唐代成为具有全国影响力的大都会做了充分的准备。

江都，由于位于大运河与长江交汇处，境内地势平坦，河湖交织，大运河纵贯南北，故而成为南方漕运与交通的重要枢纽。由于区位优越，秦楚之际，项羽欲在广陵临江建都，始称江都。而隋炀帝对江都特别钟情，曾三次巡游江都，由此推动了江都城市的建设和经济的大发展。隋炀帝在江都大兴土木，建有多处行宫，其规模宏伟，装饰华丽。扬子津行宫名临江宫，登楼可眺望浩渺长江。隋炀帝甚至还欲将都城迁至江都，只是因其后来被杀，隋朝覆灭而作罢。但由于大运河贯通后，江都不仅成为南北水上交通枢纽，而且也成为重要的工商业都市。正是由于隋代江都的交通和工商业的发展，为唐代扬州成为中国最繁盛的工商业大都会创造了条件。京口（今镇江）"东通吴、会，南接江湖，西连都邑，亦一都会也"。由于江南运河开通后，与江都隔江相望，成为连接南北大运河的咽喉之地，故与江都同具交通和商业区位优势，因而成为隋朝江南地区仅次于江都的重要工商业城市。此外，受大运河开通，南北经济连为一体的影响，丹阳、宣城、毗陵、吴郡、会稽、余杭、东阳等城市的工商业也相继繁荣，城市之间的交往和经济联系日益加强，初步形成江南城市群。

成都在汉代就是全国著名的工商业大都会，被列为五都之一。南北朝时期，成都虽也遭到战争的破坏，但相比中原的城市则好之甚多。由于隋朝统一全国后，成都与外部的经济联系加强，而成都"人多工巧，绫锦雕镂之

---

① 张觉人：《隋朝的地方自治制度》，《地方自治》1947年第1卷第4期。

妙,殆侔于上国",手工业十分发达,故而其产品得以进入中原和江南市场,由此推动城市经济的发展,"水陆所凑,货殖所萃,盖一都之会也"。

广州在春秋战国时期,就与海外的经济联系密切。南北朝时期,其对外贸易仍然较盛,商贾每至,多取富而去。由于财富效应,来广州经商者云集。南北朝后期至隋朝,广州的手工业也较发达,尤其是海船筑造业规模较大,往来于南海、印度洋、波斯湾之间的大型海船主要建造于广州和泉州两处。

隋朝统一对中国城市的发展和空间分布影响甚大。由于国家统一,疆域拓展,区划改革,经济发展,交通畅达,故而城市有较大发展,特别是长江中、下游流域的城市不仅增加较快,而且发展甚速,长江中游的郡级城市有南郡、夷陵、竟陵、沔阳、沅陵、武陵、清江、襄阳、汉东、安陆、永安、义阳、九江、江夏、澧阳、巴陵、长沙、衡山、桂阳、零陵、熙平、巴郡、巴东等,下游则有江都、钟离、淮南、弋阳、蕲春、庐江、同安、历阳、宣城、毗陵、吴郡、会稽、余杭、新安、东阳、永嘉、建安、遂安、鄱阳、临川、庐陵、南康、宜春、豫章等。有研究者指出,综看隋唐五代都市发展的情况,有从西向东由北向南的趋势;就是说,南方都市越来越多,越发展,而西北方的都市则渐趋衰落。这与外族入侵和南方经济的发展,东南交通的开发,以及国外海上贸易的刺激关系密切。如果说中国城市存在此一趋势的话,那么趋势开始出现应是在南北朝时期,但隋朝则无疑是一个重要的转折点。

唐朝是中国封建社会的一个鼎盛时期,尤其是唐朝中前期,国力强大,经济繁荣,文化昌盛,疆域辽阔,与同时期西方世界的腐败、混乱、分裂形成鲜明对照,从而居于世界领先地位,中国文明缓慢而稳定地传入周边国家,城市在此时期得到高度发展。利用农民战争建立起来的唐王朝,吸取了隋朝灭亡的经验,采取了一系列恢复和发展生产,革新政治的措施,并对隋朝的制度有因有革,定为唐制,从而使唐朝政权得到巩固,社会经济文化有较大发展,出现了"贞观之治"。史称"天下大稔,流散者咸归乡里,米斗不过三四钱,终岁断死刑才二十九人。东至于海,南极五岭,皆外户不闭,行旅不赍粮,取给于道路焉"。虽有溢美之嫌,但也能反映出唐初经济的恢复、发展和社会的安定,政治的清明。到公元8世纪上半叶,唐玄宗统治前期,唐朝进入极盛时期,政局稳定、经济繁盛,史称"开元之治"。时人写道:其时"家给户足,人无苦窳,四夷来同,海内晏然"。大诗人杜甫曾写诗描绘开元时期的盛景:"忆昔开元全盛日,小邑犹藏万家室。稻米流脂粟米白,公私仓廪俱丰实。"经过唐前期百余年的持续稳定发展,在经济发展基础上,人口逐渐增加,到唐玄宗时,中国人口达6050.3万人,比隋朝人口净增近1000万人。是唐以前人口最高峰。由于人口增加,社会生产力提高,经济十分繁荣,因此城市也发展到一个新的阶段。唐代城市的发展主要表现为以下几方面。

城市数量增加,分布广泛。一般而言,我国古代地方城市是区域经济繁荣与地方行政建置治所的综合产物,不同等级的地方行政建置治所,实质上就是不同等级规模的城市。唐初,地方行政区划只有州、县二级。唐太宗贞观元年(627),"又因山河形便,分天下为十道"①。唐玄宗开元二十一年(733),又分全国为15道。由于"道"在唐代主要是监察区域而非行政建置,因此唐代推行的还是以州统县的二级地方行政建置,唐代地方城市也就相应地主要分为府城和县城两个等级。州治和县治所在地即为府城和县城,分别为各自所在区域的政治和军事中心,多数情况下,也是该区域的经济和文化中心。州城在行政级别上比县城高一级。一般来说,州城是一州之中规模最大、最富庶的县城。唐代州县,还依据其地位与"户口多少,资地美恶"划分为赤、畿、望、紧、上、中、中下、下不同级别。"唐开元时期的标准是四万户以上为上州,二万五千户以上为中州,不满二万户为下州,缘边州三万户以上为上州,二万户以上为中州,六千户以上为上县,三千户以上为中县,三千户以下为中下和下县。"②唐代疆域东西9320公里,南北13368公里,有郡国103个,县邑1314个。唐代天宝年间的疆域为东西9511里,南北16918里,新增县城大约140个,使县城的总数达1551个。贞观元年,唐太宗分天下为10道:关内道、河南道、河东道、河北道、山南道、陇右道、淮南道、江南道、剑南道和岭南道,设有10个道治城市,此外还设有州治城市315个。

唐代,城市的数量不仅增多,而且分布也较过去广泛,尤其是南方发展很快。唐太宗贞观年间,全国共设10道,360州(府)。开元二十一年,又分天下为15道,即将山南道、江南道各分为东、西道,又增设了京畿道、都畿道和黔中道。此外,又先后新增设140余个城镇,其中有105个位于东南和西南地区,长江干流地区东南侧新设县城达60个,位于西南地区的新设县城达45个。州一级的城市也较过去大大增多,州一级城市的增加,表明城市规模普遍扩大。此外,西域地区的城市也得到一定程度的发展,唐太宗贞观十四年(640),唐朝设置北庭都护府,辖地包括天山北路和巴尔喀什湖以西至雷翥海(今中亚咸海)的广大地区。唐武后长安二年(702),唐朝设置安

---

① 李敬洵:《唐代四川经济》,四川省社会科学院出版社1988年版,第2页。
② 李映涛:《唐代巴蜀地区城市等级结构与空间分布特征研究》,《社会科学研究》2009年第3期。

西都护府,辖地包括天山南路和帕米尔以西地区。东北地区的城市也因设置而有所发展。唐高祖武德八年(625),室韦部(治所在黑龙江上、中游和额尔古纳河两岸)遣使来唐,之后唐朝就在这个地区设置行政机构,任命室韦部首领为都督等官。唐玄宗开元元年(713),唐朝在粟末靺鞨地区(松花江上游)设置忽汗州(治所在今黑龙江省宁安县南的东京城),任命粟末靺鞨首领大祚荣为州都督,并封他为左骁卫大将军、渤海郡王。此后,粟末靺鞨即专称渤海,辖地包括松花江、乌苏里江、绥芬河等流域,东边直至大海。开元十年(722),唐朝政府封黑水靺鞨(治所在黑龙江中下游地区)首领倪属利稽为勃利州刺史。勃利州治所在乌苏里江口东岸的伯力(今俄罗斯哈巴罗夫斯克)。开元十三年(725),唐朝政府在黑水靺鞨地区设置黑水军。次年,又以其最大部落为黑水都督府,其余各部为隶属于都督府的州;都督府辖地包括黑龙江中下游两岸,北抵小海(今鄂霍次克海),东临大海。

出现了特大城市和一批大城市,中等城市的数量增多。唐代最重要的政治城市主要是十府和二十四都督府。十府即:京兆府、河南府、太原府、凤翔府、成都府、河中府、江陵府、兴元府、兴德府、兴唐府;二十四都督府即:汴州、齐州、兖州、魏州、冀州、并州、蒲州、鄜州、泾州、秦州、益州、绵州、遂州、荆州、夔州、通州、梁州、襄州、扬州、安州、润州、越州、洪州、潭州。其中扬州、益州(成都)、并州(太原)、荆州为大都督府。

唐代主要的城市大都居于重要经济区域内,这些区域的农业和手工业都较发达。随着商品经济的发展,位于水陆交通要道上的城市,也就发展成为工商业繁荣、人口荟萃的大都会,其经济功能增强。除经济因素外,政治因素对这些大都会的出现和发展所起的作用也不可忽视,特别表现在长安、洛阳两个特大城市的兴起上,中国特殊的国情所形成的政治中心城市优先发展规律起着重要作用。长安、洛阳在隋以前,均已残破不堪,隋朝建立后,隋文帝可以通过国家权力来聚集各种资源,不惜花费巨资和动用庞大的人力、物力来新建大兴和重修洛阳。大兴城市规模之大,超过以往任何城市;洛阳规模略次,但人口却超过百万。隋末战争,大兴、洛阳都遭到不同程度的破坏。但唐朝建立后,改大兴为长安,作为都城,同样得到新发展。洛阳作为陪都,称东京,仍然得到重建。因此在唐王朝的强力运作下,聚集人口、经济,并投入大量财力来建设这两个城市的基础设施,因而唐代长安和洛阳的发展超过了同时期其他任何城市。

唐朝长安城基本上承隋大兴城的格局,其建制、街道、坊、市的布局和设施大都保留,主要进行一些扩建和营造,特别是宫城。唐代在隋大兴宫(唐改为太极宫)之外,修建了兴庆宫和大明宫,兴庆宫在城内,大明宫修建在隋大兴城垣外北部偏东处，从而使唐长安城市面积超过隋大兴城，成为世界古代史上规模最大的城市。长安作为全国的政治中心，依靠封建王朝特权的特殊作用来聚集全国各类资源，城市经济也呈现特殊繁荣，成为全国最大的商业都会，城市人口超过百万。长安城所在的京兆府在唐初贞观年间有207650户，到开元年间增至362909户，天宝年间仍然保持在362821户，如果以每户5人计算，贞观年间达103万人，开元年间则达181万余人。其时，有人对唐长安人口的繁盛有所描述，较为著名的有诗人岑参的"长安城中百万家，不知何人吹夜笛"。诗人所描述的长安人口百万家并不是确切数字，只是一种形容和文学夸张，但却反映出人口繁多的实际情况。因而一般研究者都估计唐中期长安的人口已经达到百万以上。其时，长安不仅是皇帝所在地，围绕皇帝服务的人员何止成千上万，而且还集中了大量皇室成员、王公贵族、官员和家属，以及为他们服务的侍从、仆役等，此外还有大量军队官兵，而这些人群则构成了一个庞大的消费群体，为了满足他们增长的物质和精神文化需要，各类手工业、商业和文化娱乐活动均向长安聚集，由此推动长安人口的增加。

由于唐朝实行对外开放政策，与东西方许多国家都有密切交往，因此，长安成为国际性大都市，大批外国使者、学者、商人、僧尼等来到长安，故而长安有"世界首都"之称。唐朝建立后，政治稳定、疆域扩大、经济繁荣、国泰民安，思想意识领域同样呈现繁荣景象。唐王朝在宗教方面实行开放政策，因而佛教和道教出现了发展高峰，祆教、景教、摩尼教也得到很大发展，因而长安城内各类寺庙林立，僧侣、道士和各种宗教人员云集。长安附近的一些城市，如扶风、三原、临潼、咸阳、渭南、潼关等，因与京畿接壤，并处于长安与东、西交往的交通要道上，因而俗具五方、人物混淆、华戎杂错，工商业兴盛，其民众多去农从商，争朝夕之利。

洛阳在唐代作为东都，其政治、军事、经济地位十分重要，因而发展迅速，尤其武则天掌权时期，武则天多在洛阳处理政务，洛阳实际上成为武周都城，一度取代长安的首都地位。除政治因素外，洛阳的发展还主要因为其自然地理条件和自身经济发展。洛阳位于南北经济大动脉大运河的中心点，是长安与东部和南方联系的要冲，水陆交通方便，在唐朝中前期是中外商贾聚集之地，手工业相当发达，不亚于长安，而城内市场却远较长安大。唐代洛阳有南、北、西三个市场，每个市场都规模甚巨，其中南市有邸310区，资货100行。隋末，洛阳市场毁于战乱，但到唐时又重新建成，恢复到隋时的规模，大同市仍然是周4里，通远市周6里，丰都市（东市）周8里，而长安东、西市各边长600步，规模比洛阳的三个市场小得多。由于大运河开通后,洛阳成为南北交通枢纽,因而成为全国最大的粮仓,粮食充裕,每当关中地区发生饥荒时,都靠洛阳发粮救济。唐中后期曾发生过唐朝的君臣赴洛阳就食的事情。随着洛阳的兴起,出现了洛阳在经济上取代长安经济中心地位的趋势。洛阳经济的发展还表现在城市人口增加上,最高峰达140万人之多。远远超过长安的人口规模,是当时世界上人口最多的城市。除长安、洛阳外,唐代具有跨区域聚集和辐射力的繁华大城市也较前增加,扬州、成都、广州、苏州、杭州迅速崛起,其中尤以扬州、成都著名,世称"扬一益二"。

隋唐五代时期,城市最重要的功能是政治上的,城市是政府行政力量的据点,所以行政级别的高低对城市的发展影响较大。行政地位高的城市,规模一般就较大,经济发展速度较快,聚集的人口较多;反之,行政地位低的城市规模就小,发展速度缓慢。"隋唐五代的城市,仍然继承了前代的传统,基本是一个个不同层级的行政治所,首都级的城市是同时代最大的城市,如北方的长安、洛阳,南方吴越国的杭州,南唐的金陵。州郡级的城市一般远大于同地区的县级城市,如越州、苏州、润州等都是因为有较高的行政级别,城市规模在江南是比较大的,聚集了大量人口。可以说,凡是州郡级城市,都是城市经济比较活跃的,对周围区域都有较大的经济和政治影响力。"①

南北朝时期,由于经济重心南移,长江流域得到进一步开发,而隋唐时期,统一国家的建立,则进一步推动长江流域经济的发展,从而为东、西两大中心城市——扬州和成都的崛起创造了有利条件。扬州在隋朝由于大运河的开通脱颖而出,成为连接南北和长江中下游的重要城市,"射利万室,控荆衡以沿泛,通夷越之货贿,四会五达,此为咽颐"。城市政治行政地位也有所提高,特别是隋炀帝三下扬州,广修行宫,进一步推动了扬州的发展。贞观元年,全国分为十道,淮南道设在扬州,下辖14州,扬州成为东南重镇。其后唐王朝在扬州置扬州大都督府,下辖扬、和、滁、楚、舒、庐、寿7州。唐代扬州的行政建置虽然也有一些变化,但始终保持着区域政治行政中心的地位。由于扬州位于长江、大运河交汇处。扬州是唐朝的漕运中心,一年四季漕运不断,"淮汴之间,楼船万计"。代宗年间,"岁转粟百一十万石"。

成都虽位于西蜀,但由于较少受到战争兵燹的蹂躏,成都平原发达的农业和长期繁荣的手工业,均奠定了唐代成都发展的基础。唐代中前期,成都是中国人口最多的城市之一,"户口滋多",人口高峰时达10万户,约50万

---

① 张剑光:《隋唐五代江南城市的基本面貌与发展趋势》,《史林》2014年第1期。

人,位于长安、洛阳之后,居全国第三位,远超过扬州的人口规模。天宝年间,扬州改为广陵郡,领7县,77150户,467857人,扬州的城市人口20余万。由于经济发展,人口增加,成都城市范围不断扩大,向东南方向扩展。唐贞元年间,韦皋节制成都,"于万里桥隔江创置新南市。发掘坟墓,开拓通街,水之南岸,人逾万户。廛阓楼阁,连属宏丽,为一时之盛"。唐僖宗年间,高骈扩筑成都罗城,"役徒九百六十万工,计钱一百五十万贯"。"每日一十万夫,分筑四十三里,皆施广厦,又砌长砖"。唐代大诗人李白曾写诗赞称成都的壮丽:"九天开出一成都,万户千门入画图。"成都的经济在唐代中后期也得到空前发展,成为仅次于扬州的第二大经济都会。陈子昂称:"蜀为西南一都会,国家之宝库,天下珍货聚出其中,又人富粟多,顺江而下,可以兼济中国。"唐人卢求称,成都"江山之秀,罗锦之丽,管弦歌舞之多,伎巧百工之富……扬不足以侔其半"。成都成为西南地区最大的政治、经济、文化中心。乾符五年(878),黄巢起义爆发,战火从北方延烧至南方,扬州遭到严重破坏,而成都则安宁无事,故而在扬州经济衰落之时,成都经济的发展则有凌驾于扬州之上的趋势。

广州经历了南北朝至隋数百年间的平稳发展,到唐代已成为中国一个十分重要的对外贸易港口城市。"瑰宝山积,为财富渊薮""蛮胡贾人,舶交海中""外国之货日至,珠、香、象、犀、玳瑁奇物,溢于中国"。唐朝在广州设立有市舶使院,主要管理东南路海路民间贸易和朝贡贸易,征收进出口税。外国船只"每岁到至安南、广州,师子国(今斯里兰卡)舶最大,梯而上下数丈,皆积宝货"。"市舶使籍其名物,纳舶脚,禁珍异"。外国商人也在这里购买中国的商品运回国去,故广州成为中国土特产品的出口基地,南方的竹、布、藤、药材等货物都在此集散。

杭州崛起于隋代,由于大运河南至杭州,故而使杭州成为舟车辐辏之会,江湖冲要之津。到唐代时更是"咽喉吴越,势雄江海、国家阜成兆人,户口日益增"。"水牵卉服,陆控山夷,骈樯二十里,开肆三万室。"杭州的工商业十分繁盛,商贾如织,百货山积,有商店三万家。"南派巨流,走闽禺瓯越之宾货,而盐鱼大贾,所来交会,每岁官入三十六万千计。"

苏州是历史悠久的战国名城,但秦以后,受各种因素的影响,其发展相对滞后。而到唐代则成为与杭州齐名的新兴城市,被称为六雄州之一。唐中叶以后,苏州的经济发展很快。白居易称"当今国用多出江南,江南诸州,苏最为大"。苏州被时人称为"人稠过扬府,坊闹半长安"。

除了以上7大城市之外,唐代的大城市还相当多,以天宝年间户口计,人口户数超过7万户的州府共有30个,主要分布在黄河中下游和长江下游两个地区。关东地区除洛阳之外最大的经济都会是汴州。由于唐王朝的财政和粮食主要依赖于江淮地区,漕运十分重要和繁忙,而汴州位于汴河之滨,汴河是沟通江淮与河淮的孔道,故汴州成为南北漕运的转运枢纽,商旅如云,"舟车辐辏,人庶浩繁"。"汴州水陆要冲,山河形胜,乃万庾千箱之地,是四通达之郊"。成为北方后来居上的大城市,为宋代定都汴州奠下基础。北方的大城市还有睢阳、清河、沧州、景城、太原、绛郡、东丰、济阴、鲁郡等。此外,一些交通便利的城市也发展成为中等的工商业城市,如陈留"水陆所凑,邑居万家"。北方的一些古城如兖州、青州、徐州、彭城、鲁郡、琅琊、东海、下邳等城市虽然没有大的发展,但也保持一定程度的繁荣。

随着经济重心南移,南方的大城市也增多,除扬州、广州、杭州、苏州外,京口、湖州、洪州均是重要的经济中心城市。唐朝开元年间开凿伊娄河,运河入江渡口从丹徒改到京口,于是位于运河入江上端的京口中(镇江)成为漕粮与南北物质转运的重要运输站,工商业随之兴起。常州是居"三吴襟带之地,百越舟车之会"的交通要冲,运河开通后,成为"地大人众,政繁务殷"的望县。湖州是太湖地区的经济中心,为"江表大郡",其地物产丰饶,工商业发达,"舟车所会,物土所产,雄于楚越,虽临淄之富不若也"。洪州为中唐时江淮间兴起的都会,岭南的许多货物大都越庾岭,取水道至洪州,再从洪州沿江东下分散到各地,因而洪州工商业相当兴盛,其瓷器十分有名。岳州为"五岭、三湘水陆会合之地,委输商贾,靡不由斯"。其他如吉州、饶州、荆州、襄阳、长沙、南郡、鄂州、明州、泉州、升州、江州、京口、宣城、毗陵、东阳等也是川泽衍沃,"四方凑会"的南方工商业城市。另外,夷陵、竟陵、江夏、安陵、沔阳、沅陵、清江、春陵、汉东、安陆、永安、义阳、武陵、巴陵、零陵、桂林、澧阳、衡山等城市也有一定程度的发展。

岭南地区的城市以广州为最大,其余城市的规模都较小。岭南地区虽然广阔,下辖七十余州,但由于经济腹地开发较迟,因而多数城市人口较少、规模较小,经济发展缓慢。巴蜀地区的城市除川西平原形成以成都为首位城市的城市群外,平原外围的城市相对发展落后。位于长江上游与嘉陵江交汇处的巴州(即今重庆),因长江上游航运还不发达,城市人口较少,仅三千余户,工商业也不兴旺,城市功能则以政治、军事为主。

唐代城市发展较快,城市化水平较高。据估计,唐朝城市人口达800万人左右,占全国人口总数的10%以上。远远高于世界人口城市化的平均水平,直到19世纪以前,世界人口城市化仅3%,与唐朝同时期的欧洲除地中海、北海沿岸有少数较大的城市外,大陆内部的城市稀少;在北美,人迹寥寥,谈不上城市的发展。非洲大部分地区也是十分落后,城市极少。相比之下,中国城市处于超前发展状态,这说明中国封建经济和文化在世界上的领先地位。

总体而论,隋唐五代时期州县等级与分布发生了一些新的变化。这里以唐代为例即可见一斑。首先,以东都洛阳为中心的北方城市地位日益加强。如唐代围绕着京兆府有四辅州;围绕着河南府设置了陕、怀、郑、汴、虢、汝六雄州。辅州前代即有;雄州却为唐代新设;表明东都洛阳在唐代地位日益增强。其次,长江流域的地位也日益重要。唐前期,府和雄、望州均在黄河流域;唐后期,长江流域出现三府、二雄、六望州。拥有的上州数量居于全国之首。以县而论,唐前期赤、次均在黄河流域,唐后期随着成都、江陵、兴元府的设置,其属县或为次赤,或为次畿,在江南出现次赤、次畿县二十余。唐前期望县集中在北方,唐后期江南道的望县数量增长及拥有上县的数量均居全国各道之首。这都表明长江流域在唐后期的地位日益重要。最后,划分州府的等级标准有所变化。唐前期举凡府和辅、雄州均以"环天子之居"或地势险要的政治、军事标准确定。然而,唐后期,荆州是以"荆南井邑,十倍其初"而升为府;苏州则因"兵数不少,税额至多"而升为雄州。①表明唐代及之前,城市等级、分布与政治、军事地位密切相关。唐后期,地区人口数量、政府税收等社会经济因素成为州县等级划分的重要依据。

如若从隋至五代长时段视野观察南北方城市的变化,亦会产生新的认知。特别是唐末五代时期城市修筑重心的地域性转移,更能清晰表明这一认识。"当时政治中心转移趋势已经明朗,长安失去政治重心地位。唐昭宗时,朱全忠毁撤长安宫室、百司、民间庐舍,胁迫昭宗迁都洛阳,长安从此不复往日辉煌。洛阳只是名义上的都城,后梁太祖朱温对洛阳的修复之举也仅限于宫室重建,经营的重心实为朱全忠起家之地的汴州。"②后唐虽然定都洛阳,但从唐末到后唐始终没有进行过大规模的都城建设。南方区域中心城市和商业交通枢纽(商品集散地)城市发展起来。与北方城市的修补不同,南方地区城市以扩建和新修为主。新修或扩建罗城、子城的比较多。亦是防御西南的需要。如成都的扩建,既是西南防御的需要,也是地方势力坐大的一种体现。宣州、杭州、抚州、歙州、庐州等城市的扩建与社会经济发展、商品经济发展和外来流动人口的增加有密切关系。此处勿论其原因如何,有一点是值得关注的,即唐到北宋时期以都城为代表的中心城市的

---

① 参见翁俊雄:《唐代的州县等级制度》,《北京师范学院学报》(社会科学版)1991年第1期。
② 宁欣:《唐初至宋中期城市修建扩建述略——兼论南北地区城市发展之异同》,《扬州大学学报》(人文社会科学版)2006年第2期。

变迁,表现在唐朝以长安和洛阳为轴心的格局变为五代北宋以开封和洛阳为轴心的格局,以及南方地区地域性城市的迅速发展,而且还有继续东南移的趋势。

第二节 城市形态与空间结构

从新的观察视角研究城市空间结构与形态,越来越被学者们所重视。宁欣以多维空间延伸的研究视野对都城地域空间进行了系列研究。其论文《转型期的唐宋都城:城市经济社会空间之拓展》将城市空间划分为三个层面:"一是地域空间,诸如城市区划,城市布局,城市建筑等;二是社会与政治空间,诸如居民结构,社会结构,社会流动,城市管理制度等;三是精神空间,诸如城市文化,城市社会心理,城市观念等。"[①]李孝聪从地域空间的视角对唐宋城市变化做了探讨。其文《唐代城市的形态与地域结构——以坊市制的演变为线索》将城市作为"面"来研究其选址、城址转移、街道布局等城市外貌的形态特征和城市内部的地域结构,"揭示了唐代坊市制城市从形成到解体过程中规模形态、街道布局、职能组织配置关系的变化,以及导致唐代城市变革的社会历史背景和唐、五代城市形态与地域结构演变的规律"[②]。作者通过对五代十国到两宋时期城市选址、城市形态与城市内部地域结构的分析,认为"如果没有大的天灾人祸,唐代城址会被后世所沿用,但是在城市形态上发生了重大的改变"。其题为《唐宋运河城市城址选择与城市形态的研究》[③]的论文还探讨了唐宋运河城市选址与城市形态的关系,认为从唐朝后期开始,中国城市的市坊制度逐渐解体,官府对城镇物资交易的控制有所松弛,大批中、小城镇获得了发展的机会,城市商业职能以买卖街为表现形式在一定程度上得到加强,从而使城市布局形态,开始摆脱过去因受严格的等级市坊制约而呈现的整齐划一特点。其研究成果颇具启发意义。

宏观而论,城市空间形态,是指城市各物质要素构成在空间上的表现形态。具体而言,是指城市的总体布局形式、分布密度与整体形状。中国传统城市空间形态的形成主要受自然条件及礼制观念的影响,平原城市的空间

---

① 宁欣:《转型期的唐宋都城:城市经济社会空间之拓展》,《学术月刊》2006年第5期。
② 李孝聪:《唐代城市的形态与地域结构——以坊市制的演变为线索》,载李孝聪主编:《唐代地域结构与运作空间》,上海辞书出版社2003年版,第248页。
③ 李孝聪:《唐宋运河城市城址选择与城市形态的研究》,载侯仁之主编:《环境变迁研究》第4辑,北京古籍出版社1993年版,第153页。

形态多为方正规矩的城市路网结构,水岸城市则呈带状分布。作为政治中心,传统城市紧凑度、集聚度高,布局相对严谨,城市呈方形、长方形或大致呈圆形等相对规整、方正的团块状形态。"《考工记》所描绘的城市图式,最鲜明的特征就是以宫城南北中轴线作为全城布局的中轴线,形成了以宫城为轴心、南北中轴线为主导、严整对称的城市空间形态。隋大兴城无疑是这种布局的完美范例。大兴城平面呈长方形,宫城和皇城位于外郭城北部正中,宫城、皇城的东、西、南三面为里坊区,其间布列坊市。全城以位于宫城南北轴延长线上的朱雀门大街为中轴,严格按照左右对称的原则规划布局,结构谨严,区划整齐,形成单一轴线的严整布局形式。"①

洛阳城在空间形态上,一方面,通过宫城南北轴线遥对伊阙,形成空间的视线走廊,构成城市的礼仪轴线;另一方面,还设计了以洛河为轴的功能性轴线。"洛水贯都,有河汉之象"②,是洛阳城的点睛之笔。"洛水贯都",不仅在于"有河汉之象",更在于洛河担负了城市经济轴线的功能。隋唐两代,洛阳作为东都,"百官廨署,如京城之制"③,城内设置整套中央官署。唐高宗时期又在宫城西南建上阳宫,"高宗之季常居以听政"。④ 武则天定都洛阳,也居此宫处理政务。上阳宫的建成,使皇室的活动中心进一步东移,也使洛阳城政治中心集中于西北部的趋势更加明显。洛阳城的东部是商业功能区。经济重心集中于城东部的洛河两岸,向东是沟通江淮地区的通道,可以通过洛河串联起运河沿岸的各个商业城市,构成当时商业最为繁荣的运河经济带。

"洛阳城周长28公里,面积47平方公里。""洛阳城建制与长安同,分为内外城。内城包括宫城和皇城,只是位置不是在全城的正北,而是西北部。"⑤考古发现,宫城位于郭城之西北隅,与皇城南北毗连。南临洛河,北置曜仪、圆壁二城,东接东城,西依隔城与郭城西壁为邻。平面形制近似"凸"字形,东西稍宽,南北略短。南面中段向外凸出。城基的夯筑采取平面加宽的方法,与长安大明宫城垣建筑方法相同。至于皇城,《唐六典》卷7载:皇城在都城之西北隅,南面三门,中曰端门,左曰左掖门,右曰右掖门,东

---

① 胡方:《隋唐长安、洛阳城空间形态的演变》,《广西师范大学学报》(哲学社会科学版)2008年第1期。
② (唐)李吉甫:《元和郡县图志》,中华书局1983年版,第130页。
③ (唐)李林甫等:《唐六典》,中华书局1992年版,第220页。
④ (宋)欧阳修、宋祁:《新唐书》,中华书局1975年版,第982页。
⑤ 李孝聪:《唐代城市的形态与地域结构——以坊市制的演变为线索》,载李孝聪主编:《唐代地域结构与运作空间》,上海辞书出版社2003年版,第258页。

面一门,曰宾耀。西面二门,南曰丽景,北曰宣耀。《新唐书·地理志》及《唐两京城坊考》对其面积的记载,均是"东西五里一十七步,南北三里二百九十八步,周一十三里二百五十步"。对其形制认为是长方形,置于宫城之南。安史之乱前后,唐王朝为了加强对宫城的防卫,在宫城的南墙增筑了一道长180米,宽约9米的城垣,与皇城的西墙相接,使宫城与皇城西墙之间形成了一道夹城。

"外郭城因洛水横贯而自然分成南北两区,郭城内纵横各10街,计112坊。"①"各坊面积均小于长安各坊,坊制同于长安。郭内设三市,分别为北市(位于北郭中心,占一坊之地)、南市(位于南郭中心,占两坊之地)、西市(位于西郭的西南角,占一坊之地)。三市分别临近漕渠、运渠和通化渠。内城与坊市区的比例大体同于长安。洛阳城虽然仍实行严格的坊市制度,但因水交通在一定程度上打破了封闭式的格局,与长安城相比,居民活动空间、交往空间和交易空间都更具开放性,再加上大部分时间皇帝和中央机构都在长安,洛阳城内官民商的社会氛围更宽松,受到的约束明显小于长安,自由度明显大于长安。"②史载:"唐贞观、开元之间,公卿贵戚开馆列第于东都者,号千有余邸。"③别墅、园林的兴建之风,一直延续到北宋。边缘化的地位,造就了洛阳与长安不同的城市社会氛围。

隋唐长安城的布局。不完整的三套重城结构。隋唐长安城由外郭城(罗城)、宫城和皇城三部分所组成。宫城先筑,皇城次之,外郭最后才完成。宫城和皇城位于都城北部中央,外郭城内的各坊从左、右、南三面拱卫宫城和皇城。以正中的朱雀大街为界,东西分属万年(隋为大兴)、长安两县。郭城东、西、南三面为两县的郊区。关于隋唐长安城的规模,《隋书》《唐六典》《长安志》《唐两京城坊考》诸书中均有记载,长安城"东西广十八里一百一十五步,南北长十五里一百七十五步,周六十七里,其崇一丈八尺"。后来的考古发掘,实测东西长(自春明门至金光门,包括城墙厚度在内)9721米,南北长(自明德门至宫城北面玄武门偏东处)8651.7米,周长36.7千米。平面呈东西长、南北略窄的长方形。实测所得数据与文献记载基本吻合。

外郭城东、西、南三面各开三门:东墙自北向南为通化、春明、延兴门;南墙自东向西为启夏、明德、安化门;西墙自北向南为开远、金光、延平门。北

---

① 辛德勇:《隋唐两京丛考》,三秦出版社1991年版,第158页。
② 宁欣:《转型期的唐宋都城:城市经济社会空间之拓展》,《学术月刊》2006年第5期。
③ 李格非:《洛阳名园记》,中华书局1985年版,第18页。

墙中部与宫城北墙共用,宫城以西有芳林门(隋称华林门)、景耀门和光化门。宫城之东有兴安门,原是通禁苑的北门,唐初创建大明宫后,成为大明宫南墙的城门之一。这些城门之中,明德门是长安城的南面正门,位于长安城的中轴线上,北对皇城的朱雀门和宫城的承天门,规模宏大壮观,是长安城最大的城门,具有典型意义。考古发掘显示,该门门址东西长55.5米,南北进深18.5米,有五个门道,每个门道均宽5米。门道间的夯土隔墙厚2.9米。门道两侧均有排柱的柱坑,每排15个,东西对称。由此可见,原来城门上有高大宏伟的门楼建筑。唐长安外郭城区域结构可分为住宅区,具体又可划分为王子、公主、皇亲国戚住宅区;内侍省官员住宅区;高官显贵、权贵豪门住宅区;卑官庶民住宅区;番人住宅区等类。住宅区之外为工商业区及商人住宅;进奏院、旅馆;城东南隅风景区;外郭城西北隅汉代遗址区;"围外"六个区域。"宫城及皇城周围的王子公主,皇亲国戚,内侍省官员之宅第层次分明;外郭城近北诸坊,多为百官之宅第,其中万年县所领朱雀门街以东相对集中。皇城之南,永安、清明二渠流经,或相邻的坊里,尚有百官之别馆新宅;藩入、商贾之宅第,相对集中在金光门、漕渠周围,西市附近。卑官庶民之宅第,相对集中在延平门—延兴门街两边,特别是永安、清明二渠流经,或相邻之坊里;外郭城之东南隅,为唐长安的著名风景区;其西北隅,多为汉代遗址;其南四坊属'围外',以上区域分布清晰,结构明确,当为唐长安外郭城区域结构的重要特征。"①

宫城是供皇帝及皇族居住和处理朝政的地方,包括太极宫、东宫和掖庭宫。位于郭城北部正中,南接皇城,北连禁苑。《长安志图》中记载:"宫城东西四里,南北二里二百七十步,周十三里一百八十步"。"考古实测所得为南北长1492.1米,东西宽2820.3米,周长8.6公里多。城墙均为夯土版筑,基部一般宽达18米左右。据记载宫城墙垣'其崇三丈五尺',是长安城中最高的。宫城南墙正中的承天门址(隋称广阳门),考古探得东西残7米,南北进深19米。有三个门道,门基铺石条或石板。宫城北面设三门,玄武、安礼两门为太极宫的北门,至德门则为东宫的北门。据实测,掖庭宫东西宽702.5米、南北长1492.1米。掖庭宫的北部为太仓所在。太极宫即隋之大兴宫,位于宫城中央,是宫城内宫殿的所在地,有殿堂、楼阁等建筑数处,正殿为太极殿。太极宫宽1285米。东宫在太极宫之东,为太子的住所,宽832.8米,其间150米处有隔墙一道。"②

---

① 陈忠凯:《唐长安外郭城区域结构之研究》,《文博》2001年第2期。
② 秦浩:《隋唐考古》,南京大学出版社1992年版,第21页。

皇城又名"子城"，位于宫城之南，东西两城墙与宫城东西墙相接，北面无墙，与宫城之间以"横街"相隔，此街据记载有三百步之宽，实测残宽尚有220米，是长安城中最宽的街道，实际是皇城与宫城间的一块大广场起着作用。皇城的形制亦呈长方形，东西宽2820.3米，南北长1843.6米，周长9.2千米。据文献记载，皇城内有东西向街七条，南北向街五条，"各广百步"。各街之间设中央衙署及其附属机构。皇城有城门七：东墙的延喜、景风门；南墙的安上、朱雀、含光门；西墙的顺义和安福门。南墙的朱雀门是皇城的正门，与承天门遥遥相对，南接朱雀大街，直达外郭城的正门明德门，处于全城中轴线之上。

唐长安城城墙形态要素构成[①]

城墙	东西长（米）	南北长（米）	周长（米）	厚度（米）	高度（米）	面积（平方公里）	形状	城门
外郭城	9700	8600	36000	9—12	5.3	84（不含大明宫）	长方形	12座
皇城	2820	1843	9200	?	?	5.2	长方形	7座
宫城	2820	1492	8600	?	10.3	4.2	长方形	6座

街道。郭城内有南北向大街11条，东西向大街14条。其中贯穿于城门之间的三条南北向大街和三条东西向大街是隋唐长安城内的主干大街，号称"六街"。六条大街中除通延平门和延兴门的东西大街仅宽55米外，其余五条皆宽100米以上。特别是明德门内的朱雀大街，宽达150—155米。它北通皇城之朱雀门，直对宫城的承天门，故此街也称"天街"，是贯通长安城南北的一条主干大街。其他不通城门的大街宽度在35—65米之间；顺城街仅宽20—25米。各街路面皆中间略高，两侧稍低。两侧都筑有宽2.5米以上，深2米多的排水沟。关于各街之沟，文献上有很多记载。后唐马缟的《中华古今注》卷2载："长安御沟谓之杨沟，植高杨于其上也。一曰羊沟，谓羊喜抵触垣墙，故为沟以隔之，故曰羊沟。亦曰禁沟，引终南山水从宫内过，所谓御沟。"[②] 可见，长安城街道与坊里的排列，极为整齐。

外郭城中有东西向14条大街，南北向11条大街，笔直宽敞，彼此平行。此25条大街相互交错，又将外郭城地区划分为网格式地段，每个网格即为一个坊里。皇城中亦有南北向5条大街，东西向7条大街，这12条大街相

[①] 李瑞：《唐宋都城空间形态研究》，陕西师范大学博士学位论文，2005年。
[②] 秦浩：《隋唐考古》，南京大学出版社1992年版，第21页。

互交错,也将皇城地区划分为网格式地段。宋人吕大防亦说:"隋氏设都,虽不能尽循先王之法,然畦分棋布,闾巷皆中绳墨……亦一代之精制也。"①对长安城这种棋局式的整齐布局,唐代诗人白居易在《登观音台望城》诗中描绘说"百千家似围棋局,十二街如种菜畦"。其诗《登乐游园望》载:"下视十二街,绿树间红尘。"《邓鲂、张彻落第》诗又说:"春风十二街,轩骑不暂停。"《谕友》诗中还说:"西望长安城,歌钟十二街。"这里所说的十二街,乃是指皇城的街道而言。《长安志》说:"(皇城中)南北七街,东西五街,其间并列台省。"以南北顺序排列的七街和以东西顺序排列的五街,合起来正是十二街。

曲江皇家园林建设。曲江园林区产生于隋初,宇文恺以其地"在京城东南隅,地高不便,故阙此地,不为居人坊巷,而凿之以为池"②。曲江被圈占成皇家禁苑,成为帝王的游乐之地,并于隋开皇三年(583)改曲江为芙蓉园。相对而言,隋至唐初,皇亲贵戚的主要游乐场所是都城西南的昆明池风景区,而曲江风景区的兴盛则始于唐贞观以后,玄宗开元年间又大规模扩建曲江池,"四岸皆有行宫台殿,百司廨署"③。其间还从南山义谷修黄渠引水入曲江池,修建芙蓉园等,由此,都城东部成了日常生活的重要场所。

都城不仅是王权统治的中心,也是王权政治的象征。宫城处于都城的中心,体现了一种礼治秩序。隋唐长安城由宫城、皇城和外郭城三部分组成。外郭城是一个东西长、南北短的长方形,宫城位于外郭城的北部正中,宫城北墙与郭城北墙重叠,皇城紧靠宫城之南,由于皇城无北墙,二者隔横街相连,实为一体;宫城、皇城、外郭城北之外是皇家禁苑。这样就使皇宫处于城市中心位置,构成一个极为严密的防御体系。由此,整个都城空间形成了以宫城为中心,皇城、外郭城环环相抱之势,强调了宫城居中的思想意识。此外,隋唐长安城中无论是宫城、皇城还是外郭城,甚至于街道,内部空间结构上的一个显著特征就是对称布局。不仅存在整体对称,还存在局部对称。从城市空间构图形态来看,大大小小的方形结构,无疑更增加了空间复制的视觉效果。宫城、皇城、郭城之间层层环抱的防御意识、高低相较的等级差异、对称有序的空间效果,都增强了都城的安全性能。

隋唐长安城内按功能不同可划分几个不同区域。按照区域活动主体的地位等级划分,第一等级是宇文恺在规划大兴城时利用城区六条高岗设立

---

① 齐东方:《隋唐考古》,文物出版社2002年版,第12页。
② 张永禄:《唐都长安》,西北大学出版社1987年版,第177页。
③ (后晋)刘昫等:《旧唐书》,中华书局1975年版,第561页。

的宫殿、官署和重要寺观所在区域;第二等级是宫城、皇城附近达官显贵居住区;第三等级是城内主要城门街道两侧区域。按照隋唐长安城人口居住区域分,第一等级依然是宫城、皇城及重要寺观区;外郭城内从住宅分布状况来看,"东贵西富""南虚北实"。所谓的"东贵西富",具体指居住重心区以东西向来看则在街东,即朱雀街以东为官吏和贵族住宅主要集中区域,朱雀街以西就主要是一般百姓、富商大贾等人等的聚居地。若从南北向来看,唐长安住宅的分布重心显然在城北,即皇城向南第六横街以北,呈现"南虚北实"的分布特点。总体而言,住宅最为密布的坊里则大多位于皇城周围、朱雀大街两侧和太极宫、兴庆宫、大明宫之间的区域里。而沿外郭城南垣的四排坊,除城东南角曲江池附近因辟为游览风景胜地而比较繁华以外,其他诸坊都很少有人居住,往往是"烟火不接"而"耕且种植,阡陌相望"。长安城的人口,主要集中在市区的北侧,尤以东、西两市周围地区最为繁华。①

就具体城市形态而言,隋唐时期的长安城独具特色。全城是在一个全新的基地上,按照完整的平面设计和详密的规划制度营建的,布局整齐,规制严密。其不但规划宏伟,规模空前,全城面积达84平方公里,是我国古代,也是当时世界上规模最大的一座都城,而且按照一个完整的平面设计思想营建,规划极为齐整。改变了我国古代自春秋战国以来,宫城位置必在郭城之西,或在郭城西南的传统安排,而将宫城置于郭城北部的中心。这种布局在建筑手法上就突出了宫城的中心地位,也就是突出了封建皇帝居于最高统治的重要地位。同时体现了封建皇帝据北而立、面南而治的儒家传统思想,地形上还可以背靠龙首原的有利地势,以禁苑控制都城地区的制高地段,有利于宫城的防卫和最高统治者的安全。从古人"建邦设都,必稽玄象"②的思想看,布局体现了以宫城象征北极星,以为天中,以皇城百官衙署象征环绕北辰的紫微垣,外郭城象征向北环拱的群星等天象观念,正如诗人张子容在《长安早春》一诗中所写:"开国维东井,城池起北辰。"③从而在都城的布局上,增加了皇权统治的神秘色彩。

隋唐长安城在建筑上突破了以往都城仅有内城外城的传统格局,在宫城之南建一皇城,专置中央衙署,从而改变了过去都城内中央衙署与居民住宅混杂在一起的状态。这应当说是隋唐长安城的又一新创。事实上,与前代城市建设相较,还有一点值得关注,"在建筑规划上,隋唐长安城与以往

---

① 肖爱玲:《隋唐长安城空间等级规范》,《建筑与文化》2009年第6期。
② (后晋)刘昫等:《旧唐书》,中华书局1975年版,第1335页。
③ (清)彭定求等编:《全唐诗》,中华书局1960年版,第1658页。

都城相比,扩大了外郭城坊里居民住宅区。从长安城各部分建筑面积比例看,宫城面积4.2平方公里,约占全城总面积的5%。皇城面积5.2平方公里,约占全城总面积的6.19%。其余的74.6平方公里,即为外部城中的坊里住宅区和道路、河渠等面积,约占全城总面积的58.8%。这比汉长安城宫殿区占全城面积三分之二以上,居民住宅区仅占全城面积不到三分之一,显然是有了很大的发展"①。

总体上看,隋唐五代时期,都城的有形变化是明显的。宁欣对此有精辟的论述,指出其变化有这样三个趋势:首先,都城及其周边区域构成首都圈,突破了城墙的制约,逐渐形成大都城的平面布局。"隋唐时期,城墙的分隔作用在许多城市仍很明显,到了五代时期才有所松动。如隋唐长安城(大兴城)分为内城与郭城,内城又分宫城和皇城(宫城与皇城之间并无隔墙)。在大部分州府治所城市,则依照都城制度,形成子、罗城二重城垣分隔城市的布局。子城为衙署区,为各级官署衙门、仓储、官员宅舍之所聚;罗城内主要安置居民里坊和市场,亦即坊市所在。"②罗隐的《杭州罗城记》谓:"余始以郡之子城,岁月滋久,基址老烂,狭而且卑。每至点阅士马,不足回转。遂与诸郡聚议,崇建雉堞,夹以南北,矗然而峙。帑藏得以牢固,军士得以帐幕,是所谓固吾圉。""可见子城为官署、军营、仓储所聚之地,并无普通居民。"③其次,"三重城格局在配置上由以中央大街(朱雀街)为轴心线重心北靠型变为——重心以中心圈为核心四方扩散型,如五代时期改造的开封,虽还实行三重城布局,但依次由内而外,宫城位于外郭城的中心稍偏北。此类布局有利于城市功能相应向复合型、经济文化多中心的趋势发展。最后,内城与外城的功能分区逐渐模糊。在坊市制向厢坊制转换的过程中,除宫城仍旧采用封闭形态的宫殿群组,官署、民居、商铺的分区逐渐模糊,形成混合区"④。

第三节 里坊制与坊市制

作为古代城市典型规划与管理制度,隋唐五代时期都市的里坊制与坊

---

① 张永禄:《唐都长安》,西北大学出版社1987年版,第24页。
② 鲁西奇、马剑:《空间与权力:中国古代城市形态与空间结构的政治文化内涵》,《江汉论坛》2009年第4期。
③ 转引自李孝聪:《唐代城市的形态与地域结构——以坊市制的演变为线索》,载李孝聪主编:《唐代地域结构与运作空间》,上海辞书出版社2003年版,第295页。
④ 宁欣:《转型期的唐宋都城:城市经济社会空间之拓展》,《学术月刊》2006年第5期。

市制,在里坊面积、等级与形态,里坊管理与调适,市的形成与发展及管控方面产生明显变化,直接改变当时的城市格局,并对上层社会控制产生深刻影响。其政治管理功能利于维护封建统治,经济服务功能促进市场秩序的稳定和商业的正常运行。但对市场的过分控制,不利于商业的扩张。里坊制和坊市制的废除,实质是商业发展打破了封建制度对商人活动的时空限制,彰显渐进式制度变迁过程,是自然演进与人为设计互相博弈的结果。

"里坊是中国古代城市居住组织的基本单位。其组织形态从奴隶社会时期的'鄙邑'、里(邑)发展而来。随着封建生产关系产生和确立,单个家庭成为社会生产基本单位,里坊逐渐成为单纯的居住单位概念。"[1]隋朝开始正式改称"坊",及至唐代,里和坊的称呼经常互用。里坊逐渐脱离居住区概念而具有一种城市规划基本用地单位的意义。市的存在自古即有,只是六朝以前缺乏详细记载。其用语有时指商店林立的一定区域,有时则指买卖者定时集合进行交易的场所。时至隋唐五代,市成为都市商业中心,在国民经济机构中占有重要地位。

一、里坊的面积、等级与形态

隋唐长安城南北11条街,东西14条街,纵横交错,把郭城内划分为110坊。《唐六典》卷7记载:"皇城之南,东西十坊,南北九坊;皇城之东西各十二坊;两市居四之地,凡一百十坊。"一百十坊中,芙蓉园占去2坊之地,实为108坊。当初设计时,经周密考虑,南北向安置13列坊。象征一年有闰,皇城以南东西四列坊,象征四季,南北九列坊,象征"王城九逵"。

各坊面积。《长安志》《唐两京城坊考》等记载:"朱雀街东第一坊,东西长350步(合514.5米);第二坊东西450步(合661.5米);次东三坊东西各650步(合955.5米)。皇城之南九坊,南北各350步;皇城左右四坊,从南第一坊、第二坊,南北各550步(合808.5米);第三坊、第四坊,南北各400步(合588米)。实测各坊的面积是:朱雀大街两侧的四列坊最小,南北长500—590米,东西宽550—700米;位于上列四坊之外迄顺城街的六坊次之,南北长也是500—590米,东西宽度则达1020—1125米;皇城两侧的六列坊最大,南北长660—838米,东西宽1020—1125米。"若将坊墙和坊墙以外的距离计算在内,文献记载与考古实际勘测基本相符。城内诸坊除靠朱雀大街两侧的四列坊,因"在宫城直南,不欲开北街,泄气以冲城阙","每坊但开东西二门",所以只有东西向的一条横

---

[1] 郑卫、杨建军:《也论唐长安的里坊制度和城市形态》,《城市规划》2005年第10期。

街。其余各坊都设十字街,即有东西、南北向的纵横街道各一条,宽度在15米左右,并且四面开坊门。

各坊的等级。隋唐长安城里坊规模大小不一,隋初设计时分为5个等级。《长安志》卷7载:"朱雀街东第一坊,东西三百五十步。第二坊东西四百五十步。次东三坊东西各六百五十步。皇城之南九坊,南北各三百五十步。皇城左右四坊从南第一坊、第二坊,南北各五百五十步。第三坊、第四坊,南北各四百步。两市各方六百步。四面街各广百步。""即皇城两侧的里坊大致东西宽955米,南北长808米,为第一等级;宫城两侧的里坊大体东西宽955米,南北长588米,为第二等级;朱雀门街东西两侧,第一列各9坊,东西宽514米,南北长477米,为第五等级;第二列各九坊东西宽661米,南北长477米,为第四等级;三至五列里坊,东西宽955米,南北长477米,为第三等级。其中规模较小的两级里坊位于皇城正南、城市中轴线两侧,更是礼制思想在都城规划中的运用。"①

"长安城内各坊居住着官吏和一般居民,有的坊内还设有官衙和寺观等。坊的全部面积占全城的八分之七,与汉代都城相比,隋大兴城居民区明显扩大,这不仅是由于经济、文化发展的关系,也是承袭曹魏以来的都城为了直接控制大量人口的需要而规划的。各坊所处地区不同,人口多寡和经济繁荣与否,也因而各不一样。邻近宫城、皇城的各坊,尤其是东半部,因与大明宫相邻,大都为王公大臣及宦官等所占,显得十分繁荣。与此相反,城南靠近郭城的各坊,地处偏远,居民稀少,显得相当空旷。"②隋文帝时,命其诸子于南郭立第,以便充实城南一带。但终因地处偏远,直至盛唐时南部四列坊"率无居人第宅"或"虽时有居者,烟火不接。耕垦种植,阡陌相连"。③隋唐长安城里坊设计上追求对称。这与长安城总体布局采取严格的左右均齐布置方式有关。全城以南北中央朱雀大街为中轴线,街东与街西地区面积基本相等。街东地区有五十五坊,因曲江占去二坊,实际为五十三坊。另一市,街西地区亦有五十五坊另一市。朱雀街东西两侧坊市数目、位置排列及其面积大小、形制规划,都左右对称,相互均等,彼此相同。

洛阳城的里坊与长安城略有不同。其一,里坊空间分布。隋唐长安城的里坊设在宫城、皇城东西南三面的郭城内,以朱雀大街为轴线左右对称。洛阳城里坊则分布在宫城和皇城的东面及南部,南北两部分里坊分布不全

---

① 转引自肖爱玲:《隋唐长安城空间等级规范》,《建筑与文化》2009年第6期。
② 秦浩:《隋唐考古》,南京大学出版社1992年版,第27页。
③ (清)徐松撰,(清)张穆校补:《唐两京城坊考》,中华书局1985年版,第39页。

对称,全城里坊整体未能形成像长安那样沿都城中轴线,定鼎门大街两侧左右对称、规整的布局。其二,里坊形制、面积。洛阳里坊大小基本相同,面积稍小。"长安城里坊平面形制均呈长方形,各坊面积较大且大小不完全一致。按面积大小可分为五类:最大的皇城东西两侧12坊,南北长808.5米,东西宽约955.5米,面积有0.77平方公里;最小的朱雀大街东西两侧的18坊,南北长514米,东西宽477米,面积约0.25平方公里。"①洛阳里坊平面形制基本呈方形或近方形,面积大小基本一致,每边各300步,约0.5平方公里,面积稍小。其三,里坊基本形态、自身结构。长安里坊有东、西二门制和东、西、南、北四门制两种,其坊内区划因此有南北"二区制"和东西南北"十六区制"。洛阳里坊只有东、西、南、北四坊门,无东、西二门制。虽然考古勘探在履道坊内发现了大小双重十字街,透露出洛阳里坊可能存有"四区"以上分区方式的信息。目前考古发掘也显示,洛阳里坊基本上还是"开十字街,四出趋门",其坊内区划分为四个区域,每面各开一门。②

二、里坊的管理与调适

里坊的管理。隋唐时期各坊均设有专人管理。"隋每坊置坊主一人,佐二人。炀帝三年,京都坊改为里,皆省除里司,官以主其事。"③"炀帝改坊为里,每里置里司一人,官从九品下,至义宁初废。"④唐朝政府对长安城的行政管理,为府、县两级制。京兆府为长安都城的行政官署,府置牧一人。因其地处枢要,多以亲王为之。京兆府之下,设万年、长安两县,共治长安城中。两县以城中央朱雀门街为界,街东归万年县,领五十四坊与东市,街西归长安县,领五十五坊与西市。县各设令一人,正五品。长安县署在长寿坊,万年县署在宣阳坊。两县各有丞、正、功曹、主簿、录事、尉等从员佐史一百四十人。之下市民居住的里坊,成为最基层的管理单位。唐代政府规定"百户为里,五里为乡。两京及州县之郭内,分为坊,郊外为村。里及村坊皆有正"⑤。可见,从隋至唐,封建统治者对都城长安居民里坊的基层管理十分重视,曾先后设有坊主、坊佐、里司、坊正等职。唐代坊正虽无官品,但其"职在驱催"⑥"掌追

---

① 朱士光:《古都西安——西安的历史变迁与发展》,西安出版社2003年版,第294页。
② 李昌九:《隋唐洛阳里坊制度》,《郑州大学学报》(哲学社会科学版)2008年第1期。
③ (唐)魏征、令狐德棻:《隋书》,中华书局1973年版,第803页。
④ (清)徐松撰,(清)张穆校补:《唐两京城坊考》,中华书局1985年版,第34页。
⑤ (唐)李林甫等:《唐六典》,中华书局1992年版,第73页。
⑥ (唐)长孙无忌撰,刘俊文笺解:《唐律疏议笺解》,中华书局1996年版,第898页。

呼催督""以司督察"。因此,坊正就是长安城各坊的直接控制者。五代时期汴州也设有坊正。《册府元龟》载,"后唐陈延嗣,魏人也……延嗣杀人无几,舍主惧白坊正执讯,乃称今年四月事"①。可见当时汴州实行坊制,并设有坊正。

  古代里坊制度的目的是对居民进行很好的控制和管理,唐代则更为强化。"畦分棋布,闾巷皆中绳墨。坊用墉,墉用门,通亡奸伪无所容阻。朝廷官寺,居民市区,不复相参。"②里坊统一以鼓声为准,由坊正负责坊门的开启和关闭。"先是,京师晨暮传呼以警众,后置鼓代之。"③早上五更二点自宫内"晓鼓"声起,"诸街鼓顺序敲动,坊门开启,鼓要敲到天亮为止,每晚鼓声敲响关闭,不许出入"④。夜晚实行全城街道严格宵禁,如果有"犯夜者,笞二十"。⑤官员亦不例外,"中使郭里旻酒醉犯夜,杖杀之"⑥。可见里坊制度的严格性。居民被固定在坊内封闭的空间里,坊墙不得破坏。"诸坊市街曲,有侵街打墙,接檐造舍等,先处分,一切不许,并令拆毁……如有犯者,科为敕罪,兼须重罚。"⑦坊门启闭定时的长安,晚鼓鸣后大街即空荡荡,出现"六街鼓绝尘埃息"的景象⑧,可知里坊制度对居民生活有着很大程度的限制,揭示着当时城市相当严格的封闭状态。里坊制度的严格性还体现在里坊被不同阶层的人分别占据,宅地有如"甲第一区"等的区别。⑨ 隋朝杨素、唐朝魏王李泰住宅均占一坊之地,郭子仪住"亲仁里,居其里四分之一"⑩,而一般百姓住宅占地"良口三人以下给一亩,三口加一亩;贱口五人给一亩,五口加一亩"⑪。规定反映了身份等级与住宅占地的情况。唐代《营缮令》不仅制定了官员及庶人宅舍的营造等级,里坊内部房屋亦不能随意而为,"士庶公私第宅,皆不得造楼阁,临视人家"⑫。违反里坊制度,会受到法律惩罚。《唐律疏议》载:"其坊正、市令非其时开闭坊市门者,亦同城

---

① (宋)王钦若等编纂:《册府元龟》,凤凰出版社2006年版,第1090页。
② 中国科学院考古研究所西安唐城发掘队:《唐代长安城考古纪略》,《考古》1963年第11期。
③ (宋)王溥:《唐会要》卷86《市》,中华书局1955年版,第1583页。
④ (宋)王溥:《唐会要》卷86《市》,中华书局1955年版,第1583页。
⑤ (宋)王溥:《唐会要》卷86《市》,中华书局1955年版,第1583页。
⑥ (宋)王溥:《唐会要》卷86《城郭》,中华书局1955年版,第1584页。
⑦ (宋)王溥:《唐会要》卷86《街巷》,中华书局1955年版,第1576页。
⑧ (宋)王溥:《唐会要》卷86《街巷》,中华书局1955年版,第1576页。
⑨ (宋)王溥:《唐会要》卷86《街巷》,中华书局1955年版,第1576页。
⑩ (宋)王溥:《唐会要》卷86《街巷》,中华书局1955年版,第1576页。
⑪ (宋)王溥:《唐会要》卷86《市》,中华书局1955年版,第1583页。
⑫ (宋)王溥:《唐会要》卷86《市》,中华书局1955年版,第1583页。

主之法,即徒一年。"①可见唐代里坊制度的法律效力。

然而里坊制度随着唐朝的政治稳定和经济发展,很快就表现出弊病,最明显者是里坊制度与城市功能相背离,阻碍工商业发展和人际交流。严格的里坊制度持续到盛唐时,被迫逐渐发生改变。"唐高宗时长安城东西两市日益繁荣,东、西二市无法满足工商业迅速发展的需要,其容纳不下的店铺开始向附近的坊和春明门至金光门的街道两旁蔓延,以至于东市西北的崇仁坊,西市东北的延寿坊,热闹繁华程度超过了东、西两市。""一些坊内还出现了夜市,并逐渐得到政府默许"。晚唐诗曾描述有夜市盛况:"夜市千灯照碧云,高楼红袖客纷纷。"坊内住户临街开门,原来只有"坊内三绝",即无法出入的住户和地位很高的人才被允许。天宝以后制度放宽,仍明令二品以上才可以。随着工商业实力的上升,冲击着城市的里坊结构,居住在坊墙之内的人们,开始寻求突破这种封闭。中唐开始,各坊内部不断出现"侵街"现象,就是居民将自己的住房向外扩展,侵占坊内街道,有的甚至在坊墙上向坊外的街道开门。由于自家向外开门,坊门逐渐变得形同虚设。到8世纪晚期已有不少"坊市街曲,有侵街打墙,接檐造舍"的情况②。《唐会要》卷86《街巷》条载:"右巡使奏,义成军节度使韦让,于怀真坊西南角亭子西,侵街造房九间,敕旨,韦让侵街造舍,颇越旧章,宜令拆毁。"③作为维持治安的左右街使,只有无奈的奏表:"向街开门,各逐便宜,无所拘限,因循既久,约勒甚难,或鼓未动即先开,或夜已深犹未闭,致使街司巡检,人力难周,亦令奸盗之徒,易为逃匿。"侵街加上夜市、草市,大大动摇了里坊制的基础。面对这些现象,尤其是市民队伍的壮大和商品经济的发展,唐王朝一筹莫展,只能听之任之。于是坊墙继续松动,市场日渐繁荣。至9世纪中期,原来封闭式的里坊已经很难起到限制作用④。

唐代城市结构空间上的变化主要体现为里坊制度的逐渐衰落和市场经营不断突破"市"的范围,时间上则主要体现为"夜市"的出现。"空间维度上突破的坊市和时间维度上突破的夜市二者之间存在着相互促进的关系,即坊市界限的突破利于繁华夜市的出现和形成,夜市的不断发展又在一定程度上加速了坊市界限的松弛。"⑤至宋代,这一趋势表现得更为明显,正如

---

① (唐)长孙无忌撰,刘俊文笺解:《唐律疏议笺解》,中华书局1996年版,第586页。
② (宋)王溥:《唐会要》卷86《街巷》,中华书局1955年版,第1576页。
③ (宋)王溥:《唐会要》卷86《街巷》,中华书局1955年版,第1576页。
④ 参见(宋)王溥:《唐会要》卷86《街巷》,中华书局1955年版,第1576页。
⑤ 成松柳、高利文:《中晚唐社会城市结构的演变和晚唐词的关系》,《长沙理工大学学报》(社会科学版)2006年第3期。

日本学者久保田和男在《宋代开封研究》中所指出的,坊制是在城郭城市内部用城墙围成小空间的物理型城市区划制度,坊制是体现权力的首都功能之一。"五代时期以后,开封成为北宋的都城,其城市空间构造在政治基础上更强调经济的合理性。开封在后周以前已被重构为没有坊制的城市"①。"按照目前多数学者所持的观点,由唐入宋的中国古代城市经历了坊墙崩坏、夜禁逐步废弛的重要变化。"②北宋初年东京仍设"坊正",但"坊"不再是有墙有门的封闭城市空间,坊正的职任也由唐代"掌坊门管钥、督察奸非"转向与科税相关的事务。③

三、市的形成与发展

城市中的市是商品交换的主要场所。城市的市场状况是商业发展程度的重要标志。关于"市"的概念,东汉许慎的《说文解字》第五篇下释"市"字说:"市,买卖所之也;市有垣。"其关于"市"的解释至少表明如下问题:首先,指明市为买卖场所,做买卖必须到此;其次,表明市有一定范围,用垣即围墙围住,买卖要在城墙内进行。市在初始阶段只是物物交换的集市。春秋战国时出现了《市法》,《市法》可看到其中若干规定,如市要有"广狭小大之度",与邑相称;市要有便于出入之门,以利于百货财物的进出;"市必居邑之中";"国市之法,外营方四百步,内宫称之,为凿开四达之";市设有市啬夫;等等。这些规定与当时及以后的市,以及对市的解释,多有相同或相通处。汉唐所设市皆在都邑州县之中,或四里或两坊之地;市皆设官管理等。

隋唐时东、西两京的市,徐松的《唐两京城坊考》有很好的考订。西京长安,隋设都会、利人二市。唐时东市即隋的都会市,占有两坊之地,东西南北各六百步,四面各开二门,市内有一百二十行,四面立邸;西市即隋的利人市,市内店肆如东市之制。东都洛阳,隋炀帝设大同、通远、丰都三市。《大业杂记》载大同市周回四里;通远市周回六里,设有二十个门,分路入市;《大业杂记》大业元年条载:"丰都市周回八里,通门十二,市内有一百二十行,三千余肆,四百余店,重楼延阁,牙相临映,招致商旅,珍奇山积,唐贞观四年促半坊。"就是说到贞观四年较少半坊,只占一坊半之地。唐时洛阳有南、北、西三市。南市即隋丰都市,占两坊之地,其内行、肆、店数皆同于隋。

---

① [日]久保田和男:《宋代开封研究》,郭万平译,上海古籍出版社2010年版,第111页。
② 万晋:《唐长安的"里"、"坊"与"里正"、"坊正"》,《东岳论丛》2013年第1期。
③ [日]梅原郁:《宋代的开封与都市制度》,载《森鹿三博士颂寿纪念论文集》,东京:同朋社1977年版,第66页。

《两京新记》载:"东都丰都市,东西南北居二坊之地,四面各开三门,邸凡三百一十二区。"高宗显庆时于洛阳置北市,武周天授时又于洛阳置西市。

"唐代长安东西两市制度基本和隋代丰都市相同。东市在朱雀街东第三街,西市在朱雀街西第三街。这两街由北向南皆有十三坊,两市所占均为该街之第五坊和第六坊,东西对称,十分整齐。"①市的面积有两坊之地,四面各六百步,即二里长度,与丰都市周围八里相同。市内同样分设一百二十行,四周靠墙建立许多用作行栈的邸店,只是四面各开二门,比丰都市每面各开三门少开一门。《长安志》卷8"东市"条载,东市"东西南北各六百步,四面各开门,四面街各广百步;北街当皇城南之大街,东出春明门,广狭不易于旧;东西及南面三街向内开,壮广于旧街"。卷八部分对西市的介绍比较简单,只说"南北尽两坊之地,市内货财一百二十行,四面立邸,四方奇珍皆所积聚"②。"市内店肆如东市",说明西市的规模、建制与东市基本相同。东、西二市都是封闭型的市场,四面有围墙,东、西、南、北四个方向各设两个门,以便人员和货物的进出。

隋唐长安城东、西二市内部结构简况表　　　　　　　　（单位:米）

隋朝市名	唐朝市名	面积		围墙宽度	井字街宽	顺城街宽	排水沟宽度
		南北长	东西长				
都会市	东市	1000	924	6—8	30	—	—
利人市	西市	1031	927	4	16	14	沟底1.1;沟口1.2

地方州县也多设市。关于市设立的条件,唐代有硬性规定。唐景龙元年(707)十一月敕:"诸非州县之所,不得置市。"③即州治、县治均可置市。扬州罗城内即设有市。《太平广记》卷470"谢二"条载:"(士人)至扬州市中东店前,忽见谢二"便是明证。《酉阳杂俎》前集卷四"物革"载,"陈司徒在扬州时,东市塔影忽倒",说明当时扬州设有"东市"。《唐故朱府君夫人范氏合祔墓铭》说,墓主朱叔和于长庆四年"殁于扬州江都县市北之旅舍"④;《唐故邓府君墓志铭》曰,墓主于咸通六年"殁于江都县市东北壁私第",皆是信而有证的实据。由于各州县地位的重要性不同,对其设市的要

---

① 芦蕊:《论唐代市场制度中国家与市场的联结关系》,《河南社会科学》2011年第5期。
② 杨宽:《中国古代都城制度史研究》,上海古籍出版社1993年版,第228页。
③ (清)董诰等编:《全唐文》,中华书局1983年版,第10383页。
④ 诸祖煜:《唐代扬州坊市制度及其嬗变》,《东南文化》1999年第4期。

求也有差别。"其市当以午时击鼓二百下,而众大会;日入前七刻,击钲三百下,散。其州县领务少处,不欲设钲鼓,听之。"①钲鼓之制是市制的一项重要内容,既允许"领务少"之州县不设钲鼓,说明市制并非铁板一块式的硬性规定,而是有其灵活性,这种灵活性建立在州县地位重要与否的基础上。这在市制的其他方面也同样有所体现。垂拱二年(686)十二月敕:"三辅及四大都督,并冲要当路及四万户以上州市令,并赤县录事,并宜省补。"②这里把赤县与三辅、四大都督和冲要当路并有四万户以上的州相提并论,而不言及非冲要当路和不足四万户的州以及望、上、中、下县,关键在于赤县的政治地位之重要。大中五年(851)八月敕:"中县户满三千以上,置市令一人,史二人;其不满三千户以上者,并不得置市官;若要路须置,旧来交易繁者,听依三千户法置,仍申省;诸县在州郭下,并置市官。"③即中县满三千户以上才许置市官,如不满三千户,只有两种中县许置,即居"要路""交易繁者"和"在州郭下"者。"从唐末五代到宋时,市在日益发展变化。如唐大中时,不是州县的要闹去处,也可依三千户法置市。"④

  市在唐代的发展,不只是局限于设置条件的突破,商品交易也已开始冲破市的限制。里坊制城市中,坊和市不但在空间上相互独立,功能上也处于分离状态。坊和市都有封闭的垣墙围合,有专门人员负责坊门和市门管理。坊是居住的基本组织单位,市则是专门进行商品交易的场所,实行严格的功能分区。坊内不允许开设店铺进行商品买卖,市内也严禁列肆贩卖的商人留宿。《晋令》规定:"坐垆肆者,皆不得宿肆上。""古典市制下,市的功能单一,只是作为商品交易空间,而无居住功能。唐代已经发生市中住人的情况,居住功能向市内渗透,市出现了功能复合的趋势。"⑤《太平广记》卷193《车中女子》载:"唐开元中,吴郡人入京应明经举。至京,因闲步坊曲……(随二少年)抵数坊,于东市一小曲内,有临路店数间,相与直入,舍宇甚整肃。二人携引升堂,列筵甚盛……于席前,更有数少年各二十余,礼颇谨……至午后……一车直门来,数少年随后……一女子从车中出……遂揖客入……又有十余后生皆衣服轻新,各设拜,列坐于客之下。"反映出几间临路店铺的后面还有相当大的内宅,可供数十人活动,实际是典型的前店后

---

① 肖建乐:《唐代坊市制度及其历史定位》,《光明日报》2009年12月1日。
② 武建国:《唐代市场管理制度研究》,《思想战线》1988年第3期。
③ 徐东升:《唐代坊市制与工商业》,《福建论坛》(文史哲版)2000年第3期。
④ 韩国磐:《中国古代的市和市井私肆》,《中国社会经济史研究》1997年第4期。
⑤ 郑卫、饶晓晓:《唐代市的变化与古代城市规划制度变迁》,《城市规划》2012年第8期。

宅模式。唐中宗景龙元年(707)十一月,唐政府规定:"两京市诸行,自有正铺者,不得于铺前更造偏铺,各听用寻常一样偏厢。"①由此资料反观,说明景龙元年前,长安市中的不少店铺已经在原来的正铺之前,扩建新的店铺,即所谓"偏铺"。由此,唐代都市中商业的活跃,使传统体制下单一、固定的商业经营模式被打破,交易活动不再只限于市内进行,坊区内出现了众多商肆店铺。唐中期以后,长安延寿坊有金银珠玉铺,崇仁坊有赵家乐器铺,宜阳坊有彩缬铺,长兴坊有毕罗店,平康坊是有名的烟花妓所,里边有"小铺席"出卖"草锉姜果之类",②胜业坊有卖蒸饼的,"以小车推蒸饼卖之"③;永昌坊有茶肆,靖恭坊有造毡的毡曲,新昌坊有客舍及"会饮"的"饮所",升平坊里门旁有胡人鬻饼之舍;道政坊、常乐坊有酿酒店,宣平坊夜间有"卖油者张帽驮桶";西市东南的兴化坊有"以贩缯为业"者;西市西南的怀德坊住有富商邹凤炽,"四方物尽为所收";丰邑坊"多假赁方相送丧之具"。"又如洛阳修善坊有车坊、酒肆。""清化坊和殖业坊均有沽酒店。"唐德宗时,曾"置白望数百人于两市及要闹坊曲,阅人所卖物,但称宫市,则敛手付与"④。反映出官方设立的东、西两市外,由于商业的发展,在若干"要闹坊曲"中已有店铺摊贩打破了市的限制。

"南北朝时兴起的草市更是得到迅猛发展,出现了商机决定市场的格局"⑤。草市的兴起,反映唐初限制中等县以下设市的规定,已因地方交易的发展被冲破。由草市的形成可以看出一些情况:有因地在水上交通要点,"商贾辐辏,舟车骈集"⑥而成草市的,"如荆州沙头市;有因山上产茶而成山市的,如蒙顶山的遂斯安草市;有因地方产业兴起而成市的,如四川盐亭县的雍江草市,是以产盐而形成的。草市的发展前途是升为镇,草市只是市集,镇则有常设的店铺。草市由商业交换而起,升为镇便形成了新兴商业都市"⑦。夜市在魏晋以前被严禁,到唐代被废弛后渐趋活跃,并成为主要的交换形式。扬州"夜市千灯照碧云,高楼红袖客纷纷"⑧,其夜生活的盛况更是"每重城向夕,倡楼之上,常有绛纱灯万数,辉罗耀列空中,九里三十步街

---

① 冻国栋:《唐代的商品经济与经营管理》,武汉大学出版社1990年版,第134页。
② 田银生:《唐宋之际市坊制度的松懈与解体》,《城市规划汇刊》1998年第6期。
③ (清)徐松撰,(清)张穆校补:《唐两京城坊考》,中华书局1985年版,第71页。
④ (宋)司马光编著,(元)胡三省音注:《资治通鉴》,中华书局1956年版,第3831页。
⑤ 朱和平:《魏晋南北朝商品经济与封建经济体制研究》,内蒙古人民出版社1998年版,第134页。
⑥ (宋)祝穆撰,(宋)祝洙增订:《方舆胜览》,中华书局2003年版,第482页。
⑦ 郭天沅:《上古至宋中国古代城市考略》,《学术月刊》1981年第6期。
⑧ (清)彭定求等编:《全唐诗》,中华书局1960年版,第3430页。

中,珠翠填咽,邈若仙境"①。唐代都市中夜市的普遍出现,对城市生活的时间限定不复存在。崇仁坊内"昼夜喧呼,灯火不绝"②就是一个有力的证明。开成五年(840)政府虽明令禁止夜市,但这种法令已不发生什么效力,有人在坊中栏街通夜设祠乐,京兆少尹看到,不但不管,反而参加饮宴。淮南道的楚州有夜市,"沿溜入阊门,千灯夜市喧"③,其繁华已近于扬州。苏州夜市见于杜荀鹤《送人游吴》诗:"夜市卖菱藕,春船载绮罗。"杜荀鹤又有《送友游吴越》诗:"夜市桥边火,春风寺外船"亦是对南方夜市的生动描述。

四、市的管理

隋唐五代时期,政府为加强对各级城市中"市"的管理,专门进行设官立制。"市"的管理机构隋代时置于司农寺之下,唐代改在太府寺之下。长安市场管理机构主要涉及太府寺的市署、常平署、平准署,京兆尹的仓曹司,长安、万年县的市令及户部的金部。唐朝于东、西市"井"字形中央地区,分别设立了市局和平准局。《长安志》东市条载:"当中东市局,次东平准局。"④同书西市条载:"市内有西市局……平准局"⑤。西京长安和东都洛阳的市由两京诸市署管理,"各令一人,从六品上,丞各二人,正八品上。京、都诸市令掌百族交易之事,丞为之贰"⑥。两京诸市署不属京兆府和河南府管辖,直属太府寺管理,其地位和规格都较其他府、州市场机构为高。尚书省户部的金部司也过问两京市事及一些有关的贸易工作。《新唐书》卷46《百官志》述金部司职掌时说:"掌天下库藏出纳、权衡度量之数,两京市、互市、和市、宫市交易之事。"⑦

两京之外,诸都督府、州、县各级城市的市署官吏设置、品级、人数均有具体规定,根据《唐六典》《旧唐书·职官志》《新唐书·百官志》等记载,市署设官人数如下:"大、中都督府:令1人、丞1人、佐1人、史2人、帅3人、仓督2人;下都督府:令1人、丞1人、佐1人、史2人、帅2人、仓督2人;上州:令1人、丞1人、佐1人、史2人、帅3人、仓督2人;中州:

---

① (宋)祝穆撰,(宋)祝洙增订:《方舆胜览》,中华书局2003年版,第799页。
② 杨宽:《中国古代都城制度史研究》,上海古籍出版社2016年版,第178页。
③ (元)辛文房:《唐才子传笺证》,中华书局2010年版,第641页。
④ (宋)宋敏求:《长安志》卷8《西市》,台北:成文出版社1969年版,第198页。
⑤ (宋)宋敏求:《长安志》卷10《西市》,台北:成文出版社1969年版,第240页。
⑥ (唐)李林甫:《唐六典》卷20《太府寺》,中华书局1992年版,第542页。
⑦ (宋)欧阳修:《新唐书》卷46《百官志一》,中华书局1975年版,第1192页。

令1人、丞1人、佐1人、史2人、帅2人、仓督2人；下州：令1人、佐1人、史1人、帅2人、仓督1人；畿县：令1人、佐1人、史1人、帅2人；上县：令1人、佐1人、史1人、帅2人、仓督2人；中县：令1人、佐1人、史1人、帅2人、仓督1人；中下县：令1人、佐1人、史1人、帅2人；下县：令1人、佐1人、史1人、帅2人。"①上述市场官吏的职责各有不同。市令是主管市场的官员，"掌交易，禁奸非，通判市事"②。丞为市令的副贰，兼掌监印，钩稽。录事"掌管事发辰"③。仓督专管出纳，佐、史、帅则分行检察。

市场官吏的大致责任为，评议物价；监校斛斗秤度；对特定物的买卖，为交易双方订立和发放券契，即买卖契约；征收商税；掌管市场门户，维护市场秩序，禁察非违事件。市场官吏还严格质量监察，禁断非法交易。严禁出售质量不合格的物品。唐律规定："诸造器用之物及绢布之属，有行滥、短狭而卖者，各杖六十。严禁用非法手段和方法进行市场交易。严禁私自造作斛斗秤度在市执用；严禁参市行为"④；严禁"更出开闭，共限一价"行为；⑤严禁交易禁物和行使恶钱。⑥

市官的另一职责为维护市场秩序，加强市容管理。唐律规定，"诸在市及人众中，故相惊动，令扰乱者，杖八十，以故杀伤人者，减故杀伤一等；因失财物者，坐赃论。其误惊杀伤人者，从过失法"。大致有以下几种处理情况：诳言有猛兽等在市中惊动，使市场秩序混乱者，处以杖刑八十；如果因为惊动而导致市人死伤者，减故杀伤罪一等，即惊人致死减一等流三千里，折一支，减一等须三年之类。如果在骚乱之际，丢市财物，对扰乱者根据损失财物的多少，坐赃论。如果不是故意惊动市人，扰乱市场，而是出于过失导致人身伤亡者，按过失法论罪，可以用铜收赎，铜给被伤害和亡者之家作为赔偿。

严禁在市中走车马。由于街巷坊市人多，乘车骑马奔跑不但会伤害行人，而且会扰乱市场秩序，所以唐律对在市中走车马加以明文禁止。"诸于城内街巷及人众中，无故走车马者，笞五十，以故杀伤人者，减斗杀伤一等

---

① 吴慧主编：《中国商业通史（隋唐卷）》，中国财政经济出版社2006年版，第65页。
② （宋）欧阳修：《新唐书》卷46《百官志一》，中华书局1975年版，第1316页。
③ 吴慧主编：《中国商业通史》第2卷，中国财政经济出版社2006年版，第66页。
④ "参市"就是非买卖当事人与买卖当事人一方勾结，故意哄抬或者压低价格，从而获取利益的行为。
⑤ 即贩卖之徒，为了谋取利益，相与共谋，互相勾结，卖物以贱为贵，买他人物则以贵为贱，以及共同限定一个价格进行买卖的欺行霸市行为。
⑥ 通币的厚薄大小都有官定标准，如果币厚薄、大小不合标准，即为恶钱。

(杀伤畜产者,偿所减价)"。严禁越及毁坏坊市垣篱。"越官府廨垣坊市垣篱者,杖七十,侵坏者,亦如之(从沟渎内出入者,与越罪同,越而未过,减一等)"。① 严禁在市场进行危害皇帝和封建国家的活动。"大中二年九月敕:比有无良之人于街市投匿名文书,及于箭上或旗幡,纵为奸言,以乱国法,比后所由潜加捉搦,如获此色,使即焚瘗,不得上闻"②。

唐代还利用行头加强对市的管理。随着唐代商品经济的繁荣,行业的细化产生了自身管理问题。唐代中后期的行已不再只是行业之行,而带有行业组织的性质。长安两市各行的行头已经发挥管理本行的作用。唐人小说《李君》讲道:"可西市鞦辔行头坐,见讫复往,至即登楼饮酒。"③说明西市的鞦辔行设有酒楼,是行头所在的地方。唐代贾公彦《周礼注疏》载:"此肆长谓一肆立一肆长,使之检校一肆之事,若今行头者也。"资料表明,行头有统一本行商品价格和监督管理本行商人买卖的权利,又有对官府提供本行物资、代官府出卖有关物资,以及代官府看验有关物资、稳定价格的责任。唐德宗建中元年(750)规定,东、西两市所设常平仓,如遇灾荒,应将官府米麦各十万石交两市"行人"(即米麦行行头),按低价出卖,"自今以后,忽米价贵时,宜量出官米十万石,麦十万石,每日量付两市行人下价粜货"④。"显示政府利用行头的组织功能与权限对市场管理的强化。由此而见,唐代在维护市场秩序,加强市场交易活动管理方面的努力"⑤。

中国古代城市设立的里坊制带有明显政治色彩,其不仅是一种城市规划或营建制度,更是统治集团维护专制权力的一种有效管理制度。自从其形成之日,便被不同朝代的权力体系所采用,并在朝代更迭中发展、完善。隋唐五代里坊、坊市制度的设置,同样是为了强化统治阶级对市民的控制。封闭的坊墙将城市居民与皇宫贵族的居住区域清晰分割,形成城市各类职能建筑明确的地理空间。这一封闭式都市管理制度,利弊兼具。一方面,利于特大城市的功能分区,保持生活居住环境的安静,形成自上而下,从大区域到小区域,不同层次的严密城市管理机构;另一方面,坚固的坊墙,严格的夜禁,截然分离的坊市,限制了人们的活动自由,阻碍了城市经济的发展与繁荣。

"坊市制是一种对城内居民和商业活动进行严格控制的制度。主要表现为将住宅区和交易区严格分开,并用法律和制度对交易时间和地点进行

---

① 刘志坚:《唐代市场管理制度初探》,《兰州学刊》1981年第4期。
② 韩理洲:《全唐文诏敕考辨》,三秦出版社2017年版,第508页。
③ 李剑国辑校:《唐五代传奇集》,中华书局2015年版,第1527页。
④ (清)阮元校刻:《十三经注疏》,中华书局2009年版,第1316页。
⑤ 芦蕊:《唐代长安两市研究》,陕西师范大学硕士学位论文,2009年。

管控。隋唐五代时期的坊市制度兼具管理和服务双重功能。管理功能是以维护封建统治为主要目的,服务功能带有维护市场秩序,促进经济稳定发展的目的。就第一种功能而言,坊市制度杜绝了农民离乡背土的现实途径,使农民无法自由地来到城市,从而保证了农业劳动力的充足,利于农业乃至整个社会经济的恢复与发展。管理功能表现为将各类居民区分开,并将外来侵扰隔绝开来,利于城市治安与稳定,以及城市美观和城市面貌维护。坊市制度设立前提是国家对商业发展的严格控制,将商业限制在一定时间和空间之内。其对市场的设置、开闭的时间、商业区域的规划加以严格规定,严重阻碍了商业发展。"[1]无论里坊制抑或坊市制,其形成与发展均是自然与人为共同作用的结果,其制度演变的深层次原因,实际是一种渐进式制度变迁过程,是自然演进与人为设计互相博弈的结果。

---

[1] 关于坊市制度的合理性,包伟民认为,坊市分离制度作为传统城市演化的一个必要环节,从后人"近世"的眼光看来,当然有其明显的局限性;但在其形成之初,却不能不承认它是适应社会实际需求的。我们不能以后世政府为了适应城市发展的要求而做出调整的制度准绳,来衡量前代的历史。认为重农主义原则指导之下的抑商政策,导致了专制政府通过设计出坊市分离这样的制度,来"控制"城市工商业发展,恐怕是今人从"近世"的立场出发对历史的误读。

第五章　经济变迁与城市发展

　　隋唐五代时期,运河的开凿与运河城市的勃兴相伴而生。运河改变了沿线城市运动的轨迹和方向,影响了城市的规模与等级、性质与结构及其分布和体系,以其特有的沟通功能和经济文化价值而成为城市兴起、发展和变迁的主要推动力。运河城市一旦形成,亦会加强运河的运输、交流功能,维护运河的正常运作,不断对运河进行开挖、疏浚和保养,并进一步加强运河的经济功能,使其效能得以最大限度的发挥,进而推动运河体系的发展与完善。隋唐五代运河城市的发展,正是运河与城市相伴而生、相互依存、互为影响的结果。

第一节　大运河开凿与运河城市发展

　　隋王朝建立后,采取了一系列经济改革措施,使隋朝经济在北朝经济的基础上进一步发展。全国统一后,阻碍经济发展的割据分裂局面结束,大一统的封建中央集权国家的重建,成为推动经济发展的强大动力。隋文帝"偃武修文,天下大同","躬先俭约",轻徭薄赋,兴修水利,发展农业,让久经战乱的劳动人民获得重建家园、休养生息的喘息机会。从而使农业、商业、手工业生产得到恢复和发展。大运河的开凿,沟通南北商运和漕运,促进了城市发育,改变了城市面貌,丰富了城市生活,打破了封闭的城市格局,对旧有的城市空间结构给以强烈的冲击,使隋朝城市经济出现短暂的繁荣,推动了运河沿岸城市和南方城市经济的勃兴。通过农民战争建立起来的唐王朝,吸取隋朝灭亡的教训,采取系列恢复和发展生产、革新政治的措施,并对隋朝的制度继承、变革,定为唐制,从而使唐朝政权得到巩固,城市社会经济、文化均有较大发展。

一、运河的开凿

　　隋代开始,我国运河发展进入新的阶段。邹逸麟先生认为其特征大致有三:"其一,由于长江中下游地区经济的发展在全国地位日益重要,最终成为全国经济重心所在。但中国政治中心始终在黄河流域,边防重镇又往往在北边。因而加强三者之间联系成为每个政权的当务之急。水运是最廉价的运输方法,于是在黄淮海平原上修凿纵贯南北大运河,成为本时期运河发展的重要特点。其二,本时期运河往往是在统一政权条件下开凿的,因此都经过统一的规划,精心的设计,运河的路线、渠道的窄宽深浅均有一定标准。在平原上的布局是比较合理的。其三,由于运河的路线都有明确要求,因此不能完全利用天然河流,人工开凿的部分较上一时期为多,水利工程的技术水平有较大的发展。"①

无论这一时期运河开凿特征如何,运河开凿的意义不可低估。由此,隋唐五代时期的各政权均有积极表现。隋炀帝即位后,营建东都,将政治中心从大兴迁到洛阳。于是修凿以洛阳为中心的南北大运河成为当时的首要任务。大运河工程分四段进行。大业元年(605)征发河南、淮北诸郡百余人开通济渠。此项工程大致分为四项目:第一段工程,先自洛阳西苑引谷、洛二水达于黄河,又自板渚引黄河水入汴,疏通浪荡渠故道,入泗水,再合泗水入于淮河到达山阳。第二段工程于同年进行,发淮南民十余万人,从山阳起,疏导春秋时吴王夫差所开的邗沟故道,引淮河水,经扬子入于长江,名山阳渎。渠广40步,两岸筑御道,种柳树护堤。"自东都至江都,二千余里,树荫相交,每两驿置一宫,为停顿之所,自京师至江都离宫四十余所。"②第三段工程是开江南河。大业六年(610),自京口引江入,直至余杭,入于钱塘江,全长"八百余里,水面阔十余丈,又拟通龙舟,并置驿宫草顿"③。第四段工程是开永济渠。开通永济渠后的第三年,即大业四年(608),"将兴辽东之役,自洛口开渠达于涿郡,以通运漕"④。工程从河阴引黄河入沁水,将沁水分流入渠,又连接卫河,北至涿郡,全长二千余里。至此,永济渠、通济渠、山阳渎、江南河四段运河首尾相连,全长四五千里,是为世界伟大工程之一。

不可否认,大运河的开凿以耗费无数人力、牺牲无数生命为代价,但其意义重大而深远。政治上,运河贯通几大水系,大大缩短了南北方的距离,南北往来交通便利,为中央加强对地方的控制和管理创造了有利条件。通过大运河,大大加强和巩固了国家的统治。运河不仅使唐朝迎来了繁荣的贞观之治,而且孕育了唐朝的全盛时期,奠定了唐朝在中国乃至世界上的显著地位。经济上,为商业繁荣奠定了基础。交通的便利使得粮食的供需及时,渔业和商业发展迅速。从商业方面说,大运河除了大大便利政府漕运,

---

① 邹逸麟主编:《黄淮海平原历史地理》,安徽教育出版社1997年版,第153页。
② 李德辉:《唐宋馆驿与文学资料汇编》,凤凰出版社2014年版,第426页。
③ 李德辉:《唐宋馆驿与文学资料汇编》,凤凰出版社2014年版,第690页。
④ (唐)魏征、令狐德棻:《隋书》,中华书局1973年版,第1595页。

进一步把东南粮食运往京师以外,也便利了商人的运输。河道上"商旅往还,船乘不绝"①,"其交广、荆、益、扬、越等州,运漕商旅,往来不绝"②。运输成本比陆运大大降低,"北通涿郡之渔商,南运江都之转输,其为利也博哉"。运河两岸的驿宫草顿便于商人憩息。文化上,大运河的开通,亦促进了南北经济的交流和繁荣。文化交流频繁又促进了民族大融合。北方的草原文化、游牧文化传至南方,而南方的茶文化、水乡文化也传到北方。各地文化彼此交融,互相借鉴,互相学习,使得中华文化更加多元化,而且在后代大放异彩。

二、运河城市的形成与发展

"运河的开凿有力促进了运河沿线城市的发展。运河城市的兴起有其深刻社会历史背景,一方面源于当权者统治体制的需要,另一方面是由于社会商品经济的迅速发展,城市承担的经济职能突出,而经济活动范围的扩大和深入有赖于运输的畅通。从减少产品成本的角度看,在当时的历史条件下,水上运输无疑是运输量最大、成本最省,最为便捷的交通方式。这样一来就决定了古代城市分布大多傍江依河,特别是浙北江南运河和浙东运河沿岸,更是江南城市密集地。大运河的开辟,促进了封建城市的发育,打破了封闭的城市格局,为冲破行政界限,谋求联合的城市带起着至关重要的纽带作用。运河改变了城市的面貌,丰富了城市生活,也对旧有的城市空间结构给以强烈的冲击。"③唐人说:"自扬、益、湘南至交、广、闽中等州,公家运漕,私行商旅,舳舻相继。隋氏作之虽劳,后代实受其利焉。"④唐人李敬方的《汴河直进船》诗云:"汴水通淮利最多,生人为害亦相和。东南四十三州地,取尽膏脂是此河。"韩国磐先生强调:"大运河开凿之后,交、广、荆、益、扬、越等州,运漕商旅,往来不绝。运河沿岸,商业都市日益繁荣,如运河南端的杭州,运河和长江交口处的京口和江都,运河和淮河汇合处的楚州,运河和黄河相遇处的汴州等都成为一方繁盛的都会,成为物资和人文荟萃的地方。"⑤

邹逸麟先生指出:"南北大运河的开凿,大大促进沿线城市商业的繁荣,形成了运河沿线的城市带。从长安、洛阳轴心向东延伸,有郑州、汴州、

---

① (后晋)刘昫等:《旧唐书》,中华书局1975年版,第2483页。
② (唐)杜佑:《通典·州郡典·河南府》,中华书局1988年版,第4657页。
③ 赵春容:《古运河城市发展特征分析》,《四川建筑》2010年第6期。
④ (唐)李吉甫:《元和郡县图志》,中华书局1983年版,第137页。
⑤ 韩国磐:《隋唐五代史纲》,人民出版社1979年版,第65页。

宋州,汴水与泗水交汇的徐州,泗水与淮河交汇的泗州等;从汴州分出支线,向南沿着颍、涡、汝诸水,经亳州、陈州、颍州、豫州,进入淮河流域,或自汴州向西南,许昌、襄城,进入南阳盆地。自洛阳向东北的永济渠沿岸的魏州、贝州被称为天下北库,还有北端的幽州,从洛阳向北渡黄河经卫州沿着太行山脉东麓向北有相州、邯郸、赵州、恒州、定州、易州。从长安沿渭水而下,渡过黄河,东北沿着涑、汾流域向北有绛州、晋州、汾州、太原、忻州、朔州、代州、云州,可进入蒙古高原。自长安向西溯渭水而上,经上邽、渭州、兰州或向西经鄯州进入青藏高原,或向西北经凉州、甘州、肃州、沙州,出河西走廊进入新疆地区。"①此处邹逸麟先生论述重心虽不拘泥于运河与城市之间的关系,但侧面确能反映运河开凿有利于沿线城市发展的事实。此种认识在学界已达成共识。有研究者在论述大运河的意义时指出:"隋唐大运河造就了扬州(含杭州)、西安(含洛阳、开封)、北京(含天津)这样三大世界都市。扬州是大运河的起点,西安是中点,北京是终点。大运河把这三点造就成了规模宏大的,在中国历史上有举足轻重地位的都市,或是首都,或是经济大城市,成为全国政治、经济、文化中心,影响既深且远。"②

如若说上述论断强调了运河对北方城市发展的促进,陈锡祺等人则指出运河对南方城市发展的贡献。他们强调,随着运输繁忙,运河沿岸城市的商业也日益繁荣。"如运河南端的杭州,运河和长江交口处的京口,与之隔江对峙的江都,运河和淮河会合处的楚州都成为物资的集散地、繁盛的都会。运河的开凿,沟通江淮,地形所造成之南北阻碍完全打通,长江流域与黄河流域取得直接联系,于是文化传播,商贾贸迁,日趋便利,而运道所径由之都会,亦骤增重要而益趋繁荣,扬州其最著者也。"③"隋炀帝始以广陵为扬州,唐时与成都号称天下繁侈,或谓蜀之富犹出其下,故有扬一益二之说。"自淮南之西,大江之东,南至闽广,迁徙贸易之人,往返皆出扬州下,舟车日夜灌输,京中贵官豪族至视扬州为利薮,设立邸店,经营商业。想见当时扬州之繁富。楚州位于淮水上,江河未通以前,原为一不甚重要之城市。自江河道通,遂一变而为由淮入汴达京师之门户,西来海舶亦多以此为寄舶之要地。其繁富冲要的描述,时散见于唐人诗中。其余徐州、汴州,亦因运河凿通而骤趋重要。宋且以汴州漕运便利而都焉。以上乃旧有都市,因运河之凿通而益见其繁华重要。此外尚有一小都市,完全因运河之凿通,漕运

---

① 邹逸麟:《历史时期黄河流域的环境变迁与城市兴衰》,《江汉论坛》2006 年第 5 期。
② 舒乙:《隋唐大运河的六大功劳》,《商丘日报》2009 年 2 月 3 日。
③ 陈锡祺:《隋唐运道》,《斯文半月刊》1942 年第 13 期。

之需要而新立者。开元二十一年(733),玄宗既纳裴耀卿节转输之法,江船不入汴,汴船不入河。因于汴渠入河之口设河阴仓,以储江淮之粟。次年以河阴仓不仅为粟米集中转输之地,且为水运要道,商旅麇集,乃设河阴县治,是全因漕运而起者,于是河阴仓一变而为河阴县。由此可见大运河开凿于城市发展之贡献。为具体加以说明,特举以下几例。

一是扬州。王勤金先生指出,运河开凿对隋唐扬州城市建设影响深远。隋炀帝开凿的南北大运河,使原来仅局限于一个区域性的邗沟成为贯通全国大运河的重要组成部分,这个城址的优越性更为显见,"隋季此为京","扬州隋故都"。炀帝于此大修江都宫苑,使扬州政治级别如同京城。到唐代,随着江南经济的继续发展,全国经济重心南移,"赋之所出,江淮居多"[①],"今赋出天下,江淮居十九"[②]。运河成为支撑李唐王朝的经济大动脉,扬州城便成为"百货所集"之地,蜚声海内外的国际商都。赵春容认为,"运河是唐代扬州城繁盛的深刻历史根源"[③]。大运河使扬州成为一个繁荣的通商口岸,成为国内国际交往十分频繁的大都市。扬州亦为扬州大都府、淮南节度使使督及郡官衙所在地,是地方统治的据点城市。正是由于扬州处于运河与长江交叉点这一交通要冲的位置,才发展成为江淮地区的经济中心城市,呈现"江淮之间、广陵大镇、富甲天下"的繁荣景象。同时"控荆冲以沿泛,通夷夏之货贿,四会五达,南北大街,百货所集",是对外贸易的窗口,全国货物的大集散地。由此我们不难发现,运河对扬州城市建设影响之大。如果说当扬州最早的运河——邗沟,作为区域性运河时,傍邗沟而建的扬州城是一座区域性名城的话,之后邗沟成为全国性联系南北大运河的组成部分,扬州城地位亦随之而上升,成为有全国影响的,举足轻重的城市。简言之,隋代开通大运河为扬州发展成为全国性的商业都会创造了条件。

二是杭州。运河的开凿为杭州城市的发展繁荣创造了条件。隋大业六年(610)开挖了"自京口至余杭八百余里"的江南运河。在原有水道的基础上,全面疏凿开通。杭州段的运河即是江南运河的最南一段,其杭城北段沿用上塘河水道。上塘河水道南端又疏凿了一条新的水道。这条水道穿越西湖以东今杭州城区一带的沙洲平原,放弃了原来绕西环岸的水道,改走从宝石山东径直至吴山东的南北向直线路线。这是今杭州主要城区内的第一条人工水道,即宋代的清湖河。水道继续向南延伸,抵柳浦通钱塘江。可见杭

---

① (后晋)刘昫等:《旧唐书》,中华书局1975年版,第3517页。
② 秦浩:《隋唐考古》,南京大学出版社1992年版,第66页。
③ 赵春容:《古运河城市发展特征分析》,《四川建筑》2010年第6期。

州与运河关系之密切。其位置处于大运河南端,沟通运河与钱塘江,遂成为水运枢纽、河海大港。但由于隋代统治短促,杭州未见其盛,至唐代以后,南北大运河对杭州城市发展的巨大影响才有显著表现。中唐以后,杭州以"东南名郡"闻名于东南地区。南北大运河贯通后,杭州水居江河之会、陆介两浙之间,运河交通网四通八达,地理位置重要,有力地促进了杭州城市经济的崛兴,杭州成为重要的商业城市和海外贸易港口。

运河与杭州之间的密切关系已为学界所认知。周峰主编的《隋唐名郡杭州》明确指出,首先是运河哺育了杭州。运河的开凿提高了杭州的地位,促进了杭州城市的发展与繁荣,使它成为中国东南地区一颗光彩夺目的明珠。江南运河竣工,自此杭州遂成为南北大运河水运的南端起讫点,其地位益见重要。南北大运河的开通,使杭州及其附近的城镇"川泽沃衍,有海陆之饶,珍异所聚,故商贾并凑"①。唐代承袭并发展了隋代给杭州所奠定的基业。据《乾道临安志》载,唐贞观年间杭州居民有30571户,153729口,到开元中增加到86258户。中唐以后,杭州城区已从狭窄的江干一带推进至今武林门。"东南名郡,水牵卉服,咽喉吴越,陆控山夷,势雄江海,骈樯二十里,开肆三万室"。② 德宗时,白居易撰的《卢元辅除杭州刺史制》说"江南列郡,余杭为大"。五代十国时期,杭州虽经过钱氏数十年的惨淡经营,但亦是市区扩大,人口大量增加,经济非常繁荣,"富庶盛于东南"。

汴州。隋炀帝自沟通南北的大运河开通之后,对中国的政治统一,南北经济发展等均有不可估量的历史作用。唐代诗人皮日休的《汴河怀古》诗曰:"尽道隋亡为此河,至今千里赖通波。若无水殿龙舟事,共禹论功不较多。""大运河通济渠段的开凿,沟通了黄河和淮河,西通河洛,南接江淮。这条河道是南北方物资流通的主要通道,特别是当时中国的中心地区长安与洛阳所需的南方物资,都是通过汴河运送使汴州。汴州地处通济渠上游,南有蔡水,加之陆路交通方便,周围农业发达,如此得天独厚之地理优势给城市的发展提供多种便利条件。"③

隋文帝时期,关于汴州城市的重要记载于《隋书》可见。开皇十五年(595)春,隋文帝东巡封禅泰山,"及上祠泰山还,次汴州,恶其殷盛,多有奸侠,于是以熙为汴州刺史。下车禁游食,抑工商,民有向街开门者杜之,船客停于郭外星居者勒为聚落,侨人逐令归本,其有滞狱,并决遣之,令行禁止,

---

① (唐)魏征、令狐德棻:《隋书》卷31《地理志下》,中华书局1973年版,第887页。
② (清)董诰等编:《全唐文》,中华书局1983年版,第3206页。
③ 周宝珠:《隋唐时期的沐州与宣武军》,《河南大学学报》(哲学社会科学版)1989年第1期。

称为良政"①。这条史料显示,当时汴州城有了一定程度的发展,文帝称其"殷盛"。船客在城外星居,"说明当时汴州是商船重要停靠地和交易区,有许多货船停泊在城外河道之中,这些船客证明当时汴州作为水运干线上的一个节点,充分利用了运河资源,保证了运河主干道与城市之间的联系,使城市能够有效利用运河资源,是为城市发展主要动力"②。其次,城市内部有许多"侨民",商人已经打破坊市制度向街开门。说明城市商业颇为发达,汴州已经具备商业型城市的明显特征。城市里多有"奸侠","他们不从事农业生产活动,且非本地之民,这些情况反映出运河于汴州城市发展中的重要贡献。运河的促进作用,使城市得到充分发展,具备了运河商业城市的特征"③。

时至唐代,由于其政治中心在西北,而江南却比较富庶,为把江淮的物资运到北方,就不得不利用运河,所以唐代统治者非常重视运河的维护和修整,以保持运河河道的畅通。这一时期汴州经济发展平稳,且其发展对运河的依赖程度更深。唐人李敬方对当时南北政治经济上的依赖关系作了深刻描述:"汴水通淮利最多,生人为害亦相和。东南四十三州地,取尽脂膏是此河。"④又有史载:"(齐澣开元)十二年出为汴州刺史。河南,汴为雄郡,自江、淮达于河、洛,舟车辐辏,人庶浩繁。前后牧守,多不称职,唯倪若水与澣皆以清严为治,民吏歌之。"⑤开元二十二年,"(李道坚)检校魏州刺史,未行,改汴州刺史、河南道采访使。此州都会,水陆辐辏,实曰膏腴。道坚特以清毅闻。"⑥时人称其"当天下之要,总舟车之繁,控河朔之咽喉,通淮湖之运漕"⑦。可自"江、淮达于河、洛",号称"雄郡"。诗人王建在《寄汴州令狐相公》一诗中亦有"水门向晚茶商闹,桥市通宵酒客行"之描述。"水陆辐辏""舟车辐辏"等形容词的运用,显示唐前期汴州水运的发达,说明汴州正处在运河干线之上,加上地形便利,水系通达,自然是交通运输极为便利,这必然会促进汴州经济的发展。正是在汴河成为南北经济联系大动脉的条件下,汴州很快发展为一方的经济中心及战略要地。"今天下之镇,陈留(陈

---

① (唐)魏征、令狐德棻:《隋书》卷31《地理志下》,中华书局1973年版,第1386页。
② 严秋水:《隋唐时期汴州的发展——以运河漕运为中心》,辽宁大学硕士学位论文,2011年。
③ 郭峰:《隋唐五代开封运河演变与城市发展互动关系研究》,陕西师范大学硕士学位论文,2007年。
④ (清)彭定求等编:《全唐诗》,中华书局1960年版,第5776页。
⑤ (后晋)刘昫等:《旧唐书》卷190《齐澣传》,中华书局1975年版,第5037页。
⑥ (后晋)刘昫等:《旧唐书》卷64《鲁王灵夔传》,中华书局1975年版,第2435页。
⑦ (清)董诰等编:《全唐文》,中华书局1983年版,第764页。

留郡,治汴州)为大,屯兵十万,连地四州,左淮右河,抱负齐楚……"①城里城外,"天涯同此路,人语各殊方。草市迎江货,津桥税海商"②。汴州成了工商业发达,人口众多的"水陆——都会"。③ 五代时期,开封在水运上的有利地位,仍为其发展的重要地理条件。除后唐而外,后梁、后晋、后汉、后周均立都于此,开封成了北方最重要的城市。后周时期的开封,华夷臻凑,水陆会通,日增繁荣。后周显德二年(955),扩建开封罗城,致使开封的城市面貌人为改观,规模扩大了四倍,城内道路拓展,为后来宋代开封城的繁荣奠定了基础。

上述苏州、杭州、汴州之外,其他仰仗运河发展之都市亦为普遍。运河与淮河交汇口的楚州、淮河南岸的淮阴及淮河北岸与汴河交汇口的泗州,皆是南北运道的必经之路或枢纽。楚州又扼淮河口,有新罗船往来沿海及新罗、日本,城中有新罗坊,为新罗人聚居之所,城郊还有草市。淮阴仅是个县城,"簇簇淮阴市"④,"坐到酒楼前,灯影半临水,筝声多在船"⑤,"鱼盐桥上市,灯火雨中船"⑥,呈现出十分喧闹的景象。泗州原治滨临泗水的宿预,开元时移治长安四年(704)始设的临淮,西枕汴河,南临淮水,"商贩四冲,舷击柁交"⑦,成为一个新兴的运河城市。埇桥亦因临汴河而发展。"为舳舻之会,运漕所历"⑧,有商旅往来,后为宿州治所。位于汴河中游的宋州,历史悠久,唐时因汴河而更加繁荣,"邑中九万家,高栋照通衢,舟车半天下"⑨为一交通型城市。江南的润州,地处运河入长江的口岸,是江浙漕粮与物资北运的重要转运站。自唐开元二十五年(737)润州刺史齐澣开凿伊娄河,改善漕船过江航道之后,润州与运河有关的手工业和商业,如造船、冶铁、麻绳、木材、桐油、纺织等业得以迅速发展,广为分布于城西北的运河沿线。随着交通运输的发达和沿江沿海贸易的发展,润州成为运河与长江沿岸的重要商业港口。常州在大运河通航之后,成为"三吴、百越"的交通要地。水路交通发达,促使常州成为江南经济发展的重要城市。据《光绪武进阳湖县志》记载,"晋陵、武进,在唐称望县,地大人众,政繁务殷。唐开元时有

---

① (明)李濂:《汴京遗迹志》,中华书局1999年版,第287页。
② (清)彭定求等编:《全唐诗》,中华书局1960年版,第3391页。
③ 陈代光:《运河的兴废与开封的盛衰》,《中州学刊》1983年第6期。
④ (清)彭定求等编:《全唐诗》,中华书局1960年版,第4104页。
⑤ (清)彭定求等编:《全唐诗》,中华书局1960年版,第6412页。
⑥ (清)彭定求等编:《全唐诗》,中华书局1960年版,第6745页。
⑦ (清)董诰等编:《全唐文》,中华书局1983年版,第8442页。
⑧ (唐)李吉甫:《元和郡县图志》,中华书局1983年版,第228页。
⑨ (清)彭定求等编:《全唐诗》,中华书局1960年版,第2359页。

96475户,是个发达的城市"①。

隋唐五代时期,运河不仅改变了沿线城市运动的轨迹和方向,而且以其特有的沟通功能和经济、文化价值而成为城市兴起、发展和变迁的主要推动力。运河是都市之间的连线和通道,大的都市一般是运河的起点、终点和交互之处。运河直接影响城市形制。以扬州为例,其城池自建城至隋唐以前,主要依托蜀冈作为根据地,城址多以蜀冈为中心。唐时,扬州城交通枢纽地位更加突出,大运河从蜀冈下,经子城南流过,士民工商逐河而居,运河两岸首先得到开发,形成繁华的工商业,这就决定了唐罗城必然向蜀冈以下发展,进而形成了罗城与子城南北相连、高低错落的"吕"字形格局。

以运河为依托而形成的发达内城水系直接促成了扬州城的城市格局。运河水系在唐扬州城内的"井"字形骨架,偏于扬州城之中、西部和中、北部,使得唐代罗城的平面布局呈曲尺形而虚其东南一隅。运河水系影响了城内里坊的设置。唐兴元年间,扬州城内水系沿岸逐渐出现了商业街,其不同于坊市制度下的"市",封闭隔离的布局已被冲破,代之而起的是开放式的体制。城外里坊均在运河水系的辐射区,并且距离拉得很长。正是运河对扬州平面布局与里坊设置的直接影响,形成了"街垂千步柳""华馆十里连""夹河树郁郁""车马少于船"的水乡城市特色。运河发展促成了运河城市独有的商业文化氛围。苏州等运河城市以其便利的地理位置,不仅成为南北货物的集散地,而且吸引了四方商贾的云集。城市商业人口日渐增多,商业气息突出。

"大运河发展造就的有利形势,促成了彼时扬州经济的空前繁荣。为保证漕粮顺利运达京师,历代王朝皆加强对扬州的统治,并不惜巨资和代价对运河进行疏浚、整治,以保证国家命脉——运河的畅通,从而确保了扬州城作为运河城市的咽喉地位和商业、贸易的繁荣。"②然而,正是扬州城对大运河的依赖,一旦大运河出现交通运输问题,就会对这座城市带来致命的影响。扬州于唐中后期的衰落即为例证。随着运河流向的改变和部分淤废、堵塞,其地位急剧陨落。"开元以前,京江岸于扬州,海潮内于邗沟,过茱萸湾,北至邵伯堰,汤汤涣涣,无溢滞之患,其后江派南徙,波不及远,河流浸恶,日淤月填,若岁不雨,则鞠为泥涂,舟楫陆沉,困于牛车。"③

这里描述的正是扬州前后地位的变化。此时长江主流已南移至瓜州与

---

① 潘京京:《隋唐运河沿岸城市的发展》,《云南师范大学学报》(哲学社会科学版)1988年第2期。
② 光晓霞:《扬州城址与大运河的关系》,《扬州大学学报》(人文社会科学版)2011年第3期。
③ (清)董诰等编:《全唐文》,中华书局1983年版,第5274页。

润州之间的水道,使得瓜州与扬州间的江面变窄,海潮不能顺利到达,没有海潮的冲刷,长江北岸更加不断淤积并向南伸展,扬子津离江越来越远,瓜州面积不断增大。长江北岸与瓜州连为一体,以致海潮无法进入。扬州的港口作用为位于运河入江口的瓜州镇所取代。由于海潮无法到达,海船自然不能如往常一样停泊到扬州城外,其对外贸易地位分别为后来的上海、太仓、杭州等城市所代替。正是因为与扬州繁荣关系密切的运河"运路久梗,葭草堙塞",使这座著名的商业都会繁华全无。正是运河运输功能的丧失,扬州失去中国南北商品贸易中转站的优势,同时也失去了发展的动力,其经济衰落难以避免,城址呈逐渐缩小之势。"广陵大镇,富于天下"的美誉名不副实。

"运河促进城市的兴起,扬州并非唯一案例,与扬州类似,杭州与开封的兴起皆和运河紧密相关,两者均是运河的产物,是运河造就的一代繁华都市。而两者后来的一兴一衰无不是大运河变迁的结果。纵观隋唐五代时期运河与城市变迁的关系,我们可以得出这样的结论:自然河流是人类文明的摇篮,运河则是人类文明的杰作。运河开凿的初衷,虽然多是出于经济、政治、军事上的需要,运河也确实在这些方面发挥了重要作用。但有一点是可以肯定的,那就是运河毫无例外地培养了沿线的城市,并催生和哺育了一批新兴的都市,促进了沿河城市的发展和繁荣,运河成为城市面貌的特征和不断生长的活力。隋唐五代时期的运河城市,傍水发展,运河的开凿与疏通,赋予了这些城市独特的精神和气质,是沿岸城市兴起与繁盛所依借的一种重要的自然和社会环境。运河城市虽是运河长期营造的结果,然其一旦形成,又会加强运河的运输、交流功能,维护运河的正常运作,不断对河进行开挖、疏浚和保养,并进一步加强运河的经济功能,使其效能得以最大限度的发挥,进而推动运河体系的发展与完善。隋唐五代运河城市的发展,正是运河与城市相伴而生,相互依存,互为影响的结果。"①

第二节 工商业繁荣与城市发展

隋唐五代是中国封建社会的鼎盛时期,城市经济繁荣昌盛,城市社会高度文明。城市经济的发展以农业生产的发展和交通条件的改善为基础。当时农业的发展表现在以下几方面:"农田水利事业大发展。唐王朝相当重视农田水利灌溉,充分发挥政府的公共事业管理职能,在唐前期的130多年

---

① 王明德:《大运河与中国古代运河城市的双向互动》,《求索》2009年第2期。

中,全国共修建大中型水利工程达160多项,分布于全国广大地区。劳动工具有较大进步。古代农业生产力的发展虽然比较缓慢,但隋唐和魏晋南北朝相比,农业生产工具、生产技术还是取得不少进步。铁制的锸、镢、铲、锄、镰等挖土、中耕和收割工具,已经普及到边疆地区。"①耕地的主要工具犁的结构相当完备;灌莽工具除原有的桔槔、辘轳、翻车已普遍推广外,又发明了新的灌溉工具连筒、桶车、筒车和水轮等,从而提高了灌溉效率。耕地面积扩大。唐初荒地颇多,"自伊、洛以东,暨乎海岱,灌莽巨泽,苍茫千里,人烟断绝,鸡犬不闻"。但到开元、天宝年间,"耕者益力,四海之内,高山绝壑,耒耜亦满"。剩余粮食丰裕,官仓和地主私廩里堆满了粮食。据载,"天宝年间,官仓的存粮达9600万石。由于农业生产的发展,粮食和其他农产品十分丰富和价廉,开元年间,东都斗米十五钱,青、齐五钱,粟三钱。农业的发展为城市手工业和商业的繁荣提供了物质基础"②。

  隋唐五代时期的城市手工业以官营手工业为主体,各大城市中大量存在官府经营的手工业场所。据记载,隋中央设立有太府寺,统辖左藏、左尚方、内尚方、右尚方、司染、右藏、黄藏、掌冶、甄官等署。③ 炀帝时,又从太府寺分出少府监,主管官手工业各机构,都水监改为使者,统舟楫、河渠二署。在地方州(郡)有金曹,主持矿冶。唐王朝在中央设有工部、少府监(下辖中尚、左尚、右尚、染织、掌冶署等)、将作监(下辖左校、右校、中校、甄官署等)及军器监(下辖甲坊、弩坊,时有废置),以上这些中央主管手工业机关下设有若干手工业场所,专门制造皇室及官府所需的物品,如绫锦坊、织锦坊、毡坊、酒坊、金银作坊院、制线坊、良酝署、掌醢署等,官府手工业经营的范围非常广泛,几乎无所不包,大到冶炼、造船,小到酒、醋、豉等都自设作坊制造。唐中央的工部、少府监、将作大匠都掌管手工业。工部掌百工、屯田、山泽之政令,少府监掌百工伎巧之政令,总辖中尚、左尚、右尚、染织、掌冶五署,而将作大匠掌土木工匠之政令。地方州县也掌握盐、铁、铜、造船、纺织等官手工业。此外,在政府工官系统外,特于内庭另设作坊,如"内八作""掖庭局"等,唐玄宗时还专为杨贵妃设置供贵妃院,仅织锦刺绣之工就有700人,其他雕刻熔造之工又数百人。唐朝的地方政府也在所辖范围内设立作院、造院、官锦坊、织锦坊、铸钱坊、诸冶监等,所生产的产品除小部分上贡外,大部分留归本地自用。五代十国官手工业机构,其制度多依唐制。

---

① 郑学檬:《简明中国经济通史》,黑龙江人民出版社1984年版,第156页。
② 何一民:《中国城市史》,武汉大学出版社2012年版,第258页。
③ (唐)魏征、令狐德棻:《隋书》,中华书局1973年版,第777页。

隋唐五代官手工业,由于组织严密,生产关系有所改革,因而生产力有了较大的提高。隋代官手工丝织业生产规模很大,隋炀帝游江都,水手都"衣锦行滕",牵船的纤用青丝编成,加上妃嫔官吏服饰,不知耗费多少丝织品。足见隋代官手工丝织业生产量之大。隋时洛阳"其俗尚商贾,机巧成俗",魏郡"浮巧成俗",①"冀州俗薄,市井多奸诈",城市手工业呈现繁荣景象。唐代官府手工业,主要设在大中城市里,何一民先生对其特点曾概括如下。

规模宏大,工匠众多。唐朝中央政府的作坊一般规模很大,这从其手工工匠人数上可以看出,如"少府监匠一万九千八百五十人,将作监匠一万五千人"。军器监人数更多,由于每一种军需品的需求量都非常之大,小型的手工业作坊是不可能生产的。唐代地方政府的手工业场所规模也都很大,特别是冶炼铸造业、造船业,不可能是小规模的,官府所造之船,无论是军用或漕用,都是大船,如"湘州七郡,大艑之所出,皆受万斛"。就丝织业而言,武则天时,京师仅"绫锦坊巧儿三百六十五人,内作使绫匠八十三人,掖庭绫匠百五十人,内作巧儿四十二人,配京都诸司诸使杂匠百二十五人"。②这里所谓"巧儿""绫匠"等,均为身怀绝技的能工巧匠。由此而见其庞大规模。③

种类繁多,内部分工细密。官办手工业经营范围几乎包括当时主要的手工业门类,各种专业作坊所造品种式样非常之多,如仅给皇帝大臣制造的冠冕帽就达33种。各手工业部门的内部分工也较细密,如少府监织染署的分工为:织衽之作有十(布、绢、絁、纱、绫、罗、锦、绮、绸、褐);组绶之作有五(组、绶、绦、绳、缨);绸线之作有四(绸、线、弦、网);练染之作有六(青、绛、黄、白、皂、紫)。各种不同的产品都是由各自独立的专业作坊生产,每一种产品的生产又分若干程序进行,工匠不是从头到尾完成每一个程序,而是在不同的程序上从事专业化的局部操作。以唐代官手工丝织业生产为例,据《唐六典》记载,织衽之作有十种,组绶之作有五种,绸线之作有四种,练染之作有六种。以绫、锦来说,花色品种达数十。从贡品可以看出,绫的品种有蔡州的四窠绫、云花绫、龟甲绫、双距绫、溪鹙绫。徐青的双丝绫、仙纹绫,定州的细绫、瑞绫、两窠绫、独窠绫、二包绫、独线绫。这些贡品都由织绫贡户生产。唐后期地方织造生产的绫数量很大,敬宗曾诏浙西织造生产幅盘

---

① (唐)魏征、令狐德棻:《隋书》,中华书局1973年版,第860页。
② (宋)欧阳修、宋祁:《新唐书》,中华书局1975年版,第1269页。
③ 魏孔明:《中国手工业经济通史》,福建人民出版社2004年版,第233页。

条缭绫一千匹。①

管理制度严密。由于官营手工业门类多、规模大、人数众、分工细,没有严密的管理制度是不行的。唐王朝在继承以前官工制度的基础上建立了唐朝的官工制度,成立了管理机构系统,对各主管机关的权限、业务、生产范围、材料来源、产品分配等都有严格的规定,对生产过程的每一个环节,包括对工匠的工作时间、技术和传授、学习等都有明确规定。因此政府对手工业的管理总的来讲是井井有条的。唐代的城市私营手工业也较前发展,一方面,在许多城市中织锦坊、纸坊、染坊、冶成坊、漆窑、船厂等民间手工业作坊大量增加,从事手工业的人数增多,成为城市居民中的主要成员之一;另一方面,出现了一些规模较大的民营手工业作坊。隋代,四川"人多工巧,绫锦雕镂之妙,殆侔于上国"。河南地区,"机巧成俗"。邺都"浮巧成俗"。江西豫章"一年蚕四五熟,勤于纺绩,亦有夜浣纱而旦成布者,俗呼为鸡鸣布"。② 定州富商何明远的织锦坊"有绫机五百张",工人千人以上。唐代城市民营手工业分为家庭手工业和作坊手工业两种。城市家庭手工业和农村家庭手工业有性质的区别,后者是家庭副业,作为小农经济的补充,生产目的主要是自给自足;而前者却是作为商品而生产。城市家庭手工业在民营手工业中占主体,民营作坊手工业相对来说数量较少。城市家庭手工业以家庭成员为主,其家既是生产场所,又是产品销售门市部,往往是后宅生产,前屋作为店铺,自产自销。这些家庭手工业的生产技术都是世代相传,技术诀窍要严守秘密,决不能外泄,否则就会失掉优势,不少的家庭手工业拥有秘方绝技,能制造出精美绝伦的产品。

唐代城市民营手工业在发展过程中产生了一种新的现象,即手工业行会的出现。唐代的文献中已有关于行会的大量记载,如绢行、大绢行、小绢行、采锦采帛行、小采行、新绢行、布行、染行、袱头行、生铁行、炭行、油行、磨行等。这些行会有的是手工业行会,有的是商业行会,或两者兼而有之。唐代出现的行会与西欧中世纪城市中的行会有本质的区别,后者是工商业者自己的组织,保护工商业者的利益,而前者却是封建政权对各行各业的城市居民进行"科索""回买""差使"的工具,是官府功能的延伸,所谓行头便是代表官府对工商业者进行监督。

隋唐五代的城市手工业十分兴盛。私营纺织、锻冶、制茶、木器、造船、制盐、酿酒、瓷器、造纸、漆器、制伞、乐器及编织等日用手工业都相当发达。

---

① 参见(后晋)刘昫等:《旧唐书》,中华书局1975年版,第512页。
② (唐)魏征、令狐德棻:《隋书》,中华书局1973年版,第887页。

其生产部门种类和作坊数量远远超过了历史上最兴盛的汉代，主要部门有绢锦、织绫、织罗、刺绣、纺纱、印染、制毡、制衣、制帽、制鞋、造纸、制笔、制墨、制砚、雕版印刷、漆器、采玉、玉作、石作、采铁、采煤、冶炼、铸造、制削、制针、铸钱、采金、采银、金银制造、烧瓷、烧陶、造车、造船、木工、兵器、乐器、制盐、酿酒、制糖等60多个门类。这些手工业在前代的基础上有所发展并产生了一些重大的发明。

丝织业是唐代的主要手工业之一，十分发达。著名的纺织中心主要分布在四川、河北、江南一带，成都、定州、宋州、亳州、青州、润州、杭州、苏州、越州、湘州、睦州等城市皆是著名丝织业中心。丝织品的种类繁多，有绫、罗、绸、缎、锦、绮、纱、縠、绢、纻、缣、帛等，每一种丝织物又有十几种或几十种纹样，仅各地贡罗就有合罗、孔雀罗、谷子罗、春罗、单丝罗、段罗、衫罗、宝花罗、花纹、松罗等十几种，绫的种类则有好几十种，数不胜数。各种丝织物的色彩花样繁多，色泽鲜美，章彩奇丽，并生产出特种的金银丝织物。据《旧唐书》载："安乐初出降武延秀，蜀川献单丝碧罗笼裙，缕金为花鸟，细如丝发，鸟子大如黍米，眼鼻嘴甲俱成，明目者方见之。"其他许多城市的丝织品质量也佳，各具特色，各有千秋。《唐六典》称宋州、亳州的纻为天下一等。开元年间"天下唯北海（青州）绢最佳"。唐代丝织品的产量很大，开元年间，全国有91个州县给朝廷贡献丝织品，其中定州每年进贡的各式绫即达1500多斤。前蜀灭亡时，成都库存的锦、绫、罗达50万匹。唐后期汴州库存的绢达百万匹。韩弘一次性献给唐中宗的绢达25万匹，丝3万匹。其时，毛织品的技艺十分精巧，唐中宗的女儿安乐公主的一件毛裙，用百鸟羽毛织成，从不同的角度和光线下观看颜色都不同，"正看为一色，旁看为一色，日中为一色，影中为一色，百鸟之状，并见裙中"。这表明唐代工匠在织物组织、成纱拈度、色调配置上都达到奇妙水平。纺织品的印染技术也有很大提高，广泛采用绞缬、夹缬、蜡缬等各种先进方法，传统的印版花法，也向新型版的多彩套色和色地印花发展，使印花工艺取得很高成就。五代南唐的金陵有号为"天水碧"的染色新品种，说明南唐丝织业中的印染工艺亦有相当水平。

造纸业和印刷业在唐代飞跃发展。四大发明之一的雕版印刷术产生。唐朝的造纸手工业因文化兴盛，纸需求量大增而出现较大发展。造纸业遍及全国各地的城市，并形成若干造纸中心，著名的有常州、杭州、越州、益州（成都）、均州、扬州、广州等城市，在一些边远的城市如临州（今甘肃临县）、罗州（今广东廉江）也能生产出优质纸，甚至连西域、敦煌也出现造纸业。唐代，造纸原料扩大，造纸技术进步，纸的质量大大提高，其种类也增多。当时名贵纸"有越之剡藤、苔笺,蜀之麻面、屑末、滑石、金花、长麻、鱼子、十色笺,扬之六合笺,韶之竹笺、蒲之白薄、重抄,临川之薄滑"。唐代文化繁荣和造纸业进步,推动了印刷业革新。唐初雕版印刷术出现,推动了印刷行业的飞跃发展,成都、洪州、扬州等城市成为全国的印书业中心,从而使文化传播和保存有了新的方法。五代十国时期,雕版印刷术有了很大发展。中原政权大力提倡刻印书籍。后唐明宗时,宰相冯道因看到民间流行的图书,大部分都是日历及一些通俗读物和佛经读本,很少有儒经书籍,于是于后唐长兴三年(932),"请依石经文字刻九经印板",开始刊印儒家经籍,"令国子监集博士儒徒,将西京石经本,各以所业本经句度抄写注出,仔细看读,然后顾召能雕字匠人,各部袟刻印板,广颁天下。如诸色人要写经书,并须依所印敕本,不得更使杂本交错"①。中原政权刻印书籍的地点相对集中,主要在汴州和洛州,两州印刷业规模都很大,后唐和后汉刻印经籍大都在这两州进行。其他还有北方的青州,南方的南唐、吴越、蜀,甚至连偏僻的河西地区都有一定的雕版印刷业。

唐代瓷器制造业也有了新的发展,烧造地区扩大、技术提高、种类增多。最著名的有北方邢州的白瓷,号称"银类雪",南方越州的青瓷,号称玉类冰。前者,胎质细腻坚硬,釉色洁白莹润,造型精致规整,"以筋击之,其音妙于方响"。后者胎薄质细,釉色光洁晶莹温润,使人有如冰玉之感。唐代诗人陆龟蒙写诗赞称:"九秋风露越窑开,夺得千峰翠色来。"四川大邑的白瓷、江西昌南镇(今景德镇)的青瓷也是蜚声海内的名瓷。除青、白瓷外,唐代的黄釉、黑釉、花釉也十分有名。唐以前的彩陶多为单色陶,到唐代,唐三彩(青、绿、黄)等多色陶问世,唐三彩以绚丽斑斓的色彩,生动传神的造型,巧夺天工的技艺,数量繁多的品种,把陶瓷业推向一个新的发展水平。五代时期,北方的制瓷业依然延续着唐代的繁荣,但也有些变化。在北方非常著名的瓷窑是耀州窑,耀州窑的中心窑场位于陕西省铜川市南的黄堡镇附近,在五代十国时期位于耀州地区。耀州窑主要烧造青瓷,但也烧少量的白、黄、黑、花釉瓷器。从考古资料中得知,当时耀州窑出现了一些官字款的青瓷。北方另一烧造青瓷的名窑是柴窑。柴窑是奉周世宗柴荣的旨意在郑州建造的,主要产御用瓷。柴窑器物"青如天,明如镜,薄如纸,声如磬"②,世称"雨过天青器"③。"吴越的越窑烧制的青瓷是南方的代表。越窑中心窑

---

① (宋)李昉:《太平广记》,中华书局1961年版,第2384页。
② (明)谷应泰撰:《博物要览》卷2,中华书局1985年版,第11页。
③ 傅振伦:《隋唐五代物质文化史参考资料》,《历史教学》1955年第1期。

位于吴越的越州。越窑的特色青瓷是秘色瓷。吴、南唐的统治区域最为有名是江西景德镇窑。景德镇瓷窑属于饶州。大部分窑址均属于五代十国时期,有湖田、杨梅亭、白虎湾、黄泥头等。""景德镇的青瓷与越窑的青瓷胎釉相似,可以与其相媲美。而其白瓷的制作工艺相当高,白瓷瓷胎致密,透光度极好,当时是为上品。其产品有碗、盘、碟、执壶,碗口有唇口、葵口或花口、撇口等式和弧壁、斜壁、折腰等类。"①

其他手工业如冶炼铸造、造船、漆器、金银制品,铜镜铸造等都有很大发展。"隋至五代,私人锻冶业相当发达。锻打金银器件,在城市、县镇都很盛行。如长安、洛阳的行中有不少是从事锻打金银器的,成都、扬州也有这一行业,还有的地主官僚、个人经营锻打金银器业",更多的是个体手工业者经营的,如安嘉县王珍即从事金银作。私人矿冶是很多的,唐政府规定铜铁产地官不采者,听私采分,私冶产品由官为市取,如愿折充课役亦允许。私铸铜、铁、铅钱者,从来就未曾禁绝。

舟船制造方面,唐代中央虽设有都水监负责造船,但大规模的造船多在地方完成。太宗贞观十八年(644)七月,为征伐高丽,"敕将作大监阎立德等诣洪、饶、江三州,造船四百艘,以载军粮"②;贞观二十一年(647)八月,"敕宋州刺史王波利等发江南十二州工人,造大船数百艘,欲以征高丽"③;贞观二十二年(648)八月,"敕越州都督府及婺、洪等州造海船及双舫千一百艘"④;"高宗朝,用兵继征高丽,命地方三十六州府一齐制造军船;代宗朝,盐铁转运使刘晏于扬州设立十个造船场,大造舟船,用于漕运物资;德宗朝,镇海节度使造楼船多至二千柁,称雄一方"⑤。五代十国时期南方的造船业比北方发达。南方的鄂州、金陵、扬州、潭州、江陵、益州、杭州、福州、泉州、广州,都有官营的造船工场。高季昌在江陵增筑城郭,"造战舰五百艘"⑥。南唐后主时期,与宋军交战,开宝七年(974),"王师围金陵,洪州节度使朱令赟帅胜兵十五万赴难,旌旗战舰甚盛,编木为筏,长百余丈,大舰容千人,令赟所乘舰尤大,拥甲士,建大将旗鼓,将断采石浮梁"⑦。可看出洪州具有一定规模的造船业。官业造船之外,私人造船业江南较多。唐时商

---

① 霍小敏:《五代十国手工业研究》,厦门大学硕士学位论文,2007年。
② (宋)司马光编著,(元)胡三省音注:《资治通鉴》,中华书局1990年版,第6209页。
③ (宋)司马光编著,(元)胡三省音注:《资治通鉴》,中华书局1990年版,第6249页。
④ (宋)司马光编著,(元)胡三省音注:《资治通鉴》,中华书局1990年版,第6261页。
⑤ 刘玉峰:《试论唐代官府手工业的发展形态》,《首都师范大学学报(社会科学版)》2001年第5期。
⑥ (宋)司马光编著,(元)胡三省音注:《资治通鉴》,中华书局1990年版,第8776页。
⑦ (清)吴任臣:《十国春秋》,中华书局2010年版,第251页。

人拥有的船舶,无论内河船舶或海运船舶,载重量均很大,如俞大娘的航船,"操驾之工数百"。广州商船,不用铁钉,用桄榔须系缚,橄榄糖泥作填充剂。这种商船,估计是私人造船作坊的产品。

襄阳的漆器,杭州和益州造纸,洪州、越州等地瓷器,苏州和宜城等地酿酒,以及扬州的家具、江南雨伞、湖南竹编、江南茶叶,都是闻名的唐五代私营手工业产品。在唐代,襄阳的漆器是一种流传较为广泛的技艺,这种技艺流传到了唐朝各地,甚至在北方游牧民族中也很受欢迎,称作"库露真"。皮日休的《消虚器》描述了这一技艺风俗在唐代的情况:"襄阳作髹器,中有库露真。持以遗北房,给云生有神。每岁走其使,所费如云屯。吾闻古圣王,修德来远人。未闻作巧诈,用欺禽兽君。吾道尚如此,戎心安足云。如何汉宣帝,却得呼韩臣。"由于襄阳的漆器在民间流传甚广,"襄样"甚至成了当时的俗语。

唐代的铸镜以扬州为最,其中以百炼镜的铸造最具特色。白居易曾有专诗《百炼镜》描述与这一技艺相关的风俗:"百炼镜,镕范非常规,日辰处所灵且祇。江心波上舟中铸,五月五日日午时。琼粉金膏磨莹已,化为一片秋潭水。镜成将献蓬莱宫,扬州长史手自封。人间臣妾不合照,背有九五飞天龙。人人呼为天子镜,我有一言闻太宗。太宗常以人为镜,鉴古鉴今不鉴容。四海安危居掌内,百王治乱悬心中。乃知天子别有镜,不是扬州百炼铜。"在此诗的描述中,铸镜的时间选在"五月五日日午时",而地点则在"江心波上舟中",铸镜的材料是"琼粉金膏",此镜铸成后的归属是"将献蓬莱宫",归"天子"所有,此镜的功用是"鉴古鉴今"。所有这一切都具有浓重的神秘意义,积淀了丰富的民俗文化内容。①

这种情况可以从唐代天宝二年(743)长安广运潭的一次水上物产展览会得到形象的说明。天宝二年,陕郡太守、水陆转运使韦坚引浐水至望春楼下,积成广运潭。玄宗登望春楼观看新潭。韦坚聚江、淮漕船数百艘,上写各郡名,并陈列各郡货物,依次衔尾前进。广陵郡船上堆积陈列着锦、镜、铜器、海味。妇女们大唱:"潭里船车闹,扬州铜器多。"丹阳郡船上陈列着京口绫衫缎。晋陵郡船载折造官端凌绣。会稽郡船载铜、罗、吴绫、绛纱。南海郡船载玳瑁、真珠、象牙、沉香。豫章郡船载瓷器、酒器、茶釜、茶挡、茶碗。宣城郡船载空青石、纸、笔、黄连。始安郡船载蕉葛、蚺蛇胆、翡翠。吴郡船载方文绫。这只是一次聚集在广运潭的南方手工业产品和特产展览,由此

---

① 参见于年湖:《从唐诗看唐代的手工业和商业状况》,《商场现代化》2007年第9期,第200页。

可以想见当时全国各地城市手工业发展的一般情况。

　　隋唐五代时期城市商业出现空前的繁荣,而且发生了若干变化,对城市的发展产生了重要影响。以坊市制为例,唐前期实行严格的坊市制。城市建有常设的商业区,随着工商业的发展,在时间和空间上突破了坊市制的限制。唐代的城市都设有市,但这时的市不是定时一聚的交易地点,市内建有永久性的固定房屋,形成街区,临街的肆店行铺林立。如长安先后曾建有3个市,即东市、西市、中市。东市位于朱雀大街东侧,是隋都会市旧址。呈正方形,边长600步,开四门,"壮广于旧。街市内货财二百二十行,四面立邸,四方珍奇,皆所积集"。西市建于隋利人市旧址,西市较东市更大、更繁荣。洛阳城内设有三个市:丰都、大同、通远。三个市在隋末遭到破坏,到唐代重建,规模虽略小一些,但繁荣程度却胜过昔日,市场内店肆林立,货贿山积,人烟稠密,商旅众多。其他的城市如成都、杭州、扬州、苏州、汴州等都在城内设有固定的市场,成都市区有东市、南市、北市、西市。唐前期,商业仍受坊市制的束缚,商店只能在市内开设,居民坊内很少有商业活动。市的交易也有定时,中午时打鼓300下,交易才开始;日落时击钲300下,交易则停止。但是随着商品经济的发展,原来的市场已不能适应需要,于是许多城市的市场突破了政府所划定的空间和时间的限制。如唐中叶以后,长安的坊与坊之间,出现了不少小商贩,他们不分时间地点进行交易,在东、西市附近的坊与坊之间也出了商店。如饼铺、馄饨店、茶肆、酒肆等,旅舍、旅邸、僦舍也在东、西市附近的各坊大量出现。据载,长安东市西北的崇仁坊及西市东北的延寿坊已成为新的商业区,繁华程度甚至超过两市。

　　房山云居寺《大般若经》石经题记,"天宝至元和时,幽州范阳郡有米行、屠行、肉行、油行、五熟行、炭行、磨行、绢行、布行、棉行、宝行、生铁行、杂行,涿州有米行、肉行、果子行、椒笋行、靴行、染行、磨行、新货行、杂货行,易州有丝绢行,归义县有果行。已包括衣、食、杂等许多行业"。其中幽州的行业相当齐全,正如杜甫的《蓟门》诗云,有来自江南东吴的粳稻、越楚的罗练;日本僧人圆仁的《入唐求法巡礼行记》记载有北海、禹城等县市的粟米、粳米、小豆、面等物;孟浩然的《同张将蓟门观灯》:"蓟门看火树,疑是烛龙燃。"饶阳是个普通的县城,据说也"行或击毂,市或驾肩",[①]可见当时各州县城商业的发达和城市的繁华。

　　到9世纪时,长安城内出现夜市,崇仁坊等处"昼夜喧呼,灯火不绝",从而打破了唐王朝关于夜间不能进行商业活动的禁令。洛阳的商业也非常

---

① (清)董诰等编:《全唐文》,中华书局1983年版,第4613页。

繁荣,三个市区中的一些商店的营业面积不够,于是店主便在正铺外加建偏铺。此外在规模宏大的三大市场之外,又于南北大运河的交汇处两岸形成新的市场,这里"为天下舟船所集,常万余艘,填满河路。商旅贸易,车马填塞,若西京之崇仁坊"。一些商人还把商业活动逐渐推移到市外的居住区,从而形成新的商业区,如诗人储光羲诗中称:"少年不得志,走马游新市。"洛阳王戎墓一带即设有不少商店、酒肆、旅店的新市区。许多里坊也出现越来越多的店铺,主要是有关城市居民衣、食、住、行的店铺,从而使居民在住宅附近就能买到所需物品,因而生意兴隆。成都除规定的四个市场外,又形成了宣市、花市、酒市等经常性的固定市场,此外还出现了定期性的大型商品交易市场:正月灯市,二月花市,三月蚕市,四月锦市,五月扇市,六月香市,七月七宝市,八月桂市,九月药市,十月酒市,十一月梅市,十二月桃符市。此外,夜市也开始出现,所谓"锦江夜市连三鼓,石宝书斋彻五更"。以方便居民为主的饮食店、酒肆等也遍布全城。扬州是唐中叶最繁华的商业都市,商品经济的发展也从空间和时间上突破唐朝的坊市制度。唐代诗人张祜称扬州"十里长街市井连",商业店肆遍布城内,许多商人的住宅和肆店的地盘已开始扩大到大街上。扬州的夜市尤为繁盛,王建诗云:"夜市千灯照碧云,高楼红袖客纷纷。如今不似时平日,犹自笙歌彻晓闻。"随着商品交易的发展,唐王朝沿袭前代实行的坊市制已经行不通了,越来越多的城市突破了坊市制限制。这种现象的产生是城市商业发展和繁荣的标志,同时对城市格局、城市建设、城市面貌产生了巨大的影响。用围墙环绕起来的封闭式里坊制渐渐遭到破坏,天宝之后,三品以下的人家也可以临街开门。这种变化反映了中国城市发展的新动向。

其次,行业增多,新行业出现;上市商品丰富,琳琅满目,商品结构发生变化。唐代城市商业有很大发展,市场上的行业店肆较前增多。如长安"街市内货财二百二十行,四面立邸,四方奇珍,皆所积集"。"南方的苏州有金银行,扬州扬子县有鱼行。北方的范阳郡有绢行、大绢行、小绢行、采帛行、采锦采帛行、小采行、新绢行、布行、染行、大米行、白米行、粳米行、五熟行、生铁和炭行。幽州有油行、磨行。浑州有肉行、果子行、椒笋行、新货行、靴行、杂货行、磨行等。边远地区的交河郡则有果子行、丝帛行、帛练行、米面行、谷麦行、档釜行、凡器行等等。行有行首或行头,主持一行的事务,在行内负责贯彻有关市场的规定,向政府缴纳税收,办理与官府交涉事项等。封建政府利用行的组织和行头,加强对各行的控制。"[1]

---

[1] 傅崇兰:《中国运河城市发展史》,四川人民出版社1985年版,第23页。

除了一般的经营性贩货业务的行、肆、店大量增加外，又出现了为商业服务的新行业，如邸店、柜坊、飞钱、车坊、质库、寄附铺等。邸店初为货栈，后发展成为贩运商与零售商之间的批发商，有的邸店还经营银钱业务，成为最早的钱庄。柜坊为代客保管金银钱物的商铺。车坊则是寄存车马和出租车马的服务性行业。质库即典当业。飞钱业的出现也是商业繁荣的产物，飞钱又称便当，类似现代的汇票，可使商人远足而不必携带大量的现金。这些新行业的出现进一步推动了商业的发展。唐代的农业、手工业都高度发展，从而为市场提供了丰富多样的货源。由于唐代的水陆交通已大量开发，交通工具也有较大进步，从而使远距离运输变得可能，成本也相应降低。因此，长途贩运从以奢侈品贩运为主，变为以大量贩运日常生活必需品为主，从而使市场上的商品琳琅满目，绚丽多彩，商品的结构发生变化。不少的城市是南货北货，应有尽有。

最后，富商大贾和外商增多。富商大贾增多，是商业繁盛的一种表现。唐代的大城市产生了不少富商大贾。如长安的富商大贾甚多，以邹凤炽、王元宝、杨崇义、郭万金、窦义、王酒胡等人最著名。邹凤炽"其家巨富，金宝不可胜计，常与朝贵游，邸店园宅，遍满海内，四方物尽为所收"。又如王元宝、杨崇义、郭万金等"国中巨豪也，各以延纳四方多士，竞千供送"。"王元宝，都中巨豪也。常以金银叠为屋，壁上以红泥泥之。于宅中置一礼贤堂，以沉檀为轩槛，以碱砆甃为地面，以锦文石为柱础。又以铜线穿钱，甃于后园花径中，贵其泥雨不滑也。四方宾客，所至如归。时人呼为'王家富窟'。"自唐中期起，一些富商可通过行贿得入仕途，正如唐中宗时辛替否的《陈时政疏》说："遂使富商豪贾，尽居缨冕之流。"唐代城市商业的繁荣还表现在大量少数民族商人和外国商人活跃在市场上。长安是亚洲贸易中心，西域、中亚、西亚和日本、朝鲜等各国商人云集此城，他们不仅进行长途贩运，而且也有相当部分外商在长安开邸店或酒肆等，成为坐商。洛阳的外商也不少，不仅有中亚、西亚诸国商人，而且还有不少南亚及日本、朝鲜等国的商人。洛阳的外商还模仿中国商人成立行社。扬州也是著名的国际性都市，经常约有数千外商在此进行商业交易。东南及南方的港口城市如广州、泉州、福州等也是外商云集。大量外商来到中国进行商业贸易，促进了中外经济、文化交流，成为唐代城市繁盛商业的组成部分，对中国城市的风俗、习惯、文化、服饰等都有一定影响。随着商业发展，城市出现了商业行会组织，这种商业行会同手工业行会一样，是政府控制商业的工具。同时，唐政府还制定了较为完备的市场管理制度，颁行了较完整的商法。这样一方面对整顿市场秩序，发展正当商业，保持物价稳定起了一定作用；但另一方面，一些管理办法又过多地限制了商业发展,最终被扬弃。综之,唐代手工业和商业等城市经济的兴盛对城市发展产生了极大影响,改变了城市面貌和布局结构。

第三节 草市与城乡关系变化

隋唐五代时期,古代中国一致性与一元化城乡关系有所松动。乡村已非单纯农民聚居地和从属城市权力系统的基层单位。地方政权中心之所在的城市统治农村据点的角色已有改变。城乡关系由之前农村单方面依附城市转向城市与乡村之互动。草市于城乡相互作用与乡村市镇化中充当无可替代的角色。逐步实现自发性组织至官市化市场地位的提升,商品经济需求、草市内在机能、官方政治运作、市场管理革新等诸多因素是为草市完成历史性转型的基础要件,亦为草市向市镇的过渡提供了难得契机。

日本学者加藤繁开创草市问题研究以来,中国古代草市引起诸多学者关注。研究者注意到隋唐五代时期草市的蓬勃发展,认为草市促进了商品经济的繁盛。同时指出,囿于草市处于隋唐五代这样一个封建社会发展的中期,封建经济仍具有强大生命力,使得草市只能通过商品经济发展实现其对自然经济的补充与强化作用,未能给予封建自然经济以强大冲击力,由此决定古代草市的悲剧性走向。我们认同这一论断的同时,仍需注意草市存有之社会进步的不可逆性,其新的发展是对之前阶段的否定,并保留了积极的因素,亦为其后发展开辟了新的可能,短期内的萎缩与停滞孕育和准备着进一步更大发展之要件。隋唐五代时期乡村市镇化过程中草市充当的重要角色即为生动体现。通过考察乡村草市的发展演进,可为我们透视古代乡村市镇化进程提供难得的历史视角。

草市起源与萌芽。通过乡村交易场所的历史演进透视隋唐五代时期的乡村市镇化进程,首先遇到的问题即为草市界定与源起。学术界关于草市的定义与起源大致有以下意见。

开创草市研究的日本学者加藤繁在参考批判《通鉴》胡注基础上,认为"草市是县治以下的小都会或者村落的商业地区"[①],"其含义最初为草料之市即秣市,位置多处都市、州县之傍,草市即粗末草率之市"[②]。草市具体

---

① 对于这一提法,李剑农先生亦持认可态度,指出草市"无与于官府之法令"。李剑农:《魏晋南北朝隋唐经济史稿》,生活・读书・新知三联书店1959年版,第234页。
② [日]加藤繁:《中国经济史考证》第1卷,吴杰译,商务印书馆1959年版,第307页。

起源何时，记录不详。郦道元的《水经注·肥水注》云："肥水又西，分为二水，右即肥之故渎，遏为船官湖……肥水左渎，又西径石桥门北，亦曰草市门；外有石梁渡北洲，洲上有西昌寺……肥水又左纳芍陂渎，渎水自黎浆分水，引渎寿春城北，径芍陂门右，北入城"。据此推断，门以草市命名，近旁当有草市，即寿春草市。《太平寰宇记》载："古建康县，初置在宣阳门内。晋咸和三年，苏峻作乱，烧尽，遂移入苑城……时有七尉部，江尉在三生渚；西尉在延兴寺后巷北；东尉在吴大帝陵口，今蒋山西门；南尉在草市北湘宫寺前；北尉在朝沟村；左尉在青溪孤首桥；右尉在沙市。"《景定建康志·疆域志》提及，"宫苑记，南尉在草市北，湘宫寺前，其地在今上元县治东北"。《南齐书·鄱阳王宝夤传》在叙述废帝东昏侯永元三年（501）张欣泰之乱时载，（南齐萧）宝夤欲入台城（宫城），被拒不纳，又逃走，投草市尉。"日已欲暗，城门闭，城上人射之。众弃宝夤逃走，宝夤逃亡三日，戎服诣草市尉"。可见南朝建康（今南京）南郊有草市且规模较大，政府专派"草市尉"管理。基于此，至少在东晋即已存在草市。

加藤繁关于草市至少在东晋已存在论断，数年来涉足草市问题的学者多持认同态度。汪世俊的《对唐宋草市变迁的历史思考》一文即认同"草市"一词最早出现在东晋的观点，认为草市主要是相对于正规官方交易市场而言，即州县城市之外与官市平行发展的非正式交易场所。汪氏认为，草市主要分为两类：一是由于城市商品经济的发展，导致官方规定之交易场所界线被打破，而紧靠城市发展起来的新交易场所；二是以乡村间定期集市交易为核心逐渐发展，形成商业居民点的商品交易场所。① 吴慧的《中国古代商业》一书认为"南北朝时在城外交通要道，交易频繁之处，形成了固定的市场草市。这种草市自发产生，非由官设。可能起初是农民出售草料，购买日用品的场所，日久即蔚然成市。起初屋舍铺面以草盖成，房舍改为砖木结构是后来之事"②。傅宗文的《宋代草市镇研究》论述草市起源时与加藤繁引用资料基本一致，在认可加藤繁观点的同时，于资料上予以丰富。确定南朝建康已存有草市，其大致方位应当在都城外东南方。

历史研究总是在学者不断的探求中前行。加藤繁关于草市的论断提出几十年后，日本学者日野开三郎对其观点进行了修订，在认可加藤繁关于草市问题探求努力的同时，认为草市"乃相对于官方的正规市而言，即国家规定州县坊市之外的交易市场。草市多从作为乡村交易场所的定期市发展而

---

① 参见汪世俊：《对唐宋草市变迁的历史思考》，《经济学情报》2000年第2期。
② 吴慧：《中国古代商业》，商务印书馆1998年版，第58页。

来,包括小市集和具有相当规模的商业城市"①。"日野氏的观点实质是扩展了加藤繁关于草市的概念范围,将史籍上出现的大大小小的非官方市场,如草市、行市、小市、山市、水市、鱼市、橘市、墟市、亥市等一概统称草市。弱化了有关草市界定对草市不同特点,如地理特性、交易时间、商品特点等因素的考虑。最终将草市分为定期交易的乡村集市和初具规模的市镇两类。"②

国内学界对于草市界定问题亦存争论。依上文所述,加藤繁提出草市最初含义是为草料之市,于此论断国内学界仍存质疑。沈祖春的《草市概说》指出,"草"者何?《说文解字》释为"百草也",由百草引申为草生长的地方、野地。如杜甫的《送从弟亚赴河西判官》:"令弟草中来,苍然请论事。""草市"之"草",有人释为"草创",非也,当是"野外、野地"之意,草市即野外,野地之市,是相对于城中之市而言的。③ 沈先生强调城内和城市附近的居民可以进入城中之市进行交易,但受距离限制,偏远居民因城中之市管理严格,无法参与,只有在城外自发交易,由此而成草市。与沈先生观点类似者为范文澜、蔡美彪等编著的《中国通史》,认为离州县城较远,在交通便利的地点,因商业上需要自然形成的市称为草市。赵冈的《中国城市发展史论集》认为,"草市"一词的含义可能有二。"一是与墟市类似,表示不是常设市场,极少固定商业建筑,大都是临时性的草棚等简陋设备。另一解释是政府市场管理严格,规定非州县之所不得设市,但正式州县之市不能满足农民需要,于是出现许多定期集市,即为草市,以别于州县之市。草者,非正式,非常设,草创未完之义,以免触犯政府设市之法令。"④参照上述观点,我们认为,草市作为商品市场的一种原始形式,应作如下界定:萌芽于南北朝,隋唐五代蓬勃发展,两宋时期鼎盛的一种相对于官方正规市场而言,即国家规定的州、县坊市以外的交易市场。多指置于乡村,稍具规模,尚未完全发展成为市镇的民间交易市场。

隋至五代蓬勃发展。如若将魏晋南北朝看作草市的萌芽时期,隋唐五代则是草市蓬勃发展的重要时段。这一时期草市的勃兴主要表现为以下方面。

---

① [日]日野开三郎:《唐代邸店的研究续编》,福冈印刷株式会社1970年版,第96页。
② 这种草市分类,牟发松先生曾将第一类概括为"当集则满,不当集则虚";第二类为经常进行商业活动的固定店肆铺面以及一定数量的定居工商人户。见牟发松:《唐代草市略论——以长江中游地区为重点》,《中国经济史研究》1989年第4期。
③ 参见沈祖春:《草市概说》,《重庆师专学报》2000年第2期。
④ 赵冈:《中国城市发展史论集》,新星出版社2006年版,第171页。

草市交易繁盛。隋唐五代时期的草市主要出现在城郊的交通要道,交易场面热闹非凡,成为市场外溢后城郊的一道风景。当时草市繁盛情形,通过唐诗表述即可见一斑。王建诗句"草市迎江货,津桥税海商"①记载了江淮一带草市的繁荣;李嘉祐"草市多樵客,渔家足水禽"②显示草市货物的丰足和人声的鼎沸;顾况"村边草市桥,月下罟师网"③、徐凝"几处天边见新月,经过草市忆西施"、④郑谷"夜船归草市,春步上茶山"⑤亦是对草市分布形态的反映。

与上述诗人对草市的观照相较,杜牧的诗词对草市描述更为形象。其《入茶山下题水口草市绝句》曰:"倚溪侵岭多高树,夸酒书旗有小楼。惊起鸳鸯岂无恨,一双飞去却回头。"描写了湖州长兴县出产紫荀茶的水口镇城外草市。从诗句中可以看出,水口镇城外草市实为茶市,是为草市之一种,由此侧面说明当时草市的种类并非单一。"夸酒书旗有小楼"反映出水口草市已经具备了普通城市市场的酒肆小楼,小楼之上插着招徕行人买家的酒幌。"惊起鸳鸯岂无恨,一双飞去却回头"亦展示草市酒楼林立,酒旗招展,车水马龙,人山人海的繁荣兴旺景象。正是由于集市人群熙熙攘攘,才惊起了溪里的鸳鸯。由此观察,此类草市不但风景秀丽,而且盛产名茶与美酒,商家注重商品的广告宣传,张幌招客,热闹非凡。杜牧另一作品《上李太尉论江贼书》载:"逢遇草市,泊舟津口""凡江淮草市,尽近水际,富室大户,多居其间""江南、江北,凡名草市,劫杀皆遍……"⑥作品总体描述了当时草市商贾云集、兴旺发达的情形。具体表现为草市里聚集着不少富商大户,经常进行商品交易。"江南、江北,凡名草市,劫杀皆遍……"则显示草市的治安状况令人担忧,富商大户经常遭受劫掠,缺乏安全保障。这一状况亦反向表明草市商机颇多,确能给富商大户带来可观的商业收入,以至值得他们冒险前来经营或定居。

草市繁荣表现之二为交易商品日趋丰富。草市上除当地和附近农户出售自用有余以调配余缺之外,城市市场出现的珍玩宝器等奢侈品亦充斥其间。白居易的《东南行一百韵寄通州元九侍御澧州李十一》曰:"水市通阛阓,烟村混舳舻。吏征渔户税,人纳火田租。亥日饶虾蟹,寅年足虎貙,成人

---

① (清)彭定求等编:《全唐诗》,中华书局1960年版,第3391页。
② (清)彭定求等编:《全唐诗》,中华书局1960年版,第2156页。
③ (清)彭定求等编:《全唐诗》,中华书局1960年版,第2959页。
④ (清)彭定求等编:《全唐诗》,中华书局1960年版,第2386页。
⑤ (清)彭定求等编:《全唐诗》,中华书局1960年版,第7112页。
⑥ (唐)杜牧:《樊川文集》,上海古籍出版社1978年版,第169页。

男作卟,事鬼女为巫。楼暗攒猖妇,堤喧簇贩夫。夜船论铺赁,春酒断瓶沽。"即是对当时草市商品丰盛的生动写照。诗句描述了草市之一种水市的情况。在码头的岸边,舳舻相聚,长堤之上,鱼虾陈市。亥日集市上,"楼暗攒猖妇,堤喧簇贩夫。夜船论铺赁,春酒断瓶沽",由此彰显草市各类人等远近汇集,人头攒动,集市规模逐步扩充,由城市延伸至城外长堤,产品琳琅,水果、禽类、虾蟹一应俱全。陈溪的《彭州新置唐昌县建德草市歇马亭并天王院等记》载:"唐昌县东西绵远,昔日邮亭等公共设施废弃已久,缺乏便利的饮食服务和合适交易场所满足百姓交换需求,于是,于其心而置草市。自此四来者旋踵,中望者举目而知归。老少倏忽而至,市间百货咸集,旗亭旅社,翼张鳞次,商旅携货而至者数万,珍纤之玩悉有,受用之具毕陈。"①另有形成于津梁边之草市,城市近郊之草市,村落、村邑附近之草市等类。

草市繁盛表现之三为种类、数量增多。隋唐五代时期,草市的数量和种类与前代相较均有增加。唐代草市多分布于津梁渡口、村侧路旁、城池近郊及流动人口集中之区。以其分布情况分为渡口草市,如"赤壁草市,在县西八十里"②。"德州安德县,渡黄河南,与齐州临邑县邻接,有灌家口草市一所。"③草市种类从以特殊商品最初交易形成草市的方式亦可见一斑。如一些草市分布在茶山附近,茶民以种茶为业,需要通过市场取得生活所需物品,待至茶叶收获时节,外地商旅蜂拥而至,带动当地商业发展而形成所谓茶市。因此,茶山所在之地,多有草市之一种茶市产生。上文所引杜牧的《入茶山下题水口草市绝句》描述之茶市即为此类。与茶市类似者还有"鱼市、药市、橘市、菜市"等类。如白居易的《放鱼》一诗"晓日提竹篮,家僮买春蔬。青青芹蕨下,叠卧双白鱼"描述了浔阳江头的菜市;虚中的《泊洞庭》一诗"槐柳未知秋,依依馆驿头。客心俱念远,时雨自相留。浪没货鱼市,帆高卖酒楼。夜来思展转,故里在南州"则描绘了洞庭湖畔的鱼市。

唐代中期以后,体现浓郁巴蜀地方特色的小市、酒市、江市、柳市、药市、蚕市、茶市等大量涌现。杜甫的《题忠州龙兴寺所居院壁》云:"小市常争米,孤城早闭门。"巴蜀地区出现的此类小市,主要以买卖家庭日常用品为主,尤其在忠州等地较为繁盛,充分体现了商品经济的活跃和市场的繁荣。酒市则是巴蜀地区酒品交易的主要场所,标志着唐代酒品交易专门市场的

---

① 转引自齐涛:《魏晋隋唐乡村社会研究》,山东人民出版社1995年版,第167页。
② (唐)李吉甫:《元和郡县图志》,中华书局1983年版,第648页。
③ (清)董诰等编:《全唐文》,中华书局1983年版,第10601页。

形成。《全唐诗》中收录郑谷的《蜀中三首》，齐己的《送人入蜀》，杜甫的《琴台》分别出现诸如"雪下文君沽酒市，云藏李白读书山""文君酒市逢初雪，满贳新沽洗旅颜""酒肆人间世，琴台日暮云"的名句。

茶市是巴蜀地区特殊草市之一种。限于茶叶生产的特殊性，茶园通常在丘陵山区，远离州城、县城，茶叶交易基本在茶山进行，茶山附近逐渐形成以茶业为主的草市。四川盆地西部产茶区有剑南西川的青城山草市、遂斯安草市、堋口市、味江市等。唐人杨晔的《膳夫经手录》记载，雅州"遂斯安草市岁出茶千万斤"，反映出草市已成为当地茶叶交易主要市场。川江沿岸的茶叶产地也形成了草市。郑谷的《峡中寓止》曰："夜船归草市，春步上茶山。"即是对此类草市的生动描绘。盐业发达的剑南东川，远离州县治所的井盐产地同样因为商品经济发展而形成草市。梓州盐亭县的古东关之地，即由盐业的兴起而形成雍江草市。除上述以特殊产品交易命名的草市之外，四川地区还形成了以草市所在位置命名的特殊市场，江市、柳市即为代表。

王维的《晓行巴峡》曰："水国舟中市，山桥树杪行。"杜甫的《放船》诗云："江市戎戎暗，山云淰淰寒。"江市的出现对繁荣水上商业起到了不可替代的作用，成为巴蜀三峡地区一道特有的景观。唐代益州等地沿堤周围还出现正市之外的"柳市"。刘兼的《蜀都春晚感怀》曾有诗句"谁家玉笛吹残照，柳市金丝拂旧堤"显示，当时的人们置闹市于风光旖旎的岸堤之上，可谓别有一番情趣和风味。巴蜀的蚕市唐时已有，至五代，蚕市规模扩大，桑树苗成为重要商品，一度引起蜀帝王重视，认定对桑苗买卖征税，收入将相当可观。《五国故事前蜀王氏》载："蜀中每春三月为蚕市，至时贸易毕集，阛阓填委，蜀人称其繁盛。而(王)建尝登楼望之，见货桑栽者不一，乃顾左右曰，桑栽甚多，傥税之，必获厚利。"可见，这一时期以特殊商品为交易对象的专业化草市已较为普遍。草市已开始冲破"诸非州县之所，不得置市"的限制，对于商业进一步发展可谓意义深远。伴随这些专门化草市的繁荣，其经营范围突破了单一产品的限制，交易范围不断扩张，并非仅局限于其名称，专业化草市名称只是对此种草市由来的一种注释。

唐代草市数量日益增加，这一状况从文献资料的大量记载中亦可得以印证。特别是中唐以后，各类史籍中关于草市的记载日趋丰富。粗略翻阅即能观察到以下草市的记载："蜀州青城县之青城山草市，彭州唐昌县之建德草市，雅州严道县之遂斯安草市，阆州之茂贤草市，彭州九陇县堋口草市，蜀州青城县味江草市，梓州盐亭县雍江草市。"[①]草市数量增加的同时，规模

---

① 张学君、张莉红：《长江上游市镇的历史考察》，《社会科学研究》2006年第5期。

亦在不断扩大。荆州城南的江埠渡口业已发展成为一个十分重要的市镇——沙市（即今日沙市之前身），这个沙市及至北宋熙宁十年（1077），商税已超江陵府城而跃居本府第一。由此可见其商业规模与繁荣程度。

时至五代，伴随各国内部局势稳定和经济恢复，草市于隋唐基础上得以进一步发展，其重要趋势为草市数量的快速增加。隋唐时期草市发展的特点之一为江南草市发展迅速，北方草市兴起滞后。这一状况从当时描述草市的诗句即可得以初步印证。无论是钱起的《送武进韦明府》所表述的江南楚越之渔市，杜牧的"凡江淮草市，尽近水际，富商大户，多居其间"，抑或杜牧的《入茶山下题水口草市绝句》所描绘的湖州茶市，白居易的《东南行一百韵》所载东南水市，均以南方草市为对象。北方草市境况在唐诗中却不多见。关于这一情况，有研究者指出，北方草市以北朝道店为基础而形成，中唐之后才出现于北方。总体而言，北方当时草市数量仍很有限，与南方草市蓬勃兴盛相较不可同日而语。

降至五代，北方涌现大量草市，区域中心城市周围草市簇拥。当时的四朝之都开封，由于国内外贸易蓬勃发展，后周时，城内拥挤不堪。城内市场向外扩张，四周草市繁多，政府除展筑罗城将部分草市扩入城内，其余不在界内之草市仍不在少，以至政府不得不设立界标，划定置立区域。关于这一情况，后周世宗的《京城别筑罗城诏》有所涉及："东京华夷臻凑，水陆会通，时向隆平，日增繁盛。而都城因旧……或多窄隘。……将便公私，须广都邑。宜令所司于京城四面别筑罗城，先立标帜。……今后凡有营葬及兴置宅灶并草市，并须去标帜七里外。"①除中心城市周围草市遍及外，各州、县郊也有大量草市存在。后晋天福二年，魏州天雄军节度使范延光叛乱，遣兵渡黄河，"焚草市"，这里所焚"草市"即滑州城外之草市。王曾的《王文正公笔录》亦载有宋州郊区草市情况："宋城南抵汴渠五里有东西二桥，其地有草市，舟车交会、居民繁多，倡优杂户厥类亦众。"如后周太祖的《户部营田租税课利敕》云："诸州镇郭下及草市，现管属省店宅、水硝，委本处常切官句。其征纳课利，不得亏失。"政府统一诏令限定草市内之店宅，水硝事项，彰显当局对草市之重视，亦侧面反映当时草市规模与数量甚为可观。

草市至市镇的历史转向。唐末五代时期，随着社会经济发展，商品交换频繁，城市结构发生重大变化，城市内部泾渭分明的坊市界线被突破。商业活动范围由市伸展至坊，坊内店铺不断增加，营业不再受时间限制，夜市出现并迅速扩张。城市内部坊市店铺林立，发展为商业中心。与之相伴，城郊

---

① （清）董诰等编：《全唐文》，中华书局1983年版，第1255页。

及广大乡村地区的草市亦迅速发展。城郊及交通要道的草市开始发生历史性转向,逐步向重要镇市转变。关于草市的发展前途问题,学界曾有涉及,郭天沉认为草市的发展前途有二:一是升为"镇",草市只是市集,镇则有常设的店铺。"草市由商业交换而起,升为镇便形成了新兴商业都市。这一论断并不缺少实例。宋代开封府延津县草市镇即由隋唐五代时期的草市演变而来。草市另一发展前途就是直接升为县,这在唐末已经出现。四川盐亭县雍江草市,唐末因盐业发展,即发展成为具有商业城市性质的东关县。"①

温翠芳认为,"五代时期草市发展趋势之一为南方草市大批镇市化"②,因素在于草市经过进一步发展,规模壮大,收入可观。五代各国政府多将它们置镇以进行控制,有些升格为县治所在地。这一结论颇为合理,查阅史料我们发现,上文所引之杜牧的《入茶山下题水口草市绝句》描绘之水口草市,经过唐五代之发展,成为湖州长兴县一个著名市镇。四川彭州九陇县水坝头棚口草市,以茶叶交易盛名,经过五代的发展,成为棚口镇。"江陵附近的白洑南草市、鄂州唐年县的锡山草市经过唐末五代的发展而为潜江县和通城县。"③"唐末五代至宋初,类似这样由草市转变为市镇者多达24个。"④关于草市转变为市镇的具体因由,以往研究者关注不多,在此试谈几点看法。

以都城为代表的中心城市与草市的互动关系。中心城市的外扩,统治者政治、军事的强烈需求是为草市转变为小规模市镇的外部因素。草市推动了都城、州县的发展壮大。以唐代汴州为例。汴州是一个草市发达的城市,唐诗"草市迎江货,津桥税海商"⑤"水门向晚茶商闹,桥市通宵酒客行"⑥等诗句即是较好的例证,展示草市沿汴河而设,津渡桥口,热闹异常的景象。汴河从汴州城穿过,后受交通安全与草市经济发展的影响,汴州城扩展时,将城外沿汴河之草市纳入城内,由此扩大了汴州城的规模,增强了城市经济活力。至五代,作为四朝都城的开封,在重修罗城时,仍对草市问题加以观照,出于城市扩张的需要,将草市设置于新城七里之外。由此亦见草市对都城经济发展的推动与贡献。

---

① 郭天沉:《上古至宋中国古代城市考略》,《学术月刊》1981年第6期。
② 温翠芳:《五代十国时期草市镇发展研究》,山西大学硕士学位论文,2003年。
③ 牟发松:《唐代草市略论——以长江中游地区为重点》,《中国经济史研究》1989年第4期。
④ 郑学檬:《唐五代太湖地区经济试探》,《学术月刊》1983年第2期。
⑤ (清)彭定求等编:《全唐诗》,中华书局1960年版,第3391页。
⑥ (清)彭定求等编:《全唐诗》,中华书局1960年版,第3406页。

草市所以能够存留并得以发展，前提为逐步得到官府的认可，至少是官府法令并无严格管控，或有法不依的历史境遇。前文已述，草市是一种简陋且自发形成于民间的商品交换场所，其与县以上治所设立之官市对立，起初并未得到官方认可，甚至可称作非法交易场地。其因由为唐景龙元年（707）的敕令规定，"诸非州县之所，不得置市"①，说明州县官市之外的交易场所，均属不合法规，由此意义判断，当时草市并非法定之市。但由于草市多处交通要道，亦能满足地方民众交易商品之需求，更重要者可以通过草市加强对地方政治军事之控制，因而官府多采放任自流方式，任其自生自灭。

随着社会经济的不断发展与人口增多，中心城市内之市场已无法满足社会发展的客观需要，城池范围逐步外展成为必然趋势。处于城郊之草市自然纳入城市并在原来城市之外形成新的市场，作为日趋狭小城市市场的外延和补充，这就意味着开始将草市纳入城市一体化经营的范围。以唐代为例，唐末草市兴起之后，朝廷在利用政治权力阻止无法奏效的情况下，采取将草市官市化的方式，以加强对草市的控制与管理。一些地方官吏开始在草市设镇，派出兵丁，加强治安防控。当时彭州唐昌县建德草市形成后，"人既繁会，俗巴丰饶，又置一镇，抽武士三十人而御之，亦立廨署，早暮巡警，盗将屏迹，人遂高眠"②。此境反映政府认可草市的先声，之后草市逐步成为新的县治或设场征税，得到政府当局正式承认，取得法定地位。洪州分宁县亦为一例，其"本当州之亥市也。……聚江、鄂、洪、潭四州之人，去武宁二百余里，豪富物产充之，唐贞十六年置县"③。由此，执政者对待草市策略之变化为草市向市镇过渡提供了先期条件。

需要注意的是，上述执政者对草市政治策略的改变，与草市自身的功能与影响密不可分。草市本身即为集市贸易向纵深发展的一个标志，其逐步成为城乡交流联系的窗口。草市多存在于农村与城市接合部，各地商人、城内居民所需生产、生活用品均需草市供应。草市由此成为生产、技术、商品交流的汇合之地。官府消息、政策于草市上的传播，使之又成为难得的信息市场。加之草市上各类人物荟萃，外商大量徙居于此，农民逐步成为本地市场包买商，长年累月人口滋繁，房屋并起，使之渐趋受到官方政策观照，强化了市场管控，为草市官市化、市镇化提供了政策支撑。

---

① （清）董诰等编：《全唐文》，中华书局1983年版，第10383页。
② （清）董诰等编：《全唐文》，中华书局1983年版，第8458页。
③ （宋）乐史：《太平寰宇记》，中华书局2007年版，第2110页。

草市与商品经济之间的互助关系是其之后发展为市镇的重要因素。隋唐五代时期,封建社会的发展逐步走向鼎盛,伴随南北方农业、手工业的恢复和发展,社会经济较之前代进步明显。小农业与家庭手工业结合的商品经济发展迅猛,商品交换之强烈需求呼唤乡村市场的出现,这一历史条件推动了草市的兴盛。与此对应,因乡村草市不受既定市坊限定的束缚,使之与城市相较有更大的自由度,商品经济和城市手工业有了广阔的发展空间,从而推动了商品经济的发展。之外,草市非官方的商品交易市场身份,使官方势力的介入并不顺利,交易者在草市进行商品交换可以减轻赋税的负担和摆脱严格的行规限制。这一能给富商、大贾带来丰厚利益之独特条件,对各类商人产生了巨大吸引力。他们纷纷参与交易,甚至定居于此。商品经济的发展与市场人口的增多再次彰显交易场所的城市化发展倾向。这一因素与之后官方控制地方草市政策相结合,为草市城镇化提供了难得契机。关于此种情形,有唐代记载为证:"当道管德州安德县,渡黄河,南与齐州临邑县邻接,有灌家口草市一所……伏请于此置县为上县,请以归化为名,从之";"大历七年正月,以张桥行市为县"。① 盛均的《桃林场记》云,武、宣之际,"凌晨而舟车竞来,度日而笙歌不散……尝闻期月之内变为大县乎?是斯场人士之所愿也"②。

显然,商品经济的发展推动了草市的产生,使其以能够满足商品经济交换需求而得以生存,并具备扩大规模的历史条件。而草市的发展亦推动了商品经济的繁盛。草市最终规模的扩大,居住人口的增加,富商大贾、盗贼流寇、文人骚客渐趋聚集,最终创造出"草市迎江货,津桥税海商""富家大室,多居其间"的繁盛局面,促使闭塞散漫的乡村逐步成为经济、文化中心,为完成乡村向市镇的过渡奠定了基础性条件。

综之,草市是萌芽于南北朝,蓬勃发展于隋唐五代,鼎盛于两宋时期的一种非官方乡村市场,多处于农村或城郊,利用依傍水陆交通便捷条件自发形成,以生活性消费资料为交易对象之集贸市场。草市所在地及其周边乡村的农民、家庭手工业者之间的买卖活动,是一种具有传统市场经济特征的商品流通方式。这种市场的滥觞当在东晋南北朝时期。隋唐五代时期,伴随商品经济的发展,其数量已相当可观,遍及全国各地,规模亦不断壮大,成为可以与坊市抗衡的中坚力量。

隋唐五代时期草市蓬勃发展主要表现为交易的繁盛、市场商品的日益

---

① 宁可主编:《中国经济通史·隋唐五代》,经济日报社2006年版,第280页。
② (清)董诰等编:《全唐文》,中华书局1983年版,第7934页。

丰富及草市自身种类、规模与数量的迅速增多。所有这些为草市向市镇转向的历史前途提供了重要条件。南北方草市均出现了市镇化倾向。究其原因，除上述草市自身所具条件之外，草市经过进一步发展壮大，收入可观，政府开始对其加以关注，由之前的禁止设立至放任自流，以至最终的严格管控，将草市纳入城市或都城治理范围，甚至把部分草市升格为县治所在地。之外，影响草市转变为市镇的条件还有几点需要关注。以都城为代表的中心城市与草市之间的互动关系是推动草市至市镇的重要动力。草市向市镇转化是政府加强地方政治统治与军事控制需求之表现。商品经济繁盛造成都城或中心城市内部市场无法满足商品交换新需要，加之城郊及边远民众对商品交易的坚定需求，并与政府扩大城市规模，进行都城或城市郊区的扩张政策结合，使草市得以快速发展并具备向城镇转向的条件。

随着草市的日益繁盛，其经济地位与大量财富的创造引起地方政府的关注，他们在无法取缔或控制的前提下，通过政府引导和默认方式，使草市逐步官市化，对其加强管控，并派驻兵丁，维持治安，由此为草市发展成为地方性政治文化中心奠定了政治基础。草市与商品经济的互动关系是其能够转向市镇的另一因素。隋唐五代之际，农业、手工业的迅速发展与相互结合，迫切要求适应商品经济的农村市场出现并发挥积极作用。商品经济迅猛发展推动了草市的产生与壮大。草市亦以其自身特殊性吸引城内市场中的人们进入自己的领地，开展商品生产与交换活动，甚至将他们长期留置草市周围安家居住。文人骚客、商家大贾、盗贼草寇、普通民众多云集于此，相互交融，为草市向市镇转化提供人力资源。诸如此类条件的共同推动，最终使部分草市能够赶上政府镇市调整的政治班车，使闭塞散漫的乡村集市逐步演化为经济、文化、军事中心，于中国古代乡村城镇化的历史舞台上扮演着重要角色，亦实现了草市非法至合法身份的美丽转身。

隋唐统一以后，经济重心的南移、生产的发展、人口的增加、水陆交通的发达、商业的兴盛，促进了城市的复苏和繁荣。全国城市经济的发展同秦汉一样，表现为政治中心与经济中心的合二为一。"长安不仅是当时全国的政治中心，而且是手工业、商业中心和文化中心。隋唐时期的都城如此，一些地方城市也如此。如扬州、苏州、杭州等，不仅是一个地区的政治中心，而且是一个地区的经济、文化中心。多数城市已从秦汉时期比较闭塞的城市，发展成了隋唐时对外开放的城市。由于古老的关中和中原经济区衰落，整个城市经济存在、发展的基础出现了新情况，即北方的政治中心赖以存在的经济基础仰仗江南，统治阶级通过行政手段，乃至法律等方式来维护北方首都全国经济中心的地位。此种背景下，隋代开始了大规模运河开凿。运河的畅通不仅解决了漕运南方物资问题,而且加强了全国的商业联系,大大促进了京城和全国各地城市工商业的发展。加之隋唐以后统一成为中国历史的主流,中央集权制虽不断强化,但重本抑末政策却受到了封建私有制经济的强烈挑战,统治阶级尽管不时加以倡导,但在具体执行过程中,却比秦汉要轻松得多,城市经济中私有化比重相对增加。"[1]"城市所拥有的强大的市场腹地伸向广大农村,促进了南方草市的普遍兴盛,进而带来交通便利的乡村市镇的长足发展。唐中、后期后,由于农业生产与社会分工的发展,交换的发达,一方面是州县城更趋繁华,肆铺、邸店等商业及手工业生产逐渐成为城市的重要组成部分;另一方面是小城镇的兴起。据贞元时圆仁的记载,除州、县、乡、村外,有镇、市、店、驿等城镇聚落,有的还相当繁荣。"[2]当时一些城镇因地位的变化,成为县的治所,并逐步实现由市镇向城市的转型。

---

[1] 朱和平:《略论古代城市经济的兴衰与政治因素的关系》,《经济社会体制比较》1996年第2期。

[2] 邹逸麟主编:《黄淮海平原历史地理》,安徽教育出版社1997年版,第332页。

第六章　城市营造与管理制度

　　城市是人类文明的重要载体,积淀了社会历史发展从初级到较高阶段人类创造的大量物质财富和精神财富,包括城市选址、规划、建设和管理。隋唐五代时期,我国城市建设和管理在长期发展实践中积累了大量宝贵的营造思想与管理经验,在特定的历史时期,为稳定社会、发展经济、维系民生起到了积极的作用,其中不乏精彩与智慧闪光之处,很值得我们今天借鉴。

第一节　城市营造制度

　　中国古典城市在实践操作中营建典章制度。创制于先秦时代的《周礼·考工记》中的规定一直以来被视为营建的圭臬,其中关于"匠人营国,方九里,旁三门。国中九经九纬,经涂九轨。左祖右社,面朝后市。市朝一夫"[1]的记载也是后世长久以来尊奉的经典。按照这一思想,古代城市以皇宫为中心,民居、街巷均围绕着这个中心向南、北两个方向延伸,形成坐北朝南、上下左右对称的城市格局,这一城市营造思想在隋唐时期城市修筑,尤其国都营建过程中显现无遗。

一、隋代对国都营建制度的砥定

　　后周重臣杨坚夺取帝位后建立隋朝,定都长安,开创了一个新的大一统的王朝。然而,自汉代以来,长安在长达数百年的战火纷飞中逐渐破败,年久失修,宫室形制狭小,不能适应统一国家都城的需要。加之几百年来城市污水沉淀,壅底难泄,饮水供应也成问题。因此,隋文帝决定放弃龙首原以北的故长安城,于龙首原以南汉长安城东南选择新址另建新坊,命宇文恺主持新建工作。

　　宇文恺在主持营建大兴城时,按照中国古代都城营建的基本典章制度,制定了宏大而完整的总体规划。一方面,宇文恺遵循中国都城营造思想传统,借鉴中国古都营建经验并与大兴城所处之地的地形、环境、河流走向等多种因素综合考虑,巧妙利用地形,将宫殿和官衙等政权机构置于制高点,

---

[1]　(清)孙诒让撰,王文锦、陈玉霞点校:《周礼正义》卷83,中华书局1987年版,第3478页。

以此为中心构筑全城的规划布局,从而突出皇权的至高无上。宇文恺在营建大兴城中创造出来的设计思想规避了非均质平原所带来的皇权在城市空间中的遮蔽,利用地形有意识地强调皇权,为后世都城营建提供了极好的制度规范。另一方面,大兴城营建有意创设官民分离,奠定了中国古典城市空间的转型与定制。隋以前,中国古代都城营建制度,虽然皆以皇宫为中心,体现皇权的权威与尊严,但并未刻意在城市空间中加以具体区分,自三代至魏晋的中国城市都是出于一种杂处的状态。长期以来,在中国古典城市营建中皆有"筑城以卫君,造郭以守民"的思想。杨宽先生的研究表明,秦汉以来,虽然众多的官署机构发展完善,大量的官署建筑在皇宫四围布局,但是总体而言,为了方便生活,官民区分并未有明显分野。《长安志》卷7"唐皇城"中就有记载:"自两汉以后,至于晋、齐、梁、陈,并有人家在宫阙之间,隋文帝以为不便于民,于是皇城之内,唯列府寺,不使杂人居止,公私有便,风俗齐肃,实隋文新意也。"有鉴于此,隋文帝指令宇文恺在另起炉灶的新长安城营建中刻意将官民隔离,在设计和建设中注意将官府集中于封闭式的皇城内,与市民区分隔开。

在此思想影响下,大兴城修筑过程中,先建宫城,再建皇城,最后建郭城,[1]通过由内而外的修建延伸,整个城市形成了以朱雀大街为纵贯南北的中轴线,从北至南遵循内朝(两仪殿)—朱明门—中朝(太极殿)—承天门—外朝—皇城(中央官署)—朱雀门—居民里坊—明德门,顺着宫城—皇城—郭城,天子居高,百官朝贺,万民臣服,三朝制度的内涵和外延在空间上得以强化。隋文帝之意不仅在于在城市空间上将官民隔离,即将皇宫、官衙与市民生活区域分割,也要使皇宫与官员活动区域区分,从而使国家权力中枢保持独立性、权威性与尊严性,加强对权力中枢的护卫。

隋朝规划建设的大兴城规模宏大、布局严整,对后来中国城市的发展,以及日本等国城市规划建设产生了巨大的影响,逐步形成一套古典时期中国城市营建制度。大兴城在营建过程中逐步创立的制度在隋代东都洛阳的营建上得到进一步推行,这一营建原则逐步确立下来。

乃至到了魏晋南北朝时代,由于割据政权林立,多个都城并存的现象仍然延续。然而,作为全国性的政治中心却始终只有一个,比如西周时期虽有周公建洛邑,但其城周朝却并未使之达到镐京的建设规模和水平。但是随着隋朝大一统格局的重新奠定,这一局面从政治角度而言已经废止。

隋代二世以后之所以要建东都洛阳,一方面,与加强对关东和江南地区

---

[1] 参见杨宽:《中国古代都城制度史研究》,上海古籍出版社1993年版,第169页。

控制密切相关；另一方面，与中国经济重心自西北向东南转移有所关联。洛阳地处新开凿的大运河南北交汇点，地理位置尤为重要，特别是经过多年开发以后，关中地区土地逐渐贫瘠，自然生态的变迁叠加气候条件的变化，使得整个关中地区无力负担日益扩大的都市非农人口。较之长安，洛阳拥有运河的交通便利，有江南充足的粮草供应，因此到隋炀帝时期，新建洛阳就迫在眉睫。仁寿四年（604）十一月癸丑，隋炀帝在巡幸洛阳时下诏说，洛阳的地理位置"控以三河，固以四塞，水陆通，贡赋等""今可于伊、洛营建东京，便即设官分职，以为民极也"。①据《隋书·炀帝纪》记载，大业元年（605）三月丁未，隋炀帝"诏尚书令杨素、纳言杨达、将作大匠宇文恺营建东京，徙豫州郭下居人以实之"。又据《资治通鉴》记载，"每月，役丁二百万人。徙洛州郭内居民及诸州富商大贾数万户以实之"。大业二年（606）春正月辛酉，"东京成"。

洛阳建成以后，隋炀帝即下令迁都于此，并徙原洛阳故城的居民及"诸州富商大贾数万户以实之"。据《隋书·地理志》记载，东都洛阳的居民有二十余万户，按每户五口人计算，洛阳人口达到一百万人以上，成为继南朝建康之后世界上第二个人口达百万的城市。随着大运河的开凿，洛阳在商业上的繁华远远超过了当时的大兴城，呈现出一幅"天下之舟船所集，常万余艘，填满河路，商贩贸易，车马填塞"②的繁华都市图景。

总结两个都城营建的特点，不难发现隋代大兴城和东都洛阳的城市建设改变了秦汉时期宫殿、官署占据城市一半以上面积，而手工业者、商人和一般市民仅分布于城市外围空间的分布格局。同时，隋朝宫殿、官署建设所占据的城市空间却更加集中，形成宫城、皇城、外郭城相套的格局，王权的至高无上和封建中央集权的专制统治在城市建设中更加突出。

二、唐初东、西二都扩建与城市营建制度的确立

隋末农民起义使得大一统的隋朝二世而亡，兴兵太原的李渊在经过一系列征伐战争后建立另一个全国性政权，继续定都长安。一般而言，国家都城的选址关系王权巩固与国家发展，受地理环境、政治形势、经济状况、军事防御、文化传承多方面影响，所谓"定鼎之基永固，无穷之业在斯"③是为此意。"唐都长安的选址建设，除了隋大兴城保存尚好、选址符合关陇集团的

---

① （唐）魏征、令狐德棻：《隋书》，中华书局1973年版，第61页。
② （清）徐松撰，张穆校补：《唐两京城坊考》，中华书局1985年版，第180页。
③ （唐）魏征、令狐德棻：《隋书》，中华书局1973年版，第17页。

利益诉求外,从城市规划设计来看,一方面旨在体现上天应命的思想,也隐含着诸多的科学因素,如长安城东北隅的龙首高地修建大明宫,就是借龙首原起伏的地势使得整座宫殿凉爽干燥,正是利用这种地形的变化,从东西两面引水,解决城市用水问题。"①

"然而,经过数年的战乱,东西二都破坏严重,修复重建工作在唐初开始进行。整个都城的复建仍然延续隋长安的营建制度。"②据程大昌的《雍录》记载:"唐都城三重,外一重名京城,内一重名皇城,又内一重名宫城,亦名子城。"③"京城皇城宫城俱因隋旧,其京城直十一街,横十四街。南北九里一百七十五步。纵十二街,各广百步。城之南横街十,各广四十七步。其皇城左右各横街四,街各广六十步。一街直安福、延喜门,广百步。夹城玄宗以隆庆坊为兴庆宫,附外郭复道,自大明宫潜通此宫及曲江芙蓉园又十宅。皇太子令中官押之于夹城,起居西外郭庑。"④杜牧之诗:"六龙南幸芙蓉苑,十里飘香人夹城。"

第一重是宫城。贞观八年(634),太宗命在大兴城原有的城市空间布局上开始兴建永安宫,封建王权至高无上的威严更加凸显。大明宫作为长安中轴的权力核心地位业已形成,以紫辰殿(内朝)—紫辰门—宣政殿(中朝)—宣政门—含元殿(外朝)—丹凤门组成的三朝巍然耸立于东北高台上,诗人王维看过其宏大规模后在《和贾舍人早朝大明宫之作》一诗中叹道:"九天阊阖开宫殿,万国衣冠拜冕旒。"

唐长安的第二重名曰皇城,是唐王朝中央官署和宗庙所在。位于宫城以南,北面以横街同宫城相隔,东西墙为宫城东西城墙之延伸。皇城南面有门三,东西门各有二,南面正中的朱雀门是皇城正门。皇城内有东西向横街5条,南北向纵街7条,"各广百步"的街道共12条,其中承天门外宫城和皇城之间的东西向横街,文献记载宽300步,经考古勘探残宽约220米。各街道间分布着中央官署及其附属机构,并以承天门至朱雀门大街即中轴大街为界,左有太庙,右设太社。当时之人多以皇城来代表长安城,韩愈诗中"绿槐十二街,涣散驰轮蹄"即为例证。

第三重京城亦为外郭,是官吏、百姓居住区所在。"京城形制呈规整的长方形,从东、西、南三面环抱皇城和宫城,周长约36744米。京城共设有城

---

① 张蓓佳:《唐两京城市选址布局与城市规划设计的文化阐释》,湖南工业大学硕士学位论文,2012年。
② 关于城市的重建扩建在前文已有述及,不再赘述,这里重点论及城市营建制度。
③ (宋)程大昌撰,黄永年点校:《雍录》,中华书局2002年版,第50页。
④ (明)赵廷瑞修:《陕西通志》上册,三秦出版社2006年版,第558页。

门13个，北面开4门，东、西、南三面各开3门，其中南城墙正中的明德门为外郭城正门，有五个门道，各宽5米，进深18.5米，5个门道中只有东西两侧的2个门道有车辙痕迹，有的车辙是从中间3个门道绕至两侧的门道通行的，可以推测最外侧的两个门道可通车辆，其次的两个门道可通行人，正中的门道则为皇帝专用御道"①，其余各门均为3个门道。京城内有南北向纵街11条，东西向横街14条，其中通南面三门和东、西六门的六条大街是长安城的主干大道，特别是南起外郭城正门明德门。中过皇城正门朱雀门，南到宫城正门承天门的南北向朱雀大街是长安城内最宽的街道，宽约350—355米，两边还有宽约3米的水沟，长安城即以此街为中轴线左右对称布局。京城内纵横交错的街道将全城划分为110坊和东、西两市，使长安城平面形成棋盘式的方正格网布局。以朱雀大街为界，东有55坊和东市，属万年县。西有55坊和西市，属长安县。

从前述唐长安城市空间布局可以发现其受到礼制规范的影响。"匠人营国，方九里，旁三门，国中九经九纬，经涂九轨，左祖右社，面朝后市"所包含的儒家文化思想，对唐都长安城市规划影响极大。"皇城南部太庙和社稷坛分列左右，符合周礼。郭城东西两面各三门相对，形成三条横街，即九纬中的三纬，北面虽不限于三门，但至少有三条是由南面的三门向北延伸的，实际上形成九经九纬局面。"②宫城、皇城虽然不在中央，但仍在全城中轴线上，其余祖、社、市、坊均以此为核心对称布局，所以，"择中立宫"是唐长安城规划的核心思想，也符合中国传统文化观念。因此，可以看出唐前期的长安城形成了宫城、皇城即城市的政治中心区，位于整个城市北部正中，与外郭城形成三城相叠，并以直通宫城、皇城及外郭城正门的朱雀门大街为中轴线的左右对称布局。

唐初洛阳城所处位置北依邙山，南望伊阙，西至涧河，东逾瀍河，规模宏伟，规划完善。东都洛阳城筑于隋大业元年（605）。起始为别于西京长安而称"东京"，大业五年（609），"有诣阙言事者称，一帝二京，事非稽古，乃改为东都"③。隋亡唐兴后，于唐太宗贞观六年（632）改称为洛阳宫，高宗显庆二年（657）再次成为东都，至光宅元年（684）改称神都。天授元年（690）武则天称帝，建立武周政权，以神都为周都。神龙元年（705），中宗李显复

---

① 中国社会科学院考古研究所西安唐城工作队：《唐长安城明德门遗址发掘简报》，《考古》1974年第1期。
② 史念海：《中国古都和文化》，中华书局1998年版，第525页。
③ （宋）李昉等：《太平御览》卷156《州郡部·二·叙京都下》，中华书局1998年版，第760页。

位,又改神都为东都。

关于洛阳城市营建制度的记载多见于各种唐代典籍,如《新唐书·地理志》载:"皇城长千八百一十七步,广千三百七十八步,周四千九百三十步,其崇三丈七尺,曲折以象南宫垣,名曰太微城。宫城在皇城北,长千六百二十步,广八百有五步,周四千九百二十一步,其崇四丈八尺,以象北辰藩卫,曰紫微城,武后号太初宫。上阳宫在禁苑之东,东接皇城之西南隅,上元中置,高宗之季常居以听政。都城前直伊阙,后据邙山,左瀍右涧,洛水贯其中,以象河汉。东西五千六百一十步,南北五千四百七十步,西连苑,北自东城而东二千五百四十步,周二万五千五十步,其崇丈有八尺,武后号曰金城。"据考古实测,"城墙皆夯土版筑,宽度为1520米。除西城墙没有开门外,其余三面城墙共开8门。其中,南面中间的定鼎门为洛阳正门,开有三个门道,中间门道宽约8米,两侧各宽7米左右,洛阳即以定鼎门内大街为中轴线。外郭城内的街道将外郭城划分为103个坊和3个市"①。

洛阳城虽如长安一般形成了棋盘格布局,但又略有不同。从上述记载可见,洛阳亦为三重城,即外郭城、皇城和宫城。皇城和宫城等都位于都城地势较高的西北隅。皇城围绕在宫城的东、西、南三面,皇城之东为东城,东城北为含嘉仓城。"皇城长千八百一十七步,广千三百七十八步,周四千九百三十步,其崇三丈七尺,曲折以象南宫垣,名曰太微城。"②

宫城在皇城北,"长千六百二十步,广八百有五步,周四千九百二十一步,其崇四丈八尺,以象北辰藩卫,曰紫微城,武后号太初宫"③。宫城平面呈方形。城墙也为夯土版筑,宽度约为1516米。宫城两侧各有东、西隔城,隔城外侧有东、西夹城。宫内正殿为含元殿,北为贞观殿,再北为徽猷殿。宫城正殿为乾元殿,是在隋宫城正殿旧址上建造的,武则天将其改为明堂。《资治通鉴》述及明堂的宏大规制,"高二百九十四尺,方三百尺。凡三层:下层法四时,各随方色;中层法十二辰;上为圆盖,九龙捧之。上施铁凤,高一丈,饰以黄金。中有巨木十围,上下通贯,栭栌橕楪藉以为本。下施铁渠,为辟雍之象。号曰万象神宫"④。在武则天时代,洛阳经过不断扩建改建,最终成为神都。但到安史之乱爆发以后,"宫室焚烧,十不存一,百曹荒废,

---

① 中国科学院考古研究所洛阳发掘队:《隋唐东都城址的勘查和发掘》,《考古》1961年第3期。
② (宋)欧阳修、宋祁:《新唐书》卷38《地理志》二,中华书局1975年版,第982页。
③ (宋)欧阳修、宋祁:《新唐书》卷38《地理志》二,中华书局1975年版,第983页。
④ (宋)司马光:《资治通鉴》卷204,中华书局1956年版,第6454页。

曾无尺椽。中间畿内,不满千户,井邑榛棘,豺狼所嗥"①。自此以后,洛阳失去了昔日的荣耀,除了五代十国时期有后梁、后晋、后汉等短命王朝将其作为都城以外,再也没成为统一王朝的都城。

根据以上材料可以看出,唐洛阳城的布局和长安城相比略有不同,即宫城和皇城位于整个城市的西北部而不是位于城市的北部正中,造成这种不同的原因应与长安和洛阳各自所处的地理环境有关。另外,最外是外郭城。《新唐书》载:外郭城"东西五千六百一十步,南北五千四百七十步,西连苑,北自东城而东二千五百四十步,周二万五千五十步,其崇丈有八尺,武后号曰金城"②。

三、隋唐都城营建制度的影响

隋唐两代先后对长安和洛阳二都进行了规模不等的重建和扩建,但总体上可以看出基本遵从中国古典城市形制的基本规则,以皇权为中心,突出政治权力在整个城市空间中至高无上的地位。长安和洛阳东、西二都以其宏大规模、合理规划、突出权力中心、严整形制等特点而称著世界,在中国古都营建制度上出现了一个大的转型,成为古代都城发展的典范,对中国和世界都城规划和建设都产生了极其重要的影响。

首先,隋唐都城营建制度对中国古代城市营建有着里程碑式的意义,尤其是确立并实施了以皇权为中心的城市空间布局。

长安与洛阳的规划和建设是科学性与艺术性的统一,宏大规模与细部精巧布局的统一,继承与发展的统一。在两京形制中,象征封建王权的宫城、皇城是都城建设的主体,形成宫城、皇城、郭城三城环套的格局,体现了丰富的礼制特征与风水学说。毕沅在《长安志》注文中说:"皇城前面四行坊,象征四季。九排象征周礼王畿九辅,十三排象征十二月加闰月。中国古代由于对一些天文、生物等自然现象的认识而形成一些'风水'、'八卦'的观念,对城市和建筑的布局是有影响的。"宋代张礼记载:"即横岗之第五爻也,今谓之草场坡,古场存焉。宇文恺城大兴,以城中有大土岗,东西横互,象乾之六爻,故于九二置帝王之居,九三置百司,以应君子之数,九五贵位不欲常人居之,故置元都观、大兴善寺以镇之,元都观在荣业坊,大兴善寺在靖善坊,其岗与永乐坊东西相宜。"③这种格局一直被宋、元、明、清时期的京城

---

① (后晋)刘昫等:《旧唐书》,中华书局1975年版,第3457页。
② (宋)欧阳修、宋祁:《新唐书》卷38《地理志》二,中华书局1975年版,第982页。
③ (宋)张礼撰注:《游城南记》,中华书局1985年版,第2页。

所沿用,"盛唐宫城内殿配置所表达的'五门三朝'制和'前朝后寝'的理念,朝殿、祖庙、社稷坛三位一体和'左祖右社'的空间表现形式,则给中国古代都城的建造结构框定了遵循不改的礼制;城市规划中强调南北轴线,'T'字形宫廷广场与对称布局的原则,更给中国地方城市点拨出营造法式的传统"①。

二都规制的设计,体现了儒家封建礼制追求"天意"不可违,君臣、长幼等尊卑有序的理念,同时,进一步对传统文化中礼与乐的和谐共生思想有所借用。礼者,天地之序也;乐者,天地之和也。序,故群物皆别;和,故百物皆化。依据这一规划理念而建造的都城,使中国古代城市显示较为突出的有序感、整体感和较为统一的礼制规划风格。② 这种规划在古人所信奉的神明崇拜及君权神授上体现了"天人合一"思想,将代表天与人的中介桥梁——天子的皇宫或其他的主要建筑布置在中心位置,其隐含的思想即人类对大自然的敬畏,追求与自然的沟通与和谐。这一规划具有如下几点意义:"其一,将社会生活纳入一个有序系统,与之前的杂乱无章相较,从系统的意义上看,是为一种进化的体现;其二,都城面南背北的主体格局,符合北方的气候特点,便于采光,且符合人类(主要是统治者)的安全防卫需要。都城宫殿五门三朝与前朝后寝之制,布局规整、重点突出、主次分明。强化了宫殿庄严气氛,造成了宏伟壮丽的景象,显示出封建帝王至高无上的专制权威。"③

"东西二都改变了秦汉时期宫殿、官署等建筑占据城市一半以上城市空间,而手工业者、商人和市民仅占据城市外围的格局。一方面,宫殿衙署建筑所占据的城市空间缩小,但是却更加集中,中央集权的专制统治在城市建设中更加突出,政治对城市建设的干预作用非但没有减弱,而是进一步加强,城市仍然首先是政治中心"④;另一方面,外郭城坊里居民住宅区扩大,都城的经济、文化功能增强。"从长安城各部分建筑面积比例看,宫城面积4.2平方公里,约占全城总面积的5%。皇城面积5.2平方公里,占总面积的6.19%,其余的74.6平方公里,即为外郭城中的坊里住宅区和道路、河渠等面积,约占全城总面积的88.8%,这比汉长安城宫殿区占全城面积2/3以上,居民住宅区占全城面积不到1/3,显然是有了很大的发展。"⑤

---

① 李孝聪主编:《唐代地域结构与运作空间》,上海辞书出版社2003年版,第264页。
② 参见庄林德、张京祥编著:《中国城市发展与建设史》,东南大学出版社2002年版,第166页。
③ 武前波、崔万珍:《中国古代城市规划的生态哲学:天人合一》,《现代城市研究》2005年第9期。
④ 何一民:《中国城市史纲》,四川大学出版社1994年版,第96页。
⑤ 康震:《唐长安城宏观布局与初盛唐诗歌》,《陕西师范大学学报》(哲学社会科学版)2002年第3期。

这里需要强调的是,隋唐时期东、西二都的建设,深受天人合一思想的影响。"从洛阳、长安城市的最初选址看,所选之地为水源充足、土地肥沃、生物多样化的河流与湖泊、交通便利之区域。因为在这样的地方人类最基本的生活所需均可以得到满足。从中可以反映出地理环境各要素对城市发展起到重要的影响作用,在这里天人和谐的思想得到了体现。洛阳、长安的选址,其一,满足了人类的生存及安全的需要,如衣食住行或特定的政治、军事与经济贸易的需求。其次选址与自然环境协调一致,顺其自然,因势利导。创造了宜人的生态居住环境,使人类文明生生不息地传承下去。"[①]古人在选择都城地址之初,将满足人类的物质和精神需求作为考虑选址的前提条件,明晰人类来自自然,并终究回归自然的发展规律,将人与自然看作一个有机统一的整体,认为人与自然之间相互依赖、循环有序、生生不息。长安作为都城的建造,出于控制广大疆域,考虑到宏观和微观区位层次或政治、经济因素,最终将接近于中国版图几何中心的长安作为都城。之后,仍然定都长安,则是出于经济腹地的考虑,并开通了西北与东南向的大运河。洛阳作为陪都,则是考虑其距离长安这个政治中心较近,且水运便利。无论长安抑或洛阳,共通之处为城址的选择和规划,无不与其所处的地理环境及本身所具有的区位条件有关,并在生态哲学意义上,考虑人与自然的相互作用、相互协调和共同发展,充分体现了古人城市建造的天人合一的理念和思想。

其次,隋唐东、西二都营建过程中确立的中国古代城市营建制度,对地方性城市的营建产生了较大影响,众多地方城市在营建过程中也纷纷以此为蓝本,将官衙建筑置于城市空间的核心位置,以突出国家权力在地方行政中的权威性。隋唐长安、洛阳确立的城市营建制度对中国古代城市的规划与营建都有很大影响。在隋唐时期,一些地方城市也陆续采取这一营建制度加以规整,如扬州、杭州、成都等城市在营建和扩建中都将官署设置在城市空间的核心区域。

"隋唐扬州城是继西京长安和东都洛阳之后规模最大、最为重要的地方城市,也是隋唐时期中国对外交往的重要港埠,在中国城市发展史上具有重要的意义。"[②]

隋唐扬州城即今扬州市区和北郊,位居长江下游北岸,地当长江两岸南

---

① 武前波、崔万珍:《中国古代城市规划的生态哲学:天人合一》,《现代城市研究》2005年第9期。

② 宿白:《隋唐城址类型初探(提纲)》,载《纪念北京大学考古专业三十周年论文集》,文物出版社1990年版,第279页。

北交通之要冲。扬州亦称广陵,或称江都,建城历史悠久。隋朝于此设扬州总管府,隋炀帝大业时营建江都宫。唐代在此设大都督府,以后又为淮南节度使府。隋唐以前的城址均建在扬州北部蜀岗之上。随着经济的发展和繁荣,扬州的城市规模进一步扩大,约在盛唐或稍后,在蜀岗之南的平原上修建了罗城,至此扬州城发展到了鼎盛时期。唐末五代扬州城遭受战火洗劫,而沦为废墟。唐以后的扬州府城是在唐罗城的基础上修建的。五代后周在罗城东南隅筑城,称为周小城。日本求法僧圆仁《入唐求法巡礼行记》卷一所记"扬府南北十一里,东西七里,周四十里"的规模相吻合。考古显示,"罗城四周城墙上共探出城门7座,其中西城墙上2座,南城墙上3座,东、北城墙上各1座"①。

唐代的扬州,水陆交通发达,商业繁盛,人文荟萃,富庶繁华,不仅在江淮之间"富甲天下",而且是中国东南第一大都会,时有"扬一益二"之称。同时,随着运河的通畅、经济的繁荣和人口的增多,唐代扬州城规模扩大,在蜀岗平原另建了新城"罗城",形成了连贯蜀岗上下的双城局面。杜荀鹤的《送蜀客游维扬》咏道:"见说西川景物繁,维扬景物胜西川。青春花柳树临水,白日绮罗人上船。夹岸画楼难惜醉,数桥明月不教眠。送君懒问君回日,才子风流正少年。"从诗中可以看出,唐时的扬州城犹如一座美丽的大花园;从姚合"园林多是宅,车马少于船"的诗句中可以想见当时居住建筑与园林的结合已蔚然成风。

自秦代修筑龟城以后,成都长时间维持大城和小城的城市格局。然而,随着唐代社会经济的发展,尤其是商品经济的不断繁荣,原有的城市格局已然不适应需求。唐末西川节度使高骈,以墙垣湫隘、城小难守,上表请筑罗城以御敌保民,他在上疏中详细道出了增筑的原委,"臣当道山河虽崄,城垒未宁。秦张仪收蜀之时,已曾版筑。隋杨秀守藩之日,亦更增修。坚牢虽壮于一隅,周匝不过八里。自咸通十年以后,两遭蛮寇攻围,数万户人,填咽共处,池泉皆竭,热气相蒸,其苦可哀,斯弊可恤。……臣今欲与民防患,为国远图,广筑罗城,以示雄阔。将谋永逸,岂惮暂劳"②。唐罗城始筑于乾符三年(876),至十一月成,"每日一十万夫,分筑四十三里,皆施广厦,又砌长砖……役徒九百六十万工,计钱一百五十万贯"③,其周长25里,外砌包砖,上修"楼橹廊庑"五千余间,并有马面、瓮城等。罗城的正式名称为"太玄

---

① 李裕群:《隋唐时代的扬州城》,《考古》2003年第3期。
② (唐)高骈:《请筑罗城表》,载(明)杨慎编,刘琳、王晓波点校:《全蜀艺文志》卷27,线装书局2003年版,第717页。
③ (清)董诰等编:《全唐文》,中华书局1983年版,第911页。

城",因其环绕于秦旧城之外,故亦称大城。王徽的《创筑罗城记》对城墙有更详细的记载:"凡二十五里,拥门却敌之制复八里。其高下盖二丈有六尺,其下广又如是,其上袤丈焉。陴四尺……而瓷甓涂锴,既丽且坚。……其上建楼橹廊庑,凡五千六百八间,薨桷栉比,闉阇鳞次"。①《资治通鉴·唐纪》"僖宗光启三年"载有唐成都罗城7道门的名称:南为万里桥门、笮桥门,东为大东门、小东门,西为大西门、小西门,北为太玄门。

另外,唐亡后,历朝历代都将这一思想的精髓运用在城市营建中,如宋代东京汴梁、金朝中都是明显的例证。而到了元、明、清三代,随着北方少数民族的进入,国家政权中心北移而奠都北京,北京城经过三代的不断兴建和扩建,城市规模日益增大,但是以凸显皇权为中心的城市空间布局仍然没有改变,逐渐形成了以紫禁城为中心的对称格局。

最后,隋唐长安与洛阳是东方古典城市营建制度的典范,其都城形态布局对周边民族地区和所谓的中华文化圈的国家产生了深远的影响。这从一个侧面反映了作为统一的隋、唐帝国,不仅对自己边州郡国的文化发展产生了直接的模式性影响,而且对毗邻国家的文化发展也起到了深远的导向性作用。

隋唐时代边远地区及少数民族地区的城市在中原王朝的影响下,也逐步开始采取新确立起来的城市营建制度。在西经略域筑城中,先后按照既定形制筑高昌、北庭、交河等城。高昌故称西昌,高昌名始见于《前汉书·西域传》。高昌故城,在吐鲁番东约25公里,胜金口以南二堡和三堡之间,从胜金口流出的木头沟水,经过二堡流入故城中。从现有城址看,高昌城可分为外城、内城及北面的宫城三部分。宫城遗址在全城的北部,呈长方形,宫城北墙就是外城的北城垣,宫城南墙为内城的北垣,城内殿基很多。外城东南大寺附近的坊保存完整,寺东南的坊有两排很整齐的建筑遗址,与今天天山以南居民经常建造的纵券顶长筒形的房屋一样。北庭古城遗址在今新疆吉木萨尔县北约12千米处的后堡子古城,南依天山,北望沙漠,扼守东西交通要道,与天山南麓的高昌、交河遥望。北庭城现存形制基本形成于隋唐至宋元时期。西汉时期,北庭是车师后国之地,东汉末年是于赖城,隋末唐初称为可汗浮图城,唐朝在此城基础上建立庭州城,成为北庭大都护府治的所在,宋代此城名别失八里,是高昌回鹘族的陪都。北庭的形制分宫城、内城、外城,北庭城的内、外、宫城在构筑方法上有明显区别,外城包括羊马城

---

① (唐)王徽:《创筑罗城记》,载(明)杨慎编,刘琳、王晓波点校:《全蜀艺文志》卷33,线装书局2003年版,第869页。

属于一个系统,主要为唐代修筑,内城、宫城是一个系统,主要为高昌回鹘时期修筑。外城的形制反映出强烈的军事性。内城和宫城的形制反映出高昌回鹘时期陪都的性质,一度有城容壮丽、市肆繁华的景象。唐代的交河城(雅尔湖古城)城址在吐鲁番城西10千米处,位于两条宽而深的河床之间狭长地带上,两河在城南汇合,交河城名称由此而来。城外的河流已完全干涸,城市的废弃与此有关。高大庙宇均在城市中部,建筑形式多不一致。

除以上隋、唐两代直接管控下修建的城市外,在当时仍属版图范围之外的"外服"所属亦受到中原城市营建制度的影响。渤海国上京龙泉府城的形制和皇城、宫城的位置,以及道、里、巷、市的布局,几乎是当时唐长安城的缩小版。渤海国是唐至五代期间,由粟末靺鞨在东北地区建立的地方民族政权。上京龙泉府是渤海建都时间最长、规模最大、布局最为完备的都城。该城位于今黑龙江省宁安市境内的河谷盆地,西濒忽汗河(今牡丹江),故称忽汗城。城制和布局明显仿照唐长安城,为横长方形。全城分为宫城、皇城、外郭城三部分。宫城、皇城位于外郭城北部中央,宫城之内,南北分布着五座宫殿,属前朝后寝之制。皇城在宫城前,为官衙所在。外郭城周长16296米,设10个城门,由纵横街道分成若干居民里坊。皇城南门前的南北中轴大街最宽,俗称"朱雀大街",各里坊四周筑墙。

朝鲜半岛在隋唐时期与中原地区联系紧密,多次派遣唐使前来学习中华文化,在城市营建上也打上了深深的中原文化烙印。高句丽平壤城时期,其受中国都城制度的影响进一步增强,采用了方格网道路体系,开设南北大道,城内出现普通居民区,宫城配置在居民区之北等法,但仍然没有筑造外城,可能和庆州一样,以周边山城取代了外城墙的功能。

与其相类似,汉城这个于1394年李朝设立的首都,1412年设立行廊造成都监,监督建设工程,在市中心建设起商业作用的"市廛行廊"。这些行廊密集在当时汉城的几何中心——今日之钟路、景福宫南大门到钟路一带,敦化门、南大门等干线道路的两侧。几乎所有主要道路两旁都建成了行廊,而不是在某个区段才有,规模远较高句丽开京为大。商业行廊的建设除了以这种形态取代集中的"市"以外,"还有界定干道宽度、避免民宅侵占的意图。区分了干线道路和行廊背后的建筑,形成了朝鲜时代汉城城市空间布局"①。在延续五百多年的时间里,用朝鲜历史学家的话来说,是"田园式的中国首都"。"汉城模仿古代中国的模式,以行政中心的方式布局:由王室

---

① 李华东:《朝鲜半岛古代建筑文化》,东南大学出版社2011年版,第31页。

官僚统治,四周有城墙围绕。"①其核心景福宫,是汉城规模最大、最古老的宫殿之一,是韩国封建社会后期的政治中心。其名来自《诗经》中"君子万年,介尔景福"这句诗。

"日本最早的主要城市——大阪、藤原京和奈良皆从中国皇城长安有意借鉴而来。公元前794年,日本人在平安(京都)建造了永久性的新都城,其人口超过10万人。这个城市以皇室为中心,在一千多年的时间里是日本正式首都。"②日本都城的发展也深深烙下了隋唐长安与洛阳影响的痕迹。如日本藤原、平安、长冈、平城诸京,外城一般都近似方形,宫城位于全城中央偏北,宫城殿堂沿中轴线对称分布,南北中轴线将全城分为东、西两部分,在城东南、西南各布置一个市场,井田式网状道路、街区环绕宫城分布等,无不是对中国都城制度的移植和嫁接,甚至连中心大路和宫城正门的名称朱雀路、朱雀门也直接为其所用。以公元8世纪的日本都城平城京来说,它由外城和宫城等组成,平面呈长方形。外城南北长约4800米,东西宽4300米。在城东侧还有一个东西宽约1600米、南北长约2100米的外京。全城面积约为唐长安城的四分之一。宫城位于全城北部正中,由宫城而南到南郭城正中有一条南北大道朱雀大街,宽约85米,是城内最宽的街道,且为中轴线,将全城分为东、西两区。宫城与城郭之间,用大小纵横的街道,将全城分成许多小区,内设里坊。朱雀大街东、西两侧设东、西两市。宫城内正中偏东南,有举行大典的朝堂院等宫廷建筑。宫城南部,置有兵部、大藏、宫内等各省及弹正台、卫门府等官署。整个城市布局,除在左京东增加一个外京之外,其他平面布局、里坊设计也几乎与隋唐长安相仿。

第二节 市坊制与城市社会管理

隋唐时期的城市管理制度,以相对封闭的坊市制为核心,把城市居民生活和商业活动限制在一定区域内,实行时间和空间上的双重制约。唐代都城长安的外郭城,除坊与市之外,还存在一些重要的空间区域,即街。因此,唐代城市的管理区域可分为坊、市、街三个部分。坊以鼓声为准,由坊正负责坊门的启闭,违反规定要受到处罚。夜晚全城街道实行严格宵禁,官员也不例外。居民被固定在坊内封闭的空间里,不得破坏坊墙。市的形制较之以前也更加规整方正,而且还建立了完备的市署官吏系统,对市场的管理主

---

① [美]乔尔·科特金:《全球城市史》,王旭等译,社会科学文献出版社2006年版,第19页。
② [美]乔尔·科特金:《全球城市史》,王旭等译,社会科学文献出版社2006年版,第19页。

要为管理交易、平准物价和定时贸易。对街衢的管理主要体现在警卫、治安方面。唐后期至五代，坊和市的界限逐渐被打破，商业活动逐渐扩展到市以外的区域，扬州、汴州等大城市出现了夜市，不再严格执行坊市分开、日落闭市等制度。新的城市社会管理制度亦由此产生。

一、市坊制的演变与基本职能

市坊制是中国古代的一种城区规划和市场管理的制度，亦称坊市制。从西周到唐代，城市建置的格局一直是市（商业区）与坊（汉代称里，即住宅区）分设，市内不住家，坊内不设店肆。从战国时起，统治者为了有效控制城市居民，将城市划分成若干封闭性的小区。这种封闭性小区在汉代称里，汉以后称坊。汉代的里四周修有围墙，每面有门，里内修有几条纵横的街，居民的住宅沿街修筑，"室居栉比，门巷修直"。里内设有"弹室"，专门弹压平民，每街设有亭长，负责管理本街的居民。里每天定时开闭门，居民的生活和行动受到严格的时间限制。里为居住区，不能设手工业作坊和商店。政府在里之外另设专门的市，一切经济活动和民间娱乐活动都限制在市内进行，政府对市实行严格的监督控制，设有专职官吏管理。隋唐时期市坊制更趋完善、规范，管理也更加严格。每个坊区四周也都筑有围墙，坊门天明击鼓而开，日落击鼓而闭，夜间不得随便出入。市场交易也限制在白天，市区之外不准交易。但到唐后期，随着城市经济的发展，一些工商业发达城市的市坊制度渐告废弛。

封闭式的里坊制起源于先秦，从西周到秦汉，城市中居民聚居的基本单位叫作"里"，最早的封闭性管理理论见于《管子·八观篇》，其目的是减少犯罪机会，维护社会治安。杨宽先生认为，"北魏于景明元年（502），征发五万人，一次筑成三百二十个里坊，这是中国城市建设史上，第一次有计划地把居民的'里'整个建成，作出了整齐的规划，规定了统一的规格"①。事实上，曹魏邺城已经出现统一规划的里坊布局。早在道武帝迁都兴建平城（今山西大同）时，就模仿邺城、东汉洛阳和汉长安城，"太祖（道武帝）欲广宫室，规度平城四方数十里，将模邺、洛阳、长安之制"②。孝文帝迁都洛阳后，其总体布局与邺城如出一辙，只是规模更大，设施更完善。隋唐制度渊源主要来源于北魏、北齐。城市规划也受到邺城和北魏洛阳的直接影响。唐长安把里坊制推向顶峰，可谓承前绝后。里坊制是封建社会都城"礼"与

---

① 杨宽：《中国古代都城制度史研究》，上海古籍出版社1993年版，第217页。
② 于希贤：《中国传统地理学》，云南教育出版社2002年版，第214页。

"法"结合的产物,左思的《魏都赋》把曹魏邺城的规划思想归纳为"览荀卿,采萧相",荀子是儒家的革新派,既维系儒家礼制,又对传统做出新的解释。① 在天人关系上,提出"明于天人之分"的思想,"天行有常,不为尧存,不为桀亡"②,也提出了"礼者,法之大分,类之纲纪也"的"礼""法"相济思想。③ 曹操"挟天子以令诸侯",与春秋时期一样,必先"尊王",崇尚"礼制",方能名正言顺,同时,残酷的战争局势又推行"法"制,严格管理,所以,曹魏邺城集宫城礼制、严谨里坊、网格道路于一体,对汉唐都城建设起到了承前启后的作用。

作为一种封闭的管理模式,里四周皆筑墙,由专职官吏负责定时开启里门并检视出入者。据记载,春秋时期的齐国都城临淄便规定"筑障塞匿,一道路,抟(专)出入,审闾闬,慎筦(管)键,藏于里尉;置闾有司,以时开闭。闾有司观出入者,以复于里尉"④。北魏洛阳"东西二十里,南北十五里……方三百步为一里,里开四门,门置里正二人。吏四人,门士八人"⑤。直至唐代,其坊制管理亦与此前的里制管理相同,置坊正,"掌坊门管钥","五更开坊门,黄昏闭门"。坊门一旦关闭,街上即行人断绝,否则视为"犯夜"。其间,仅有持县、坊文牒之婚嫁者、病人等例外。除特权者之府第可以当街开门而外,城市其他居民皆由里坊之门出入,否则,按唐律,"越坊市垣篱与越官府廨垣同罪,杖七十"。

自起源始,虽然中国早期城市建设非常注重对街道的规划,如《周礼·考工记》记载:"匠人营国,方九里,旁三门。国中九经九纬,经涂九轨",但是,在"制其地域而封沟之"的建设模式下,除极少数"北阙甲第"可以"当道直启"而外,其时的街道两侧全为坊墙。直至唐代德宗贞元年间,仍规定"非三品以上,及坊内三绝"勒令禁止"向街门户"。⑥ 与此同时,直至唐代,为治安起见,城市中亦长期实行宵禁,即所谓"禁街整肃,以绝奸民",每至夜晚街道上即空无一人,"六街鼓歇行人绝,九衢茫茫空有月"。⑦ 由此而导致的结果是:"一方面,封闭的坊墙阻隔了街道与两侧用地活动的横向联系,另一方面,'宵禁'政策更限制了街道功能的多元发挥,从而使中国早期

---

① 参见贺业钜:《中国古代城市规划史》,中国建筑工业出版社1996年版,第440页。
② 张岱年主编:《中国哲学大辞典》,上海辞书出版社2010年版,第661页。
③ 参见张岱年主编:《中国哲学大辞典》,上海辞书出版社2010年版,第331页。
④ (春秋)管仲:《管子》,辽宁教育出版社1997年版,第9页。
⑤ (北魏)杨衒之著,周祖谟校释:《洛阳伽蓝记校释》,上海书店出版社2000年版,第227页。
⑥ (清)王溥:《唐会要》卷86,中文出版社1978年版,第1576页。
⑦ 杨鸿年:《隋唐两京坊里谱》,上海古籍出版社1999年版,第289页。

城市中街道的功能仅停留于'通道'这一层面,扼杀了街道的公共性"①,由此而导致早期中国城市中街道的功能异常单一。

市的四周以垣墙围圈,四面设门。市门朝开夕闭,交易聚散有时。市的设立、废撤和迁徙都由官府以命令行之。市内店铺按商品种类区分,排列在规定地点,称为"肆"或"次"。政府设有管理市场的专职官吏,上市商品、参与交易的人、度量衡、交易契据以及价格的评定、市税的收缴等,都在市官的监督和管辖之下。秦汉时在市内营业的商人都有市籍,需缴纳市租,社会地位较为卑贱。从京城到郡府州县均有市,同样设有市官管理。

唐代城市工商业较前发展,市区规划整齐,被看作历代市坊制度发展的顶峰。唐代将城市居民按坊居住并进行管理,形成了统一的城市格局。诗人白居易曾在《登观音台望城》一诗中生动地描述了市坊制下长安城整齐划一的概貌:"百千家似围棋局,十二街如种菜畦。"结合当时的社会条件,唐代政府对"市"也有一套专门的管理制度。根据城市的封建等级(而不是根据实际需要)来确定不同城市建立坊区数目,并强行规定物品的价格和交易时间,"凡市以日午,击鼓三百声而众以会;日入前七刻,击钲三百声而众以散"②,具有明显的行政干预色彩。

唐代的市坊制将市、坊严格分开,并将居民区用围墙圈起来,坊门定时起闭,实行宵禁。启闭的信号原为各街传叫,贞观十年(636)以后,以鼓为号,晓鼓三千,暮鼓八百。诗句"六街鼓歇行人绝,九衢茫茫空有月"③就是描写长安城宵禁的情景。同时,政府还规定"诸非州县之所,不得置市",忽略了各地经济发展的现实情况和消费者的实际需要,导致唐代后期草市大量出现。

唐代后期,州县治所乡镇集市贸易普遍,且有较快的发展。当时城镇集市交易称为草市、墟市、野市等,多分布在城郊附近或水陆交通要冲。在魏晋南北朝时代就已有草市,到了唐代已普及州、县治所或重要城镇。当时岭南人称草市为"墟",蜀人称"阂",江南人称"亥",北方人称"集"。草市每隔三五日交易一次,定时开放和关闭。

市坊制基本上能够满足城市居民经济生活的需要,对于唐代前期城市经济的恢复和发展起到了积极的作用。尽管市坊制将市场交易局限在市中,交易地点有严格的限制,然而实际上在实行市坊制的唐代前期,即使是

---

① 按东汉许慎《说文解字》中的解释:"街,四通道也"。
② (唐)李林甫等撰,陈仲夫点校:《唐六典》,中华书局1992年版,第544页。
③ (清)杜文澜辑:《古谣谚》,中华书局1958年版,第974页。

长安的坊中也仍有一些私下的商业活动存在。

随着商品经济的发展,到唐代后期,商业活动渐渐不限于两市,在两市邻近的各坊和城门附近已有手工业者和商人设店、摆摊售货;大城市开始出现夜市。北宋年间,这种自古相沿的市坊制已被打破,市场的地域限制和时间限制随之取消。明清以后,逐渐发展成近代的市场规模。

二、"市"制与城市市场管理

所谓的"市坊制"就是,市是商业区,坊是住宅区;按市坊制规定,市区不建住宅,坊区不设商店。到9世纪时,长安城内出现夜市,崇仁坊等处"昼夜喧呼,灯火不绝",从而打破了唐王朝关于夜间不能进行商业活动的禁令。

隋代及唐代前期,商业交易大都在国家设立的固定市场中进行。但在市场中所进行的大都是一手交钱一手交货的即时交易,是市场的底层结构。隋唐朝廷对市场进行严格的控制,包括:第一,市场不能随意设立。只能由官府在州县以上城市中的固定区域设置。唐中宗景龙元年(707)规定:"诸非州县之所,不得置市。"[1]市场与城市住宅区的坊分开,范围一般较坊为大,如长安、洛阳的市都占有二坊之地,但其范围在城市中所占面积仍是相对狭小的。市的四周有围墙,四面开门,是封闭型的商业交易场所。第二,市场的交易时间有一定限制。唐代规定:"凡市,以日午击鼓三百声,而众以会;日入前七刻,击钲三百声,而众以散。"[2]仍然有日中为市的古代型市场形态。第三,市场设官吏进行管理。唐代规定,凡户口满三千户以上的县,以及交通要道交易繁忙地点所设置的市,设置市令一人、史二人,以及市吏、壁师等官吏,对市场交易进行管理,评定各类商品的物价,校定交易时商人使用的度量衡器及征收商税。第四,市场中的店铺不能任意扩大经营规模,向外发展。唐中宗时规定:"两京市诸行,自有正铺者,不得于铺前更造偏铺。"[3]实际上就是不准店铺扩展营业规模。同时,隋唐时期的城市中,商业店铺被限制在市场的范围内,不准在城市中的其他居住区任意开门。唐文宗大和五年(831)规定:"非三品以上及坊内三绝,不合辄向街开门。……向街门户,悉令闭塞。""其月,左街使奏,伏见诸街铺,近日多被杂人及百姓诸军诸使官健,起造舍屋,侵占禁街,切虑停止奸人,难为分别,今

---

[1] (宋)王溥:《唐会要》卷86《市》,商务印书馆1936年版,第1581页。
[2] (宋)王溥:《唐会要》卷86《市》,商务印书馆1936年版,第1581页。
[3] (宋)王溥:《唐会要》卷86《市》,商务印书馆1936年版,第1581页。

除先有敕文,百姓及诸街铺守捉官健等舍屋外,余杂人及诸军诸使官健舍屋,并令除拆,所冀禁街整肃,以绝奸民。敕旨,所拆侵街舍,宜令三个月限移拆,如不碍敕文者,仍委本街使看便宜处分。"①这样,商业的自由发展受到极大的限制。

隋唐时期,普通州县只设一个市,较大的州县和京都,则可设二至三个市。如隋代长安设有东、西二市,洛阳有丰都、大同、通远三市。在市的内部,按照出售商品的种类划分为不同的同业组织,称为"行"。隋代洛阳丰都市内有"一百二十行,三千余肆"②。唐代洛阳的南市也有一百二十行。而唐代长安东市,"市内货财二百二十行"③。行有肉行、鱼行、绢行、丝帛行、药行、铁行、米行、秤行、鞭辔行等。行的长老称为行头、行首,办事人员称为"行人"。行既是同业商人防止内部竞争的组织,又是官府对商人求索压榨的中介。唐末武宗会昌三年(843)六月,长安东市内失火,"烧东市曹门以西十二行四千余家"④。可见长安城内市的规模之大与同行店铺之多。除长安、洛阳这样的全国性商业中心外,地方的州县市场,其形制与管理方式也都同于两京,但依据各地情况有所变通。如成都有东市、南市、北市,扬州亦有东市,夔州有西市等。在较边远的州县,市场的交易时间也较短,所谓"山县早休市,江桥春聚船",即是这种情形的写照。

关于隋唐时期"市"的管理有严格的限制和规定,政府对市场的运营和管理有着细密的规定,其职能表现在以下几个方面。

首先,政府对"市"的开放时间做了详尽的规定与相关的管理。唐代的法律中指出:"凡市,以日午击鼓三百声而众以会,日入前七刻,击钲三百声而众以散。"⑤市门的开启与关闭须按照规定的时间执行,如果有相关人员违反上述规定要受到法律惩罚。《唐律疏议》对违禁者"若擅开闭者,各加越罪二等;即城主无故开闭者,与越罪同。未得开闭者,各减已开闭一等。疏议曰:……其坊正、市令非时开闭坊、市门者,亦同城主之法"⑥。因此,各市均设"城主"即"市门监"一职,专司市门启闭和稽查,对不经市门而越坊市垣篱,或从沟渎入市者,也要受到法律制裁。唐律还对如何量刑加以说

---

① (宋)王溥:《唐会要》卷86《街巷》,商务印书馆1936年版,第1576页。
② (唐)杜宝:《大业杂记》,大业元年条,中华书局1991年版,第6页。
③ (清)徐松撰,李健超增订:《增订唐两京城坊考》,三秦出版社2006年版,第417页。
④ 张永禄:《唐都长安》,西北大学出版社1987年版,第144页。
⑤ (唐)李林甫等撰,陈仲夫点校:《唐六典》,中华书局1992年版,第544页。
⑥ (唐)长孙无忌撰,刘俊文笺解:《唐律疏议笺解》,中华书局1996年版,第634页。

明:"越官府廨垣及坊市垣篱者,杖七十,侵坏者,亦如之。"①

其次,对市场中售卖的商品设置标签,防止欺客。"京、都诸市令掌百族交易之事;丞为之贰。凡建标立候,陈肆辨物,以二物平市,以三贾均市(精为上贾,次为中贾,粗为下贾)。凡与官交易及悬平赃物,并用中贾。"②市场内出售同类商品的商店要尽可能安排在一个集中的地方,称为"行"或"肆",并插立标牌,标明行名,明示商品种类,如绢肆、布肆等,以达到便于交易,加强管理的目的。例如,在长安东市中各种贩售生产加工同类商品的商店称为"行",东市中有"货财二百二十行"。市内同业商店集中在一起,各行各业店铺排列有序,店铺之间的通道宽敞,便于顾客往来选购及货物运送。为了保持市容的规整和市内建筑物的整体规划,唐政府做了相应的规定。大历二年(767)五月敕:"诸坊市街曲,有侵街打墙,接檐造舍等,先处分一切不许,并令毁拆。"③即禁止筑墙造舍侵及市场,破坏市容。

最后,政府专职维护市场秩序,保证市场正常运行。唐律规定:"诸在市及人众中,故相惊动,令扰乱者,杖八十;以故杀伤人者,减故杀伤一等。因失财物者,坐赃论。其误掠杀伤人者,从过失法。"④所谓"故相惊动","据疏议解释是说故意谎说有猛兽之类事,使人们惊吓扰乱者,要杖八十。如因惊扰人众而导致市人死伤的,按故意杀伤人罪,减本刑一等。由于惊扰市场造成混乱而发生丢失财物的,肇事者依照坐赃论处。至于由于误会引起惊扰因而使人死伤的,按过失杀伤人罪处罚。这些法律规定说明,扰乱市场秩序者,要视其情节和造成的后果给予相应的处罚"⑤。

政府不仅在维护市场秩序上多有努力,对于市场内出现的非法政治活动也严加禁止。政府为了制止对朝廷的妄言,专门出台了相关的条例,禁止"奸言乱国":"比有无良之人,于街市投匿名文书,及于箭上或旗幡纵为奸言,以乱国法。此后所由潜加捉搦。如获此色,使即焚瘗,不得上闻。"⑥由于市场是民众集中的地方,一些利用市场来进行不利于专制集权的反政府活动时有发生,"纵为奸言,以乱国法"的行为,不单单对市场秩序是极大的扰乱,对专制集权统治也造成了极大的危害。因而,政府一向对市场中出现的流言加以禁止,若有"无良之人"出现,须做出及时响应,捉拿妖言惑众之

---

① (唐)长孙无忌撰,刘俊文笺解:《唐律疏议笺解》,中华书局1996年版,第634页。
② (唐)李林甫等撰,陈仲夫点校:《唐六典》,中华书局1992年版,第543页。
③ (唐)长孙无忌撰,刘俊文笺解:《唐律疏议笺解》卷8,中华书局1996年版,第634页。
④ (唐)长孙无忌撰,刘俊文笺解:《唐律疏议笺解》卷8,中华书局1996年版,第1875页。
⑤ 乔伟:《唐律研究》,山东人民出版社1985年版,第254页。
⑥ 周绍良主编:《全唐文新编》第1部第2册,吉林文史出版社2000年版,第984页。

人,销毁罪证,防止扩散。

三、"坊"制与城市社会管理

"坊"是隋唐时期城市空间中的基本形态之一,是城市人民生活的居住之所。隋唐的都城长安中市坊的布局相当规整。元代李好文绘制的《长安志图》卷上《城市制度》载:"坊市总一百一十一区,万年、长安以朱雀街为界,街东五十四坊及东市,万年县领之;皆西五十四坊及西市,长安领之。皇城之东尽东郭东西三坊,皇城之西尽西郭东西三坊。南北街一十四坊象一年并闰,每坊皆开四门,中有十字街,四出趣门;皇城之南东西四坊以象四时;南北九坊取《周礼》王城九达之制,其九坊但开东西二门,中有横街而已,盖以在宫城正南不欲开北街泄气,以冲城阙。棋布栉比,街衢绳直,自古帝京未之比也。"从上述记载可以发现,隋唐时期都城长安坊的数量众多,但大小不一,每个坊皆有坊门,多则4个,少则2个,每坊四围皆设围墙,将一个个坊建立成封闭的居住区,同时成为区分市与坊的界限。《城图》有细致描述:皇城之南三十六坊,各东西二门,纵各三百五十步,中十八坊,各广三百五十步,外十八坊,各广四百五十步。皇城左右共七十四坊,各四门,广各六百五十步,南六坊纵各四百步。市居二坊之地,方六百步,面各二门,四面街各广百步。

东都洛阳市坊格局分明。洛阳城因自然条件制约,没有像长安城那样整齐划一的街道,但坊市的规划并无二致。唐朝杜宝的《大业杂记》记载:"重津南百余部,有大堤。堤南有民坊,坊各周四里,开四门临大街。门并为重楼,饰以丹粉。洛南有九十六坊,洛北有三十坊。大街小陌,纵横相对。自重津南行,尽六坊,有建国门,即罗城南正门也。"洛阳城中坊的数量文献记载不一,但《大业杂记》中关于"坊"的规制值得重视。各坊的周边均有围墙,大致四里;坊有四门,四门临街,建有门楼,呈现为封闭的居民区。据研究:"隋唐洛阳里坊的街巷布局应是既有东西南北大街,有环坊墙内侧的街巷,还应有其他一些小的巷、曲。十字街再加上小的巷、曲相隔,构成了隋唐洛阳里坊的内部结构,居民住宅分布在诸巷、曲之内。"①

城市中居民出入,必须经过坊门。如长安城内,除皇城正南三十六坊,因隋文帝认为"在宫城直南,不欲开北街泄气冲城阙",因而只设东、西向的大街,只开东西二坊门外,城内被分割的光宅、翊善、永昌、来庭四坊,其余

---

① 李昌久:《隋唐洛阳里坊制度考述》,《郑州大学学报》2008年第1期。

"每坊开四门,有十字街,四出趣门"。① 长安城中各坊门昏关而晨启,定时开闭。太宗以前,依靠"诸街晨昏传叫"②作为坊门开关的指令。到贞观十年(636),太宗接受了马周的建议,在直通外郭城门的六条大街上设有街鼓,"随昼夜鼓声以行启闭"③作为坊门启闭的信号。每日五更时分,随着宫城承天门晓鼓响,六街鼓即承而振之,擂三千声,坊市门就跟着宫城、皇城、外郭城诸门而开启。日落后,随着承天门暮鼓动,六街擂鼓八百声,坊市之门又随着宫城、皇城、外郭城诸门而关闭。

由于坊门昏晓随鼓声而启闭,每晚鼓声绝后,即禁止出入坊门,因而在都城实行了严格的夜禁制度。各坊角设有武侯铺,由铺卒巡察警戒。大铺30人,小铺5人。左右街使则率领骑卒巡行嚣呼,武官暗中探访。凡犯夜禁者,"令其主司定罪,庶人杖以下决之,官吏杖以下皆送大理"④。若因公或家有吉凶疾病等急事,需夜出坊门者,必须持有府县或本坊的"文牒",经验后才能开坊门放行。据唐律所载:"京城每夕,分街立铺,持更行夜,鼓声绝则禁人行,晓鼓声动即听行。若公使赍文牒者听,其有婚嫁亦听。丧病须相告赴,求访医药,赍本坊文牒者亦听。其应听行者,并得为开坊市门。"⑤为了严格执行坊门夜禁制度,唐朝政府规定,"其坊正市令,非时开闭坊市门者"⑥处徒刑二年,而且还规定"诸坊应闭之门,诸街守卫之所,有当直宿,应合听行不行,及不应听行而听者,笞三十。若分更当直之时,有贼盗经过所直之处,而宿直者不觉,笞五十。若觉而听行者,自当主司故纵之罪"⑦。

当然,我们也应该注意到,凡事皆有例外者,"坊"的管理上也如此,每逢遇到重大节日或者官方活动时会有所松动。长安城虽然对各坊坊门定时启闭有严格的管控,但因为祈雨或祈晴,有时各坊的北门或南门会被临时关闭。如天宝十三年(754)秋,京畿附近连月霖雨,玄宗于九月"遣闭坊市北门"⑧。大历四年(769),长安城从四月至九月久雨不晴,京师米贵人饥,代宗即命令"闭坊市北门,门置土台,台上置坛及黄幡以祈晴"⑨。元和十五年(820)九月,宪宗也曾因"大雨兼雪,街衢禁苑树无风而摧折,连根而拔者不

---

① 中华书局编辑部编:《宋元方志丛刊》第1册,中华书局1990年版,第109页。
② (唐)崔令钦等:《历代笔记小说大观·教坊记》,上海古籍出版社2012年版,第30页。
③ (宋)司马光编著,(元)胡三省音注:《资治通鉴》,中华书局1956年版,第7726页。
④ (宋)欧阳修、宋祁:《新唐书》,中华书局1975年版,第1303页。
⑤ (唐)长孙无忌撰,刘俊文笺解:《唐律疏议笺解》卷8,中华书局1996年版,第634页。
⑥ (唐)长孙无忌撰,刘俊文笺解:《唐律疏议笺解》卷8,中华书局1996年版,第634页。
⑦ (唐)长孙无忌撰,刘俊文笺解:《唐律疏议笺解》卷26,中华书局1996年版,第1826页。
⑧ (后晋)刘昫等:《旧唐书》,中华书局1999年版,第942页。
⑨ (后晋)刘昫等:《旧唐书》,中华书局1999年版,第942页。

知其数,仍令闭坊市北门以禳之"①,将坊门关闭。每遇此情况都会有临时关闭坊门的现象,为此京兆尹刘栖楚于敬宗宝历二年(826)奏请,将关闭坊市北门以祈晴作为定制,规定"每阴雨五日,即令坊市闭北门以禳诸阴,晴三日,便令尽开"②。除此之外,关闭各坊的南门而祈雨也不时出现在文献记载中,如开成二年(837),因"京师旱尤甚",于是文宗命令"闭坊南门"。③

长安城各坊坊门除因祈雨祈晴临时关闭外,其昏晓定时启闭和夜禁制度,只有在每年的正月十四日、十五日、十六日夜,"开坊市燃灯"④,准许人们上街观灯外,才临时解除,允许通宵不闭坊门,其余各日均实行宵禁。

隋唐时期的"坊"延续着汉代以来里坊制的城市社会基层管理的职能。"长安城中百坊,坊皆有垣有门,门皆有守卒"⑤,各城市的城门都有专人进行把守,对城市的空间加以管理。在基层社会中则将城市治安与保甲制结合在一起,"诸户以百户为里,五里为乡,四家为邻,三家为保。每里置正一人,掌按比户口,课植农桑,检察非违,催驱赋役。在邑居者为坊,别置正一人,掌坊门管钥,督察奸非,并免其课役。在田野者为村,别置村正一人"⑥。邻保之内各户负有既互相协助帮扶,又有监督告发的职责。《唐律疏议·斗讼律》就有明文规定,若发现强盗及杀人案,邻里有告发的责任,如若隐而不告发者,将处罚杖六十。《唐律疏议·捕亡律》也指出,若是邻里遭强盗或有杀人案件,知晓而不救助者将罚一百杖。此外,邻保之内还担负着征收赋税的责任,保内有人逃亡以逃脱赋税,保内其余各户必须代为缴纳补足。这种邻保制具有邻里连坐的性质,可以促使邻里间相互监视、举报,以减少所谓"犯罪",是统治者强化治安的一种重要手段。

然而,市坊制到了唐代后期,在商品经济发展、政治管控松动与宗教因素的介入等多重因素合力下,封闭的管理制度逐渐松动,发生了史学界称之为"城市革命"的转型,严格的坊门定时启闭与夜禁制度逐渐废弛,原有的封闭格局被打破,城市社会管理的多元化趋势明显加剧。

安史之乱以后,唐王朝政治上受到较大打击,政府对社会各层面的控制都有所放松,城市商品经济有了突破性发展,国家严格控制商业的市坊制逐渐被打破。政府控制非常严格的市坊制管理模式必然成为商业发展的障碍

---

① (后晋)刘昫等:《旧唐书》,中华书局1999年版,第217页。
② (宋)王溥:《唐会要》,商务印书馆1936年版,第1583页。
③ (后晋)刘昫等:《旧唐书》,中华书局1999年版,第946页。
④ (宋)王溥:《唐会要》,商务印书馆1936年版,第864页。
⑤ (宋)司马光:《资治通鉴》卷254,中华书局1956年版,第8258页。
⑥ (唐)杜佑:《通典》卷3,中华书局1988年版,第63页。

而被活跃的商业流通所冲破。中唐以后,商业活动已经突破指定的市区,在市区之外,城内各处都有店铺及走街串巷的小商小贩。除了地域的突破,商业活动还突破了坊市的时间限制,夜市开始广泛出现,原先的宵禁制度慢慢瓦解。但是法律总是落后于现实生活,唐统治者也试图延续原先的管理制度,一再颁布法令,禁止夜市。如"开成五年十二月敕:京夜市,宜令禁断"①。天禧三年(1019)闰十二月,皇城使奏:"伏以皇城之内,咫尺禁闱,伏乞准元敕条流,鼓声绝后,禁断人行。近日军人百姓,更点动后,尚恣夜行,特乞再下六军止绝。从之。"②

唐后期,随着商品经济的发展,市坊制度遭到破坏,原来的定点、定时集市制度,无法照旧施行了。店肆的设置超出了原来规定的范围,在坊里出现了不少店铺。长安、洛阳、建康、苏州、扬州等许多城市,夜市十分热闹。坊市以外的草市迅速增加。"草市于城乡相互作用与乡村市镇化中充当无可替代的角色,逐步实现自发性组织至官市化市场地位的提升,商品经济需求、草市内在机能、官方政治运作、市场管理革新等诸多因素是为草市完成历史性转型基础要件,亦为草市向市镇过渡提供了难得契机。"随着市坊制度的崩溃,商业贸易范围扩展,商品流通的范围扩大,从而使商品经济更加活跃。经营工商业的人数增加,从事农业生产的人数大为减少。据杜佑估计,当时关中"末业日滋,今大率百人才十人为农,余皆习他技"③。随着土地兼并加剧,大批农民流入城市,使城市人口急剧增加,或成为流民或成为城市中从事手工业者或小商贩。如京城长安人口达百万以上。杭州是唐代东南重要的工商业城市,隋代时只有一万五千三百八十户,到唐开元年间增加到八万六千二百五十八户。商品经济不断发展,城市人口增长,固定的工商业者也相应增加。

同时,随着佛教的传入,作为一种新的、独立的作用力,宗教的流传对中国城市各个方面的发展和演化都产生了独特的影响。其中,最为深刻的影响之一,即为原封闭结构逐渐被打破,开放的公共空间随着以寺庙为主体的宗教建筑(群落)的兴起而在汉魏以后的中国城市中普遍出现。在佛教活动的作用下,随着市坊内参与公共活动者越来越多和人口的频繁聚集,商业贸易活动亦于市坊之内兴起,其中,佛寺僧众率先参与其中是里坊封闭格局被打破的重要原因之一。街道娱乐、商业活动的发展和街道功能的公共空

---

① (宋)王若钦等编纂:《册府元龟》,凤凰出版社2006年版,第5734页。
② 宁可主编:《中国经济通史·隋唐五代》,经济日报出版社2006年版。
③ (宋)欧阳修、宋祁:《新唐书》,中华书局1975年版,第6026页。

间化则直接推动了城市居民打破封闭坊市格局的欲望。中唐时期,已有居民在不能临街开门的情况下将窗户开向大街,如昭国坊南门里的将军韦青宅便开有"街墉",以倾听沿街卖唱。① 之后,普通居民沿街开门的现象亦逐渐出现。至大和五年(831),长安城已经出现了居民尽管非三品以上或坊内三绝,仍然"不合辄向街开门,各逐便宜,无所拘限",而且以"因循既久"之故而"约勒甚难"。② 不仅都城,其他商品经济较发达的城市亦如此,如杜亚任淮南节度使时,扬州的街市已是"侨寄衣冠及工商等多侵衢造宅,行旅拥弊"③,日本僧人圆仁于开成三年(838)除夕经过扬州时看到的景象亦是:"暮际……街店之内,百种饭食,异常弥满。"④至后周初年,大梁城已因"民侵街衢为舍"过于普遍而使街道"通大车者盖寡"。⑤ 正是在这样一种城市居民已普遍当街开门的情况之下,后周世宗显德三年(956),正式承认了这一现实,并颁诏允许居民临街"种树掘井,修盖凉棚"⑥。

随着佛教的传入及其与中国城市社会的融合、相互作用,自先秦以来形成的城市"家天下"封闭格局被逐渐打破,不仅里坊内部建筑私密性随着以佛寺为中心的公共空间的出现而改变,而且佛寺的各种宗教、文化、经济活动亦开启了由一道道坊墙围筑起来的里坊空间的封闭性,从而直接推动了唐代以后坊市制格局的破裂。

第三节 "行"的肇兴与城市工商业管理

在中国古代历史研究中,隋唐在内的唐宋时期常常被认为是一个极其重要的变革时期,20世纪上半叶日本学者内藤湖南等人提出的"唐宋变革论",就这一深刻变化有详细的论证和阐述,其中关涉政治制度、民族构成、经济变革及城市革命等多个重要论点。

一、"行"的肇兴与完善

就本书论证的隋唐城市相关问题而言,城市革命论是涵盖在其中的重要部分。隋唐时期,中国的城市形态发生了重大变化,一方面是隋唐以前城

---

① 参见(清)徐松撰,张穆校:《唐两京城坊考》,中华书局1985年版,第67页。
② (清)董诰等编:《全唐文》,中华书局1983年版,第10994页。
③ (后晋)刘昫等:《旧唐书》,中华书局1975年版,第3963页。
④ [日]圆仁:《入唐求法巡礼行记》卷1,上海古籍出版社1986年版,第25页。
⑤ (宋)司马光:《资治通鉴》,上海古籍出版社1987年版,第2030页。
⑥ (宋)王溥:《五代会要》卷26《街巷》,上海古籍出版社1978年版,第414页。

市空间上的封闭结构开始被打破,由于城市商业的发展,封闭式市坊制渐渐瓦解;另一方面,沿河近桥和城门口的行、市的兴起与繁华街市逐步形成。这一重大变革的主要推动力在于都城人口的迅速增长,城市居民对生产、生活必需品的需要被满足。因此,各种行业的经济发展催生了为进一步规范市场的联合组织"行"的出现,在这个基础上又反推了市坊制的解体,促进了街市的繁华和城市经济的发展。

"行"在中国古代的意涵非常广泛,发展经历了缓慢孕育和快速扩展的过程。"行"在春秋战国的先秦城市中就已经出现,早在《周礼》中就有划分市场地盘使之成行列的记载,但仅指城市中同类商品集中进行贸易活动的地方。在有关隋代的史籍中,也可以看到许多关于行的记载,但这些"行"仍然只是同类工商业店肆集中的地方,并没有反映出行会组织的性质。

隋代,关于行的记载最早见于唐代韦述所著《两京新记》:"东都丰都市,东西南北,居二坊之地,四面各开三门,邸凡三百一十二区,资货一百行。大业六年,诸夷来朝,请入市交易。炀帝许之。于是修饰诸行,葺理邸店,皆使甍宇齐正,卑高如一,瑰货充积,人物华盛。时诸行铺竞崇侈丽,至卖菜者亦以龙席藉之。夷人有就店饮啖,皆令不取直。胡夷警视,寝以为常。隋曰利人市。南北尽两坊之地,隶太府寺。市内店肆,如东市之制。市署前有大衣行,杂糅货卖之所。"关于隋代"行"的规模更见多处史籍,如《大业杂记》载,丰都市,"周八里,通门十二,其内一百二十行,三千余肆"。《唐两京城坊考》载:"丰都市,东西南北居二坊之地。其内一百二十行,三千余肆。四壁有四百余店,货贿山积。"大同市"本日植业坊,隋大业六年徙大同市于此。凡周四里,市开四门,邸一百四十一区,资货六十六行"①。另外,《元河南志》中关于京城内坊街隅古迹条所做的记载如出一辙。但隋代的"行"仍然保留着原有的特点。

"行"在唐代得到了较快发展,更多的史籍对此有所描述。《长安志》载:"市内货财二百二十行。"《长安志》卷10西市条虽未有明确的记载及数量统计,但亦推定"市内店肆,如东市之制"。与隋代的数量对比可以发现,唐代的工商业发展更加繁荣,行业分工也更为细化,所以由隋代洛阳各市的六十六行,一百行,一百二十行,增长到二百二十行。在"行"的规模上,唐代也有了明显增加。日本僧人圆仁在来华过程中曾有过相关的记述,"夜三更,东市失火,烧东市曹门以西十二行,四千余家"②。隋代丰都市中,共

---

① (清)徐松撰,张穆校补:《唐两京城坊考》,中华书局1985年版,第145页。
② 张永禄:《西安古城墙》,西安出版社2007年版,第208页。

有一百二十行,商家三千余肆,而随着政治环境的稳定,商品经济的发展,城市人口的增长,为了满足城市市民的需求,城市中的商业得到了较快发展。唐代东市曹门以西十二行,商家四千余。可见由隋至唐,不单是"行"的数量有所增长,商家数量也出现了显著增长。

到了唐代,"行"随着城市工商业的发展有了新的变化,性质上由普通聚集地转变为具有规范性质的行业共同体,中国古代的行会由此而定雏形。据记载,唐代长安东市"市内货财二百二十行","四面立邸,四方珍奇皆积集",西市"市内店肆如东市之制"。① 洛阳丰都市有"一百二十行,三千余肆",大同坊"邸一百四十一区,资货六十六行"。江南的杭州也是"万商所聚,百货所殖……"。② 现存《房山石经》提供了有关天宝至贞元年间北方行会的线索,"属范阳郡的有绢行、采帛行、布行、染行、大米行、生铁行和炭行等,属幽州的有油行和磨行等,属涿州的有肉行、果子行、椒笋行、新货行、靴行、杂货行和磨行等,还有未提及所属州郡的屠行和什行等"③。

二、城市经济的繁荣与"行"的发展

隋唐时期是我国商品经济繁荣的一个重要高峰。"行"的肇兴、基本形成与唐代商品经济发展有着紧密联系,也是行会形成的基础。

隋代开始兴建并完工的大运河,推动了运河沿岸城市和南方城市经济的勃兴,为隋唐商品经济的繁荣奠定了基础。大运河以洛阳为中心,北起涿郡(今北京城西南),穿越华北平原,到洛阳,然后往南,中经江都到达长江以南的杭州,全长4000公里,连通了长江、黄河、淮河、海河等中国主要的水系,形成运河水系。这一伟大的工程,对中国社会经济的发展产生了深远影响,大运河以廉价、通畅、快速的水运,将经济重心的南方同政治中心和军事中心的北方联结起来,加强了南北经济文化的交流,巩固了国家统一,促进了城市发展,成为此后一千余年间中国的经济大动脉。

大运河开通后,运河沿岸城市获得了繁荣和发展的动力。杜佑的《通典》卷177《州郡七》称"通济渠,西通河洛,南达江淮……其交、广、荆、益、扬、越等州,运漕商旅,往来不绝"。随着水上交通运输的兴起,沿河码头、堰闸、货栈、仓库等设施的建筑及水陆交通网的形成,促进了运河沿线城镇的兴起和经济的发展。如运河与长江交口处的京口和江都、运河和淮河交

---

① 张永禄:《西安古城墙》,西安出版社2007年版,第208页。
② (清)董诰等编:《全唐文》,中华书局1983年版,第3206页。
③ 中国科学院考古研究所编:《新中国的考古收获》,文物出版社1961年版,第101页。

汇处的楚州、运河和黄河相遇处的汴州等都成为一方经济繁荣的都会，淮安、扬州、苏州、杭州当时即被并称为南方的四大都市。苏州是一座历史悠久的古城，在秦汉南北朝时期经济有相当的发展，当开凿江南大运河后，苏州则成为大运河与娄江的交汇处，从而使苏州不仅通过娄江与长江入海口相通，而且通过大运河与南北经济都会发生了直接联系，这对苏州经济发展起了巨大推动作用，从而为唐朝苏州工商业的高度发展奠下基础。扬州在南朝时期工商业也较繁盛，但到隋唐时则成为全国最著名的工商业城市之一，其原因之一就是大运河的开凿和南北航运的发展。位于大运河南端，杭州的发展同大运河也是息息相关。江南运河开通后杭州成为大运河的南端，具有"水居江河之会，陆介两浙之间"的水陆交通枢纽地位，[1]于是杭州迅速从一个滨海小邑发展成为经济都会。大运河的开通，推动了南方城市的兴起和经济的发展。《隋书》称江南的宣城、毗陵、吴郡、会稽、余杭、东阳等城市"川泽沃衍，有海陆之饶，珍异所聚，故商贾并凑"[2]。由于航运业的发展，江南城市的造船业十分兴旺，如隋炀帝游江都时，所造的龙舟、翔螭舟、浮景、漾彩、朱鸟、苍螭、白虎等船，船身高大，制作精巧，雕刻奇丽。

从唐前期开始，在农业生产水平提高的基础上，产出大量富余粮食，促进了城市手工业和商业发展，商品经济十分活跃。一方面，在许多城市中织锦坊、纸坊、染坊、冶成坊、漆窑、船厂等民间手工业作坊大量增加，从事手工业的人数增多，成为城市居民中的主要成员之一；另一方面，出现了一些规模较大的民营手工业作坊，如定州富商何明远，"资财巨万，家有绫机五百张"[3]。扬州一富人家"有广厦，百工制作毕备"[4]。不仅大城市中有大作坊，在中小县城里也有规模不小的作坊，例如"唐文德戊申岁，钜鹿郡南和县街北有纸坊，长垣悉曝纸，忽有旋风自西来，卷壁纸略尽，直上穿云，望之如飞雪焉"[5]。手工业作坊的发展，从一个侧面反映了城市商品经济的兴盛。

除农业经济的基础性作用外，隋唐时期城市商业的繁荣与中国人口的迅速增殖有着极大关联，而政治环境的相对稳定和文化氛围的宽松，也对城市人口数量的增长提供了安定的环境。以天宝年间户口计，人口户数超过

---

[1] 谭其骧：《杭州都市发展之经过》，1947年11月30日应浙江省教育会等之邀在浙江民众教育馆讲演。
[2] （唐）魏征、令狐德棻：《隋书》，中华书局1973年版，第887页。
[3] （宋）李昉等编：《太平广记》，中华书局1961年版，第1875页。
[4] （宋）徐铉、郭彖：《历代笔记小说大观》卷6，上海古籍出版社2012年版，第66页。
[5] （宋）徐铉、郭彖：《历代笔记小说大观》卷6，上海古籍出版社2012年版，第1042页。

7万户的州府共有30个,主要分布在黄河中下游和长江下游两个地区。长安人口众多,"长安百万家""今京师之人不啻百万"①和"长安城中百万家"②之类的描述在史籍中常见。天宝初年,洛阳在籍户口19万户,人数达到118万口③,唐代成都发展较快,城市"户口滋多",人口高峰时达10万户,约50万人,位于长安、洛阳之后,居全国第三位。河南、洛阳二县及城内坊市人口亦当近百万,"骈阗二十里,开肆三万室"④。

除了上述诸商业因素带来的经济繁荣以外,城市工商业的发展,尤其是区域贸易的增加,也使得商人在物资贩运过程中出现了联合的需求。隋唐时期,商业的发展尤为突出,经商成为社会上致富的重要途径,行商们贩运各种生产生活必需品遍及全国。姚合在《庄居野行》一诗中所写"客行野田间,比屋皆闭户。借问屋中人,尽去作商贾"就是这一特征的反映。商人在全国各地经商盈利的过程中却不时要遭到官府的留难税收与贪官污吏的敲诈勒索,为了应对这一状况,一种在贩运过程中互相联合的需求被激发起来。商人们为了在旅途中防御个人所不能避免的意外发生,开始自发地结成临时伙伴,基于个人商业形式的某种临时联合或者组织开始出现。元稹在《估客乐》一诗中对这一情况有详细的描写:"估客无住著,有利身即行。出门求火伴,入户辞父兄。父兄相教示,求利莫求名。求名有所避,求利无不营。……子本频蓄息,货赇日兼并。求珠驾沧海,采玉上荆衡。北买党项马,西擒吐蕃鹦。炎洲布火浣,蜀地锦织成。越婢脂肉滑,奚僮眉眼明。通算衣食费,不计远近程。经营天下遍,却到长安城。城中东西市,闻客次第迎。迎客兼说客,多财为势倾。……一身偃市利,突若截海鲸。钩距不敢下,下则牙齿横。"所谓的"估客"即行商,在经商的途中面对着潜在的各种风险,单个商人出行的艰险比之于结队而行要大出不少,结伴而行能够规避商业贩运活动中的难度。因此,"一身偃市利"的个人经营者为了出行的安全,亦为了抗拒官府吏胥的"钩距",多是"出门求火伴",在旅途中结成团体,以达到互相照应的目的。这种商人们在旅途中临时结合的商队,久而久之逐渐发展成为一种固定的组织。

综上所述,虽然唐代的"行"与帝制晚期的行会还有着显著的差别,

---

① (唐)韩愈:《论今年权停举选状》,载周绍良主编:《全唐文新编》第3部第2册,吉林文史出版社2000年版,第6344页。
② (唐)岑参:《秋夜闻笛》,载中华书局编辑部点校:《全唐诗》第3册,中华书局2013年版,第2110页。
③ 参见(宋)欧阳修、宋祁:《新唐书》,中华书局1975年版,第982页。
④ 周绍良主编:《全唐文新编》第2部第2册,吉林文史出版社2000年版,第359页。

也完全异于西方近代早期的行会组织,但是商品经济发展带来城市规模的扩大和城市人口数量的增长,都促进在城市商业贸易中规范市场行为的同业组织的出现。唐代商品经济的发展,一方面使城市人口为"行"的形成打下了物质基础;另一方面,它又使城市工商业中的竞争日益激烈,小商品生产者和大多数的商人,经济力量比较薄弱,他们希望有一个组织保护自己的利益,从而促使"行"进一步发展。由于社会生产力的发展,行业分工日趋细致,城市中的手工业对生产过程、质量标准和价格体系等都有自己特殊的要求,相应的商业活动亦有各自不同的方式和规律,所以单纯的市场管理已难以有效地遏制竞争、稳定市场,唯有深入控制城市手工业生产和商业活动的内部过程才能进一步活跃城市商品经济。在这样的社会经济环境中,中国封建城市的手工业者和商人必须有条件按行业组织起来,以维护切身利益。中国行会因此越过了商人行会,直接进入了手工业行会的发展阶段。

三、"行"与城市工商业的管理

随着隋唐时期"行"在城市中的普遍出现,其功能也在不断加强与变化。"行"在隋唐时期城市工商业管理中的作用如何发挥?是加强自身组织建设,以形成一个坚实共同体,与政府对抗,获得更多权益?抑或通过与古代中国管理经济的政府加以合作,提高工商业运作的效率?

首先,从隋唐时期发展的纵向角度看,"行"的功能经历了一个从简单到初步成形,从某一行业到众多行业,从单一功能向多功能转换的过程。

初唐,"行"已经广布于都城和全国各地的州县治所城市中。各种行业的商人联合组织,在唐代长安东、西两市中已经形成。两市共有一百二十行之多,东市有肉行、铁行;西市有麸行、绢行、大衣行、秤行、药行等。也可称为市,如药行或称药市。这些"行",不仅是同业商店街区的名称,还是同行商人联合组织的称谓。

唐代每一行市已设有头脑,称为行头或行首,负责"检校"各行的具体事务,官府称"行首"为行人或肆长。行首作为同业商人组织的首脑而总管本行事务。唐代贾公彦在《周礼注疏》卷15《地官·肆长》中解释说,"此肆长谓一肆立一长,使之检校一肆之事,若今行头者也"。具体说来,"行头有统一本行商品价格和监督管理本行商人的权力,又有对官府提供本行物资、代官府出卖有关物资以及代官府看验有关物质、估定价格的责任。唐代于东西两市设立市署,掌管市内交易,如管理各行商人使用的度量衡,要每十天制定各种商品的上、中、下三等价格。统一市上物价,管理奴婢、牛马卖买公验以立券的事,这一切都必须通过各行的行头来管理和制定"①。

随着"行"进一步发展,到唐代后期,职能又进一步发生变化,各"行"不仅有着共同的宗教活动,还有规矩。《卢氏杂说》中记述李某"织绫锦,前属东都官织锦坊,近以薄技投本行,皆云以今花样与前不同,不谓伎俩见以文彩求售者,不重于世,如此且东归去"②。由此可见,到了唐代,手工业已经有了较为细密的分工,同时随着生产技术的进步,织锦技术迅速发生变化,虽然李某原是织官锦巧儿,技术熟练,但因为希望进入的"行"对技术要求与"前不同",投行被断然拒绝只得"东归去",反映出各行皆有自己的技术标准。同时,由于李某出身于"世织绫锦"之家,有技术渊源和基本功底,但他非本地人,一旦学成后可能会使本行技术外流,李某只得失望而返,这实际上反映出"行"对技术具有某种程度的垄断,为了维护本行人利益,防止竞争必须对入行者的身份加以严格限制。唐代有些手工行业,还明确规定了学徒学艺的期限:"钿镂之工,教以四年;车路乐器之工,三年;平漫刀稍之工,二年;矢镞竹添屈柳之工,半焉;冠冕弁帻之工,九月。教作者,传家技"③。"行话"的出现亦是隋唐时期工商业发展及其内部管理不断建立健全的体现。同行者建立共同的话语体系成为当时的一种行规。例如,在长安西市中的大衣行,有"记言反说,不可解识"④的话语,即大衣行内部的参与者有着外人无法参透的内部话语,以带有保密作用的行话作为区别于其他行的功能。

其次,从与政府的关系来看,"行"在隋唐时期所充当的角色,既有协助政府对某一行业加以管理的功能,也在某些时候扮演着抵御政府权力向工商业扩展,剥夺工商业者所创造出的利润的角色。

全汉昇在其关于中国行会制度的经典著作中摘录如下史料,都是反映唐代政府与行之间的关系的片段。《唐会要》卷86《市》记载:"景龙元年十一月敕,两京市诸行,自有正铺者,不得于铺前更造偏铺,各听用寻常一样偏厢。诸行以滥物交易者,没官。"又如卢宪的《嘉定镇江志》卷5《课程》记录:"贞元九年户部侍郎张滂奏立税茶法,自后裴延龄专判度支,与监铁益殊涂而理矣……数年而李锜代之,监院津堰,改张侵剥,不知纪极。私路小堰,厚敛行人,多自锜始。"还如《旧唐书》卷49《食货志下》中记载:"建中元年七月,敕:'夫常平者当使谷价如一,大丰不为之减,大俭不为之加,虽遇

---

① 杨宽:《中国古代都城制度史》,上海人民出版社2006年版,第264页。
② (清)彭定求等编:《全唐诗》,中华书局1960年版,第8853页。
③ (宋)欧阳修、宋祁:《新唐书》,中华书局1975年版,第1269页。
④ 薛平拴:《开放的大唐系列丛书》,西安出版社2017年版,第187页。

灾荒,人无菜色。自今已后,忽米价贵时,宜量出官米十万石,麦十万石,每日量付两市行人……'"但是在全氏著中,对于政府与行之间的关系却无任何的阐释。因此,认识这一问题仍有难度。

从唐时这些零星的关于法律的史料中可以发现,隋唐时期"行"的最重要功能在于按照行政机构颁行的相关法令,协助政府进行征缴商业赋税等管理工作,具体则由各行行首办理,行首对政府负责。

一方面,政府利用"行"直接掌握市行的设置和划分,加强对城市手工业者和商人的管控。政府官员在市里按不同职业,把同类店肆集中在一起,"建标立候,陈肆辨物",建立了许多行,不仅长安、洛阳如此,各府、州、县的市也是如此。《唐会要》卷86《市》载,大中五年(851)八月,州县职员令说:"大都督府,市令一人,掌市内交易,禁察非为;通判市事丞一人,掌判市事;佐一人,史一人,师三人(掌分行检察州县市,各令准此)。其月敕,中县户满三千以上,置市令一人,史二人;其不满三千户以上者,并不得置市官。"若要路须置,旧来交易繁者,听依三千户法置,仍申省;诸县在州郭下,并置市官。

政府设立"掌分行检察","即是政府派官员直接掌握行的设置,从行的划分、行首人选,到行人执行政府命令情况,都要检察"①。景龙元年(707)十一月敕:"两京市诸行,自有正铺者,不得于铺前更造偏铺,各听用寻常一样偏束。诸行以滥物交易者,没官。"②大历四年(769)正月十八日敕:"其百姓有邸店、行铺及炉冶,应准式合加本户二等税者,依此税数,堪责征纳"③。建中元年(780)七月敕:"自今已后,忽米价贵时,宜量出官米十万石,麦十万石,每日量付两市行人,下价粜货"④。诸如此类的政令,都是由各行行头向本行业人员传达执行,并由行头代表本行对政府负责。手工业者的组织,也是由同一原因促成的,即为了应付官府的需索和应官府的差使,各行业不得不把本行的从业人员组织起来,以便共同承担应尽的义务和分摊各人应负的份额。总之,为了应付官差,需要按行业组织起来。

尽管政府的主观意图是通过对"行"的控制来加强对工商业者的统治,但在客观上却为"行"的兴起与发展,特别是后来行会的形成创造了组织条件。为了服徭役,应官差,接受官府订货,呈送花样,缴纳成品等等,各行都把同行业者集中在一起,由行头出面代表本行业来与官府打交道,这就使各

---

① [日]仁井田陞:《唐令拾遗》,栗劲等译,长春出版社1989年版,第55页。
② 周绍良:《全唐文新编》第1部第1册,吉林文史出版社2000年版,第224页。
③ 李希泌主编:《唐大诏令集补编下》,上海古籍出版社2003年版,第1307页。
④ (宋)王溥:《唐会要》,中华书局1985年版,第1614页。

行内部的关系更加密切,逐渐产生了一些共同的利害关系和约定俗成的惯例,并使他们有可能利用"行"来保护自己的利益,如反对政府的过分征敛和对付外来的竞争等,从而使"行"逐渐发展为保护同行人利益的联合组织。

另一方面,在政府的管控与"四民社会"的挤压之下,城市工商业者利用"行"及后来日益组织化的行会,逐渐发展为争取和保护自身利益,防止封建势力渗透和盘剥的组织。

行会要和政府交涉,或政府要取缔行会,行会绝不是群龙无首的全体动员,却是选出一种代表来处理这种事物,这代表叫作行头或行首。这种人事要负重大的责任。《旧唐书》"食货志"上:元和四年闰三月,京城时用钱,每贯头除十六文陌内欠钱及有铅锡钱等。贞元九年三月二十六日敕,陌内欠钱,法当禁断,虑因捉搦,或亦生奸,使人易从,切于不扰。自今以后,有因交关用欠陌钱者,宜但令本行头及居停主人、牙人等检察送官,如有容隐,兼许卖物领钱人纠告,其行头、主人、牙人重加科罪。另外,"行"会为了防止成员个人资力有过度增长,曾严厉禁止会员使用外人的资本,特别严格防止商业资本的侵入。唐时,下面一例正表现了相反的情况:"江陵有郭七郎者,其家资产甚殷,乃楚城富民之首。江淮河朔间,悉有贾客仗其货贸易往来者。"①可见郭七郎只是一个资本所有者,他自己并不亲自经商,而是由其他"贾客"借用他的资本来进行贸易。

再次,"行"成为政府控制私作坊的基层政权组织,对私作坊进行多方面的干预。与此同时,专制政府为加强对城市工商业的盘剥和控制,就必然要对行会组织进行干预和控制,以至把它变为官府对工商业者实施统治和征敛的工具。专制政府对于私作坊的干涉尤多,禁止某些物品的生产。对于作坊规模有严格规定,既不准任意毁拆,亦不能在原有的基础上加大规模,以符合唐代都城"棋布栉比,街衢绳直"的管理要求。通过包买收货的形式,政府少付原料多收成品,以剥削作坊,为了限制私作坊,夜市也属禁止之列等。政府同样利用"行"干涉私作坊发生的土壤,规定各行将其生产的产品实行官价与规定样式,不合指定标准者,以违法论处。唐代法律中有"诸造器用之物及绢布之属,有行滥、短狭而卖者,各杖六十"②的规定。《唐六典》规定尤为明确:"凡建标立候,陈肆辨物,以二物平市,以三贾均市。凡与官交易及悬平赃物,并用中贾。其造弓矢长刀,官为立样,仍题工

---

① (宋)李昉:《太平广记》,人民文学出版社1959年版,第4097页。
② (唐)长孙无忌撰,刘俊文笺解:《唐律疏议笺解》,中华书局1996年版,第1859页。

人姓名,然后听鬻之。诸器物亦如之。"①贞元九年(793)三月二十六日敕:"陌内欠钱,法当禁断,虑因提搦,或亦生奸,使人易从,切于不扰。自今以后,有因交关用欠陌钱者,宜但令本行头及居停主人、牙人等,检察送官,如有容隐,兼许卖物领钱人纠告,其行头、主人、牙人重加科罪,府县所由只承人等,并不须干扰。"②这些材料,反映了唐政府会利用"行"检察使用欠陌钱的不法行为,责令行头、牙人等各行负责人检查政令的施行情况。因此,我国的同业组织从产生起就受到专制政权所控制与利用,以至发展为官府对城市工商业者"科索""回买""差使"的工具,所以后人有"市肆谓之行者,因官府科索而得此名,不以其物大小,但合充用者,皆置为行"③,以及"市肆谓之团行者,盖因官府回买而立此名,不以物之大小,皆置为团行"④之论。

---

① (宋)李林甫撰,陈仲夫点校:《唐六典》,中华书局1992年版,第543页。
② 李希泌主编:《唐大诏令集补编下》,上海古籍出版社2003年版,第1346页。
③ 邓广铭:《邓广铭全集》,河北教育出版社2005年版,第385页。
④ (宋)吴自牧:《梦粱录》卷13《团行》,中国商业出版社1982年版,第110页。

第七章　城市社会结构变迁

马克思说,"每一历史时代的经济生产以及必然由此产生的社会结构,是该时代政治的和精神的历史的基础"①。由此可见,由基本经济关系变动所引起的社会结构的演变是分析一切社会变迁和社会转型的基础。所谓"社会结构",有学者认为"是指人们的社会地位及其社会关系的模式"②,也有学者认为是"一个社会中社会地位及其关系的制度化和模式化了的体系"③。各种定义,众说纷纭。从总体上讲,所谓社会结构,可以归纳为一种制度化或模式化的社会关系结构。而城市社会结构,就是发生在城市中的人们之间的制度化、模式化的社会关系。从社会结构的主体角度审视,城市社会结构即是通过一定的社会标准来确定各阶层、等级在城市社会中的横向、纵向排列并由此而进一步确定各自的社会位置、相应的社会活动范围、活动模式及彼此间的相互关系,即是社会阶层结构。

"城市是人类文明的结晶和现代生活方式的发源地。同时城市也是一个动态体,城市存在的本身就是社会变迁的集中地,抑或可以说,城市从产生的那天起,从来没有停止过流动、运动和变迁。当然我国的城市也不例外。隋唐五代时期,在我国的城市,特别是长安、洛阳这样的现代化大城市里,城市的社会结构发生了深刻的变化,人口规模持续膨胀,大量外来人口不断涌入,这一切都使得城市社会中呈现出越来越多的异质性,原有的具有地域社会特征的单位共同体越来越支离破碎。相应地,城市生活也发生了深刻的变化"④。

第一节　城市人口增减与重要城市人口举隅

魏晋南北朝虽然政权更迭频繁,五胡乱华又使战乱更加频仍,经济凋

---

① 《马克思恩格斯文集》第2卷,人民出版社2009年版,第9页。
② 王奋宁:《中国改革与现代化进程中的社会结构变革》,《中国社会科学季刊(香港)》1997年第2期。
③ 郑杭生、洪大用:《当代中国社会结构转型的主要内涵》,《社会学研究》1996年第1期。
④ 章雯:《城市社会结构变迁中的趣缘群体研究——日常生活的视角》,华东师范大学硕士学位论文,2006年。

敝,尤其影响北方地区的经济发展。然而,到南北朝末期,这一局势有所变化,隋朝代周后,统一天下,文、炀二帝时期,人口已经有所恢复。"但隋末战争又使人口增殖趋势中断,至唐初武德年间,天下人口仅两百万户,贞观盛世仍不足三百万户,至永徽三年,全国人口才三百八十万,与隋朝鼎盛之时相较,尚未达到其半。由于人口锐减导致全国赋税薄弱,有唐一代实行奖励促进人口增殖是政府之重要政策,至中宗神龙三年终见成效,全国户数增为六百万,开元天宝之际,天下承平已久,商品经济发展,人口增至唐代顶峰,达到千万户"①。然而,"安史之乱后,全国人口又有减少的趋势,尤其是在藩镇割据和豪强庇护之下,税户数字连年减少,至乾元三年,税户减至一百九十三万三千一百七十四户,大大影响朝廷的财政收入与对全国的管控能力"②。

一、城市人口的总体状况

隋唐时期,与全国人口数字增加相适应,城市人口迎来了帝制时期的一个新的高峰期,但是囿于史料的有限,对全国总的城市人口难以有清晰的统计和测算,仅能根据现有资料对重要城市人口数量加以管窥。因此,本节将列举几个全国较大的城市加以说明,同时分析城市居民的职业构成。

唐代重要城市人口数据

城市	户数	史料记载
长安	百万	韩愈《出门》诗及《论今年权停选举状》,分见《韩昌黎集》卷2、卷37。另参《全唐诗》卷571贾岛《望山》。
江陵	三十万	《资治通鉴》卷253僖宗乾符五年(878)正月条下称王仙芝焚江陵而去:"江陵城下旧三十万户,至是死者什三四。"
苏州	十万	《全唐诗》卷687吴融《风雨吟》:"姑苏碧瓦十万户,中有楼台与歌舞。"又同书卷613皮日休《奉和鲁望早春雪中作吴体见寄》称"全吴缥瓦十万户"。
成都	十万	《北梦琐言》卷5"中书蓄人事"条引时人诗云:"成都十万户,抛若一鸿毛。"《全唐诗》卷227杜甫《水槛遣心二首》称,成都"城中十万户,此地两三家"。
洪州	十万家	杜牧《樊川文集》卷4《怀钟陵旧游四首》之四云,洪州"控压平江十万家"。

---

① 易曼晖:《唐代的人口》,《食货半月刊》1936年第6期。
② 陶希圣:《盛唐户口较多的州郡》,《食货半月刊》1935年第10期。

续表

城市	户数	史料记载
宋州	九万家	《全唐诗》卷222杜甫《遣怀》诗："昔我游宋中,惟梁孝王都。名今陈留亚,剧则贝魏俱。邑中九万家,高栋照通衢。"

资料来源:冻国栋:《中国人口史·隋唐五代时期》,复旦大学出版社2002年版,第505页。

从隋唐时期城市人口总数看,一般研究者都认为达到了中国农业时代的一个高峰时期。如赵冈认为,"在天宝年间全国总人口有5290万,城市人口比重达到20.8%,如若总人口数字还有隐匿,则比例略低于此,但也是一个非常高的城市人口数字,代表着这一时期城市发展水平已经居于一个很高的层次"①。又如何一民教授估计,"唐朝城市人口达800万人左右,占全国人口总数的10%以上。远远高于世界人口城市化的平均水平""相比之下,直到19世纪以前,世界人口城市化仅3%,中国城市处于超前发展状态,这说明中国封建经济和文化在世界上的领先地位"②。无论学界对于这一问题的估算情况如何,隋唐时期城市人口数字的不断增加是不争的事实。

二、隋唐都城城市人口的变化

东、西二都城市人口在隋唐时期得到了迅速增加,体现着政治中心城市优先发展的一般规律。

首都长安是隋唐时期城市人口最多的城市,也是当时全球最大的都会,汇集了来自全国各地的各色人等和来隋唐两朝经营商业、学习先进制度技术的世界人口,成为全球首屈一指的大型都会。据《旧唐书》卷38《地理志一》记载,天宝元年(742)京兆府所属的23县总共领有362921户,共计人口1960188人,除开府属农村人口,长安超过百万的城市人口是毋庸置疑的。另据杨宽先生估算,"唐长安各坊,一般有一二千户,多的到5000户以上,如以平均2000户计,每户平均有人5口,108坊共计108万人,宫城和皇城内皇族、宫人、宦官勤杂人员、工匠、军人等尚未计算在内"。

城市人口数量的增加,人口结构的变化。据《长安志》卷10记载,唐长安城所领长安、万年两县注籍人口为8万户左右。皇族、宫人、军队、工匠等也属相对固定的人口,除了自然增长的因素以外,"浮寄流寓不可胜计",即大量流动人口存在是人口数量增加而又难于统计的主要原因,也是使人口结构发生变化的主要原因。有学者估计,长安在唐代相对固定的户籍人口,

---

① 赵冈:《中国城市发展史论集》,新星出版社2006年版,第63页。
② 何一民:《中国城市史》,武汉大学出版社2012年版,第258页。

大概在四五十万,而因为长安城市的开放性,流动人口的数字不会低于在籍人口。流动人口中的大多数是从事商业、娱乐业、手工业、运输业、服务业等人员,其中胡商不仅数量可观,而且在社会生活中异常活跃。正是流动人口不断调整和改变着都市原有的人口数量和人口结构。《旧唐书·张建封传》中所记"京师游手堕业者数千万家,无土著生业",以及"浮寄流寓不可胜计",正是对京师流动人口的写照。其他大中城市,工商业者和外来的流动人口比例也很大,如前所述的汴梁,随着经济重心和政治中心的东南移,逐渐取代了洛阳的地位,外来的流动人口明显增多。五代时,"度地居民,固有前则,东京华夷辐辏,水陆会通,时向隆平,日增繁盛,而都城因旧制度未恢,诸卫军营,或多狭窄,百司公署,无处兴修,加以坊市之中,邸店有限,外至工商,络绎无穷"①。

城内人口结构与布局。以长安为例,人口密度分布,北部坊区远比南部人口多,西部长安县人口较东部万年县人口多。东、西两市及周围地区人口又是全城人口密度最大的地区。人口结构分布,东部万年县多为贵族和高官居所,进京的举子、选人也多愿意选择租赁靠近尚书省的房屋。东市经营的商品也以奢侈品为其主要特色。一般百姓、商人等更多地集中居住在西部长安县的北部和中部,人口密度和人口增长的速度(自然增长和外来流入人口)都比东部万年县为甚。《长安志》卷10东市条云:"万年县户口减于长安,又公卿以下居止多在朱雀街东,第宅所占勋贵,由是商贾所凑,多归西市。"又同书西市条云:"长安县所领四万余户,比万年县为多,浮寄流寓不可胜计。"人口密度高、商贾多、流动人口多,是西部长安县的特点。这种东西部人口结构和发展趋势的不平衡正是由人口结构的差异造成的。北魏都城洛阳实行"大市"制度,"市中心区主要为商店区,市周围设八里,专门是手工业者、小贩行商、屠夫、卖艺者以及从事服务性行业者的居住区"②。唐代两京虽然没有如此具体的规定,如从政府管理及工商、服务性从业者经营和方便的角度讲,这种布局是较合理的。

洛阳在隋唐时期的地位也十分重要,随着大运河的开凿与南方粮食转运的中枢,成为南北经济大动脉大运河的中心点,也是长安与东部和南方联系的要冲,水陆交通方便,在神龙年间更成为就食之东都。武则天当政时期多在洛阳处理全国事务,洛阳实际上成为武周的实际权力中枢,城市得到较大发展,城市人口也迅速积聚。隋末,洛阳市场曾毁于战乱,但到唐代又重

---

① (宋)王溥:《五代会要》,中华书局1985年版,第320页。
② 杨宽:《中国古代都城制度史研究》,上海古籍出版社1993年版。

新建成，恢复隋时的规模，大同市仍然是周4里，通远市周6里，丰都市周8里，而长安东、西市各边长600步，规模比洛阳的三个市场小得多。隋炀帝始建东都，"徙洛州郭内人及天下诸州富商大贾数万家以实之"①，而到武后天授二年（691），曾徙数10万户关内的移民于洛阳及其附近地区安置。②据唐人徐坚的《请停募关西户口疏》一文可以知道，此期洛阳人口是很多的，而且包括相当数量的工商人户。随着洛阳的兴起，出现了洛阳在经济上取代长安的经济中心地位的趋势。洛阳经济的发展还表现在城市人口增加上，最高峰达140万人之多，远远超过长安的人口规模，是当时世界上人口规模最大的城市。

三、重要地方城市人口举隅

隋唐时期，地方性城市的人口也随着政局的稳定、商品经济的发展有了明显的增加。而魏晋南北朝时期开启的经济重心东移南迁进程促进了全国的人口继续向南方流动。移民潮使得扬州、成都等南方城市迅速崛起，成为中晚唐时期全国的重要城市，出现了"扬一益二"的发展态势，城市人口也因此大大增加。

在北方地区，汴州的城市地位日益提高，城市人口增加迅速，城市发展较快，为五代北宋时期成为全国性的都会奠定了基础。隋朝初年，全国再度实现统一，人口迅速回升。隋大业五年（609），全国人口回升到4601万人，河南人口也恢复到962万人，占全国总人口的20.91%。隋炀帝统一中国后，为了巩固政治上的统治和进一步掠夺江南富庶地区的财富，开凿以洛阳为中心，北经永济渠抵达涿州（今北京），南达杭州的大运河。大运河从黄河到淮河一段，就是汴河。汴河西通河洛，自商丘以西折向东南，江南地区的财富从水路到达洛阳和长安，都要经由此。当时汴州紧临汴河，扼其咽喉，又靠近京畿地区，地理位置十分重要，隋朝大运河开通后，运河西岸城市日益繁荣，汴州"自是天下利于转输"③，经济发展十分迅速，成为一个商贾云集的繁荣城市，人口在20万左右。如《隋书》卷56《令狐熙传》载："及上祠太山还，次汴州，恶其殷盛，多有奸侠，于是以熙为汴州刺史。下车禁游食，抑工商，民有向街开门者杜之，船客停于郭外星居者勒为聚落，侨人逐令归本。"表明当时汴州之工商人户是很多的。以后随着漕运的发展，汴州的

---

① （唐）魏征、令狐德棻：《隋书》，中华书局1997年版，第686页。
② 葛剑雄主编，冻国栋：《中国人口史第二卷·隋唐五代时期》，复旦大学出版社2002年版，第502页。
③ （唐）杜佑：《通典》，商务印书馆1935年版，第56页。

地位更为重要。到了唐代,汴州已成为水陆都会,交通发达。《旧唐书》中载:"河南,汴为雄郡,自江淮达于河洛,舟车辐辏"①。唐天宝年间,汴州"领县六,户十万九千八百七十六,口五十七万七千五百七"②,当时汴州人口约占全国人口的1.09%—1.26%。唐朝末年,诸镇混战,河南遭秦宗权焚掠,连年战争,经济凋敝。进入五代时期以后,全国大片领土割据分裂,连年混战,开封人口锐减。"东京华夷辐辏,水陆会通,时向隆平,日增繁盛。而都城因旧,制度未恢……加以坊市之中,邸店有限,工商外至,络绎无穷。……而又屋宇交连,街衢湫隘,入夏有暑湿之苦,居常多烟火之忧。将便公私,须广都邑"③。五代周世宗时,调发民夫十万筑新罗城,对开封又进行了大规模的改造和扩建,开封成为全国首都与北方的重要都会,全国的经济、政治中心进一步向东迁移。

在南方,随着商品经济的发展与北方移民的到来,扬州和益州的成都获得了较快的发展,成为唐代中后期重要的都会,城市人口也飞速增加。

扬州在隋朝就脱颖而出。唐代扬州属当时最主要的南北交通枢纽之一,为当时富商大贾云集之所,有"百货所集""富庶甲天下"④之称。《旧唐书》卷146《杜亚传》载德宗兴元年间,扬州"侨寄衣冠及工商等多侵衢造宅,行旅拥弊"。知此地侨寄衣冠及工商户人口众多。

由于大运河的开通,扬州成为连接南北和长江中下游的重要城市,城市政治行政地位也有所提高,特别是隋炀帝三下扬州,广修行宫,进一步推动了扬州的发展。唐初,扬州成为东南重镇,唐王朝在扬州置扬州大都督府,下辖扬、和、滁、楚、舒、庐、寿7州。贞观元年(627),全国分为十道,淮南道则设在扬州,下辖14州。其后行政建置虽然也有一些变化,但扬州始终保持着区域政治行政中心的地位。由于扬州位于长江、大运河交汇处,权德舆说:"控荆衡以沿泛,通夷越之货贿。四会五达,此为咽颐"⑤,是全国最重要的水陆交通中心之一,联系着南北大半个中国,南北商人和物资多以此为总汇,江淮荆湖入岭南的物产,特别是东南一带的海盐,大都在此集散;北方的许多货物也多汇集在此。唐王朝在扬州设有盐铁转运使,垄断东南盐铁之利。唐中后期,扬州不仅是唐朝财赋所赖的重镇,而且也是商贾如织的国际大商埠,成为长江下游对外贸易的中心。扬州由于商旅辐辏,人烟浩繁,纷

---

① (后晋)刘昫等:《旧唐书》卷190《齐澣传》,中华书局1975年版,第5037页。
② (后晋)刘昫等:《旧唐书》卷38《河南道志传》,中华书局1975年版,第1433页。
③ (宋)王溥:《五代会要》,上海古籍出版社1978年版,第417页。
④ (宋)司马光编著,(元)胡三省音注:《资治通鉴》,中华书局1956年版,第8430页。
⑤ 周绍良主编:《全唐文新编》第3部第1册,吉林文史出版社2000年版,第5858页。

华靡丽,珠翠填咽,从而产生巨大的吸引力,人们趋之若鹜,心向神往,从而使扬州人口不断增多,天宝年间,扬州有 7.7 万余户,较唐初增加 3 倍多。同时城市规模也扩大。汉代扬州的前身广陵城周长 14 里,唐代扬州周长达 40 余里。据时人记载:"扬州府南北十一里,周长四十里。"沈括的《梦溪笔谈》称:"扬州在唐时最为富盛,旧城南北十五里一百一十步,东西七里三十步。"扬州成为仅次于长安、洛阳的第三大城市。安史之乱后,北方再次遭到战乱破坏,经济重心往南移,扬州成为东南的经济中心。其经济实力和繁盛程度,已有超过长安、洛阳的趋势。《资治通鉴》记载:"扬州富甲天下,时人称扬一益二。"所谓"扬一"即扬州的繁盛天下第一。在唐代的诗文中关于扬州的盛况有不少描述。如权德舆的《广陵诗》写道:"广陵实佳丽,隋季此为京。八方称辐凑,五达如砥平。大旆映空色,笳箫发连营。层台出重霄,金碧摩颢清。交驰流水毂,迥接浮云甍。青楼旭日映,绿野春风晴。喷玉光照地,鬓蛾价倾城。"杜牧也赞:"扬州胜地也,每重城向夕,倡楼之上,常有绛纱灯万数,辉罗耀列空中,九里三十步街中,珠翠填咽,邈若仙境。"扬州侈靡繁华确实令人叹为观止,长安和洛阳与之相比都要略逊一筹。

　　隋唐时期的移民潮带来成都城市人口发展的新高峰。据《隋书·地理志》载,刘裕代晋以后,成都地区历经宋、齐、梁统治,由北周入隋,皆未发生重大战争,因而人口并未经历下降的过程,而是继续保持南朝以来长期的增长势头。隋大业年间(605—617),蜀郡人口已回升至 105586 余户。唐代时,作为剑南道西川节度使、益州、蜀郡和成都府治所的成都县,已经完全恢复并超过了两汉的繁盛程度。文献虽未记载当时成都县的户口统计数据,但我们可以根据一些时人的描述有所了解。上元元年(760),大诗人杜甫避乱成都,在友人的帮助下,于西郊外浣花溪畔营造了一所草堂,次年他在《水槛遣心》中写道:"城中十万户,此地两三家。""成都户十六万九百五十,此云:'城中十万户',虽未必及其数,亦夸其盛耳。"① 天宝元年成都府有 160950 户,928199 人。② 人口的增加使这一时期成都城市的发展出现了种种新变化。

　　首先,在行政建置上,由于"户口滋多"而"屡有析置"。③ 贞观十七年(643),分成都县置蜀县,在州郭下,与成都分理。乾元元年(758)二月,改为华阳。从此,一城两治的格局延续了一千多年。武则天时期,再次调整行

---

① 何一民:《成都学概论》,巴蜀书社 2010 年版,第 289 页。
② 参见何一民:《成都学概论》,巴蜀书社 2010 年版,第 289 页。
③ 何一民:《成都学概论》,巴蜀书社 2010 年版,第 289 页。

政区划,将成都县和华阳县再次拆分。① 一城分治两县,县区又不断划小,说明城市因户口繁衍,需要设置更多机构来加强管理。

其次,成都城市空间结构也发生了变化,市民的活动突破了秦汉时修筑的大城、少城的空间限制,开始向东发展,大慈寺一带成为人口集中、商业繁盛的新区域。唐末,高骈筑罗城,进一步扩大城区,将这些新市集包括在城垣范围内。

天宝十四年(755)安史之乱爆发后,大批北方流民蜂拥南下逃避战火,毗邻唐帝国统治中心的巴蜀一带,遂又成其逃难首选之地。至德元年(756)六月,叛军攻陷关中门户潼关,京师长安危在旦夕,唐玄宗以"亲征"为名,仓皇逃往蜀中。此次"天子南幸",虽众不过一千三百余人,但却引发了一次不小的移民浪潮。史称是时三辅为之震动,"士庶恐骇,奔走于路"②。随之而来的战火蹂躏,更使关中人扶老携幼南行者络绎不绝,当数十百倍于皇室和显贵。广德元年(763),安史之乱平息,唐玄宗等王公贵族多悉数返回长安,然不少平民百姓却自此落籍成都。

广明元年(881),黄巢起义军攻入关中,唐僖宗也逃至成都,尔后又有大批文武百官、王公贵族和平民百姓接踵而来。唐僖宗在成都驻跸四年,直到光启元年(885)才离开成都返回长安。

从中唐到北宋初的210年间,成都地区虽也战乱连绵,但由于其封闭的地理位置,没有遭受如安史之乱、黄巢起义等全国性的大战的洗劫。在这两次战争中,唐玄宗、唐僖宗入蜀所带来的大量世家、官僚、平民反而大大增加了成都地区的人口。所以中唐以后,成都地区成为仅次于江南的富庶之地,时人有"扬一益二"之说。到了晚唐,扬州也衰落了,成都成为全国唯一富庶的地方,许多人为了躲避战乱而纷纷入蜀。《资治通鉴》记载,前蜀时期,"唐衣冠之族多避乱在蜀。蜀主礼而用之,使修举故事,故其典章文物有唐之遗风"③。相比全国,成都地区遭受的破坏轻微得多,因此才能在唐末五代逐渐恢复,这也是两宋成都城市的人口、经济继续发展的基础。

随着经济重心南移,南方的大城市越来越多,城市人口增长明显,除扬州、成都外,杭州、苏州、湖州、洪州、广州均是重要的经济中心城市。杭州崛起于隋代,重新筑城,规模宏大,周回36里,并成为大运河的南端,很快与淮安、扬州、苏州并称东南"四大都市"。到唐代时为"咽喉吴越,势雄江海、国

---

① 参见(后晋)刘昫等:《旧唐书》,中华书局1975年版,第1665页。
② (后晋)刘昫等:《旧唐书》,中华书局1975年版,第232页。
③ (宋)司马光:《资治通鉴》卷266,上海古籍出版社1987年版,第1848页。

家阜成兆人,户口日益增……水牵卉服,陆控山夷,骈樯二十里,开肆三万室。"杭州的工商业十分繁盛,有商店3万家。商贾如织,百货山积,"南派巨流,走闽禺瓯越之宾货,而盐鱼大贾,所来交会,每岁官入三十六万计"①。唐宪宗时,杜牧称城内外有"户十万,税钱五十万"②。至五代,作为吴越都城,其规模更扩大到周70里,"东眄巨浸,辖闽粤之舟橹;北倚郭邑,通商旅之宝货""钱塘富庶,盛于东南"。③

苏州是与杭州齐名的新兴城市,被称为六雄州之一。唐中叶以后,苏州的经济发展很快。白居易称"当今国用多出江南,江南诸州,苏最为大"④。苏州被时人称为"人稠过扬府,坊闹半长安"。

岭南地区的城市以广州为最大。唐朝广州是中国对外贸易的主要海港城市,"瑰宝山积",为财富渊薮,"蛮胡贾人,舶交海中","外国之货日至,珠香象、犀、玳瑁奇物,溢于中国"。⑤ 例如史籍有载"宝历二年,检校兵部尚书、广州刺史、充岭南节度使。……广州有海舶之利,货贝狎至,证善蓄积,务华侈,厚自奉养,童奴数百。于京城修行里起第,连亘闾巷,岭表奇货,道途不绝,京邑推为富家"⑥。外国商人也在这里购买中国的商品运回国去,故广州成为中国土特产品的出口基地,南方的竹、布、藤、药材等货物都在此集散。岭南地区虽然广阔,下辖七十余州,但腹地开发较迟,因而多数城市人口较少、规模较小,经济也不发展。巴蜀地区的城市除川西平原形成以成都为首位城市的城市群外,平原外围的城市相对发展缓慢。位于长江上游与嘉陵江交汇处的巴州(今重庆),因长江上游航运还不发达,城市人口较少,仅三千余户,工商业也不兴旺,城市功能则以政治、军事为主。

第二节 城市人口结构与社会结构变迁

中国古代城市社会居民的构成具有多元性、复合性、民族性等多重特征。人口的多元、复合与民族来自人口在一定条件下的流动性,隋唐开启的科举制促进了人口的上下流动渠道被打通,而帝国的开放政策又促进了民

---

① 周绍良主编:《全唐文新编》第2部第2册,吉林文史出版社2000年版,第359页。
② 周绍良主编:《全唐文新编》第2部第2册,吉林文史出版社2000年版,第8858页。
③ 周绍良主编:《全唐文新编》第2部第2册,吉林文史出版社2000年版,第11196页。
④ (唐)白居易:《苏州刺史谢上表》,载顾学颉校点:《白居易集》卷68,中华书局1979年版,第1434页。
⑤ (后晋)刘昫等:《旧唐书》,中华书局1975年版,第2079页。
⑥ (后晋)刘昫等:《旧唐书》,中华书局1975年版,第2902页。

族融合,周边和域外民族不断进入中原核心地区,与原有民族杂处而居,繁衍生息。随着这种变化,城市居民的人口构成也在发生变化。隋唐时期城市社会居民人口构成比较复杂,尤以都城社会为甚。从身份和阶级属性上看,有以皇室、贵族、中上层官僚为中心的统治阶层,也有以商人、手工业者和普通市民为主的平民阶层;从职业分工上看,有匠人、商人、军队、农人、僧道等宗教人士等;从户籍管理角度上看,有常住人口、暂住人口、外来人口、流动人口;从民族构成上看,有汉族、突厥、回纥、昭武九姓等少数民族,也有大量的波斯、大食、新罗等外国人等。

在这样的城市人口变迁中,另外一个值得注意的问题是市民阶层在唐代中后期开始逐渐萌发,成为中国古代城市中一大鲜明的特色。

一、城市社会等级与社会结构

中国传统社会中,自先秦开始就极其注重以人口的职业结构来区分社会阶层,在政策上强调"重农抑商",逐渐将"四民社会"加以固化。以士农工商为基础的"四民社会",管仲给齐王的建议是"四民者勿使杂处,杂处则其言咙,其事易……昔先王之处士也,使就闲燕,处工就官府,处商就市井,处农就田野"①。"士之子恒为士,工之子恒为工,商之子恒为商,农之子恒为农"②。后来商鞅在秦国的政策中也强调加强农业人口,注重防止商人势力过度膨胀,以防患商人群体权力增长带来的政权危机。

隋唐五代时期,重农抑商政策下的"四民分业"依然存在,并且有加强的趋势。中央政府多次命令重申对居民职业固化的重视,李渊武德年间就下令:"凡天下人户,量其资产,定为九等。每三年,县司注定,州司覆之。百户为里,五里为乡。四家为邻,五家为保。在邑居者为坊,在田野者为村。村坊邻里,递相督察。士农工商,四人各业。食禄之家,不得与下人争利。工商杂类,不得预于士伍。"③《旧唐书》中也有相似的记载:"辨天下之四人,使各专其业。凡习文武者为士,肆力耕桑者为农,巧作贸易者为工,屠沽兴贩者为商,工商之家,不得预于士,食禄之人,不得夺下人之利。"④对职官选用上有明确的标注,从另一个侧面反映出职业固化,以作为城市人口社会结构的区别。

在城市中居住的主要是一些所谓的食利阶层与手工业者。"近日布帛

---

① [春秋]左丘明撰,陈桐生译注:《国语》,中华书局2013年版,第242页。
② [战国]商鞅:《商君书》卷1《农战》,上海人民出版社1974年版,第11页。
③ (后晋)刘昫等:《旧唐书》卷48《食货志上》,中华书局1975年版,第2089页。
④ (后晋)刘昫等:《旧唐书》卷48《食货志上》,中华书局1975年版,第1825页。

转轻,见钱渐少,皆缘所在壅塞,不得通流。宜令京城内自文武官僚,不问品秩高下,并公、郡、县主、中使等,下至士庶、商旅、寺观、坊市,所有私贮见钱,并不得过五千贯……若一家内别有宅舍店铺等,所贮钱并须计用在此数。其兄弟本来异居曾经分析者,不在此限。如限满后有违犯者,白身人等,宜付所司,决痛杖一顿处死。其文武官及公主等,并委有司闻奏,当重科贬,戚属、中使,亦具名衔闻奏"①。

首先,统治阶层及"士"是城市中最为重要的一个组成部分,体现了中国古代城市的政治属性。皇权在隋唐时期仍然处于至高无上的绝对地位,尤其是唐太宗被周边民族尊为"天可汗"成为天下之共主,其地位可见一斑。然而,隋唐时期作为中国传统王朝发展的一个鼎盛高峰,儒释道等观念对于王权的渗透和钳制已经初露端倪,如唐太宗就曾道:"天子者,有道则人推而为主,无道则人弃而不用"②。

《旧唐书》卷44《职官志三》有载"九庙之子孙,继统为宗,余为族"。宗族依据与当朝皇帝的关系为标准,五服以内为尊属、近属,五服以外为疏属、远属。而事实上,"由于君王子弟众多,支撤繁杂,因而除帝子及帝兄弟之外,皆属远。宗室隶籍宗正寺,享有特权。隋唐时期常赐功臣国姓,编人属籍,五代更有假子制度,这些家族也成为名义上的宗室成员"③。

唐代的各种敕文中经常提到"文武官""公主""戚属""中使"等称谓,可见在京城中常驻人员包含官僚贵族及宦官阶层,由于京城是整个王朝的政治中枢,也是各类文武职官及皇朝贵胄聚集之所。参据《长安志》《河南志》及徐松的《唐两京城坊考》,注记有许多高级官员在两京诸坊的住宅,可以知道王公百官在京城内的人数是很多的。毫无疑问,其他州县城市中也相应居住有不少官吏。

隋唐时期,由于门阀家族式微与科举制的施行,隋唐五代逐渐形成了一套金字塔式的官僚系统,对后世中国的影响极大,科层制体系的建立为中国帝制时期的政治结构稳定奠定了坚实的基础。

在金字塔结构的顶端是由大族世家与中央官僚组成的特权社会,他们或因世袭门阀,或以科举入仕位居高位,凌驾于社会之上。隋及唐初的贵族除皇室以外,尚有当朝勋贵、关陇贵族和山东豪强等三个重要势力。"盖山东之人质,故尚婚娅,江左之人文,故尚人物,关中之人雄,故尚冠冕,代北之

---

① (后晋)刘昫等:《旧唐书》卷48《食货志上》,中华书局1975年版,第1039页。
② (唐)吴兢编著:《贞观政要》卷1《政体第二》,上海古籍出版社1978年版,第12页。
③ 龚书铎:《中国社会通史·隋唐五代卷》,山西教育出版社1996年版,第223页。

人武,故尚贵戚"①。如唐初武德年间发布诏令对中央官僚系统中的官职名称以品级大小做出了确认与规范,"以太尉、司徒、司空为三公。尚书、门下、中书、秘书、殿中、内侍为六省。次御史台、次太常、光禄、卫尉、宗正、太仆、大理、鸿胪、司农、太府,为九寺;次将作监;次国子学;次天策上将府;次左右卫、左右骁卫、左右领军、左右武侯、左右监门、左右屯、左右领,为十四卫府。东宫置三师、三少、詹事府、门下典书两坊。次内坊;次家令、率更、仆三寺;次左右卫率府、左右宗卫率府、左右虞侯率府、左右监门率府、左右内率府为十率府"②。隋唐五代官分九品,高级官僚指其中职事官五品以上,散官二品以上及爵一品者。其中以职事官三品为界,又分为贵与通贵两种。处于这一等级的官僚为数不多,但位尊权重,他们另有官籍,受到种种优待。他们可以按品级恩荫子孙,其中三品以上荫及曾孙。

中下级官员是官僚集团的第二层次,其成员主要是六品至九品的流内官,他们虽然官卑,但人数远比清望官多,同样享有"端居役物,坐食百姓"③的权力。中下级的官员在唐代中后期基本上是通过选官而来。"夫古今选用之法,九流常叙,有三科而已,曰德也,才也,劳也。而今选曹,皆不及焉。何以言之?且吏部之本,存乎甲令,虽曰度德居官,量才授职,计劳升秩,其文具矣,然考校之法,皆在判书簿历、言词俯仰之间,侍郎非通神,不可得而知之。则安行徐言,非德也;丽藻芳翰,非才也;累资积考,非劳也"④。

金字塔官僚体制的最底端是广大吏职,即流外官和杂任。"唐代开元年间全国有官 18000 左右,而吏职多达 35 万左右,这批吏职位卑而人众,吏有薪酬领取"⑤。这个群体相对于百姓是所谓的官员,在官吏系统中却身份低微,难有出头之日。然而,正是这个人数庞杂的群体,却是维系隋唐时期政府基本运行的重要组成。吏职在日常工作中主要负责抄录文案、经营捉钱、催征科差、保管甲械、管理市肆等工作,与普通民众接触的机会众多,是连接国家与社会、官方与民间、高级官吏与庶民之间的桥梁,也是普罗大众眼中的贪官污吏的代表。例如,杜甫在《石壕吏》中描述的催促老妇"急应河阳役"的官员,以及柳宗元在《捕蛇者说》中直接收购蛇之吏人。

"工"与"商"是隋唐五代时期城市中居民的主要构成,也是推动城市发展和规模扩大的主要力量。

---

① (宋)欧阳修、宋祁:《新唐书》,中华书局 1975 年版,第 5677 页。
② (后晋)刘昫等:《旧唐书》,中华书局 1975 年版。
③ (唐)杜佑:《通典》,岳麓书社 1995 年版,第 225 页。
④ (唐)杜佑:《通典》,岳麓书社 1995 年版,第 226 页。
⑤ 龚书铎:《中国社会通史·隋唐五代卷》,山西教育出版社 1996 年版,第 232 页。

中国的手工业历来较为发达,经过数百年的发展及至唐代已经趋于稳固。唐代的手工业不仅产品门类众多、生产规模较大、产品种类细密,而且可以按照经营管理的不同分为官营和私营两个部分。官营手工业又分为中央直接经营和地方政府经营管理。如在中央政府中管理手工业的机构就有工部下属的少府监、将作监、军器监等,少府监管理日用品制造业,下辖中尚、左尚、右尚、织染、掌冶五署,"庀其工徒,谨其缮作……凡天子之服御、百官之仪制、展采备物,皆率其属以供焉"①。将作监"掌供邦国修建土木工匠之政令",即掌全国建筑以及公共工程之责。唐代的建筑工程范围很广,既有营建长安、洛阳两都的大工程,也有一些修建寺院、佛塔之类的小工程,这些工程的"料物支供""采伐之木"②,军器监"掌缮造甲弩之属"③,其下辖甲坊、弩坊二署,是负责军用品制造的机构。

在商业政策上,唐前期先是实行经济开放,商税轻微,私营商业资本和商人势力大有发展。安史之乱后,唐王朝由盛转衰,国家对商业控制加强,实行了盐专卖,后来专卖的范围又逐渐扩大。唐后期苛捐杂税繁兴,阻碍了正当商业的发展,加重了劳动人民的负担,唐代商人阶层中的富商大贾,依然是地主、官僚、豪商多重属性于一身,有时在国家的政治生活中还产生一定的影响。中小商人则仍受压抑,是唐后期掠夺商民的聚敛政策的受害者。

有唐一代,总体上实行有益于商业发展的宽松政策,但在不同的时段表现松紧程度又有所不同,导致商人阶层在唐代的地位也有所起伏。唐初,高祖武德七年(624)律令中有如下条陈:"谓士、农、工、商四人,各专其业"④。在玄宗开元七年(719)又进一步表明"辨天下之四人,使各专其业"⑤。商人在唐代已经有了一定的地位,被明列为四民之中,但分业的色彩仍然浓重。比如,政府严格规定工商者不得选拔而充任官吏,"士农工商,四人各业……工商杂类,不得预于士伍"⑥。即使是大功已上亲有经商的,也不准入朝为官"凡官人身及同居大功已上亲,自执工商,家专其业,及风疾、使酒,皆不得入仕"⑦。除政策上的限制外,唐初也对工商业课以重税,抑制工商业的过度发展。如"且十一而税,前王令典,农商异宜,旧制犹阙,今欲审

---

① (唐)李林甫等撰,陈仲夫点校:《唐六典》,中华书局1992年版,第567页。
② (唐)李林甫等撰,陈仲夫点校:《唐六典》,中华书局1992年版,第589页。
③ (唐)李林甫等撰,陈仲夫点校:《唐六典》,中华书局1992年版,第577页。
④ (后晋)刘昫等:《旧唐书》,中华书局1975年版,第2089页。
⑤ (后晋)刘昫等:《旧唐书》,中华书局1975年版,第2089页。
⑥ (后晋)刘昫等:《旧唐书》,中华书局1975年版,第2089页。
⑦ (后晋)刘昫等:《旧唐书》,中华书局1975年版,第1820页。

其户等,拯贫乏之人,赋彼商贾,抑浮惰之业"①。代宗大历四年(769)更饬令对商贾加税二等,"其百姓有邸店、行铺及炉冶,应准式合加本户二等"②。另外,在前述章节有详细谈到关于城市空间中"市坊制"的问题,其实也是在市场交易空间上对商业及商业阶层的限制。唐和前朝一样仍然实行"坊市分设"的制度,"坊和市四面都有围墙,各面设门、依时开闭。坊门和市场皆有人把守,定时开闭。市的设置由官府批准,唐初规定诸非州县之所不得置市,县以下以及不满 3000 户的县只有定期市集而已"③。市有市官,掌管"市内交易,察禁非为"④,有一套市场法规。举凡商品规格、质量、价格、度量衡的管理,市场秩序的维持,非法活动的取缔,都有明文规定,比之汉代更为严密,更为完备。如对价格就规定按精、次、粗三等分等定价,每旬估价一次,而不是过去的一月或一季核定价格。凡度量衡不合规定或核校不平、把关不严的都要受杖刑;私造度量衡在市场使用的亦受笞刑。由上可见,商人阶层在其经营中间所受到的政府管控和盘剥是比较严苛的,限制了商人在政治上和经济上的发展。

唐代为区分士人与商人的阶层属性所具有的身份不同,在衣食住行等日常生活中往往也有不同程度的限制,以彰显士人的高尚身份,贬抑商人阶层的身份象征。在衣着服饰上,唐高祖武德年间就对商人的服制做出明确要求,"贵贱异等,杂用五色。五品以上,通着紫袍,六品以下,兼用绯绿。胥吏以青,庶人以白,屠商以皂,士卒以黄"⑤。政府通过明确的规定指明五品以上的官员着紫袍,而商人则需要用皂色来作为服饰的主色。高宗时,诏雍州长史李义玄:"其紫服赤衣,闾阎公然服用,兼商贾富人,厚葬越礼。卿可严加捉搦,勿使更然。"⑥进一步明令加强对不同身份之人衣着上的分类来固化身份。然而,唐代中后期商品经济的发展势必导致原有的服制规定不可能很好地施行,商人阶层尤其是大商人的势力迅速扩大,"富商大贾,衣服过制,丧葬奢侈,损废生业"⑦。唐懿宗时,巨富大贾王宗更是享受着侯服玉食的超规制待遇。⑧ 政府对于这样的僭越状况多数处于失语的状态,缺乏实际的手段和措施加以管理,即便是后

---

① (宋)王溥:《唐会要》,中华书局 1955 年版,第 1557 页。
② (宋)王钦若等编:《册府元龟》,中华书局 1960 年版,第 583 页。
③ 李希泌主编:《唐大诏令集补编》,上海古籍出版社 2003 年版,第 1341 页。
④ (宋)王溥:《唐会要》,中华书局 1955 年版,第 1583 页。
⑤ (后晋)刘昫等:《旧唐书》,中华书局 1975 年版,第 1952 页。
⑥ (后晋)刘昫等:《旧唐书》,中华书局 1975 年版,第 107 页。
⑦ 周绍良主编:《全唐文新编》第 1 部第 2 册,吉林文史出版社 2000 年版,第 1129 页。
⑧ 参见(后晋)刘昫等:《旧唐书》,中华书局 1975 年版,第 4699 页。

唐明宗曾颁布诏令命庶人商旅只着白衣,但也仅限于官府的文件规范,没有实际落实。①

与服制的严苛规定相同,唐代在商人出行的交通工具上亦有比较详尽的规定和严格的监管。唐高宗时"禁工商不得乘马"②。唐代后期亦屡有禁工商乘马的呼声及规定:"胥吏及商贾妻,并不得乘奚车及檐子。"③唐文宗太和六年(832)敕:"商人乘马,前代所禁,近日得以恣其乘骑,雕鞍银镫,装饰焕烂,从以童骑……最为僭越。"④

从如上论述中可以看到,即使由于商品经济的发展,商人阶层在唐代的势力不断坐大,影响力日益广泛,但唐政府依然按照传统的四民社会的分业将商人加以限制,这种控制力却在显著降低。在一些学者看来,这既是中古时期经济社会发展的必然,也反映着社会的进步。如张剑光先生就指出如下因素促进了商人阶层在隋唐社会地位的变化:"首先,在安史之乱后随着藩镇割据的形成,中央需要大量的财力用以削藩,为了缓解财政拮据,不得不扩大财路,增加税源,因为迫切需要工商业的繁荣以增加税收,达到加强中央集权的目的;其次,同样是安史之乱给不断衰落的门阀士族以沉重打击,这在客观上促进了商人摆脱原有的阶层桎梏,逐渐发展壮大;其三,均田制的废弛解放了农村的生产力,农民与土地的依附关系有所放松,土地的松动尤为唐后期的兼并提供了基础,刺激了商人对土地投资的欲望。因此,唐代商人社会地位的提高,既是唐代特定历史条件下的产物,又是唐代高度发展的生产力水平的必然。"⑤

长安作为唐王朝的都城,人口众多,除了大量的皇室贵胄以外,还有为数众多的具有相当消费能力的普通市民,具有巨大的消费市场,因此是为富商大贾集中经营商业贸易的城市,亦有大量商人阶层聚居于此。元稹在《估客乐》一诗中写道:"经纪天下遍,却到长安城。城中东西市,闻客次第迎。迎客兼说客,多财为势倾。客心本明黠,闻语心已惊。先问十常侍,次求百公卿。侯家与主第,点缀无不精。归来始安坐,富与王者勍。"富商大贾的经营活动和经营内容十分广泛,致富途径也堪称多种多样。大致说来,其经营内容几乎遍及粮食贩运、纺织品、水产品、木材、生活用具、茶叶、粮食

---

① 参见(宋)薛居正等:《旧五代史》,中华书局1976年版,第519页。
② (宋)王溥:《唐会要》,中华书局1985年版,第572页。
③ (宋)王溥:《唐会要》,中华书局1985年版,第574页。
④ (宋)王溥:《唐会要》,中华书局1985年版,第575页。
⑤ 张剑光:《唐代商人社会地位的变化及其意义》,《上海师范大学学报》(哲学社会科学版)1989年第2期。

加工业等,总之,凡是能够获取厚利的,都在其经营范围之列。尽管市坊制的存在使得市场限定在一定的城市空间范围内,交易地点有着明确的规定,然而即使在唐代前期,长安城的一些坊内仍有一些私下的商业活动存在。随着商品经济的发展和商品贸易的扩大,唐代中后期,商业活动突破了坊门,不再局限于两市之内,临近两市的各坊门和城门附近也已经出现有手工业者和商人的商铺及摊位,晚上的夜市也日益活跃。在各地方的中小城市及市镇中,城郊附近或水陆交通要冲之地出现定期交易的草市、墟市等,这类市场每隔三五日交易一次,定时开放和关闭。

二、市民意识的萌发与市民阶层的崛起

职业结构的变化是隋唐时期人口变化中的一个重要因素,加速了城市人口结构的变化,为唐代市民阶层在城市中的崛起起到了至关重要的作用。费正清就认为,中国唐代中后期萌发了一个都市化现象,"中国文化的都市化主要不是体现在人口的增长上,而是体现在城市与市民对社会所起的主导作用上","所有的官员和富商也住进了城市里,因此城市中就聚集了社会的领导阶层,从而高雅文化自然因此大大都市化了,其口味与心态都具有了市民化的特征"。[①] 隋唐以前的各种典籍中几乎没有"市民"一类称呼和指代的记录。而唐代中期开始,在一些史书中已经有了这样的称谓,唐代宗永泰元年(765),"市民"的指称首次出现,《旧唐书》卷120《郭子仪传》中有如下记录:"天子以禁军屯苑内。京城壮丁,并令团结。城二门塞其一。鱼朝恩括士庶私马,重兵捉城门,市民由窦穴而遁去,人情危迫。"这里的"市民"是指涵盖了"市"和"坊"内的一般居民和从事工商业的城市居民。

在城市社会中,市民的人口增加,市民在一些群体活动中逐步形成和强化成为一个具有相当力量的阶层。

中唐时期,均田制的土崩瓦解和城市商品经济的繁荣促进了以手工业者和商人阶层为代表的普通城市人口数量大幅度提高,如长安东市北崇仁坊"一街辐辏,遂倾西市,昼夜喧呼,灯火不绝,京中诸坊,莫之与比"。江南的重要城市苏州出现刘禹锡的《相和歌辞·采菱行》一诗所写"家家竹楼临广陌,下有连樯多估客"的繁荣景象,扬州也有"夜市千灯照碧云,高楼红袖客纷纷"的景象。这样繁华的景象的出现与人口的集中,一方面是由于科举制度的施行与确立使得"里闾无豪族,井邑无衣冠,人不土著,萃处京

[①] 费正清:《中国传统与变迁》,世界知识出版社2002年版,第158页。

畿"①,诸多的士子们从全国各地城乡向两京地区聚集,造成京城人口规模的膨胀;另一方面,由于商品经济的发展与城乡结构的变化促使农村人口和工商从业人口向各地的城市集中,以获得生存与发展的空间。因此,大中城市的人口结构逐渐突破官府的户籍控制和管理体系,大量流动人口进入城市,加快了城市人口流动的频率。《长安志》卷10西市条在谈到长安官府户籍人口时,不得不承认当时城中"浮寄流寓不可胜计"。大量的外来人口中,进城务工的农村人口和从事工商业服务业的人口占有相当大的比例,也有一部分是番上的工匠、兵士和执役人员,很多人选择了役满后滞留京城。他们大部分人属于社会中下层,主要集中在外郭城区的坊市中和便于进城从业的城郊区。城市人口的增长为市民从一个自由的群体成为自为的群体的转变提供了阶层的群众基础。

与城市人口增长、城市商业的繁荣相适应的是城市市民的观念也发生了一些变化。变化最直接的体现是商人社会地位的改变与观念的变化,唐代的姚合在《庄居野行》一诗中就谈到时人已经逐渐改变抑末的观念:"客行野田间,比屋皆闭户。借问屋中人,尽去作商贾。官家不税商,税农服作苦。"韩愈也提出应该改变对工商阶层的看法,他认为"市肆贱类营衣食,尚有一事长处"②,只要是有一技之长者都应该重视。元稹也注意到商人地位的变化,商人们"经游天下遍,却到长安城。城中东西市,闻客次第迎。迎客兼说客,多财为势倾。客心本明黠,闻语心已惊。先问十常侍,次求百公卿。侯家与主第,点缀无不精。归来始安坐,富与王者勍"③。社会阶层在分化与整合之后,在中唐时期开始形成一个新兴的富裕阶层。如《太平广记》卷499《郭使君》就载:"江陵有郭七郎者,其家资产甚殷,乃楚城富民之首,江淮、河朔间,悉有贾客仗其货买易往来者。"同书卷495《邹凤炽》也讲到唐代著名的富商邹凤炽富可敌国,"邸店田园,遍满海内"。邹凤炽"尝谒见高宗,请市终南山中树,估绢一匹,自云:山树虽尽,臣绢未竭"。其嫁女即相当排场,"其家巨富,金宝不可胜计……尝因嫁女。邀诸朝士往临礼席,宾客数千,夜拟供帐,备极华丽。及女郎将出,侍婢围绕,绮罗珠翠,垂钗曳履,尤艳丽者,至数百人众皆愕然,不知孰是新妇"。《全唐文》卷978有《对立功执商判》一文,对"乙立军功合授官,或告亲执商贾业"的判题有这样一条记载:"樊哙擢于屠沽,弘羊起于贾竖,以今况古,其谁不然。今之游

---

① (唐)杜佑:《通典》,中华书局1988年版,第471页。
② (唐)段成式:《酉阳杂俎》,中华书局1981年版,第185页。
③ 中华书局编辑部点校:《全唐诗》,中华书局1999年版,第271页。

词,一何狂简。有功之赏,理请必行,无稽之言,事宜勿用。"判词要求对立军功而成为商贾者授官,同时指出异议者为"无稽之言"。世人对从事工商业者的旧看法已经改变,姚合诗中就认为很多世人"尽去作商贾",白居易也道"财物者通于商也"①。

商人阶层经济地位与社会地位的变化带来"同业商人的业务独占权受到威胁时候,同业商人就要团结起来,要维护他们的特权,于是行就成为有力的组织,代替了市的制度,而成为维护特权的屏障"②。行商在经商的途中面对着潜在的各种风险,单个商人出行的艰险比之于结队而行要大出不少,结伴而行能够降低商业贩运活动中的难度。因此,"一身偃市利"的个人经营者为了出行的安全,为了抗拒官府吏胥的"钩距",多是"出门求伙伴","在旅途中结成团体,以达到互相照应的目的。随着商人们在旅途中临时结合的商队,久而久之逐渐发展成为一种固定的组织"③。

随着城市经济的发展,城市中劳动者的数量大幅度增加,为了共同的利益,他们必然要表达本阶层的观点,发出属于自己的声音,因此在一些联合抗争的形势下,市民的意识开始觉醒。唐德宗建中四年(783)就曾发生过驻防城市的军士和城市市民共同反对政府对市民征收房产税和扩大交易税的事件,抗税逐渐成为市民意识觉醒、市民阶层逐渐形成的重要标志。为了抗税,唐后期还多次发生市民拦截宰相,以至殴击宰相的冲突事件。汉代以来助商抑商的"市籍"制度在中唐以后彻底废弛,伴随"坊郭户"制度的逐步确立,商人与其他城市居民同属坊郭人口,从而与其他编户齐民的社会地位趋于平等。市民阶层的萌发和初步发展与商品经济的壮大有直接的关系,使得原有的"四民社会"以身份等级加以分化的社会阶层出现松动,以具有的财富多寡为标准的身份转化开始出现。

中唐以后,由于以户籍和土地为收税标准的户税、地税等税收在唐王朝财政收入的占比越来越大,以人丁为依据的租庸调制日渐废弛。唐王朝最终改行两税法替代租庸调,从客观制度的层面确认了按照贫富来区分贵贱的事实,曾经的"有田则有租,有身则有庸,有户则有调"④的状况得以彻底改变,"田亩转换,非旧额矣;贫富升降,非旧第矣"⑤。此后,等级身份受到法律地位限制和歧视的工商业者逐渐摆脱了身份的桎梏,也从一方面可以

---

① (唐)白居易:《白居易集》卷63《策林二》,中华书局1979年版,第1313页。
② [日]加藤繁:《中国经济史考证》第1卷,吴杰译,商务印书馆1959年版,第373页。
③ 关于"行"的问题在第六章中已经有详细论述,在此不再赘述。
④ (宋)司马光编著,(元)胡三省音注:《资治通鉴》卷226,中华书局1956年版,第7275页。
⑤ (后晋)刘昫等:《旧唐书》,中华书局1975年版,第3393页。

解释商品经济发展过程中商人经商欲望的刺激。

在唐代,促进城市市民阶层从分散走向联合,尤其是市民意识萌发的一个重要事件是发生在唐德宗年间的平民抗税风潮。德宗建中三年(782)四月,节度使朱滔因德宗任命康日知为深、赵二州团练使而返回幽州。没有得到深州的朱滔,心中不平,又索取恒定七州的赋税以供军饷,仍没得到允许,更是怨恨。当时,田悦被马燧围困,形势窘迫,便使人离间朱滔与王武俊一同反叛。① 为了荡平朱滔等人的变乱,中央政府开始连年用兵,导致国库不断空虚。为了弥补国库之不足,政府将财源目标瞄准了富商,宰相卢杞"以为泉货所聚,在于富商",便命党羽韦都宾等"谋行括率",希望通过借钱以充军费,承诺平叛歇兵后偿还,"钱出万贯者,留万贯为业。有余,官借以给军,冀得五百万贯……京兆少尹韦祯督责颇峻,长安尉薛萃荷校乘车,搜人财货,意其不实,即行搒箠,人不胜冤痛,或有自缢而死者,京师嚣然如被贼盗"②。京兆少尹韦桢、长安尉薛萃等人开始"搜督甚峻,民有不胜其冤自经者,家若被盗",但不想远没有达到预定征敛的数额,就"又取僦柜纳质钱及粟麦粜于市者,四取其一"③。但唐德宗与卢杞等人低估了连年用兵所激起的市民反抗情绪,日益高涨的反对征战情绪进一步激化官民矛盾,长安市民不断掀起要求停止"括率"的罢市与请愿行动,"长安为之罢市,百姓相率千万众邀宰相于道诉之"④。面对市民们一浪高过一浪的抗议运动,德宗不得已下诏罢之。事变则时移,一场流产的征税却带来了市民意识的觉醒,德宗时代的城市市民已然不能以旧眼光观之,用以前的旧路径来思考和对待德宗时代城市市民,市民们在变化的时局中不会再像以前一样默不作声。随着城市人口的膨胀,商品经济的发展与富民阶层的出现,捍卫自身利益而对抗官府滥用权力的行动激发了市民意识的萌发,城市工商业者在与官府的博弈中增加了筹码,提升了话语权,导致了市民阶层的初步形成。

这一类罢市抗议运动的出现在唐代并不是偶发的单一个案,据宁欣教授的考察,有唐一代城市市民为了捍卫切身利益,表达自身诉求的方式,不仅限于"罢市",一些平和的抗议或者激进的民变都时有发生,如"拦邀诉求"、聚众喧嚣、"街议汹汹"、街中传呼、匿名榜贴、集体"巷哭"、"率钱雇百戏"、街衢诟骂、投掷瓦砾等衍生行为都曾在史籍上有

---

① 参见(后晋)刘昫等:《旧唐书》,中华书局1975年版,第4450页。
② (后晋)刘昫等:《旧唐书》,中华书局1975年版,第3715页。
③ (宋)欧阳修、宋祁:《新唐书》,中华书局1975年版,第1352页。
④ (后晋)刘昫等:《旧唐书》,中华书局1975年版,第3715页。

所记载。①

第三节　城市的民族结构与民族融合

隋唐五代的城市不仅仅是各民族融合加剧的熔炉,也是外国人聚集的场所。唐代作为中国古代社会中最为开放的时代,随着东西方交流与联系不断加深,陆上丝绸之路的商业贸易不断繁盛,大量的西域商人通过这一通道到达亚欧大陆的最东端,聚集在长安、洛阳等城市中,城市的发展呈现出新的图景。而海上丝绸之路的最初端倪也是在日本、新罗、东南亚和波斯商人与隋唐两代政府和民间进行的商品贸易和社会交往中逐渐形成的。隋唐的主要城市中,既有众多的突厥、回纥、昭武九姓等少数民族商人,也有大量的波斯、大食、新罗等外国商人,共同促成了隋唐的开放局面和多元的民族人口结构。

隋唐五代是周边民族地区不断迁移、不断融合与发展的时期。随着迁移,各民族的分布格局逐渐形成,民族间的经济贸易、文化交流、民族融合不断加强,这场民族间的迁徙还影响到隋唐的政治、经济、军事及城市社会生活的各个方面。唐初,唐王朝与北方的突厥时有征战,李唐王朝为了重新恢复汉代建立的丝绸之路,重开商路,与西域展开贸易,终于在战争与怀柔的结合政策下打败西突厥。唐太宗对安国使臣说:"西突厥既降,商旅可行矣",闻此"诸胡大悦"②。至此,通往西域的商路逐渐恢复,为西域的胡商和来自中亚、西亚的波斯、大食等国外商人通过陆路来中原与汉族地区展开贸易提供了稳定的政治环境。《大慈恩寺三藏法师传》载:"凉州为河西都会,襟带西蕃、葱右诸国,商旅往来,无有停绝。""伊吾之右,波斯以东,职贡不绝,商旅相继,琛赆遭其寇攘,道路由其壅塞"③。西域的商人通过打通的这条商路与内地进行了比较多的商贸往来,多到道路拥塞的状况。昭武九姓分布于西域地区,即今日之新疆、中亚等地区,史载其族"善商贾","男子年二十,即远之旁国,来适中夏。利之所在,无所不到"。可见,随着商路开辟后,商业利润刺激着西域胡商和波斯商人纷纷在艰难遥远的通往东方的道路上开始了贩运贸易,伴随着利益而生的还有种种艰难和不易,然而,所有的困难都无法阻止利润的诱惑,胡商们的贸易终点主要指向了隋唐的都

---

① 参见宁欣:《中国古代市民争取话语权的努力——对唐朝"罢市"的考察》,《中国经济史研究》2009年第3期。
② (宋)欧阳修、宋祁:《新唐书》,中华书局1975年版,第4738页。
③ (北宋)王钦若等编:《册府元龟》,中华书局1994年版,第11567页。

城长安。

长安是隋唐全国最大的都市,亦是国际性的大城市,长安吸引着全国各地的士人、商人、手工业者,同样也聚集着众多的四方来客。各个民族和外国来者在长安城内共同生活,交往联系,在不断的碰撞和尊重中形成融合趋向,是隋唐时期民族交往融合的典型反映。

唐贞观初年,长安中的各色民族已经杂居,如突厥人已经大量居住在长安,数量相当可观,有"居长安者近且万家"的记载。若一户若按五口人计算,居留长安者可达五万人左右,其中除以政治目的而居留在此的官员外,仍有不少是在长安以经商和贸易为目的的。安史之乱后,回纥因协助唐朝平定叛乱有功,获得了在长安等城市往来的一些特别权力,大量回纥人开始到长安居住,其规模也不少,如有载"留京师者常千人,商胡伪服而杂居者又倍之"。这些胡商"殖货产,开第舍,市肆美利皆归之",实力相当雄厚,甚至到了"日纵贪横,吏不敢问。或衣华服,诱取妻妾,故禁之"①。可以看出,回纥人居留长安的人数非常多,很多人改俗易服,开始穿着中原地区的服饰,也有娶中原女子者,因为其中所带来的诸多矛盾和问题被朝廷禁止,但这些关系无形中对两民族间的融合产生了相当大的影响。

唐代宗时期,随着周边民族与唐朝交往的深入,各民族进一步进入唐朝控制区域内,或经商或游历或居住,民族之间的融合进一步加强。昭武九姓胡商"常冒回纥之名,杂居京师,殖货纵暴,与回纥共为公私之患"②。可见昭武九姓商人在长安亦颇具实力。在长安的波斯、大食等外国商人也相当多,如西市就有不少波斯商人开设的"波斯邸"。摩尼教徒亦有不少人在长安经商。史称"摩尼至京师,岁往来西市,商贾颇与囊橐为奸"。许多胡商还在长安经营高利贷,以至"京城内衣冠子弟及诸军使并商人百姓等,多有举诸蕃客本钱"③。如此多的人向胡商(蕃客)借钱,充分说明了长安胡商人数之众,财力之雄厚。西市还有许多胡商经营饭馆、酒店等饮食业,并以胡姬陪酒。李白的《少年行》之二云:"落花踏尽游何处,笑入胡姬酒肆中。"

关于这种民族交往与融合趋势在《资治通鉴》中有所描绘,唐德宗贞元三年(787)的长安呈现出一片各国来朝、各族因商而聚的状况:"自天宝以来,安西、北庭奏事及西域使人在长安者,归路既绝,人马皆仰给于鸿胪,礼宾委府、县供之,于度支受直。度支不时付直,长安市肆不胜其弊。李泌知

---

① (宋)司马光编著,(元)胡三省音注:《资治通鉴》卷225,中华书局1956年版,第7265页。
② (宋)司马光编著,(元)胡三省音注:《资治通鉴》卷226,中华书局1956年版,第7288页。
③ (清)陈梦雷编纂:《古今图书集成》第33册《明伦汇编·交谊典》,中华书局1986年版,第40372页。

胡客留长安久者,或四十余年,皆有妻子,买田宅,举质取利,安居不欲归,命检括胡客有田宅者停其给。凡得四千人,将停其给。胡客皆诣政府诉之,泌曰:'此皆从来宰相之过,岂有外国朝贡使者留京师数十年不听归乎? 今当假道于回纥,或自海道各遣归国。有不愿归,当于鸿胪自陈,授以职位,给俸禄为唐臣。人生当乘时展用,岂可终身客死邪!'于是胡客无一人愿归者,泌皆分隶神策两军,王子、使者为散兵马使或押牙,余皆为卒,禁旅益壮"①。上文所记西域各族商人和使者聚集在长安,仅一次清查中就统计有4000多人,唐政府为了便于加强对长安的管理,本意是将这批人遣返回西域,但无一个人自愿返归,之所以迟迟不归在于,这一群体早已在中原娶妻生子,置办田宅,甚至有的在长安已生活达数十年,已然习惯了中原的生活与习俗,已融入到长安社会中。有鉴于此,致使李泌下令鸿胪寺对他们进行登记,从而获得了唐朝户口在籍的资格,成为唐朝的编户齐民。与其在唐朝享受权利的同时,也要为唐政府承担义务。为了安置这批人,使其为唐所用,大部分都被编入神策军,成为守卫疆土的士兵。这一方式的开启,使为数众多的来唐之西域人开始陆续地向唐朝的臣民和百姓转化。由此管窥,各民族在长期的生活交往中,彼此相互吸收、相互学习而走向一致,是隋唐五代民族发展的主导方向。长安中的外来民族是如此状况,长安外的其他城市中也概莫能外。

在长安的日本人也是外来民族在华势力较强的一股。来唐的日本人多为遣唐使或者留学生,多在长安学习唐朝先进文化与技术,读书学习、访师求友,甚至入朝为官。来唐日本人多次朝觐唐朝皇帝,开展与唐朝的商业贸易,为促进中华文化向日本的传播,融入中华文化圈,带动日本的发展等方面而努力。日本从公元630年开始,先后有13批次的遣唐使来唐,规模不等,人数不断增加。据《新唐书·东夷列传》记载,公元703年,第八次遣唐执节使粟田真人到长安后收到武则天在大明宫的宴请招待,粟田"冠进德冠,顶有华花四披,紫袍帛带"②,并被授予司膳卿之职。遣唐使中的佼佼者有入唐朝为官者,如阿倍仲麻吕在国子监学习期间参加科举考试中第,后被唐玄宗委任为三品官职,直到其逝世一直留在唐朝。除了这样的遣唐使外,为数更大的群体是来唐的僧侣,这些僧人多在长安求佛法,学习业已在长安传播广泛的佛教教法。其人数是遣唐使的几倍,总计人数有500人上下,已

---

① (宋)司马光编著,(元)胡三省音注:《资治通鉴》卷232,中华书局1956年版,第7492—7493页。

② (宋)欧阳修、宋祁:《新唐书》,中华书局1975年版,第4715页。

经形成一定的规模。

安史之乱以后,北方的生产力受到较大打击,政治动荡,农田水利遭到破坏,与此相对的是南方地区的开发却进一步深化了。扬州就是在这样的背景下迅速崛起,加之大运河开凿后带来的区位条件变更,扬州成为唐代后期全国的经济中心城市。与此同时,海上贸易也在隋唐时期大大繁荣,取决于海上航行技术的进步与海上管控的松动,东亚、东南亚、南亚甚至是中东地区的商人陆续来到东部的港口城市,江南成为海外商人聚居的主要地区。

"扬州不仅是粮食、丝绸、海盐的产地,也是手工业水平最高的城市。城市自身在多方面具备了极高的生产力,这是扬州成长为经济中心的动力"①。与留学生、求法僧、质子、外交官、士兵、政治家等形形色色的人员构成的长安外国人社会相比,从扬州的城市特性上来看,外国人大部分在此从事商业活动。文宗太和八年(834)二月颁布的诏令如下:"南海蕃船,本以慕化而来,固在接以恩仁,使其感悦。如闻,比年长吏多务征求,嗟怨之声,达于殊俗。……其岭南、福建及扬州的蕃客,宜委节度观察使,除舶脚、收市、进奉外,任其来往,自为交通,不得重加率税。"②这些措施为往来于扬州的外国商人的交易提供了安全保障,也为其积极开展商业活动提供了可能。

扬州襟江带海,又是运河的交汇口,是唐代海外贸易的集散市场。居留扬州的外国人中,西域人、新罗人和日本人等占大多数。扬州的西域人则大部分是阿拉伯和波斯人,北方西域人只占少数。他们主要从事买卖宝石、香料等贵族和各国使节使用的高级奢侈品。数量不少的大食、波斯商人在扬州寄迹设点,坐市买卖。他们经营的店铺,唐人通常称之为"波斯店"或"胡店"。更有胡商蕃客泛舟长江、运河,往来于岭南与江淮、两京道上,扬州的胡商自盛唐时就极具规模。杜甫在《解闷》诗中写道:"商胡离别下扬州,忆上西陵故驿楼。为问淮南米贵贱,老夫乘兴欲东流。"安史之乱期间,刘展在江淮掀起兵乱,田神功出兵讨伐,"至扬州,大掠居人资产,鞭笞发掘略尽,商胡大食、波斯等商旅死者数千人"③,如果加上幸免于难的人员在内,数量应该有万余之众。直至唐末,扬州胡商的活跃依然没有衰落。唐僖宗时,"度支以用度不足,奏借富户及胡商货财。敕借其半。盐铁转运使高骈上言:'天下盗贼蜂起,皆出于饥寒,独富户、胡商未耳。'乃止"④。政府因

---

① 全汉昇:《唐末时代扬州经济景况的繁荣与衰落》,载《中国经济史论丛》,香港崇文书店1972年版,第146—179页。
② (北宋)王钦若等编:《册府元龟》,中华书局1994年版,第1087页。
③ (后晋)刘昫等:《旧唐书》,中华书局1975年版,第3313页。
④ (宋)司马光编著,(元)胡三省音注:《资治通鉴》卷253,中华书局1956年版,第8221页。

财用不足,有关官员上奏请向富户、胡商借用财货,诏命他们拿出一半的财物借给政府,后被高骈谏止。高骈时任盐铁转运使,同时又是扬州大都督府长史、淮南节度使,他的谏言定有扬州胡商的背景,亦可见唐末扬州胡商人数依然不少,且商业的繁荣程度依旧。

《唐大和尚东征传》记载了鉴真和尚离开扬州前往广州的内容,对当时西域商人的奢侈品经由广州进口的情况作了生动的描述,具体如下:"江中有婆罗门、波斯、昆仑等舶,不知其数;并载香药、真宝,积载如山。其舶深六七丈。狮子国、大石国、骨唐国、白蛮、赤蛮等往来居,种类极多。"①这些西域商人在扬州经商收获颇丰,利润极高,以至于官府不时在一些重大工程上马之前也会要求西域商人进行捐纳,以弥补财力的不足。如开成四年(839)扬州都督兼淮南节度使李德裕为修理开元寺的瑞像阁而要求外商捐钱,波斯商人被要求捐1000贯,日本商人是50贯。②

扬州及其附近的新罗人中为数众多的从事运输业,他们主要在扬州到泗州的江淮运河路线和从楚州经由淮水下游到海州、密州、莱州、登州等地区活动。从事运输业的新罗人,存在运送木炭的苦力。木炭作为冬季燃料是在煤炭尚未作为燃料大规模使用之前极为重要的商品,对其贩运和贸易也是获利颇丰的行当。③ 此外,扬州新罗人还用纸、雨伞等新罗出产商品用来交换唐的丝绸、铜镜和瓷器等物品。

唐代的广州也是各民族居住的主要城市之一。广州的繁荣始于唐初设置的市舶使,总管东南海路对外贸易,制定税收征管等制度。唐朝差遣市舶使主管南海诸国贸易邦交事务,首见于开元二年(714),首任市舶使为周庆立。《旧唐书》称,开元二年(714)十二月,右威卫中郎将周庆立为安南市舶使,"与波斯僧广造奇巧,将以内进;监选使、殿中侍御史柳泽上书谏,上嘉纳之"④。《新唐书·百官志》叙述鸿胪寺职掌时,特别突出广州,谓:"海外诸蕃朝贺进贡,使有下从,留其半于境。由海路朝者,广州择首领一人,左右二人入朝。所献之物,先上其数于鸿胪"⑤。有研究者就指出,唐朝在广州建立市舶使这种新的官职,就是"以古代的'盐铁使'作为典范和原型而设

---

① [日]真人元开:《唐大和尚东征传》,汪向荣校注,中华书局2000年版,第75页。
② 参见[日]圆仁:《入唐求法巡礼行记》,金文经译注,台湾文海出版社1976年版,第95页。
③ 参见[日]圆仁:《入唐求法巡礼行记》,金文经译注,台湾文海出版社1976年版,第149页。
④ (后晋)刘昫等:《旧唐书》,中华书局1975年版,第174页。
⑤ (唐)欧阳修、宋祁:《新唐书》,中华书局1975年版,第1257页。

计的",在外贸管理中具有"垄断地位"①。市舶使的设置大大繁荣了广州的对外贸易,也使得"狮子国、大石国、骨唐国、白蛮、赤蛮等往来居,种类极多"②。唐后期阿拉伯人多次宣称:广州是"阿拉伯商人的荟萃之地",是"尸罗夫商人聚集之地"③。广州的各个民族的商客荟萃,人口结构形成唐人"与夷人杂处""与海中蕃夷、四方商贾杂居"的特征。为加强对民族人口的管理,政府仿照里坊制度,在城西划定外侨居住区,"顷年在广州番坊,献食多用糖蜜、脑麝,有鱼俎,虽甘香而腥臭自若也"④。"蕃坊中居住着阿拉伯人、印度人、南洋诸国人,实行某种程度的民族自治,保持着各自的生活习惯和宗教信仰,所以唐代流行的伊斯兰教、佛教、摩尼教、祆教可能也有传播"⑤。

---

① [美]谢弗:《唐代的外来文明》,吴玉贵译,中国社会科学出版社1995年版,第29页。
② [日]真人元开:《唐大和尚东征传》,汪向荣校注,中华书局2000年版,第75页。
③ 穆根来等译:《中国印度见闻录》,中华书局1983年版,第100、115、119页。
④ [日]桑原骘藏:《蒲寿庚考》,陈裕菁译订,中华书局2009年版,第39页。
⑤ 杨万秀主编:《广州通史·古代卷》,中华书局2010年版,第307页。

第八章　城市社会生活

　　城市社会生活是都市人群整体社会物质和精神活动的重要内容。"一定时期城市社会生活是这一时期城市社会政治、经济、民族和时代精神的综合体现。在隋唐五代这个特定的历史时期中,社会生产的繁荣和发展为社会生活提供了相对于前代更丰厚的物质基础,使这一时期的社会生活比以往更加丰富多彩。由于中西交流的频繁,异族的生活方式强烈地影响了时代的风尚,在服饰、饮食、娱乐、习俗方面均有体现。在这一历史时期,封建礼教对人性的约束不像后世那样严重,使社会生活呈现开放、进取和蓬勃向上的风貌"①。其中尤为引人注目的是居民的交往方式和消费方式、日常活动与闲暇方式的变化,这些方面的变化直接受着城市现代化的牵动,亦体现着城市现代化的成果和内质。"城市的地域、经济、社会、政治、文化结构变化使城市功能发生变化,尤其是城市社会结构变化,直接影响城市居民的生活变迁。而城市居民的生活方式、社会习俗和心理本身亦成为城市结构变迁的重要构成"②。

第一节　物质生活

　　隋唐五代是中国历史上承前启后的重要时段,政治、经济、文化、外交等领域的繁盛为城市发展提供了难得机遇。各地都市无论是为政治、文化中心,抑或以经济勃兴而见长,均体现出商旅不绝、商贸与文化交流频繁等特点。其居民包括皇室、外戚、官僚和一般市民,以及胡商、外国使节、留学生、僧侣等人群。由此而使居民饮食、服饰、住宅、出行多元多彩。物质生活包罗宫廷、贵族、士人、异国等多重面貌。都市居民对生活的热情、人文的重视、海纳百川的包容之心是为这一时期物质生活的源泉,充分彰显都市民众物质生活的等级性、时代性、艺术性特色。物质生活是城市居民其他社会生活的基石,无论文化生活、婚姻生活,抑或宗教生活皆以物质生活为基础。物质生活的质量在一定程度上决定着其他社会生活水平的高低。衣食住行

---

① 龚书铎主编:《中国社会通史·隋唐五代卷》,山西教育出版社1996年版,第304页。
② 何一民主编:《近代中国城市发展与社会变迁》,科学出版社2004年版,第468页。

是都市居民生存的基本需要,亦为家庭物质生活的基本组成部分。

一、饮　食

隋唐五代城市居民的饮食呈现出异彩纷呈的特点,主要表现为以下几点:一是不同地区的饮食风俗存在着较大的差别;二是不同阶级或阶层的饮食风俗各具鲜明的特色;三是城市饮食受到外来食物及其食用风俗的影响较大,这些内容在中国古代饮食风俗史上都占有重要的地位。

南北方城市居民饮食之差异。"隋唐五代时期,无论是统一还是分裂状况,从总体来看,国家的疆域都极其辽阔。由于地理位置不同,气候不同,各地物产相差很大,使各地区的人民形成了不同的饮食习惯"①。饮食结构可以分为南北两个大的区域,南方城市以长江流域为中心,着重食稻米;北方城市以黄河流域为中心,以面食为主。柳宗元与朋友书信称:"穷陇西之麦,殚江南之稻,以为兄寿"②。明白道出了南北饮食结构中主食的稻麦之异。"《太平广记》涉及北方地区饮食共有86次,除14次未记载食品种类外,其他72次中,面食57次,稻米8次,粟米4次,麦饭3次。面食在北方饮食结构中占据最重要的地位"③。

长安及周围地区的主要贡品即为"大小麦面"。韩愈曾在《元和圣德诗》有"天赐皇帝,多麦与黍"之说。小麦磨成面粉极易做成各种食品,花样变化层出不穷,很适合北方人的饮食习惯,因此在长安很受欢迎。宣宗时,长安附近的百姓甚至"多端以麦造面,入城贸易"④。这说明长安居民食用麦面是极普遍的,麦面成为长安市民的主要粮食。在众多的面食当中,面饼最普遍。当时长安制饼的技术非常高,品种特别多,有蒸饼、胡饼、阿韩特饼、凡当饼、疏饼、油煎饼等。蒸饼制作简单,只需用面粉发酵蒸熟即可,居家食用方便,普及较广,甚至在街头巷尾都有蒸饼出售。《朝野佥载》卷5载,长安人邹骆驼"常以小车推蒸饼卖之",可知蒸饼在街市上到处有卖。武则天时的四品官张衡正是因为"路旁见蒸饼新熟,遂市其一,马上食之,被御史弹奏"⑤。

胡饼在隋唐五代时期城市中食用十分广泛,上至贵族,下至平民百姓。白居易有诗《寄胡饼与杨万州》云:"胡麻饼样学京都,面脆油香新出炉。寄

---

① 龚书铎主编:《中国社会通史·隋唐五代卷》,山西教育出版社1996年版,第313页。
② (清)董诰等编:《全唐文》,中华书局1983年版,第5807页。
③ 黄正建:《敦煌文书与唐五代北方地区的饮食生活》,载《魏晋南北朝隋唐史资料》第11辑。
④ 王文学主编:《中国古代商业文化》,现代教育出版社2012年版,第69页。
⑤ (宋)李昉等编:《太平广记》,中华书局1961年版,第2015页。

与饥谗杨大使,尝看得似辅兴无。"①

江南是隋唐五代稻米的主要产地,也是主要食用稻米的地区。"江南之俗,火耕水耨,食鱼与稻,以渔猎为业,虽无蓄积之资,然而亦无饥馁"②。"食鱼与稻"就是唐朝初年人们对江南饮食的认识。当然,南方城市居民喜食稻米,北方城市居民青睐面食并非整齐划一。隋唐以后,国家统一,南方经济迅速发展,南北之间畅通无阻,促使南方稻米源源不断运往北方,北方城市居民亦有食用稻米的现象。南方城市居民食用面食,面饼也较为普遍。如当时流行的汤饼即面条,夏天称为"冷淘"即为凉面,南北方城市居民皆普遍食用。《唐六典》卷15所载光禄寺供百官膳食有云:"冬月则加造汤饼……夏月加冷淘。"杜甫大历年间在成都草堂也曾写过一首《槐叶冷淘》的诗。诗中说:"青青高槐叶,采掇付中厨。新面来近市,汁滓宛相俱。入鼎资过熟,加餐愁欲无。碧鲜俱照箸,香饭兼苞芦。经齿冷于雪,劝人投此珠。……"

唐五代时期的饮食店经营的主食就包括饼、饭、粥、糕四种,其中饼占了相当大的比例,饭、粥次之,糕较少。饼的品种极其丰富,仅史籍中有记载的便有煎饼、蒸饼、胡饼、汤饼、环饼、薄饼、笼饼、馒头、馄饨等多种名目。唐中宗景龙三年(709),韦巨源拜尚书仆射所设烧尾宴菜谱中,有所谓"二十四气馄饨"③,即以各种花形馅料做成的24种馄饨,名目繁多。饭食主要有稻米饭、麦饭、粟米饭、黍米饭、胡麻饭、雕胡饭、青精饭等多种类型。粥也名目繁多,仅食疗名著《食医心鉴》所记的粥方就达45种,除白粥外,还有菜粥、肉粥、药粥、动物内脏粥等等。糕同样品种繁多,如唐尚书令韦巨源的《烧尾宴食帐》中就载有七返膏、水晶龙凤糕、玉露团等不少品名。"糕点中也有许多属于节令小吃,如粽子等都是南方饮食店中比较常见的糕点"④。

与主食一样,副食的南北差异也很明显。最突出的区别是南方主要以鱼虾类水产品为主,而北方则以肉酪类畜产品为主。唐武则天圣历三年(700),朝廷下令禁止屠杀,凤阁舍人崔融上奏反对,"江南诸州,乃以鱼为命,河西诸国,以肉为斋。一朝禁止,倍生劳弊。富者未革,贫者难堪"⑤。反映了时人南北副食的基本区别。各地菜肴品种更加丰富,《酉阳杂俎》卷7《酒食》记载了猩唇、获炙、糜腥、炮羔、悬熟、兜猪肉、脂血等数十种名菜。

---

① "辅兴"是唐代长安城的一个坊名,那里的胡饼十分有名。
② (唐)魏征、令狐德棻:《隋书》,中华书局1973年版,第886页。
③ 徐庭云:《中国社会通史·隋唐五代卷》,山西教育出版社1996年版,第313页。
④ 潘林:《唐五代西南地区饮食业研究》,西南大学硕士学位论文,2009年。
⑤ (宋)司马光编著,(元)胡三省音注:《资治通鉴》,中华书局1956年版,第6553页。

《烧尾宴食帐》记载了金铃炙、光明虾炙、通花软牛肠、同心生结肉脯、冷蟾儿羹、凤凰胎等三十多种珍稀佳肴。这些名菜佳肴的制作工艺尤为考究,计有蒸、煮、烙、煎、炸、烤、脍、熬、脯、煨等多种烹调方法,使菜肴味道更加丰富多彩。

蔬菜在隋唐五代城市中亦较为充足。文献可见唐长安市场上供应的蔬菜有藕、冬瓜、荚首、萝卜、葵菜、韭菜、苜蓿、昆仑紫瓜(茄子)、蜀芥、竹笋、芸苔(油菜)、薯蓣、黄花菜、生菜、蒿、芹菜、菠菜、葱、蒜等,品种非常丰富,其中有些品种还是从域外引进的珍稀菜种,如莴苣,唐人称为千金菜。蔬菜之外的水果较为常见。《通典》所列的天宝土贡,其中苏州有嫩藕三百段,杭州有橘子两千颗,越州有柑橘、甘蔗。到唐后期,《新唐书·地理志》的土贡中,扬州有藕,苏州有柑、橘、藕、菱角,湖州有木瓜、杭子、乳柑,杭州有木瓜、橘子,越州也有橘子。白居易行往江州途中作《江楼偶宴赠同座》诗曰"江果尝卢橘,山歌听竹枝",而在忠州所作《荔枝楼对酒》诗曰"荔枝新熟鸡冠色,烧酒初开琥珀香",便反映了酒宴中食用卢橘、荔枝等水果的情形。

"主食和副食之外,隋唐五代城市中的人们对饮品也很青睐。饮品主要是茶、酒,也有奶酪、浆饮等"①。唐代是中国茶文化的初兴时期,初唐北方饮茶风气未成。唐中期以前,饮茶习俗尚局限于江南地区。随着南北文化交流,江南的饮茶风气很快流行到华北城市。杨晔的《膳夫经手录》载:"至开元、天宝之间,稍稍有茶,至德、大历遂多,建中以后盛矣。"当时长安城内的茶馆、茶肆很受贵族与平民的欢迎。说明全国性的饮茶之风在唐玄宗开元、天宝年间(713—755)才开始出现,唐德宗建中(780—783)以后呈现兴盛局面。兵部员外郎李约好茶,曾对别人说"茶须缓火炙,活火煎"②。"由于茶日益普遍,成为社会各阶层喜爱的饮料,德宗时贞元元年(785)开始征收茶税"③。

当时名茶、名酒已开始出现。李肇的《唐国史补》记载有17种名酒、21种名茶。显然,很多名茶、名酒都是当地饮食店的畅销饮品。奶酪、浆饮等在饮食店有售。《太平广记》卷233专门讲了各种各样的酒,如千月酒、擒奸酒、若下酒、昆仑觞、青田酒、黏雨酒等。其中的《酒名》篇,更是详细记载了当时最受欢迎的各种名酒。"郢之富水,乌城之若下,荥阳之土窟春,富平之石冻春,剑南之烧春,河东之乾和蒲桃。"④唐代城市居民喜欢饮酒,"李

---

① 黎虎主编:《汉唐饮食文化史》,北京师范大学出版社1998年版,第250页。
② (宋)李昉等编:《太平广记》,中华书局2003年版,第1514页。
③ 宋肃懿:《唐代长安居民的都市生活与时尚》,《明新学报》2008年第1期。
④ (宋)李昉等编:《太平广记》,中华书局2003年版,第1785页。

白斗酒诗百篇"成为千古佳话正是真实写照。由于经济发达,长安市井繁华,贵族、官僚乃至市民大都有饮酒习惯,《宋朝事实》载:"天宝以后,海内无事,京师人家多聚饮"。时人所饮成品酒有米酒(谷物发酵酒)、配制酒和果酒。唐代的果酒主要是葡萄酒。唐代以前,中原地区很少见到葡萄酒的酿造,人们饮用的葡萄酒多为西域所贡。时人曾有"太真妃持玻璃七宝盏,酌西凉州葡萄酒"[1]的描写。葡萄酒法的内传明确见于史籍记载是在唐太宗时期。钱易在《南部新书》卷3载其事时称:"太宗破高昌,收马乳蒲桃种于苑,并得酒法,仍自损益之,造酒成绿色,芳香酷烈,味兼醍醐,长安始识其味也。"除西域和河西之外,河东地区特别是太原一带是当时中国内地葡萄酒生产的中心。有唐一代,葡萄酒作为一种新兴的酒类受到了人们的普遍欢迎。之外,由于酿酒业的发展和医学的进步,药酒开始异军突起,成为配制酒生产的主要产品。

不同阶层城市居民饮食之特色。阶级社会中,各阶层的人们饮食生活有雷同之处,亦存个体差异,隋唐五代城市居民饮食也是如此。皇帝和贵族是最高统治阶级。他们的饮食生活多是奢侈挥霍、刻意求精。隋炀帝以生活奢侈闻名后世。据说其特别喜欢吃糖蟹,而这糖蟹"一枚直百金,用毡密束于蜂马,驰至于京"[2]。炀帝幸江都时,"吴中贡糟蟹、糖蟹。每进御,则上旋洁拭壳面,以金缕龙凤花云贴其上"[3]。唐代不少诗歌集中反映贵族妇女骄奢淫逸的生活,杜甫的《丽人行》中对她们的饮食有精彩描写:"紫驼之峰出翠釜,水精之盘行素鳞。犀箸厌饫久未下,鸾刀缕切空纷纶。黄门飞鞚不动尘,御厨络绎送八珍"。杨贵妃喜食荔枝,"必欲生致之,乃置骑传送,走数千里,味未变,已至京师"[4]。杜牧的《过华清宫》一诗写道:"长安回望绣成堆,山顶千门次第开。一骑红尘妃子笑,无人知是荔枝来。"唐宰相舒元舆的弟弟舒元褒在《对贤良方正直言极谏策》说:"尚食之馔,穷海陆之珍以充圆方。一饭之资,亦中人百家之产。"[5]吴越孙承祐"恣为奢侈。每一燕会,杀物命千数。家食亦数十器方下箸"[6]。后蜀尚食仅所掌《食典》达百卷之多,亦可见上层人士生活之浮华。上层官吏饮食方面多有补贴。刘朴兵根据《大唐六典》卷四《膳部郎中员外郎》条的记载计算得出,"亲王以下

---

[1] (宋)李昉等编:《太平广记》,中华书局2003年版,第1510页。
[2] 段成式:《酉阳杂俎》,团结出版社2018年版,第345页。
[3] 林正秋:《中国宋代菜点概述》,中国食品出版社1989年版,第18页。
[4] (清)彭定求等编:《全唐诗》,上海古籍出版社1986年版,第511页。
[5] (清)董诰等编:《全唐文》,中华书局1983年版,第7709页。
[6] (清)吴任臣:《十国春秋》,中华书局2010年版,第1263页。

至五品官皆给肉料,其中,亲王以下至二品官,每月常食料为羊20口,猪肉60斤;三品官至五品官则只供羊肉而无猪肉,所供羊肉的具体数量是,三品官每月给羊12口,四品官和五品官每月给羊9口"①。

一般官吏的饮食生活因其家产情况而有所不同。大致而言,家无产业又在中央非重要机构任职之官吏比较清苦。韩愈为国子博士,"冬暖而儿号寒,年丰而妻啼饥",乃至常常"晨炊不给"②。既然上述官吏中亦有难以温饱之情景,社会大多数成员的温饱尚难保证即属常态。因没有多余的粮草喂养肉畜供人食用,故肉食不仅对平民百姓而言为难得之物,对于官吏而言,疏食亦为常事。宣武军节度使裴休,父裴肃,德宗贞元年间为浙东观察使,生三子,裴休为中子。三子少时,偕隐家墅读书。某日有人赠鹿肉,烹熟后,裴休独不食,曰:"疏食犹不足,今一啖肉,后何以继?"③可见官宦子弟亦疏食,食肉甚少。不仅官宦子弟,官宦本人食肉亦受限制。贞观中,唐太宗禁止御史吃肉,恐扰州县官吏。而御史马周"每行郡一县,食必进鸡,为小吏所讼"。足见御史至州县察访,不仅不得食肉,食鸡亦有争议。唐太宗待马周甚厚,以"我禁御史食肉,恐州县广费,食鸡尚何与"为由,对马周未加责怪。④ 即使官员本人,食肉亦非经常,且往往不能兼惠子侄。后唐刑部侍郎刘赞幼时,其父每食肉,"别置蔬食以饭赞",谓之曰:"肉食,君之禄也。尔欲食肉,当苦心文艺,自可致之,吾禄不可分也。"⑤至于下级官吏,果腹尚难,食肉实属奢望。官吏尚且如此,普通百姓饥寒交迫更可想而知。对平民而言,尽量填饱肚子是最基本的需求。普通民众常常只能淡食,吃不起盐,或者只吃一些酱菜。日本圆仁和尚路过淄州,沿途化斋,竟有人家"极贫,无饭可吃"。"如果遇到战乱或灾荒,他们的生活就更加困苦,举凡豆屑杂糠、树皮树叶、蓬实橡面,什么都吃,甚至沦入人相食的悲惨境地。"⑥

城市居民饮食颇受胡族影响。"贵人御馔,尽供胡食"。唐释慧琳在其所撰《一切经音义》中称所谓胡食主要包括胡饼、饆饠、烧饼三种。胡饼从汉魏以来就从西域传入中原,到唐代成为人们的常食。长安有不少胡饼店。安史之乱时,唐玄宗西逃咸阳,至日午未食,杨国忠"自市胡饼以献"⑦。另

---

① 刘朴兵:《从饮食文化的差异看唐宋社会变迁》,《史学月刊》2012年第9期。
② (后晋)刘昫等:《旧唐书》,中华书局1975年版,第4203页。
③ 徐庭云:《中国社会通史·隋唐五代卷》,山西教育出版社1996年版,第313页。
④ 参见(宋)欧阳修、宋祁:《新唐书》卷95《马周传》,中华书局1975年版。
⑤ 吕思勉:《隋唐五代史·文明卷》,华中科技大学出版社2016年版,第147页。
⑥ 李连秀:《隋唐五代时期下层妇女的社会生活研究》,福建师范大学硕士学位论文,2003年。
⑦ (宋)司马光编著,(元)胡三省音注:《资治通鉴》,中华书局1956年版,第6972页。

一种常见的胡食为饆饠。是一种与肉类、果菜合煮的饭,类似于今中亚、新疆地区的手抓饭。饆饠传入中原地区后,深受中原人的欢迎,长安长兴里和东市均有饆饠店,专门出售饆饠。由于隋唐五代时北方仍受西北游牧民族"胡食"的影响,因此在北方饮食中羊肉甚多,羊肉的地位也高于鸡肉和猪肉。《唐六典》卷4记载了唐朝政府供给各级官员的食料,其中对亲王以下所赐食料中有"每月给羊二十口、猪肉六十斤、鱼三十头"的规定,可知羊肉远远多于猪肉。"北方菜肴中还有很多品类带有浓郁少数民族味道,例如浑羊殁忽、于阗法全蒸羊、野猪鲊等。"[①]唐代城市居民好酒,高昌的葡萄酒,波斯的三勒浆都曾流行于长安市上,异国风情的胡姬酒常令人流连忘返。由此而见,隋唐五代城市居民饮食所受外来文化之影响。

二、服　饰

隋唐五代时期,整个社会呈现一派欣欣向荣的景象,这为服饰文化的发展和各种服饰风俗的流行奠定了基础。这一时期由此而为中国服饰习俗急骤变革和丰富发展的时代,呈现出绚丽多彩的面貌。

男子服饰。隋唐五代时期男子服装大体可分两阶段:第一阶段是隋至初唐时期,第二阶段为中、晚唐五代时期。各个阶段,按照等级制度差别,装饰内容、服色质料有种种严格的规定。"天子、皇太子与群臣的服饰,因着装环境的变化可分为朝服、公服、常服。有研究者亦将其区分为礼服和便服。礼服亦称冠服,包括朝服、公服、祭服等。便服也叫常服,曾称为褻服。冠服主要是高冠革履、褒衣博带。常服则由幞头、袍衫、靴带组成。"[②]常服变化大,有的袖宽,有的袖窄,有的圆领,有的折领。一般士子、庶人的服饰则是以身量短,衣袖窄,服色以青、白、皂色为主,面料以麻、葛、毛为多。隋唐小说所载,男子"与少府脱靴履,叠袍衣,阁幞头",即反映了唐初男子穿袍衣、戴幞头的现实。[③] 总的来看,隋初比较朴素,炀帝起,社会风气变化较大,服饰日趋华丽。

谈及隋唐五代都市居民的服饰,服制问题不容回避。"服制是中国传统社会非常重视的一个问题,隋唐五代统治者屡屡颁布律令,对服制形式做了种种细密的规定。在当时,服饰并不仅仅是遮蔽身体,防暑御寒的手段,还是区别不同社会角色和社会阶层的最重要的标志物之一。隋唐以前,服

[①] 李斌成:《隋唐五代社会生活史》,中国社会科学出版社1998年版,第51页。
[②] 赵文润:《隋唐文化史》,陕西师范大学出版社1992年版,第52页。
[③] 参见岳聪:《从唐五代笔记小说看唐人服饰文化特色》,上海师范大学硕士学位论文,2012年。

制的种种规定只是针对礼服而言的,从隋唐开始,将日常服用的常服也纳入了服制的范围,进一步完善了古代服制的内容,适应了古代传统社会等级制度的需要。"①由于常服简易适用,并开始进入各种正规场合,其重要性日趋突出,常服逐步取代冠服的作用。隋唐五代时期,无论礼服、常服,均体现出等级性特点。唐制,天子礼服凡十二等,不同场合有不同的服装,重在明天子之贵。如大裘冕为祭祀天地神祇时之服,衮冕为纳后及元日丧礼之服,等等。

文武百官之服专在明等级。冠服的颜色、式样、纹饰各不相同,身上佩戴的饰物也各不相同,使不同品级的官员通过服装便可一目了然。以进贤冠为例,乃文儒者之冠,以黑色布为之。唐朝规定,"三品以上三梁,五品以上两梁,九品以上一梁"。"此为流内九品官的专用之冠,流外九品官不得戴进贤冠。再以皮质衣带为例,二品以上镂以金丝,三品镂以金银丝,四品镂以银丝,五品镂以𫄸丝,五品以下不得镂饰。"②隋唐五代时期,常服亦有严格等级规定。武德年间的规定是:天子袍衫用赤黄,"遂禁士庶不得以赤黄为衣服杂色"。据《旧唐书》卷45《舆服志》记载,三品以上用紫色,饰用玉;五品以上用朱色,饰用金;六品以下及流外官、庶民皆用黄色。还以饰物区别等级,五品以上金饰,六品、七品银饰,八品、九品输石为饰,流外官及庶民以铜、铁为饰。之后虽然具体规定屡有变更,但以服色区分社会等级的精神一直延续,社会各阶层的成员,上至帝王,下至平民百姓,服饰等级有差,尊卑有序。上可以兼下,下不得越上,否则被视为"僭越"。现实生活中,除官服因与官场活动联系密切,等级制贯彻比较彻底之外,日常服饰的等级规定并未得到严格执行,僭越现象司空见惯。

男子服装受少数民族服饰风气影响广泛。隋及唐前期的男子,不论官吏还是庶民,多崇尚胡服。北宋著名科学家、政治家沈括指出,"中国衣冠自北齐以来,乃全用胡服。窄袖、绯绿、短衣、长靿靴、有蹀躞带,皆胡服也。……唐武德、贞观时犹尔,开元之后,虽仍旧俗,而稍褒博矣"③。之后,胡服流行中原,男子服装是腰间系革带,头戴毛毡或皮帽,脚穿靴。领式有圆领、那折领、对襟开领等,下穿小口裤。这种胡服,在唐代士俑、三彩人物和李贤墓的壁画上可找到踪迹。胡服便于骑马,多为武士、役人所穿,官宦中也有以穿胡服为时髦的。由此,自隋至盛唐普遍流行的一种圆领窄袖、身

---

① 吴玉贵:《中国风俗通史·隋唐五代卷》,上海文艺出版社2001年版,第124页。
② 龚书铎:《中国社会通史·隋唐五代卷》,山西教育出版社1996年版,第306页。
③ (宋)沈括撰,张富祥译注:《梦溪笔谈》,中华书局2009年版,第8—9页。

长至足或膝的服装——袍衫,由于穿上之后行动不便,逐步为胡服袍衫所替代。

男子服装中,襕袍和襕衫的出现,亦是受了胡服的影响。襕袍与襕衫是一种上衣下裳相连的服装形式,虽与古时的深衣制相同,但已改大袖为小袖,斜领为圆领,袖及襟有缘饰为无缘饰。襕袍和襕衫是唐太宗时由大臣马周等人汲取深衣制上衣下裳连属的形式,结合胡服窄袖、圆领的特点而形成的一种新服装。此外,胯袍衫和袴褶也是胡服流行的具体体现。唐代男子盛行毡帽,男子所戴的胡帽有席帽、浑脱帽、帷帽三种。席帽本是羌人的帽子,用毡为之,有的涂油用来防雨。浑脱帽亦为一种胡帽,羊皮制成,高顶、尖而圆。唐朝初年,外戚长孙无忌以黑色羊毛制作"浑脱毡帽",人们争相效仿。因长孙无忌被封为赵国公,故这种款式的毡帽被称作"赵公浑脱"。帷帽是一种高顶的大格帽,因其檐下垂一丝网似"帷"故名。它是由西域传入中原的一种"胡帽"。"帷帽在隋唐五代时期甚为流行,无论男女,宫廷内外,官宦士庶都可以戴帷帽。"①由此而见,少数民族服装对汉人之影响。

"隋唐五代时期都市女性的服饰与男性相较更为丰富,体现出等级性、时代性、艺术性、融合性特征。"②就妇女服饰的等级性而言,百官之妻有封号者称"命妇",从其夫的爵位高低而定服饰。以唐代命妇为例,一品为国夫人,三品以上为郡夫人,四品为郡君,五品为县君,其下又有乡君等。命妇要出席很多礼仪场合。凡在这种场合,她们的服饰随其夫的品级有严格的区分。她们头上佩戴的发饰花钗,形象鲜明地标志品级和身份。钗本是妇女绾发的工具,使发髻保持固定形状。钗头雕花,起装饰作用,称花钗。在等级森严的舆服制度中,花钗成了类似于当代"军衔"的品级标志。在当时,钗头的花数被称为"钿",一品为九钿,依次递减,至九品为一钿,命妇的等级通过花钗而一目了然。

岑家梧的论述再次说明了此特点,其在《唐代妇女装饰风俗考》一文中说:"由于唐代上下竞美争妍的风尚,妇女的衣饰均极讲究,式样繁多,千变万幻,无时或已。原来唐代妇女的服饰,均有定制。命妇礼服,头上花纹,施两博鬓实钿饰,其衣则翟衣青质素纱。宫廷里嫔妃们的服装,皆是极为奇艳的。安乐公主的白鸟花裙,耗费尤为不赀。""安乐公主造百鸟毛裙,以后百官百姓家效之,山林奇禽异兽,搜山荡谷,扫地无遗,至于网罗杀获无数。"着锦衣的也极为普遍。当时帝(文宗)曾曰:"朕闻前时内库,唯二锦袍,饰

---

① 臧嵘、王宏凯:《中国隋唐五代习俗史》,人民出版社1994年版,第40页。
② 李翠华:《唐代女性妆饰习俗初探》,湘潭大学硕士学位论文,2007年。

以金鸟,一袍玄宗幸温汤御之,一即与贵妃,当时贵重如此,如今奢靡,岂复贵之?料今富家往往皆有。"①可知民间妇女却也着起锦袍。一般妇女的衣裙,则多着银泥。益州士曹柳某之妻李氏,"着黄罗银泥裙,五晕罗银泥衫子,单丝红地银泥帔子,盖益都之盛服也"②。张籍的《苏州江岸留别乐天》诗云:"银泥裙映锦障泥。"可见银泥衣裙,或不只益州一地为盛。此外有红罗裙。元稹的《樱桃花》中"窣破罗裙红似火"、白居易的《琵琶行》中"血色罗裙翻酒污",以及《和春深二十首》中"眉欺杨柳叶,裙妒石榴花"等诗句,均对此有所描述。

唐五代笔记小说对服饰的描写同样反映了唐人服饰的真实面貌。张𬸦的《游仙窟》记十娘"迎风帔子郁金香,照日裙裾石榴色""珠绳络翠衫,金薄涂丹履""织成锦袖红麟儿,刺绣裙腰鹦鹉子……傍人一一丹罗袜,侍婢三三绿线鞋""数个袍裤,异种妖媱……红衫窄裹小撷臂,绿袂贴乱细缠腰"③,真实地反映了唐初妇女喜着窄袖红绿衫裙、多披帔帛以及婢女多着男装等现象。蒋防的《霍小玉传》记霍小玉"着石榴裙……红绿帔子"④,表明唐代女子着石榴裙、披帔帛的真实状况。通过不同时期创作的唐五代笔记小说可以清楚了解唐代服饰的演变发展。唐初张𬸦的《游仙窟》"红衫窄裹小撷臂,绿袂贴乱细缠腰"的描写,写出了唐初女子衫襦的窄小的特点;唐中后期沈亚之的《湘中怨解》云:"有弹弦鼓吹者,皆神仙娥眉,被服烟霓,裙袖皆广长。"⑤道出了这一时期女子衫襦宽博的特点。⑥

如男子服饰受到少数民族风气影响一样,胡服之风于隋唐五代时期都市女性服饰中表现突出。《新唐书·五行志》称:"天宝初,贵族及士民好为胡服胡帽,妇人则簪步摇钗,衿袖窄小……"胡服的流行与隋唐五代的对外文化交流日益广阔的整体形势密切相关。唐长安作为东方第一大都市,城里有成千上万的回纥、龟兹、吐蕃、南诏以及日本、新罗、波斯、罗马、阿拉伯人学习、经商,他们的文化习俗最直接、最简捷的传播方式就是通过乐舞和服饰来进行,于是以长安城为中心,"女为胡妇学胡妆,伎进胡音务胡乐……胡音胡骑与胡装,五十年来竟纷泊"。白居易诗"绣帽珠稠缀,香衫

---

① (后晋)刘昫等:《旧唐书》,中华书局1975年版,第4493页。
② (宋)李昉等编:《太平广记》,中华书局1961年版,第197页。
③ 李时人编校:《全唐五代小说》,陕西人民出版社1998年版,第134页。
④ 李时人编校:《全唐五代小说》,陕西人民出版社1998年版,第733页。
⑤ 李时人编校:《全唐五代小说》,陕西人民出版社1998年版,第691页。
⑥ 参见岳聪:《从唐五代笔记小说看唐人服饰文化特色》,上海师范大学硕士学位论文,2012年。

袖窄裁",刘禹锡诗"胡服何葳蕤,仙仙登绮墀"、许浑诗"红珠络绣帽,翠钿束罗襟",形象地反映了当时胡服对唐代妇女服饰风格的影响。"尤其唐代,都市人对新奇的东西往往格外青睐,女性更是如此。她们的妆饰和服饰无不力求新鲜、奇特,而异族女性的妆饰又最能满足她们追求新奇的心理。盛唐时期回鹘髻、乌蛮髻的流行,元和年间时世妆的风行,无不与唐代女性吸纳异族的发式、妆饰密切相关。"①

女着男装是隋唐五代时期都市女性服饰的又一特点。有研究者认为,女着男装蔚然成风的原因一方面可以归因于唐代开放的社会风气和唐代女性直接参与政治的现象;另一方面则缘于周边游牧民族的影响。"在游牧民族中,女子的地位通常较高,社会风气开放,对女子的道德约束较少。这些都为女子穿男装风气的形成创造了条件。"②亦有学者认为,这一风气与胡服的流行有关。如唐韦顼墓的石刻侍女形象,即头戴幞头,身着折领窄袖胡服,下穿小口裤,足着软线靴,将汉、胡杂着集于一身。这是初唐至盛唐时期宫中流行的装束,后来仕宦之家也竞相仿效,以至于"流被民庶"。

陕西乾县永泰公主墓壁画、《虢国夫人游春图》《唐人双陆图》等绘画中也有类似形象。其形象则多为头戴幞头,身穿圆领窄袖袍衫,足着乌皮靴,腰系革带,看上去几乎与男子无异。关于女着男装何时出现,有研究者认为最晚在高宗时(649—683)。据载,高宗在皇宫内设宴,太平公主为高宗、武后舞蹈,"紫衫、玉带、皂罗折上巾",折上巾就是幞头。太平公主所着是标准的男装,所以高宗称:"女子不可为武官,何为此装束?"③到中晚唐时,这种风气并未少衰。唐武宗宠爱王才人,经常令她与自己穿一样的服装,当他们一起在禁苑射猎时,"左右有奏事者,往往误奏于才人前,帝以为乐"④。

女着男装并不限于宫廷范围。玄宗天宝年间(742—756),"士流之妻,或衣丈夫服,靴衫鞭帽,内外一贯矣"⑤。代宗大历年间(766—779),李华在晚年写给外孙的信中追忆说:"吾小时,南市帽行见貂帽多,帷帽少,当时旧人,已叹风俗。中年至西京市,帽行乃无帷帽,貂帽亦无。男子衫袖蒙鼻,妇人领巾覆头。此乃妇人为丈夫之象,丈夫为妇人之饰,颠之倒之,莫甚于此。"⑥唐宪宗元和十三年(818),进士李廓在《长安少年行》诗中也称:"遨

---

① 李翠华:《唐代女性妆饰习俗初探》,湘潭大学硕士学位论文,2007年。
② 宇文塔曼:《唐代女装款式演变研究与应用》,陕西师范大学硕士学位论文,2012年。
③ (宋)欧阳修、宋祁:《新唐书》,中华书局1975年版,第878页。
④ 陈尚君辑校:《全唐文补编》,中华书局2005年版,第975页。
⑤ (唐)刘肃:《大唐新语》,中华书局1984年版,第151页。
⑥ 瞿宣颖纂辑,戴维校点:《中国社会史料丛钞》,湖南教育出版社2009年版,第65页。

游携艳妓,装束似男儿。"可见一时风气。

三、住 与 行

"住宅是人类赖以生存、发展、繁衍的物质空间,因此从古到今,人们皆十分注重第宅的修建。上层社会之家多造甲第大宅以炫耀其身位、社会地位和财富;下层社会之家的普通百姓虽不敢奢望甲第大宅,但也希望拥有茅草小屋来安身立命。"①"这一时期的贵族官僚住宅与一般民众的居室有天壤之别。政府法令规定,不同等级的人们,享受不同的住宅。贵族官僚列长戟、施行马,居住面积、规格、装饰等各方面都享有特权。即便如此,他们仍然违反规定,竞相建造豪宅。贫苦平民则只有居住在不蔽风雨的茅草屋中,破毡遮身,油瓦取明,居住风俗体现出鲜明的阶级特点。"②

关于隋唐时期上层人士的居住情况,贺从容认为,(隋大兴)唐长安把宫殿、官署放在子城中,郭城被纵横相交的道路整齐地划分为棋盘式的一百余坊,坊内有大量百官宅第、居民住宅和寺观、家庙、园地等,其占地规模不一,大到占地一坊的王公贵族宅第,小到不足一亩的贫民住宅。以隋唐律令的成熟和完备、都城建设的规整和严格的管理需求,里坊内的住宅用地分配应当有一定标准,否则白居易的《登观音台望城》诗中描述的"百千家似围棋局,十二街如种菜畦"的规整现象很难实现。傅熹年的《中国古代建筑史》一书中亦说:"(隋大兴)唐长安的宫室、官署、城墙和一些官员的赐第由匠作监主持修建。里坊则划定地界后由居民自建。故可以推知当时必有一拨地标准和对住宅规模等等的限制,才能公私并举,同步建设而不致各行其是,无所约束。"③都城内官员的具体宅邸标准具有明显等级。大致情况为:"一品官员、勋爵宅第可能占1/4坊左右,与王宅、公主宅的规模相似;二品官员如高士廉、李林甫约有1/8宅地;而大量描述以门边区块、一隅之地为主的三品官宅可能拥有1/16坊;四品官宅占地1/32坊的可能性比较大;五品官宅有占1/64坊的可能。"④

住宅建筑情况方面,王朝建立初期贵族阶层住宅建筑较为简洁,王朝中后期则较为奢华。唐初,李渊、李世民父子深知创业之不易,因而比较重视以隋为鉴,随时总结并吸取国家兴衰的经验教训,治国统下,崇尚节俭。在

---

① 孙运芳:《唐代长安家庭衣食住行风俗变迁》,曲阜师范大学硕士学位论文,2010年。
② 吴玉贵:《中国风俗通史·隋唐五代卷》,上海文艺出版社2001年版,第201页。
③ 傅熹年:《中国古代建筑史》,中国建筑工业出版社2001年版,第437页。
④ 贺从容:《隋唐长安城坊内官员住宅基址规模之探讨》,载《中国建筑史论汇刊》(第1辑),清华大学出版社2009年版,第176页。

他们的影响下,其臣僚的宅第比较朴素。到了高宗、武周时期,贞观以来财富的积累已相当富厚,由于武则天佞佛,肆意挥霍国家财产,大兴土木,广建佛寺。影响所及,整个统治阶级日益奢纵淫靡、享乐腐化。诗人骆宾王所谓"小堂绮帐三千户,大道青楼十二重"正反映了武德、贞观年间那种良好的风气已不复存在。中宗李显景龙年间以来,不仅朝廷动用国库钱财为诸王、公侯崇饰门馆、建造楼阁的事屡见不鲜,臣僚私建豪华宅第的事也日益增多。《资治通鉴》卷225代宗大历十四年(779)记载:"初,天宝中贵戚第舍虽极奢丽,而垣屋高下,犹存制度。……及安史之乱后,法度隳弛,大臣将师竞治第舍,各穷其力而后止,时人谓之木妖。"王朝鼎盛时期,皇帝具有至高无上的权威。臣僚宅第,其"垣屋高下"、形制等均有严格规定,决不允许宅第超越界限,赶上或超过皇家宫殿建筑。安史之乱后,整个中唐时期,宅第的营造,竟至"法度隳弛",无复界限。

  达官贵人的宅第,一般规模较大。唐长安城内,如郭子仪在亲仁坊所建宅,史称"居其里四分之一,中通永巷,家人三千,相出入者不知其居"[①]。亲仁坊面积大致为43.8万平方米,那么郭宅面积当有11万平方米。天宝年间,户部侍郎王鉷有宅在太平坊,其后因罪伏诛,"籍其第舍,数日不能遍"[②],足见其规模之大。又如穆宗李恒长庆年间,修行坊岭南度节使胡证宅,"连亘闾巷"[③]。他们的宅第不仅很大,而且不止一处。《长安志》载,太宗时的程怀直,在务本坊和安业坊都赐有宅第。玄宗时,安禄山在道政坊有宅,后又赐宅于亲仁坊;左丞相燕国公张说宅在永乐坊,复在宣义坊造别宅。代宗时,宰相元载有安仁坊、大宁坊南、北二第外,又有晋昌坊第。尤其玄宗在位期间,宦官得势,史载"甲第名园,上腴之田,为中人所占者半京畿矣"[④]。李白的《古风·大车扬飞尘》一诗所谓"中贵多黄金,连云开甲宅",正反映了这一现实。达官贵族之住宅不仅规模宏大,而且布局别致,结构华丽。中宗景龙年间,中书令宗楚客在醴泉坊所造宅第,"文柏为梁,沉香和粉以泥壁,开门则香气蓬勃。磨文石为阶,砌及地,着吉莫鞋者,行则仰仆"。就连住在他附近的宠极一时的、素称豪奢的太平公主也自愧不如,惊叹:"看他行坐处,我等虚生浪死!"[⑤]

  又如长宁公主受中宗宠爱,她在宗仁坊的宅第,"盛加雕饰,朱楼绮阁,

---

① (后晋)刘昫等:《旧唐书》,中华书局1975年版,第3466页。
② (宋)司马光编著,(元)胡三省音注:《资治通鉴》,中华书局1956年版,第6912页。
③ (后晋)刘昫等:《旧唐书》,中华书局1975年版,第4260页。
④ 缪钺、张志烈主编:《唐诗精华》,巴蜀书社1995年版,第205页。
⑤ (唐)张鷟:《朝野佥载》,中华书局1979年版,第70页。

一世胜绝"。玄宗朝,杨贵妃兄妹宅第,史称"土木被绨绣,栋宇之盛,两京莫比"①。《杨太真外传》说其宅第"僭拟宫掖……每造一堂,费逾千万计。见制度宏壮于己者,则毁之复造。土木之工,不舍昼夜"。有些达官贵人在各坊间开辟专门园林。玄宗时,宁王宪在胜业坊东北隅有专门的山池院。郭子仪在大通坊和大安坊均辟有园林。昭行坊东临永安渠,汝州刺史王昕曾在那里引渠为池,池的范围不下百亩,池周林木茂密,池内荷荇丛秀。宪宗时,新昌坊有吏部尚书裴向竹园,唐代关中多竹,以竹著称的园林当以此为最。"兴化坊有裴度池亭,白居易有题为《宿裴相公兴化池亭(兼蒙借船舫游泛)》的诗,池内可泛舟纵游,亦见其规模之大。"②白居易的《伤宅》一诗描述了贞元(785—805)、元和(806—820)之际长安一所官僚住宅,可以作为这一时期官僚豪宅的写照:"谁家起甲第,朱门大道边。丰屋中栉比,高墙外回环。累累六七堂,栋宇相连延。一堂费百万,郁郁起青烟。洞房温且清,寒暑不能干。高堂虚且迥,坐卧见南山。绕廊紫藤架,夹砌红药栏。攀枝摘樱桃,带花移牡丹。主人此中坐,十载为大官。厨有臭败肉,库有贯朽钱。谁能将我语,问尔骨肉间。岂无穷贱者,忍不救饥寒?如何奉一身,直欲保千年?不见马家宅,今作奉诚园。"

普通居民住宅,个体差异较大。上文引唐《营缮令》,政府规定平民住宅堂舍不得过三间四架。门屋限一间二架。而且住宅不得有装饰。对于平民住宅面积也有具体规定,"凡天下百姓给园宅地者,良口三人已下给一亩,三口加一亩,贱口五人给一亩,其口分永业不与焉"③。这条宅基地的规定是针对农村居民制定的,城市居民的宅基地当然要小于此数。敦煌4707号与6067号文书拼合的"马法律宅院地皮账",反映了当时比较富裕的平民阶层的住宅情况。马法律的宅院计有堂一口占地24.1平方米,东房子一口占地18.35平方米,小东房子一口8.5平方米,西房一口13.97平方米,厨舍一口16.86平方米,庑舍一口16.44平方米,内门道10.57平方米,外门曲10.84平方米,院落51.87平方米,连同台基共占地171.7平方米,只占唐亩的三分之一强,远远低于上述唐律对宅基地的规定数额。亦有例外者,《太平广记》卷344说有善卜之人名寇鄘者,于长安永平里购得一凶宅,"有堂屋三间……东西厢共五间",是一个院落式的住宅。"地约三亩","唐制3亩合1566平方米,比唐法令规定京城

---

① (后晋)刘昫等:《旧唐书》,中华书局1975年版,第3246页。
② 李广林:《唐长安的达官贵人宅第》,《唐都学刊》1986年第3期。
③ (唐)李林甫:《唐六典》,中华书局1992年版,第75页。

州县以外三口之家住宅面积要大"①。以记载称其为"小宅"来看,"在当时一般百姓的住宅面积中并不算大,反映了唐长安城内百姓住宅规模的一些情况"②。

有的百姓因其财力有限,住宅仅是柴门瓮牖,只可避风雨。所谓"朱门酒肉臭,路有冻死骨""青苔明月多闲地,比屋疲人无处居"。即为真实写照。一般居民大多只能常年居住在不能遮避风雨的茅草屋中度日,也有的借居寺庙。洛阳振德坊是贫民聚集区,由于每日人们只吃些糟糠,因而被称为"糠市"。奴仆们多住在主人家的马厩中。《开元天宝遗事》记述,苏颋少时与仆夫杂处,读书常借马厩灶中的火光,于是留下吹火照书的佳话。当然还有无房可住四处流浪的穷人,一遇天寒,就会出现路有冻死骨的悲惨情景。平民诗人王梵志在《草屋足风尘》一诗中描写了贫民草屋的生活情形:"草屋足风尘,床无破毡卧。客来且唤人,地铺蒿荐坐。家里元无炭,柳麻且吹火。白酒瓦钵藏,铛子两脚破。鹿脯三四条,石盐五六课。看客只宁馨,从你痛笑我。"杜甫旅居成都时,就曾在茅屋中生活,其《茅屋为秋风所破歌》称:"八月秋高风怒号,卷我屋上三重茅。……俄顷风定云墨色,秋天漠漠向昏黑。布衾多年冷似铁,娇儿恶卧踏里裂。床头屋漏无干处,雨脚如麻未断绝。自经丧乱少睡眠,长夜沾湿何由彻?安得广厦千万间,大庇天下寒士俱欢颜!风雨不动安如山。呜呼!何时眼前突兀见此屋,吾庐独破受冻死亦足。"元稹叙述巴蜀"土风"时,有"短檐苫稻草"的描写,可与杜甫的记述相参照,共同说明当时城市普通居民的居住情形。

隋唐五代时期,都市人们的出行风俗主要由道路设施、交通工具、行旅观念几部分组成。出行离不开道路,以道路的自然状态,可将道路大致分为陆路和水路,而若依道路的社会性质,又可将其分为官路(官河)和私路。陆路史籍记载名目繁多,有驰道、御道(御路)、帝道、官道(官路)、官街(天街、禁街)、国路、释路、县道、堤路、贡道、运路、盘道、栈道、大路、次路、甫道、夹道、便道(便路)、村路、私路、复道、山路等。这些道路有的以性质命名如御道、官道、驿道,有的以用途命名,如贡道、饷道、运路,还有的以形态命名,如堤路、栈道、复道。隋唐五代时的道路以长安、洛阳两京为中心,向四方辐射。由于资料所限,具体道路里程无法统计。有研究者曾取《元和郡县图志》中长安、广州两个南北都市的"八到"观察当时道路的四通八达。

---

① 曹尔琴:《唐代长安住宅的规模》,载中国古都学会编:《中国古都研究》(十三),山西人民出版社1998年版,第224页。
② 张永帅、唐亦功:《唐长安住宅的规模》,《史林》2009年第2期。

长安：东至东都835里。东南至商州265里。西南至洋州630里。东至华州180里。南取库谷路至金州680里。正西微北至凤翔310里。西北至邠州300里。东北至坊州350里。正东微北至同州250里。西北至上都取郴州路4210里，取虔州大庾岭路5210里。西北至东都取桂州路5085里。东北至韵州530里。西北流至连州890里。正西微北至端州沿溯相兼240里。西南至恩州水路600里。西北至贺州876里。正南至大海70里。由此而见，唐代州郡之间道路的四通八达。

隋炀帝开辟大运河之后，南北交通得以贯通。运河南起余杭，中经江都、洛阳，北到涿郡，是贯穿南北的交通大动脉。《大业杂记》记载，大运河宽六十余米，两岸有御道，道旁种有柳树。到唐代以后，为通舟船而开河开渠多有增加，仅就《新唐书·地理志》所记，"就达二十五六处。其中唐玄宗开元时宿县所开广济新渠长18里；天宝时陕州开凿的天宝河长5里、阔15米、深9米左右；唐宪宗元和时卫州所开新河长14里、宽94米、深5米多，比隋时开凿的大运河还要宽一些。五代十国时期仍然继续开凿新的水路。后唐明宗时幽州曾开凿东南河，河长165里、宽百米、深近4米"①。

都市居民家庭出行工具大致有车、马、驴、骆驼、象等几种。车对于京城上层社会的皇族家庭来说，一般分为礼仪用车和日常用车两大类。皇族家庭的"大家长"皇帝的礼仪用车形制相仿，但装潢、颜色以及纹饰略有差别。皇族家庭除皇帝有专门的礼仪用车之外，家庭的其他重要成员，如皇后、皇太子等也有专门与其身份相符的礼仪用车。上层社会其他百官臣僚之家也有与之身份相等的礼仪用车，但这些礼仪用车在京城之家的实际生活中并不常用。

唐时盛行骑乘之风，马、骡、驴等牲畜是当时主要的陆路交通工具。另外，此时肩舆流行，不论帝王、贵族、官僚，还是民间妇人、僧侣无不喜乘肩舆。肩舆，实际是抬着走的"轿子"，最初只有宫廷中才使用。初唐画家阎立本《步辇图》中，威严的唐太宗坐在"步辇"上，接见吐蕃来使。六个宫女抬着"步辇"，步辇旁有两个宫女拿着很大的宫扇。这里的"步辇"实际上是一种肩舆。《隋书·礼仪志》说："今辇制像轺车，而不施轮，用人荷之。"唐玄宗开元二十年（732）四月乙亥，赐百官宴，"醉者赐以床褥，肩舆而归，相属于路"。五代时，晋高祖和周太祖都曾将"白藤肩舆"赐给近臣。可见宫廷中肩舆十分流行。

《唐语林》卷1载："崔吏部枢夫人，太尉西平王之女也。晟生日，中堂

---

① 李斌成：《隋唐五代社会生活史》，中国社会科学出版社1998年版，第153页。

大宴。方食,有小婢附崔氏耳语久之,崔氏妇颔之而去。有顷复来,晟曰:何事?女对曰:大家昨夜小不安适,使人往候。晟怒曰:我不幸有此女,大奇事。汝为人妇,岂有阿家病,不检校汤药,而与父作生日?遽遣走檐子归。"①这里的檐子即担子、肩舆,同物不同名。之外,人们出门时多是骑马而不乘车,贵族官僚更是如此。《旧唐书·王毛仲传》记载:天宝年间,玄宗在华清宫,"乘马出宫门,欲幸虢国夫人宅",被陈玄礼所劝阻。"唐肃宗时,冀国公裴冕生活十分豪侈,家里畜养着十几匹良马,每匹马价值百金。"②李怀远官至中书门下三品,封赵郡公,但他"久居荣位,而弥尚简率",经常乘一匹"款段马"。同僚说:"公如此荣华富贵,为何不买匹骏马骑?"李怀远说:"我只求马的驯服,不考虑它是不是骏马。"韩滉曾出将入相,但"性持节俭",为官四十年,总共只骑乘了五匹马。可见廉俭官员以马为交通工具。③

在民间,一般的文人及平民百姓买不起马,便乘驴骡。故乘驴者往往遭到轻蔑。如贞元中进士冯定,与宰相于頔为布衣交。后于頔镇守襄阳,冯定"乘驴诣军门","守门军吏见冯定乃骑驴者,竟不肯为他通报,冯定愤然而去"。④ 因为寒贱者骑驴,所以在兵荒马乱中官吏逃难时,除变服之外,还改乘驴。建中四年(783)朱泚之乱时,德宗出逃奉天。长安县尉韦绶变服乘驴赴奉天,亦是为了便于混入平民中不被乱兵发现。驴子作为普通交通工具,有自家养的,也有租赁而来的。住在长安平康坊的马震"一日听到有人敲门,开门一看,见一赁驴小儿云:适有一夫人,自东市赁某驴,至此入宅,未还赁价"。可见,马震从事的是租驴业。"由租驴业的出现可以看出骑驴出行对京城之家来说相当普遍。"⑤以骡子作交通工具也很常见。《隋书·五行志》记载,仁寿二年(602),"有胡人,乘骡在道,忽为回风所飘,并一车上千余尺乃坠,皆碎焉"。甚至当时军中亦有乘骡冲锋陷阵者。宪宗时,大将刘沔手下有位部将,名叫董重赏。驻守洄曲,当地少马,人们骑乘皆用骡。于是,他就训练骑骡进行打仗,"其部下乘骡即战,号骡子军,最为劲悍"。除马、驴之外,还有骑从域外传来的骆驼、大象等,这只属于少数京城上层社会之家为了追求好奇、新鲜、刺激之感,因此骑骆驼、大象在京城之家并不十分流行。

水路交通工具是船。隋唐五代时期,最豪华的船莫过于大业元年

---

① (宋)王谠:《唐语林》,上海古籍出版社1978年版,第3页。
② 关立勋主编:《中国文化杂说》卷10,北京燕山出版社1997年版。
③ 臧嵘、王宏凯:《中国隋唐五代习俗史》,人民出版社1994年版,第117页。
④ (后晋)刘昫等:《旧唐书》,中华书局1975年版,第4390页。
⑤ 孙运芳:《唐代长安家庭衣食住行风俗变迁》,曲阜师范大学硕士学位论文,2010年。

(605)隋炀帝行幸江都时所乘的龙舟及其他随行舰船:"龙舟四重,高四十五尺,长二百丈。上重有正殿、内殿、东西朝堂,中二重有百二十房,皆饰以金玉,下重内侍处之。皇后乘翔螭舟,制度差小,而装饰无异。别有浮景九艘,三重,皆水殿也。又有漾彩、朱鸟、苍螭、白虎、玄武、飞羽、青凫、陵波、五楼、道场、玄坛、板舲、黄篾等数千艘,后宫、诸王、公主、百官、僧、尼、道士、蕃客乘之,及载内外百司供奉之物,共用挽船十八万余人,其挽漾彩以上者九千人,谓之殿脚,皆以锦绣为袍。又有平乘、青龙、艨艟、艚艒、八櫂、艇舸等数千艘,并十二卫兵士乘之,并载兵器帐幕,兵士自引,不给夫。舳舻相接二百余里,照耀川陆……"①船作为主要的水上交通工具,由于水上交通的迅速发展,其使用不仅于统治上层较为广泛,普通百姓亦有广泛使用。特别是在江湖水网密布的江南地区。长江中的一些主要港口停泊的船只常常可达数千艘,甚至与岸上的屋邑"殆相半"。"时人根据不同水域的航道特点,以及所需船只的功能来制造不同类型的船。如航行在长江中下游的商船,常常是编蒲为帆,大者或数十幅,载货可达万斛。"②

"一定时期城市居民的物质生活是这一时期城市社会政治、经济、民族和时代精神的综合体现。隋唐五代时期,社会生产的繁荣和发展为社会生活提供了相对于前代更丰厚的物质基础,使这一时期的社会生活比以往更加丰富多彩。封建礼教对人性的约束不像后世那样严重,社会生活呈现开放、进取和蓬勃向上的风貌。"③由于中西交流的频繁,异族的生活方式强烈地影响着时代的风尚,在服饰、饮食、居住、出行方面均有体现。

具体而言,隋唐五代城市居民饮食风俗呈现多样化色彩。南北方城市居民饮食存在差异性,地域特色明显;不同阶级和阶层饮食习惯虽有雷同之处,亦具有鲜明的等级性和个体差异;民族融合与交往促使都市居民饮食显现民族化趋势,居民饮食受外来文化影响,即内地都市居民饮食习惯与边疆民族相交融。服饰方面。隋唐五代时期总体上的欣欣向荣为服饰文化的发展和流行奠定了经济基础。服饰习俗呈现绚丽多彩的面貌。男女服饰均存在严格的等级性,官方按照等级制度的差别,对装饰内容、服色、质料等设置严格的规定。与饮食类似,居民服装受少数民族服饰风气影响较为广泛,上至官吏,下至庶民,多崇胡服。民族文化的融合,使该时期的服饰体现出等级性、时代性、艺术性兼具的特色。住行方面。按照政府法令,不同等级的

---

① (宋)司马光编著,(元)胡三省音注:《资治通鉴》,中华书局1956年版,第5621页。
② 李斌成:《隋唐五代社会生活史》,中国社会科学出版社1998年版,第159页。
③ 龚书铎主编:《中国社会通史·隋唐五代卷》,山西教育出版社1996年版,第304页。

人们,享受不同的住宅,居住风俗体现出鲜明的阶级特点。交通畅通、便利是隋唐五代时期城市发展的重要表现形式。出行方式亦丰富多彩,与饮食、服饰、居住具有共同的等级性。

第二节　节日与娱乐生活

隋唐五代时期,都市经济繁盛、政治稳定、文化发达、交往频仍等因素有力推动着节日、娱乐之风气。随着社会生产力的发展,城市社会分工不断细化,商品生产、流通、交换愈加频繁,都市规模逐步扩大,形成一支脱离农业生产的都市居民阶层队伍,并要求相应的节日、娱乐生活。都市节日、娱乐开始由宫廷流向民间,节庆与娱乐已不再是帝王贵族的专利,几乎所有居民都能感受王朝的恢宏之音。都市节日、娱乐文化逐渐形成。节日、娱乐丰富多彩,名目繁多,隆重程度不一。统治者对节日、文娱的重视,上层贵族的亲自参与,外来文化的融合与影响共同推动群众性节日和文娱活动的发展。促使隋唐五代都市节日与娱乐呈现传承性、时代性、阶级性、开放性、包容性特点。

隋唐五代是中国传统节令习俗蓬勃发展的新时期。隋朝的统治时间虽然短暂,但其在重建大一统中央集权国家的过程中,所制定的各项制度和形成的风俗习尚,为唐代的政治制度和风俗习惯奠定了基础。唐代不但继承、发扬了前代节日风俗的传统,而且随着各民族文化和中外文化交流的空前繁盛,不断吸收其他民族的节令风俗营养,从而使唐代节令风俗文化更加绚丽多彩。"五代十国虽然短暂而混乱,但在风俗习尚上却延续唐代的传统,其奢侈淫靡之风甚至有过之而无不及。"①

一、都市居民的节日活动

隋唐五代时期中国传统节令的种类在继承发展的基础上趋于稳定。节令种类包括:元旦、立春、人日、上元、晦日、中和节、社日、寒食、清明、上巳、端午、朝节、三伏节、七夕、中元、千秋节、中秋、重阳、冬至、腊日、岁除、大酺、三长斋等,其中绝大部分节令是承袭前代,而降圣节、中和节、千秋节、佛诞节等是唐代新创置的节日。隋唐五代的节令为后世节令风俗产生了重要影响,宋元以后的节令基本沿袭隋唐而较少变化。

隋唐五代时期都市居民的节日习俗丰富多彩,名目繁多,隆重程度不

---

① 臧嵘、王宏凯:《中国隋唐五代习俗史》,人民出版社1994年版,第5页。

一。为都市居民重视的是元日、上元、寒食、清明、端午、七夕、重阳、腊日和除夕,这些节日历史渊源流长,在民间产生深厚的影响,而且大部分流传至今。囿于篇幅与行文重点,无法一一罗列,此处择其要者论及一二。

元日。正月初一叫"元旦",也叫"元日""元辰""元朔""朔日",是自古以来最为隆重的节日。每逢元旦,君臣上下,四民大小,都要举行一系列的活动,庆祝新年的开始。宫廷里举行盛大的朝会典礼,皇帝接受百官朝贺,将柏叶、屠苏酒等物赐给群臣,以示同贺新年。杨巨源的《元日呈李逢吉舍人》描写了朝贺礼仪:"华夷文物贺新年,霜仗遥排凤阙前。一片彩霞迎曙日,万条红烛动春天。称觞山色和元气,端冕炉香叠瑞烟。共说正初当圣泽,试过西掖问群贤。"诗文显示,曙光初开,朝贺活动即已开始,宫中红烛摇曳,香烟袅袅,朝贺队伍仪仗齐整,端严肃穆。就普通民众而言,这天早晨,都市里的各家各户要由家长率领全家人共拜祖先,其实是在家里供奉的祖先牌位前送上祭品,然后敬酒,祈求降神,即保佑子孙平安富贵。敬酒之后,全家大小依辈分列于祖宗牌位前向家长献椒酒,祝家长长寿。宫廷和民间均燃放爆竹,并于门上悬挂桃符,以辟邪。[1] 唐代名相张说的《岳州守岁》诗云:"桃枝堪辟恶,爆竹好惊眠。歌舞留今夕,犹言惜旧年。"正反映了这种风俗。

元旦这天,还有许多风俗活动。相聚饮宴,饮屠苏酒,向长辈奉献由葱、姜等五种辛辣菜蔬制成的"五辛盘"。据说服"五辛盘"能"通五脏,辟厉气,去内热"。唐人薛能的《除夜作》诗云:"茜旆犹双节,雕盘又五辛。"这里以五辛盘作为元旦的标志。当时还流行吃"胶牙饧"。白居易的《岁日家宴戏示弟侄等兼呈张侍御二十八丈殷判官二十三兄》诗中有:"岁盏后推蓝尾酒,春盘先劝胶牙饧"的诗句。胶牙饧类似今天北方的关东糖,元旦吃它,可以"验齿之坚脱"。人们在元旦还制作"鸡丝蜡燕粉荔枝",相互馈送;用盘盛柏叶一枝,柿、橘各一个,从中分开请亲邻分享,取其谐音,认为是"一岁百事吉之兆"。此外,还有"服桃汤""弹鬼丸""贴画鸡""烧鹊巢""造华胜""嫁枣李""祝富贵"等各种风俗。有些贵族还在元日的夜晚燃放灯树,如"韩国夫人置百枝灯树,高八十尺,竖之高山上,元夜点之,百里皆见,光明夺月色。"[2] 孟浩然曾提到过农人在元日占卜气候,预测年成丰歉的风俗。"昨夜斗回北,今朝岁起东。我年已强仕,无禄尚忧农。桑野就耕父,荷锄随牧童。田家占气候,共说此年丰。"

---

[1] 参见吴玉贵:《中国风俗通史·隋唐五代卷》,上海文艺出版社2001年版,第632页。
[2] (五代)王仁裕:《开元天宝遗事》,中华书局2006年版,第55页。

元日过后，都市的人们立即走亲访友，互致问候，并相邀来家饮宴，称为"传座"；"锵锵华驷客，门馆贺新正"，一片节日气氛。敬宗宝历二年（826），白居易在苏州作岁日家宴诗称："弟妹妻孥小侄甥，娇痴弄我助欢情。岁盏后推蓝尾酒，春盘先劝胶牙饧。形骸潦倒虽堪叹，骨肉团圆亦可荣。"在长安，更是要设置家宴，邀请邻里前来做客，"长安市里风俗，每至元日以后，递余食相邀"①。唐武宗会昌二年（842），日本僧人圆仁在长安度过了春节，他在日记中写道："正月一日，家家立竹竿，悬幡子。新岁祈长命。诸寺开俗讲。"②这里所称"祈长命"，应与唐诗中屡屡提到的贺寿风俗相关。薛逢的《元日田家》诗："相逢但祝新正寿，对举那愁暮景催。"白居易诗："庆吊经过懒，逢迎拜跪迟。不因时节日，岂觉此身羸。"③皆提及元日贺寿风俗。

端午节。五月初五为端午节。关于"端午节"，龙朔元年（661），唐高宗与侍臣许敬宗有一段对话，足以说明该节日的来历及唐人的风俗。上谓侍臣曰："五月五日，元为何事？"许敬宗对曰："《续齐谐记》云，屈原以五月五日投汨罗而死，楚人哀之，每至此日，以竹筒贮米投水祭之。汉建武中，长沙区回，白日忽见一士人，自称楚三闾大夫，谓区回曰：常所遗，多为蛟龙所窃，今若允惠，可以楝树叶塞筒，并五彩丝缚之，则不敢食矣。今俗人五月五日作粽，并带五彩丝及楝叶，皆汨罗遗风。"④从高宗与许敬宗的对话可以看出唐人端午节以五彩丝、楝叶包粽的习俗。隋唐五代时期的端午节，一般需要做五件事。一是食粽子与往江里投祭粽子，这是对屈原的敬意；二是用百索，也叫"五彩缕""长命缕"，系在手臂上，意思是万一落水可以被拉上岸来；三是人们相互赠扇，以示仰慕高风；四是在门前悬艾，也是驱除邪气的意思；五是赛龙舟。江南水乡，特别是屈原故乡荆楚地区，尤其盛行"竞渡"。据南朝梁宗懔的《荆楚岁时记》称："五月五日竞渡，俗为屈原投汨罗日，伤其死，故并命舟楫以拯之。"

隋朝，端午节竞渡已很兴盛。《隋书·地理志》云："屈原以五月望日赴汨罗，土人追至洞庭不见，湖大船小，莫得济者，乃歌曰：何由得渡河！因尔鼓櫂争归，竞会亭上，习以相传，为竞渡之戏。其迅楫齐驰，櫂歌乱响，喧振

---

① （宋）钱易：《南部新书》，中华书局2002年版，第82页。
② ［日］圆仁原著，［日］小野胜年校注：《入唐求法巡礼行记》，花山文艺出版社1992年版，第3页。
③ （唐）白居易：《白居易诗集校注》，中华书局2006年版，第2351页。
④ 李志庭：《浙江通史·第4卷·隋唐五代卷》，浙江人民出版社2005年版。

水陆,观者如云,诸郡率然,而南郡、襄阳尤甚。"①唐代长安竞渡在兴庆宫龙池或曲江池举行,各地多在江、湖、河上举行。南方竞渡船前刻龙头。后雕龙尾,船身刻绘龙鳞,届时两队或数队选手划桨比赛,万人岸上呐喊助威。唐朝端午竞渡有时由政府组织。德宗时,淮南节度观察使杜亚,于"端午日,盛为竞渡之戏,诸州征伎乐,两县争胜负,彩楼高棚,照耀江水,数十年之未有。凡扬州之客,无贤不肖,尽得预焉"②。又称,杜亚"今以漆涂船底,贵其速进;又为绮罗之服,涂之以油,令舟子衣之,入水而不濡"③,足见求胜心之切。"唐敬宗宝历元年(825)筹备在长安举行20艘龙舟竞渡活动,计需转运使半年之费,谏议大夫张仲方力谏后,改为10艘龙舟比赛。"④唐代全盛时期,端午竞渡受到人民喜爱,加上官府支持,使竞渡之风尤为鼎盛。每逢举行竞渡,士民百姓,州县官吏、文人学士等都涌向江边观看。史籍上说,当时"士女倾城出观",以至两岸"并肩接踵","观者如堵"。

　　龙舟竞渡场面紧张热烈。范造的《竞渡赋》载:"尔其月维仲夏,节次端午,则大魁分曹,决胜河浒。饰画舸以争丽,建彩标而竞取。"⑤竞渡用的船是经过装饰的"画舸",竞争的目的是夺取设立在终点的"彩标"。储光羲的《官庄池观竞渡》诗:"落日吹箫管,清池发棹歌。船争先后渡,岸激去来波。"箫管奏鸣古老的祭祀乐章,船夫唱起高亢激越的船歌,歌声、水波声合奏出一曲壮阔的交响乐。晚唐诗人李群玉亲临现场写下《竞渡时在湖外偶为成章》一诗:"雷奔电逝三千儿,彩舟画楫射初晖。喧江雷鼓鳞甲动,三十六龙衔浪飞。"江面上三千健儿划着扎彩的龙舟,飞速向前,满江是喧闹的锣鼓声,热闹非常。描写唐代龙舟竞渡以张建封的《竞渡歌》最为生动:"五月五日天晴明,杨花绕江啼晓莺。使君未出郡斋外,江上早闻齐和声。使君出时皆有准,马前已被红旗引。两岸罗衣破晕香,银钗照日如霜刃。鼓声三下红旗开,两龙跃出浮水来。棹影斡波飞万剑,鼓声劈浪鸣千雷。鼓声渐急标将近,两龙望标目如瞬。坡上人呼霹雳惊,竿头彩挂虹蜺晕。前船抢水已得标,后船失势空挥桡。疮眉血首争不定,输岸一朋心似烧。只将输赢分罚赏,两岸十舟五来往。须臾戏罢各东西,竞脱文身请书上。吾今细观竞渡儿,何殊当路权相持。不思得岸各休去,会到摧车折楫时。"通过这首《竞渡歌》的描述得知,这场竞渡是由官府主持。竞渡时两岸仕女如云,罗衣成

---

① (唐)魏征、令狐德棻:《隋书》,中华书局1973年版,第897页。
② 李时人编校:《全唐五代小说》,中华书局2014年版,第4002页。
③ (后晋)刘昫等:《旧唐书》,中华书局1975年版,第3963页。
④ 黄新亚:《消失的太阳:唐代城市生活长卷》,湖南出版社1996年版,第233页。
⑤ (清)董诰等编:《全唐文》,中华书局1983年版,第9934页。

群,银钗映日,观者如堵。"竞渡者随着鼓声,迎风劈浪,勇夺彩标,竞渡场面惊心动魄。"①

重阳节在农历九月九日,因为这天月与日都是阳数"九",故名。重阳节始于战国时期。传说东汉时有一个汝南人桓景,拜方士费长房为师。一天,费长房对桓景说:"九月九日,你家有大难。必须让家里人做一只红色布袋,里面放满茱萸,扎在手臂上,一同登上高山,再喝一点菊花酒,可免此难。"桓景照此办理,傍晚回家,见所养鸡牛犬羊全都死了,唯他全家人外出,平安无事。从此,有了九月九日登高避灾的风俗。唐代城市中的重阳节要做四件事。一是食糕,有麻葛糕、米锦糕等多种;二是饮菊花酒;三是插茱萸在头上或佩带身上;四是登高。菊花酒兼具延年、辟恶功能。郭震诗"辟恶茱萸囊,延年菊花酒"。李颀诗"风俗尚九日,此情安可忘。菊花辟恶酒,汤饼茱萸香"。均有生动描述。王昌龄"茱萸插鬓花宜寿,翡翠横钗舞作愁"。孟浩然"茱萸正可佩,折取寄情亲"。朱放"那得更将头上发,学他少年插茱萸"。刘兼"归计未成年渐老,茱萸羞戴雪霜头"。均是插茱萸的例证。

登高是重阳节的主要活动,向高处攀登者即为登高,以登山为主,兼之登城、登台、登塔、登楼等等。登高之后,饮菊花酒,佩茱萸袋,赋诗兴致,寄托情怀。借此言情咏志,内容健康高雅。王维《九月九日忆山东兄弟》诗:"独在异乡为异客,每逢佳节倍思亲。遥知兄弟登高处,遍插茱萸少一人。"表达了游子思乡怀亲的真挚情感。刘长卿的"九日登高望,苍苍远树低。人烟湖草里,山翠县楼西"描绘出了一幅烟树苍茫的登高图。登高不一定爬山,能上城里的佛塔也不错。长安的大雁塔和乐游原都是人们喜欢去的地方,上官昭容《九月九日上幸慈恩寺登浮图,群臣上菊花寿酒》诗:"帝里重阳节,香园万乘来。却邪萸入佩,献寿菊传杯。塔类承天涌,门疑待佛开。睿词悬日月,长得仰昭回。"城市居民一般选择本城附近的名山,李白有《九日登巴陵置酒望洞庭水军》诗:"九日天气清,登高无秋云。造化辟川岳,了然汉楚分。长风鼓横波,合沓蹙龙文。忆昔传游豫,楼船壮横汾。……"杜甫在夔州有《九日五首》诗:"重阳独酌杯中酒,抱病起登江上台。竹叶于人既无分,菊花从此不须开。殊方日落玄猿哭,旧国霜前白雁来。弟妹萧条各何在,干戈衰谢两相催。""由于重阳节是人们普遍登高的日子,往往有大型宴会与乐舞进行,城市里一下子出现喧闹的气象。"②

---

① 臧嵘、王宏凯:《中国隋唐五代习俗史》,人民出版社1994年版,第30页。
② 黄新亚:《消失的太阳——唐代城市生活长卷》,湖南出版社1996年版,第235页。

二、都市居民的娱乐生活

隋唐五代是中国古代城市娱乐发展史上的鼎盛时期。国家的统一,安定的环境,经济的繁荣,文化的发达为都市娱乐的繁荣奠定了非常有利的社会基础。尤其是富足的物质条件,解决了娱乐生活所需要的基本生活问题,提供了娱乐所必需的工具,解放人力从事娱乐生产,拥有了娱乐消费的物资。加之当时"君子咸乐其生,小人各安其业,强无陵弱,众不暴寡,人物殷阜,朝野欢娱"①。生活在太平盛世的人民,以生为乐,以生为贵,具有乐生、贵生的人生态度。凡此种种均有力推动着城市娱乐之风气。另外,随着社会生产力进一步发展,隋唐五代城市社会分工不断细化,商品的生产、流通、交换愈加频繁,都市有所发展,规模有所扩大,形成了一支脱离农业生产的市民阶层队伍,包括手工业工人、小商贩、店员、中小工商业者等,市民阶层的形成和力量壮大,要求有相应的娱乐生活。随着都市娱乐技艺从宫廷流向民间,娱乐已不再是帝王贵族的专利,几乎所有民众都能感受到王朝的恢宏之音。用音乐、舞蹈等多种娱乐形式所表达的昂扬勃发的情绪逐渐成为城市文化精神的最好代表,最大限度地显示着王朝的富庶和繁华,由此,都市娱乐文化逐渐形成。

乐舞。古代的乐舞兼具舞蹈、音乐、体育的性质,是一种综合性的文化活动。古代音乐与诗歌舞蹈融为一体时,称为"乐"或"乐舞"。隋唐时期,乐和舞尚未分离,乐曲之中多数为舞曲。唐代乐舞文化发达,构成了当时娱乐活动的重要内容,亦造就一批杰出的宫廷演奏家和歌唱艺术家。《新唐书》卷22礼乐志载:"唐之盛时,凡乐人,音声人,太常杂户子弟隶太常及鼓吹署,皆番上,总号音声人,至数万人。"许如新为唐代习曲众人中之佼佼者。《开元天宝遗事》载:"宫妓永新者善歌,最受明皇宠爱,每对御奏歌,丝竹之声莫能遏。帝尝谓左右曰:此女歌直千金。"②亦有不少技艺高超的民间歌者。《唐国史补》载:"李衮善歌,初于江外,而名动京师。崔昭入朝,密载而至。乃邀宾客,请第一部乐,及京邑之名倡,以为盛会。给言表弟,请登末坐,令衮弊衣以出,合坐嗤笑。顷命酒,昭曰:欲请表弟歌,坐中又笑。及啭喉一发,乐人皆大惊曰:此必李八郎也,遂罗拜阶下。"③《隋唐嘉话》曾记载有代表性人物张率的情况。润州得玉磬十二以献,张率更叩其一,曰:

---

① (唐)魏征、令狐德棻:《隋书》,中华书局1973年版,第55页。
② 《唐五代笔记小说大观》,上海古籍出版社2000年版,第1739页。
③ 《唐五代笔记小说大观》,上海古籍出版社2000年版,第196页。

"是晋某岁所造也。是岁闰月,造者法月,数当十三,今缺其一。宜于黄钟东九尺掘,必得焉。"敕州求之,如其言而得之。贞观中,景云见,河水清,张率更以为《景云河水清歌》,名曰燕乐,今元会第一奏是也。两则材料显示,张率对乐器的了解十分深入,仅仅通过叩击玉磬即能听音辨识,准确判断乐器的铸造年代;演奏技术精湛,凭借《景云河水清歌》被誉为"今元会第一奏",二者兼具,着实难得。

唐代乐舞之娱遍及宫廷和民间。唐代帝王之中,不少艺术修养极高,他们不只是乐舞的欣赏者,亦是乐舞的实践者和创新者。唐太宗李世民对于歌颂唐帝国文治武功的乐舞十分珍视,除整理和修正隋代部乐外,亲自创作《秦王破阵乐》,可见其对娱乐的热爱。乐舞于都市的流行,源于歌舞的美好和欢愉带给市民相当大的精神享受和生活满足,使他们的生命浸润着艺术的芬芳。唐人对歌舞的痴迷程度可以说达到了忘我境地。《朝野佥载》卷5载:"王沂者,平生不解弦管。忽旦睡,至夜乃寤,索琵琶弦往之,成数曲,一名《雀啅蛇》,一名《胡王调》,一名《胡瓜苑》。人不识闻,听之者莫不流泪。"史载:高开道作乱幽州,矢陷其颊,召医使出之,对以镞深不可出,则俾斩之。又召一人,如前对,则又斩之。又召一人如前,曰:"可出,然王须忍痛。"因铍面凿骨,置楔于其间,骨裂开寸余,抽出箭镞。开道奏伎进膳不辍。歌舞的美妙,使观者沉醉其中,忘乎所以,为歌舞艺术的魅力深深吸引,甚至忘却疼痛。

隋唐五代时期,舞蹈丰富多彩,种类繁多。以唐代为例。据《乐府杂录》记载:"舞者,乐之容也。有大垂手、小垂手,或如惊鸿,或如飞燕……即有健舞、软舞、字舞、花舞、马舞。"①从西域传来的《胡腾》《胡旋》《柘枝》三种健舞,受到民众普遍欢迎。唐代歌舞戏于前朝基础上,融入少数民族音乐特点,为唐代音乐发展注入了新鲜血液。杜佑在《通典》中说:"歌舞戏,有《大面》《拔头》《踏摇娘》。"②即是唐代最著名的三大歌舞戏。民间乐舞也非常发达。《朝野佥载》卷三载:"睿宗先天二年正月十五、十六夜,于京师安福门外作灯轮,高二十丈,衣以锦绮,饰以金玉,燃五万盏灯,簇之如花树。宫女千数,衣罗绮,曳锦绣,耀珠翠,施香粉。一花冠、一巾帔皆万钱,装束一妓女皆至三百贯。长安、万年少女妇千余人,衣服、花钗、媚子亦称是,于灯轮下踏歌三日夜,欢乐之极,未始有之。"这里所描述的就是一次官方组织、民众大量参与的群舞活动。长安城里宫女、市民一起欢庆元宵节,她们聚集

---

① 段安节:《乐府杂录》,《舞工部》,中华书局1985年版。
② (唐)杜佑:《通典》,《教乐》,中华书局1984年版。

在"灯轮下踏歌三日夜",其盛况如今已不能想象。此处所提及的"踏歌"是一种历史悠久的自娱性民间歌舞,"它不是专指某种舞蹈,而是对踏地为节、载歌载舞且多数为群舞活动的通称"①。都市民众日常生活中,不忘用创造歌舞放松身心。据传,隋末有河间人,齄鼻使酒,自号郎中,每醉必殴其妻。妻美而善歌,每为悲怨之声,辄摇顿其身。好事者乃为假面以写其状,呼为"踏摇娘",今谓之"谈容娘"。

隋唐五代时期,乐舞于都市的发达与统治者的重视密不可分。唐统治者重视市民的文娱活动。不仅在政策上解除了历代统治者对文娱生活的禁锢,而且皇帝的亲自参与亦推动了群众性文娱活动的发展。长安城中出现了专供娱乐的场所瓦肆。当时的音乐机构,除了原有的太常寺掌管的太常乐以外,又出现了教坊和梨园,甚至连府县都设有教坊。② 唐本土文娱活动主要有:拔河、摔跤、风筝、秋千、竞渡、象棋、灯戏、飞弹、吹戏、说唱音乐、弹拨乐器等等。唐太宗时,长安曾有千人拔河的宏大场面。成都每年的摔跤比赛观者如潮;观戏的戏种包括大面、钵头等歌舞剧,还有"闾市盛行"③的灯窟磊子,即木偶戏。"曲子"深受城市居民喜爱。咸通年间,伶官李可及的管辞为京师屠酤少年效之。④ 说唱乐又称"俗讲""变文",内容包括宗教经文和民间故事。市民间斗赛乐舞极盛行,据《乐府杂录·琵琶》载,德宗贞元中,"市人广较胜负,斗声乐"。统治者采取开放的经济文化交流政策,使异国生活方式和观念传入中国,拓宽了市民视野,一定程度上解放了几千年来受纲常礼教束缚的中国人。城市人口的集中使其首先兴起了追求新奇文化娱乐生活的心态,体现了一种新的城市精神风貌。外来文化传入后,文娱生活更加多样,如波罗球、泼寒胡戏、马球、踢毽戏、胡音等,不一而足。西域的乐器,如曲项琵琶、龟兹琵琶等皆为唐代市民所喜爱。唐人王建的《凉州行》中有"城头山鸡鸣角角,洛阳家家学胡乐"的描述。"统治者的重视和对外来先进文化的吸收促成了城市文娱生活的多样性和群众性。"⑤

百戏。所谓"百戏",《唐会要》卷33《散乐》云:"散乐历代有之,其名不一,非部伍之声,俳优歌舞杂奏,总谓之百戏。""百戏主要包括杂技、歌舞戏

---

① 葛永海:《古代小说与城市文化研究》,复旦大学出版社2004年版,第42页。
② (唐)郑处诲:《明皇杂录》,中华书局1994年版,第26页。
③ (宋)司马光编著,(元)胡三省音注:《资治通鉴》,中华书局1956年版,第6103页。
④ (宋)王钦若等编纂:《册府元龟》,凤凰出版社2006年版,第9985页。
⑤ 王雪飞:《唐朝繁荣的城市文化娱乐生活及对今天的启示》,《大连大学学报》1997年第5期。

和俳优表演等系列活动。"①刘再生的《中国古代音乐史简述》认为"百戏"是我国古代乐舞、杂技表演的总称,"实际上包括杂技、武术、幻术、民间歌舞、杂乐、杂耍等多种艺术表演形式,在表演中多伴有音乐唱、奏"②。在统治者的推崇下,百戏观演成为隋唐五代时期都市的重要娱乐休闲方式之一。白居易的《西凉伎》中有"舞双剑、跳七丸、袅巨索、掉长竿"的描写。元稹也有"前头百戏竞撩乱,丸剑跳掷霜雪浮"的描述。百戏有官方与民间之分。都市中举行国家重大庆典、赐宴百官,或招待外来贵宾时,往往会上演百戏,皇上观赏百戏与臣民同乐的场面也较为常见。《开元传信记》:"上御勤政楼大酺,纵士庶观看。百戏竞作,人物填咽。金吾卫士白棒雨下,不能制止";《杜阳杂编》载:"上降日,大张音乐,集天下百戏于殿前";又载:"大中中,日本国王子来朝,献宝器音乐,上设百戏珍馔以礼焉"。张籍的《寒食内宴》一诗记载一次朝廷宴会,诗中就有"千官尽醉犹教坐,百戏皆呈未放休"的句子。

民间歌舞戏演出的接受面和影响比宫廷要大得多。隋初,长安民间已流行戏剧演出。开皇年间(581—600)侍御史柳彧曾针对长安戏剧上演情况向隋文帝上书:"窃见京邑,爰及外州,每以正月望夜,充街塞陌,聚戏朋游。鸣鼓聒天,燎炬照地,人戴兽面,男为女服,倡优杂技,诡状异形。以秽慢为欢娱,用鄙亵为笑乐,内外共观,曾不相避。高棚跨路,广幕陵云,袨服靓妆,车马填噎。肴醑肆陈,丝竹繁会,竭赀破产,竟此一时。尽室并孥,无问贵贱,男女混杂,缁素不分。"③侧面反映隋唐时期长安民间百戏上演时的盛况。

至唐代,长安民间的戏剧演出进一步发展,由于演出频繁,长安城里已有几处固定的戏场。据《南部新书》记载:"长安戏场,多集于慈恩,小者在青龙,其次荐福、永寿。"其中规模最大的慈恩寺戏场,乃是上自达官贵人、下及士庶百姓乐往观戏的场所。《资治通鉴》卷248"唐纪六十四"就记载宣宗女万寿公主耽于慈恩寺戏场看戏的情景。万寿公主嫁起居郎郑颢,颢弟得危疾,宣宗遣使探问,"问公主何在?曰:在慈恩寺观戏场"④。可见戏场对于时人的吸引力。由于上述几地均是游人如织的风景游览胜地,戏场拥有大量的观众,演出规模都很大,即如被视作"小者"的青龙寺戏场,也如苏颋在《奉和恩赐乐游园宴应制》一诗中描绘的那样,已经"座密千官盛,场

---

① 谷更有:《唐代时期的乡村控制与基层社会》,天津古籍出版社1973年版,第1484页。
② 刘再生:《中国古代音乐史简述》,人民音乐出版社2005年版,第184页。
③ (宋)魏征、令狐德棻:《隋书》,中华书局1973年版,第1484页。
④ 葛永海:《古代小说与城市文化研究》,复旦大学出版社2004年版,第44页。

开百戏容",场面颇为壮观。

杂技是惊险、扣人心弦的娱乐活动。唐时,每逢皇帝诞辰,集天下"百戏"于殿前演出,"竿伎"是必演的项目。寻橦难度最大、最为精彩。寻橦,又叫竿木、戴竿、顶干、透橦、卢寻橦等,表演时,一个或多个表演者爬上竖立的长杆,在上面做各种技巧动作。唐代这种杂技非常流行,宫廷、贵族官僚府邸、寺院和达官贵人出行中,皆有寻橦表演。《朝野佥载》卷6云:"幽州人刘交戴长竿高七十尺,自擎上下。有女十二,甚端正,于竿上置定,跨盘独立。见者不忍,女无惧色。"《杜阳杂编》载,唐敬宗宝历年间,"上降日,大张音乐,集天下百戏于殿前。时有妓女石火胡,本幽州人也,挈养女五人,才八九岁。于百尺竿上张弓弦五条,令五女各居一条之上,衣五色衣,执戟持戈,舞《破阵乐》曲。俯仰来去,赴节如飞。是时观者目眩心怯。火胡立于十重朱画床子上,令诸女迭踏以至半空,手中皆执五彩小帜,床子大者始一尺余。俄而手足齐举,为之踏浑脱,歌呼抑扬若履平地。"杂技项目还有绳技、塌球、角抵、舞马、舞象犀、幻术等类,各地经常举行类似表演。绳技,又名溺巨索、走索,类似今天的走钢丝。塌球是在特制的球上表演节目。角抵,又称角力、校力、贯交、争交、相扑等,是一种摔跤运动。其为与击鞠并列的娱乐项目,每当盛大宴会或节日庆祝都有角抵表演。唐宫廷中还成立有专门的角抵队伍"相扑朋"。

舞马,以开元天宝时期最盛。张说的《舞马千秋万岁乐府词》生动描述了舞马的精彩表演:"圣皇至德与天齐,天马来仪自海西。腕足徐行拜两膝,繁骄不进踏千蹄。髦鬣奋鬣时蹲踏,鼓怒骧身忽上跻。更有衔杯终宴曲,垂头掉尾醉如泥。"舞马活动在玄宗时期,达到极盛。"玄宗在位多年,善音乐,若宴设酺会,即御勤政楼。……日旰,即内厩引蹀马三十匹,为《倾杯乐曲》。奋首鼓尾,纵横应节。又施三层板床,乘马而上,抃转如飞。"①"舞马不仅在节庆时表演,平时也于朝廷内由艺人们表演,有时还作为'会群百蛮在庭'观武项目。游走江湖的杂技艺人以杂技表演谋生,将此类娱乐广为传播,成为唐代都市娱乐文化生活的美丽图景。"②"唐玄宗时,还训练象,犀,与舞马一起作为千秋节和朝廷宴会的娱乐节目。幻术出自西域,汉代已经传入中国,隋唐继续流行。幻术形式多种多样,有吞刀吐火、剖腹挖心、植瓜、剥马等类。"③

---

① (后晋)刘昫等:《旧唐书》,中华书局1975年版,第1051页。
② 彭琼英:《唐代都市娱乐文化与都市文学》,长沙理工大学硕士学位论文,2012年。
③ 许灿:《唐代娱乐活动探析》,河北师范大学硕士学位论文,2011年。

游戏活动是隋唐五代时期都市娱乐重要构成。唐中宗时，击球运动开始盛行。玄宗时，达到鼎盛。唐代皇帝爱好击球者甚多，有的甚至亲自参加马球比赛。由于统治者带头，在宫廷、京都及大城市中有许多球场见诸史籍记载。1971年，陕西乾陵章怀太子墓中出土一幅《马毬图》壁画，画面上有二十几个挥舞着月牙形鞠杖的骑手争击一个小球，表现的正是唐代打马毬的活动场景。唐时击鞠之戏，在文人学士中十分流行。每年逢新进士发榜后，按例要在曲江开宴，集会游赏，并举行击鞠会。1956年，在陕西省西安市大明宫遗址含光殿出土一件奠基石志。

这件石志为正方形，边长53.5厘米，刻文位于石面中心："含光殿及球场等，大唐大和辛亥岁乙未月建"。这一记述表明唐文宗大和五年（831）十一月在大明宫修建了"含光殿及球场等"。这一时期与打马球相关的考古资料发现较多。"如唐代章怀太子李贤墓的墓道西壁发现一幅反映打马球活动的壁画。壁画长约4米，高约2米，除部分残缺外，画面尚保存着结扎尾巴的骏马20多匹，体态丰满，均备坐鞍。马上打球者着各色窄袖袍，脚穿黑色长靴，头戴幞巾，左手执马缰，右手执偃月形球杖"[①]。"这幅《马球图》形象地反映了唐中宗统治时期马球运动发展的盛况。"[②]此外，新疆吐鲁番阿斯塔那唐墓还出土了彩绘打马球泥俑。

另据《酉阳杂俎》记载："荆州百姓郝惟谅，性粗率，勇于私斗。武宗会昌二年，寒食日，与其徒游于郊外蹴鞠角力，因醉于土墙间。"[③]可见在交友中举行各类体育竞技活动为当时风尚。此外，宴集酒饮中的抛球戏、行酒令、投壶、拔河、武术、棋类博弈，以及斗鸡、斗茶、斗百草等赌胜类游戏受到民众欢迎。

唐代是斗鸡之戏的盛行时期，达到历史上的顶峰。皇帝及王公大臣很多喜欢斗鸡，其中以唐玄宗为最。《全唐诗》中提及"斗鸡"有五十多处，而把"斗鸡"和"走狗"或者"走马"放在一起或对应的有近十处，其中最有名的就是"生儿不用识文字，斗鸡走马胜读书。贾家小儿年十三，富贵荣华代不如"。"神鸡童"贾昌因为善于驯鸡、斗鸡，而得到玄宗宠信，得享荣华富贵。杜甫《斗鸡》诗云："斗鸡初赐锦，舞马既登床。"皇帝爱好带动社会上斗鸡之风的盛行。宗室贵族、达官富豪竞相仿效。当时的王孙公子、豪侠少年，无不以斗鸡走马、携剑狎妓为自我特长和性格标志。李白就是斗鸡的一

[①] 陕西省博物馆、乾县文教局唐墓发掘组：《唐章怀太子墓发掘简报》，《文物》1972年第7期。
[②] 崔乐泉：《考古发现与唐宋时期的体育活动》，《考古》2008年第7期。
[③] 段成式：《酉阳杂俎·续集》，团结出版社2018年版，第464页。

名好手,在他的笔下,斗鸡被描绘得有声有色,栩栩如生。《古风》诗云:"路逢斗鸡者,冠盖何辉赫。鼻息干虹蜺,行人皆怵惕。"《叙旧赠江陵宰陆调》云:"我昔斗鸡徒,连延五陵豪。邀遮相组织,呵吓来煎熬。"像这样反映斗鸡的诗篇,在唐人诗集中触目可见。张仲素《春游曲》:"当年重意气,先占斗鸡场。"张籍《少年行》:"日日斗鸡都市里,赢得宝刀重刻字。"于鹄《公子行》:"马上抱鸡三市斗,袖中携剑五陵游。"均是生动反映。

有些妇女因喜好斗鸡,将斗鸡绣在枕头上。《全唐诗》卷802载:"枕绘鸳鸯久与栖,新裁雾縠斗神鸡。与郎酣梦浑忘晓,鸡亦留连不肯啼。"阎立德、张萱和周昉等著名画家,把斗鸡形象绘在丹青上。由于斗鸡盛行,有些人做起了驯鸡出售的买卖。威远军子将臧平的一只鸡善斗,在获得唐穆宗青睐后,"主鸡者想其蹄距,奏曰:'此鸡实有弟,长趾善鸣,岁岁卖之,河北将军获钱二百万'"[①]。文士中亦不乏醉心于斗鸡走狗者,唐诗中吟咏观斗鸡者颇多。韩愈、孟郊甚至以斗鸡为题联句,生动描述斗鸡的情形:"大鸡昂然来,小鸡竦而待。峥嵘颠盛气,洗刷凝鲜彩。高行若矜豪,侧睨如伺殆。精光目相射,剑戟心独在。……"是为例证。

隋唐五代时期中国传统节令与娱乐的种类在继承前代发展的基础上趋于稳定。其中绝大部分节令与娱乐是承袭前代,并发展出自己不同的特点。政治稳定、经济繁荣、社会富足、文化发达、对外交往频繁均为都市娱乐的繁荣奠定了坚实的社会基础。随着都市民众生活水平的提升和强盛国势、富裕社会的形成,人性的自由得到充分发挥,人的地位空前提高。都市节日与娱乐生活所需要的物质条件与人文因素得以充分解决。加之时人以生为乐,以生为贵,乐生、贵生的人生态度,共同推动着都市节日与娱乐风气的形成,并体现出与前代不同的时代特征。出现了许多此前从未出现的节日与娱乐活动新种类。特别唐代,统一多民族国家的发展,使周边许多民族归附于唐朝并迁居内地,推动了多种文化的融合和交流,亦使隋唐五代时期都市节日与娱乐显现出包容性特点。各种节日与娱乐,无论域外相传抑或内地自产,均拥有自己的发展空间。

社会风气的开化,礼教束缚的削弱,家庭娱乐环境的熏陶,使妇女有幸较为广泛地参加到节日与娱乐活动之中,成为隋唐五代时都市居民生活的一大特色和城市繁盛的显著标志。尤其唐代开明的政策和社会氛围,使得妇女拥有较高的社会地位,她们可以参加很多节日庆典和娱乐活动。上层社会与普通居民均拥有参加节日与娱乐活动的激情。虽然二者之间存在明

---

① 许灿:《唐代娱乐活动探析》,河北师范大学硕士学位论文,2011年。

显的阶层划分。以皇帝为代表的上层社会大多喜好节日庆贺与娱乐活动，甚至其自身即为运动或娱乐能手，上有所好，下必甚焉，上层社会对娱乐活动的发展起到促进和倡导作用。都市中的普通百姓阶层，虽然处于社会最下层，但其节日活动与娱乐民俗是社会文化最直接的体现，他们是对节日、娱乐及其内涵最生动的诠释者。节日之时，忙碌生活被节日的喜庆和闲舒所隔滞，人民利用难得的节日时机，可以探访故旧、团聚家人，以抚慰平时对家人、亲友的思念与愧疚，并使自身日常生活中的压抑情绪得到舒缓，身心得到放松。

总体而论，隋唐五代都市居民的节日与娱乐活动空前繁荣。节日的贵族色彩被更强烈的民间娱乐所取代，无论节日庆贺和娱乐是统治者出于维护统治目的而倡导，抑或官员与贵族之间维持良好交际关系的平台和良机，毋庸置疑之处在于，节日与娱乐活动的开展，为繁荣富庶的社会生活增添了绚丽的色彩和诱人的情趣，其形成、发展与演变，是为中国古老传统社会的文化积淀，体现着民族精神世界的丰富程度。

第三节　宗教文化生活

城市是人类生产、生活最为发达，物质和精神成果最为集中，同时也是一个国家和时代思想文化最为发达的地方。佛教、道教等宗教的发展传播和城市的关系密不可分。宗教借助城市得到巨大发展，城市亦因宗教文化的影响和渗透而显得丰富多彩。隋唐五代作为中国古代占据重要地位，发挥特殊影响的时期，宗教思想文化主要通过城市得以交流、传播和展现，影响主要居住在城市的统治阶层。

一、帝王与都市中佛教的兴盛

佛教是来自异域并逐步本土化的宗教，早期主要流布于民间社会。魏晋南北朝时期，佛教影响由社会下层逐步上移，发展成为适应封建统治需求之宗教。逐步实现由民间向都市的转型。其所以于都市迅速传播，主要得益于统治上层的倡导和支持，并以此所取社会影响继续与王朝政治发生紧密关系。时至隋唐，南北重新统一。政治、经济、文化等空前发达，国内外交流频繁，统治者所采兼容并纳文化政策，均为佛教于都市兴盛优越条件。五代时期，社会稳定局势远逊隋唐，然佛教发展仍为隋唐宗教兴盛余绪。多朝君主继续崇奉，都市佛教勃兴之势未减，并继续依赖帝王政治，为之提供精神慰藉与政治支撑。

(一) 都市中佛教兴盛的景况

城市是人类生产生活最为发达,物质和精神成果最为集中,亦为一个国家和时代思想文化最为活跃的地方,毋庸置疑成为一个国家和时代文明程度的代表和象征。隋唐五代帝王和社会上层,多置崇佛政策且居于城市。都市中佛教与山林佛教相较,资源上享有近水楼台便利。佛教于都市得以蓬勃发展。

城市中佛寺、僧尼规模庞大。寺院为佛教布法主要场所,亦是人们烧香拜佛、参与社会活动之地。寺院有无与多寡是一个地区佛教活动兴盛与否的直接反映,显示人们对佛教的信奉态度。据《续高僧传》载,隋大兴城有佛寺一百二十多所,最为有名者为大兴善寺,号称"国寺","尽占靖善坊之地,寺殿宏伟,为京城之最"①,"号曰大兴佛殿。禅定寺、延兴寺、净影寺、清禅寺、真寂寺、日严寺等亦为一时名刹。日严寺为仁寿元年晋王所立;胜光寺为蜀王所立。隋文帝移都之始,于广恩坊给地为昙延立寺,开皇四年敕名延兴"②。"永阳坊之禅定寺乃文帝为献后立。寺中名僧之多不逊大兴善寺。"③真寂寺为三阶教寺最大者。总体而论,京城内有寺一百二十所。因大兴城佛寺规模乃根据隋文帝自拟寺额 120 枚修建,于此官府定额"编制"外,仍有大量佛堂、兰若等规模较小之佛教场所。大兴城佛寺总量当高于原定数额。

时至唐代,全国佛寺鼎盛发展。国势鼎盛之时,平均每州 16 寺,"寺系网络益见致密"④。"寺塔遍于九州,僧尼溢于三辅。贞观二十二年(648),全国佛教寺院 3716 所。乾封元年(666),天下佛寺增至 4000 余所;开元末年,全国有佛教寺院 5358 所。"⑤可见有唐一代佛教之繁荣程度。以此为背景,都市佛寺亦显蓬勃。长安为最大发展中心,佛教宗派多聚于此弘法阐教。三论宗以草堂寺为祖庭,法相宗以慈恩寺为祖庭,净土宗以香积寺为祖庭,律宗以净业寺为祖庭,密宗以大兴善寺为祖庭。佛寺承炀隋遗绪,一时呈"寺宇相望"⑥之势。"《两京新记》载,长安时有僧寺六十四,尼寺二十七,合为九十一所。《长安志》所记较《两京新记》为多,共计佛寺一百所。开元后长安佛教寺院续有所造。《两京城坊考》记有僧寺八十一,尼寺二十

---

① (元)骆天骧撰,黄永年点校:《类编长安志》,三秦出版社 2006 年版,第 127 页。
② 汤用彤:《隋唐佛教史稿》,弥勒出版社 1984 年版,第 2 页。
③ 汤用彤:《隋唐佛教史稿》,弥勒出版社 1984 年版,第 2 页。
④ 张弓:《汉唐佛寺文化史》,中国社会科学出版社 1997 年版,第 109 页。
⑤ 介永强:《西北佛教历史文化地理研究》,人民出版社 2008 年版,第 47 页。
⑥ (清)董诰等编:《全唐文》,中华书局 1983 年版,第 200 页。

八，合为一百零九所。"①景宇平认为，"长安佛寺数量远不止此数。初唐至盛唐，长安寺院共56所，加上隋代保留下来的71所寺院，总数超过120所"②。李映辉统计"为124所，占全国总数的15%"③。如累加无明确建寺年代寺院和无额佛堂，这一时期寺院更多。

当时私建佛寺发展迅速，大量佛堂、兰若得以兴建，创建者多为宫廷大臣，朝中大臣元载、杜鸿渐等均带头修建许多寺院、佛堂。日僧圆仁描述称："长安城里坊内佛堂三百余所，佛像、经楼庄校如法，尽是名工所作，一个佛堂抵外州大寺。"显示当时长安城内除规模宏大的官寺外，佛堂等建筑亦颇具规模，数量可观。于此之外，长安佛寺占地面积之大，营建之奢华，堪称都市佛寺典型。大荐福寺占开化坊"半以南"，大庄严寺占永阳坊"半以东"，大慈恩寺占晋昌坊"半以东"，大兴善寺占靖善坊一坊之地。④ 规模宏大的长安佛寺营建修缮多出皇家之手，奢华富丽过于往代。以大慈恩寺为例，此寺"映带林泉，务尽形胜"⑤"虹梁藻井，丹青云气，琼础铜沓，金环花铺，并加殊丽"⑥。寺内浮图"塔势如涌出，孤高耸天宫……突兀压神州，峥嵘如鬼工"⑦。彰显都市佛教发展盛势和教权尊严。⑧

都市居民的寺外佛教活动为观察佛教影响的新视角。通过将城市寺院多少与文献所列佛教有关地方及某人葬于两京佛寺或禅师墓地附近结合，张莹勾勒出唐代西京地区佛教信仰状况："长安城坊佛教信仰总量150个，城内佛教遍及区域占总区域的54.%，超过坊数一半。洛阳城坊佛教总量34个，城内佛教涉及区域占总区域的21.6%。规模略逊长安而为第二大佛教中心。"⑨据李映辉统计，"唐代前期全国寺庙分布密集中心均为规模较大都市。最大中心长安寺院124所，占全国总数的15%。其次为东都洛阳29所，成都30所，润州28所，襄州25所，越州23所，太原21所，苏州19所，扬州18所，荆州17所，相州16所，杭州12所。唐代后期，京师分布79所寺院，保持第一。苏州31所，洛阳14所，越州28所，杭州20所，润州20

---

① 马军：《唐代长安、沙洲、西州三地胡汉民众佛教信奉研究》，中央民族大学博士学位论文，2010年。
② 景宇平：《寺观与唐朝长安》，东北师范大学硕士学位论文，2006年。
③ 李映辉：《唐代佛教寺院的地理分布》，《湘潭师范学院学报》（社会科学版）1998年第4期。
④ 参见卓新平、杨富学主编：《中国西北宗教文献》卷4，甘肃民族出版社2012年版，第20页。
⑤ （清）董诰等编：《全唐文》，中华书局1983年版，第134页。
⑥ （清）董诰等编：《全唐文》，中华书局1983年版，第135页。
⑦ （清）董诰等编：《全唐文》，中华书局1983年版，第2034页。
⑧ 参见王光照：《唐代长安佛教寺院壁画》，《敦煌学辑刊》1993年第1期，第77页。
⑨ 张莹：《唐代两京地区佛教的传播与影响》，陕西师范大学硕士学位论文，2008年。

所,扬州 20 所,成都 19 所,太原 16 所,荆州 13 所,常州 13 所,洪州 12 所"①。

时至五代,地方城市中佛教规模亦属庞大。唐末五代杭州为南方都市佛教重心。唐末五代北方战乱,唐武宗、周世宗毁佛、限佛使北方都市佛教遭受重创。与经济重心南移一致,南方都市佛教蓬勃发展。隋代立国前杭州建寺至少 28 所,自隋至钱氏执政前,杭州建寺至少 73 所,远高于全国平均水平。据张弓统计,唐五代佛寺 795 所,分布于 131 州,杭州 46 所,仅低于长安,多出东都洛阳 1 所。吴越时期,曾有"杭之俗,佛于钱氏结庐遍人境""寺塔之建,吴越武肃王倍于九国"之说。据《咸淳临安志·寺观》载,南宋末年杭州城内外能够确定创建时期之寺院 398 所,钱镠期间 230 所。杭州寺院创于钱氏者十有五六。显德二年(955)五月,周世宗下诏限佛"诸道供到帐籍,所存寺院凡二千六百九十四所"②。"检杭州寺院,存者凡四百八十"③,"寺院之数达全国寺院总数的 17.82%"④,杭州佛教势力和发展盛况可见一斑。

僧才凝聚、经典丰硕为都市中佛教兴盛的另一表现。"都市作为政治、经济、文化中心,得天时地利之便,宗教文化创造往往首先于城市产生,聚集。规模较大都市多为主导中国佛教的中枢,是为僧才凝聚、经典翻译中心。京都长安,四通八达,城内寺院众多,寺院建筑壮丽宏伟,僧人日常生活,宗教传播条件均属优越,佛教弘传效应显著,社会影响广泛。优良外部环境成为佛教发展广阔天地,吸引大批高僧前往弘扬佛法。印度僧人或沿陆路由西到东,或沿海路由南到北,西域僧人沿河西走廊,日本、朝鲜僧人自东向西纷至长安。与以玄奘为代表留学取经僧人,国内优秀大德济济一堂。他们的凝聚是长安成为佛教译经、传教、创宗、交流中心前提和基础,极大提高了长安佛教品格和地位。"⑤严耕望统计,"唐初三十年间高僧二百一人,驻锡京师者七十三人,占全国三分之一以上。《宋高僧传》梳理出高僧四百五十名,以大历为限分前后两期。前期一百五十人,驻锡京师者四十二人为最,其次是太原、成都、荆州、扬州、越州、杭州、润州。后期三百二十人,京师三十四,洛京十五"⑥。

---

① 李映辉:《唐代佛教寺院的地理分布》,《湘潭师范学院学报》(社会科学版)1998 年第 4 期。
② (宋)薛居正等:《旧五代史》,中华书局 1976 年版,第 1531 页。
③ 杜文玉主编:《唐代论丛》第 26 辑,三秦出版社 2018 年版,第 232 页。
④ 孙旭:《吴越国杭州佛教发展的特点及原因》,《浙江社会科学》2010 年第 3 期。
⑤ 方立天:《中国佛教之历史地位》,《中国宗教》2010 年第 8 期。
⑥ 严耕望:《唐代佛教之地理分布》,《民主评论》1953 年第 24 期。

长安、洛阳为当时中国最大的佛经翻译中心。这一地位的确立与统治者所持佛教政策紧密相关。支持佛教发展的隋文帝、隋炀帝,分别于大兴善寺、洛都上林园延请达摩笈多、彦琮、那连提黎耶舍、达摩阇那、阇那崛多等5位天竺译师译经,由释彦琮总理长安、洛阳两处译事。共译佛典59部、262卷。"唐代国家主持译经场地主要设于长安。大兴善寺、大慈恩寺和大荐福寺时称长安三大译场。名僧玄奘曾西行求经,贞观中携经657部回到长安,先后住弘福寺、慈恩寺、西明寺、玉华宫等处翻译,参与其事者皆一时大德之选。之后义净前往印度求经,回国后以长安大荐福寺为翻经院。玄宗时印度僧人善无畏、金刚智、不空先后至长安翻译密典。不空又尝返印,求得密藏经论500余部,住大兴善寺宣译。"①"280多年译经不断,成果丰硕。玄奘、义净、不空等26名译师最为突出。玄奘译出75部、1335卷,义净61部、260卷,不空104部、134卷。由此,都市佛教译经开辟了佛教传播新途径。"②

都市中佛教兴盛表现之三为弘传活跃,宗派林立。佛教弘传多以都市为中心,隋代洛阳即为佛教弘传重地。杨广为晋王时即曾奉天台宗创始人智𫖮为师,请至扬州为其授菩萨戒。开皇十一年(591),智𫖮于扬州总管寺城设千僧会,随即在杨广府邸躬传戒香,授律仪法。开皇十九年(599),杨广在扬州设慧日、法云道场,邀请学问僧、律僧研究、弘扬佛教。营建东都后,于洛阳设立慧日道场。东都道场名僧众多。名僧智脱,游学南北,遍学经论。扬州慧日道场初建时,"盛搜异艺,海岳搜扬。脱以慧业超悟,爰始沾预……脱雅为论士,众所推焉"。"后入长安,住日严寺,讲经著述不辍,传业学士多人,各踵敷弘,知名当世。名僧法澄,精通《中论》《百论》《十二门论》《大智度论》,于扬州开善寺聚徒讲学,化洽吴楚,传誉淮海。后入京师日严寺,声望更高,硕学之士多向其拜谒问道。名僧道庄,精通四论,入扬州内道场,后入京师日严寺,著疏三卷,皆风骨雅趣,师者众焉。"③

都市为佛教宗派创立中心。魏晋南北朝至隋唐逐步形成的八大佛教宗派,初创之地多为都市。创于长安之宗派,有玄奘和弟子窥基初创之法相唯识宗,又名慈恩宗。道宣多年研修律学而立之律宗,亦称南山宗。常年于长安弘法的法藏,用华严思想统摄一切教义,将《华严经》作为佛说最高阶段而创华严宗。善无畏、金刚智和不空在东、西二京创立以修持密法为主的密

---

① 邹西礼、袁书会:《中国佛教史上之关中》,《法音论坛》1998年第12期。
② 方立天:《中国佛教之历史地位》,《中国宗教》2010年第8期。
③ 郭绍林:《隋代东都洛阳的佛教内道场和翻经馆》,《世界宗教文化》2006年第4期。

宗。长期于长安光明、慈恩等寺宣扬净土的善导,专修往生阿弥陀佛净土法门,创立而成净土宗。之外,三论宗实际创始人吉藏,曾于隋开皇十九年(599)在扬州江都慧日道场撰成《三论玄义》,同年应召前往长安奉隋文帝之命撰写三论注疏,其三论宗创立之功亦在都市。中国汉传佛教八大宗派,除天台宗和禅宗外,六大宗派创于长安,足见当时都市佛教辉煌与显赫。

(二) 都市中佛教兴盛帝王因素

秦汉以来,专制主义中央集权为中国政治制度主要特征,王权至高无上是为重要表现。囿于专制帝王政治环境,都市中佛教发展传播无时不受王道政治影响和制约。以致有"释、老之教,行乎中国也,千数百年,而其盛衰,每系乎时君好恶"①之评价。毋庸讳言,隋唐五代都市中佛教隆盛历史原因深刻。君主狂热崇佛为一重要因素,隋唐五代帝王崇信佛教之人颇多,帝王所持崇佛政策对都市佛教繁荣起到推波助澜的作用,成为都市中佛教快速发展的主要动因。

广修佛寺、像塔,普施财物。隋唐五代崇佛帝王热衷佛寺、像塔之兴建。开皇元年(581),隋文帝诏曰:"门下法无内外,万善同归;教有深浅,殊途共致。朕伏膺道化,念存清静……其五岳之下,宜各置僧寺一所。"②开皇二年(582)颁发营造之诏,兴建大兴城,造大兴殿、大兴善寺等,将大兴善寺作为国寺。除京城大兴土木建造佛寺外,并于诸州置官立寺院。开皇四年(584),分别兴建四座佛寺于襄阳、随州、江陵、晋阳。在讨伐尉迟迥之相州建伽蓝一所,以吊菩提。③ 仁寿元年(601),分送舍利往三十州建塔,每州僧三百六十人。统治期间三次敕建舍利塔,总计建塔一百一十余座。

杨广任扬州大总管时,于统辖境内大力恢复佛教,兴建寺庙伽蓝,耗费巨额资财。《国清百录》载,杨广直接出资兴建的寺院伽蓝主要有荆州玉泉山符天道场,"伏以布金遍地,买园建立,奉置三尊,永流万代"④。江州得阳庐山东林寺、峰顶寺,杨广认为"庶籍重修,方证常乐",命江州所司官员重建。"于扬州兴建规模宏大慧日道场。"长安建日严寺。耗资修缮天台、玉泉、十住三寺。即位后,于大业元年(605)为文帝造西禅寺,"式规大壮,备准宏模"。于高阳造隆圣寺,并州建弘善寺,京师造清禅寺、香台寺。以"九宫为九寺,于泰陵、庄陵二所,并各造寺"。建寺之外广建佛像。据法琳的《辩正论》载,杨光在位期间共修治故像十万一千躯,铸刻新像三千八百五

---

① (明)宋濂:《元史》,中华书局1976年版,第4517页。
② (唐)魏征、令狐德棻:《隋书》,中华书局1973年版,第1099页。
③ 参见付玉贞:《隋文帝与隋朝宗教》,《宁夏大学学报》(人文社会科学版)2008年第4期。
④ (清)严可均编:《全上古三代秦汉三国六朝文》,中华书局1958年版,第809页。

十躯,并为文帝造金铜什迦坐像一尊,高七尺二寸。

唐太宗亦注重寺院建造。贞观元年(627),为报答先母太穆皇后生养之恩,将长安通义坊父母故居所改通义宫造为尼寺兴圣寺;贞观八年(634),在修德坊造宏福寺。贞观三年(629)下《于行阵所立七寺诏》,"于建义已来交兵之处,为义士、凶徒身戎阵者各建寺刹",以便"树立福田,济其营魄","望法鼓所震,变炎火于青莲,清梵所闻,易苦海于甘露"①。武则天也曾大量修建佛寺,塑造众多佛像。有"武后铸浮屠,立庙塔,役无虚岁……天下僧尼滥伪相半"②之说。天授元年(690)武则天颁布《大云经》后,令诸州修建大云寺,每州一座,共建大云寺358座。长寿元年(692)置长寿寺。证圣元年(695)置崇先寺,并修缮慈恩寺、敬爱寺、福先寺。"京兆名寺三十八所,则天建造约占百分之三十"③,且规模巨大,装饰精美。东都造天堂贮大佛,高五级,超越明堂三分之二多。"日役万人,采木江岭,数年间,所费以万亿计。"④可见当时佛寺兴建盛况。

时至五代,吴越国王多采崇佛政策,礼遇僧人,广建寺院经幢。据《咸淳临安志·寺观》载,杭州城内外寺院,建于吴越者230所,明确标明吴越国王及钱氏建立者173所。贞明二年(916),钱镠命弟钱铧"率官吏僧众诣明州鄞县阿育王寺,迎释迦舍利塔归于府城,建浮图于城南以致之"。开运元年(944),钱弘佐"遣僧慧龟往双林开善慧大士塔……迎舍利灵骨……诸物至钱唐安光册殿供养,建龙华寺,以其骨塑大士像"⑤,即为明证。

普施财物予寺院、僧侣。仁寿元年(601),隋文帝于相州战场立寺,七日行道,任人布施,限十文而止,所施之钱以供营塔,若少不充役,正下及用库物。别州郡僧尼普为舍利设斋。开皇十三年(593)十二月,文帝下诏振兴佛教,使废像遗经"重显尊荣,再崇神化","敬施一切毁废经像绢十二万匹,皇后施绢十二万匹,王公已下,爰至黔黎,又人敬施钱一文"。⑥ 杨广为晋王时,直接承担寺院供给。慧日等四道场即由晋王"国司供给"⑦;经常赐法衣、器物予名僧或所度僧人;赠济法寺高僧法藏灵寿杖一柄,并修书一封,内有"每策此杖,时赐相忆"⑧等语。隋炀帝曾给长安清禅寺"前后送户七

---

① (唐)释道宣:《广弘明集》,上海古籍出版社1987年版,第736页。
② (宋)欧阳修、宋祁:《新唐书》,中华书局1975年版,第4398页。
③ 陈文英:《隋唐帝王与佛教传播》,《历史教学》2008年第8期。
④ (宋)司马光编著,(元)胡三省音注:《资治通鉴》,中华书局1956年版,第6498页。
⑤ 严耀中:《江南佛教史》,上海人民出版社2000年版,第85页。
⑥ 方立天:《中国佛教简史》,宗教文化出版社2001年版,第125页。
⑦ 刘康乐:《中古道官制度研究》,巴蜀书社2013年版,第134页。
⑧ (唐)道宣:《续高僧传》,中华书局2014年版,第205页。

十有余,水硙及碾上下六具,永充基业"。"造露盘并诸庄饰,十四年内方始成就,举高一十一级,竦耀太虚,京邑称最。尔后俟遗相接,众具繁委,并送五行调度,种植树林等事。"① 应天台寺住持智𫖮之请,将废寺水田赐与该寺,以充基业。后遣司马王弘前往"施肥田良地"②。唐太宗崇佛举动登基前已有显现。"武德三年(620),秦王受诏率军讨伐隋旧将王世充,其间嵩山少林寺僧众立下战功,赏赐千段绢帛,良田40顷,授释昙宗大将军。"③

　　整理、缮写、翻译佛教经卷。隋文帝特别注重造像写经。《辩正论》载,开皇初至仁寿末,文帝缮写新经四十六藏,十三万二千八十六卷,修治故经三千八百五十三部。《广弘明集》卷22《宝台经藏愿文》载,杨广南下伐陈时,"深虑灵像尊经,多同煨烬。……是以远命众军,随方收聚,未及期月,轻舟总至。乃命学司,依名次录,并延道场,义府覃思,澄明所由,用意推比,多得本类","共得经卷约10万轴"。④ 后据寺庙规模,僧尼多寡,分发慧日、法灵、日严、弘善等寺。"京师寺塔,诸方精舍","并随经部多少,斟酌分付"。⑤ 平陈之后,于扬州装补旧经,并写新本"六百一十二藏,二万九千一百七十三部,九十万三千五百八十卷"⑥。之外,炀帝还在洛阳上林园置立译馆,由官府出资延请达摩笈多、彦琮等僧及诸学士承担翻译之事,规模倍逾大兴善寺译场。

　　贞观元年(627),天竺僧波颇携带梵本佛典至长安,两年后太宗诏令于兴善寺从事翻译。贞观十九年(645),玄奘西回,敕奉为太穆皇后于京造广福寺,就彼翻译。"所须吏力,务令优给。"⑦《瑜伽师地论》译讫,太宗推许佛教远胜儒道九流,命秘书省书手抄写玄奘所译佛教经论一式九份,分发雍、洛、并、兖、相、荆、扬、凉、益等州辗转流通。证圣元年(695),武则天亲自主持规模巨大之80卷《华严经》翻译。遣使往于阗国请沙门实叉难陀与菩提流支、义净等执笔,并亲自制序。南天竺沙门菩提流支至东都,则天立令居福先寺译经。于阗沙门提云般若到长安时,请于魏国东寺译经。吐火罗沙门弥陀山译出《无垢净光陀罗尼经》,则天以厚礼饯之。于阗沙门天智译出《造像功德经》等六部亦受则天赏赐。此举促使大批著名译师涌现。

---

① 张先昺:《隋史稿》,高等教育出版社2002年版,第302页。
② (唐)道宣:《续高僧传》,中华书局2014年版,第718页。
③ 陈文英:《隋唐帝王与佛教传播》,《历史教学》2008年第8期。
④ 杜文玉:《隋炀帝与佛教》,《陕西师范大学学报》(哲学社会科学版)2001年第2期。
⑤ (清)严可均编:《全上古三代秦汉三国六朝文》,中华书局1958年版,第2页。
⑥ 楚启恩:《中国壁画史》,北京工艺美术出版社2012年版,第106页。
⑦ (宋)赞宁:《宋高僧传》,中华书局1987年版,第71页。

史载唐代翻译大师共 26 人,生活于则天时期者 15 人,占总数的 50% 左右。

广度僧尼。开皇元年(581),沙门昙延"初闻政改,奏请度僧"①,文帝准奏,敕度僧一千余人,普诏天下听任出家,开启隋代佛教复兴先声。开皇十年(590),于全国范围大举度僧。《续高僧传》载:"开皇十年,敕僚庶等,有乐出家者并听。时新度之僧乃有五十余万。"②《昙迁传》载,文帝"因下敕曰,自十年四月前,诸有僧尼私度者并听出家,故率土蒙度数十万人"③。据法琳之说,"炀帝所度僧尼一万六千二百人"④。大业三年正月二十八日,一次即度僧 1000 人之多。曾于洛阳设无遮大会,度男女 120 人为僧尼。小规模度僧更不计其数。贞观二十二年(648),唐太宗下《诸州寺度僧诏》,京城及天下诸州寺各度 5 人,宏福寺度 50 人。时全国佛寺 3716 所,度僧尼 1.85 万余人,加上原有僧尼,时人释道宣估计约略不超过 7 万,而"未此以前,天下寺庙遭隋季凋残,缁僧将绝,蒙兹一度,并成徒众"⑤。之后各代度僧亦不在少。李治为太子时,修大慈恩寺并度僧三百人。中宗"造寺不止,枉费财者数百亿;度人不休,免租庸者数十万"⑥。"景云元年(710),睿宗李旦一次度僧、道三万人。"⑦"武则天时荐福寺建成,一次度僧达二百人。中天竺沙门日照安葬时,参加僧道女尼数万人。""天授元年改国号周,度僧千人。"⑧"五台山造墙功毕,巡礼僧盈一万。"⑨以致苏瑰上疏:"天下僧尼滥伪相半,请并寺著僧。"显示僧尼广度规模。

崇奉名僧。隋文帝时期,曾设昭玄统为全国最高僧官,昭玄都为副手。开皇元年(581),任命僧人僧猛为隋国大统,敕僧猛法师住大兴善寺。⑩"委以佛法,令其弘护。"⑪"敕授(净影)慧远为洛州沙门都,加强佛教管理。"⑫杨广亦对名僧宠爱有加,亲自创建的、重要的寺院均延请高僧主持或研修佛法。慧日道场建成,请智𫖮、吉藏、慧觉等人讲经或主持道场。建成

---

① 方立天:《中国佛教简史》,宗教文化出版社 2001 年版,第 123 页。
② 郭明:《隋唐佛教》,齐鲁书社 1980 年版,第 18 页。
③ 杜斗城:《敦煌五台山文献校录研究》,陕西人民出版社 1991 年版,第 1 页。
④ 杜文玉:《中国中古政治与社会史论稿》,三秦出版社 2010 年版,第 174 页。
⑤ (唐)慧立、彦悰:《大慈恩寺三藏法师传》,中华书局 1983 年版,第 153 页。
⑥ (后晋)刘昫等:《旧唐书》,中华书局 1975 年版,第 3159 页。
⑦ 方立天、华方田:《中国佛教简史》,宗教文化出版社 2001 年版,第 168 页。
⑧ (后晋)刘昫等:《旧唐书》,中华书局 1975 年版,第 121 页。
⑨ 汪小洋:《中国宗教美术史料辑要》,上海大学出版社 2011 年版,第 330 页。
⑩ 参见付玉贞:《隋文帝与隋朝佛教》,《宁夏大学学报》(人文社会科学版)2008 年第 4 期。
⑪ 方立天:《中国佛教简史》,宗教文化出版社 2001 年版,第 124 页。
⑫ 华方田:《隋文帝与隋代佛教的复兴》,《佛教文化》2003 年第 1 期。

日严寺后,遂请名僧吉藏为住持,"欲使道振中原,行高帝壤"①。大业中"下敕九宫并为寺宇度僧",请法藏为太平寺上座。②"任扬州总管时,玉泉、十住二寺修葺完成,将志果、法才安置于玉泉寺,法璨、道慧二僧安置于十住寺。"③

武则天崇奉名僧更甚。争取帝位时曾利用佛教《大云经疏》。即位后诏令:"自今以后,释教宜在道法之上,缁服处黄冠之前。"④其对高僧极其礼敬。曾封神秀为国师,率百官礼拜。迎接神秀入京行道时,神秀"肩舆上殿,则天亲加跪礼,丰其供施,时时问道。……士庶竞至礼谒,望尘拜伏,日有万计"⑤。又诏嵩岳惠安禅师入禁中问道,"待以师礼,与神秀禅师同被钦重"。"白马寺僧怀义可随便出入宫中。则天以其出身寒微,令与驸马都尉薛绍合族,命绍以季父事之。"⑥请法藏、慧安、仁俭等多位佛教大德入宫问道,待以师礼。分封参与书写《大云经疏》僧人为县官并赐紫袈裟。

吴越时期,钱镠请沩仰宗慧寂禅师弟子文喜住杭州龙泉廨署。⑦ 曹洞宗道膺禅师弟子自新,钱镠"造应瑞院居之"⑧。临济宗黄檗山,希运禅师弟子楚南被钱镠延请下山供施。⑨ 释灵照"得心于雪峰",钱弘佐造龙华寺,命其住抟。⑩ 悟真大师"自得雪峰心印",居杭州西兴镇化度院,法席大兴,"钱王钦其道德,奏紫衣师号"⑪。吴越中期以后,文益弟子道潜,钱弘俶"造大伽蓝,号慧日永明,请以居之……加优礼也"⑫。文益弟子慧明,弘俶"造大报恩寺,请以住持"⑬。延寿禅师"钱氏最所钦尚"⑭,"重创灵隐寺,命主其事"⑮。诸如此类不胜枚举,彰显君主崇奉名僧景况。

(三) 帝王支持都市中佛教发展的动因

政治利用与利益反馈。隋唐五代帝王支持都市中佛教发展的因由之

---

① (唐)道宣:《续高僧传》,中华书局 2014 年版,第 339 页。
② 参见谢重光、白文固:《中国僧官制度史》,青海民族出版社 1990 年版,第 21 页。
③ 杜文玉:《中国中古政治与社会史论稿》,三秦出版社 2010 年版,第 177 页。
④ (清)董诰等编:《全唐文》,中华书局 1983 年版,第 981 页。
⑤ (宋)赞宁:《宋高僧传》,中华书局 1987 年版,第 177 页。
⑥ 赵云旗:《武则天与唐代佛教》,《五台山研究》1989 年第 4 期。
⑦ 参见(宋)赞宁:《宋高僧传》,中华书局 1987 年版,第 293 页。
⑧ (宋)赞宁:《宋高僧传》,中华书局 1987 年版,第 754 页。
⑨ 参见(宋)赞宁:《宋高僧传》,中华书局 1987 年版,第 429 页。
⑩ 参见(宋)赞宁:《宋高僧传》,中华书局 1987 年版,第 310 页。
⑪ 宋道光:《景德传灯录》,湖南出版社 2011 年版,第 577 页。
⑫ (宋)赞宁:《宋高僧传》,中华书局 1987 年版,第 316 页。
⑬ (宋)赞宁:《宋高僧传》,中华书局 1987 年版,第 598 页。
⑭ (宋)赞宁:《宋高僧传》,中华书局 1987 年版,第 708 页。
⑮ (清)吴任臣:《十国春秋》,中华书局 1983 年版,第 1287 页。

一，在于其谋求政治权势过程曾得到佛教势力或名僧鼎力相助,出于得势后继续利用或利益反馈双重动机,帝王与都市中佛教之间形成难以割舍之紧密关联。

隋文帝立国后崇佛在于崇佛政策符合其获取民心,稳固统治政治利益。这一情况于其谋求权位过程即有显现。北朝以后,佛教得到迅猛发展。北朝齐、周之世,所辖寺院三四万所,僧尼数百万人。南朝佛教梁代鼎盛时,寺院二千八百余所,僧尼八万多人,加之众多在家信徒,佛教势力之大可以想见。北周武帝所取灭佛政策使数以百万计僧尼被迫还俗,招致佛徒强烈反对。隋文帝反其道而行崇佛政策,普诏天下,任听出家,支持和复兴佛教,达到"大崇释氏,以收人望"①的政治目的。之外,杨坚以外戚身份代周自立,"名不正言不顺",被认为违反传统纲常名教。其需宣扬佛教平等、宽容精神,以佛门弟子自居,"永言至理,弘阐大乘"②,以佛教精神打破传统宗法理念,为政治势力稳固与扩张服务。

武则天崇佛政策亦难摆脱政治利用之嫌。即位之后,为强化统治,经常利用佛教制造宗教舆论。永昌元年(689),僧人薛怀义、法朗等人伪造《大云经疏》四卷,进呈朝廷,制造"净光天女"之说,宣称佛祖预言天女将以女身统治天下,"则天是弥勒下生,作阎浮提主,唐氏合微"③,为武则天获取帝位合法性作舆论宣传。武则天革唐建周后,以佛教护法立国,目的是要打破李氏王朝崇道遗风,反其道而行,最终消除李家王朝影响。既然李氏王朝利用道教进行舆论宣传和精神控制,支持与道教素有恩怨之佛教发展,显然是一种高明对抗手段。其将思想领域打击与政治摧毁紧密结合,凸显推翻李家王朝政治的彻底胜利。

五代时期,南方吴越三代国王极力崇佛,为杭州佛教迅速发展的主要动力。因由在于佛教曾于吴越国帝王获取政权方面发挥过重要作用。钱镠支持佛教发展,乃因佛教于其夺权过程彰显实用价值。名僧文喜能驱蝗虫,颇有神通。④ 楚南为名僧希运弟子且与唐末权贵关系密切。⑤ 出于功利目的,光启三年(887),钱镠初拜杭州刺史时,礼遇名僧文喜、楚南,将二人请入杭州优加供施。名僧之中对钱镠影响最大者当属洪諲。钱镠发迹时,洪

---

① (清)徐松:《唐两京城坊考》,中华书局1985年版,第38页。
② (清)严可均编:《全上古三代秦汉三国六朝文》,中华书局1958年版,第803页。
③ 罗伟国:《佛藏与道藏》,上海书店出版社2014年版,第62页。
④ 参见(宋)赞宁:《宋高僧传》,中华书局1987年版,第428页。
⑤ 参见(宋)赞宁:《宋高僧传》,中华书局1987年版,第284页。

谭为其大造舆论，密谓"好自爱，他日贵极，当与佛法为主"①。洪谭给予钱镠鼓励与舆论支持，或许有日后借助权贵弘扬佛法的私心，但事实是，于佛教势力和影响较大的古代社会，政治家利用僧人预言或宗教迷信制造政治舆论之方式实为常态，且屡试不爽。结果钱镠果然腾达，屡立战功，威望日高。之后"奏署谭师号，见必拜跪，檀施丰厚，异于常数"②。洪谭圆寂后，钱镠将其预言公之于众，借用宗教名义确立政治权威的目的完全达到。为继续维护并巩固政治权威与神圣地位，亦需将这一预言上升至国策，坚持不懈。

诚然，隋唐五代帝王并非全部采崇佛政策，亦非所有帝王崇佛均出自政治目的，确有帝王谋求政治利益且诚心向佛。隋炀帝崇佛即存有信仰佛教之因素。其《受菩萨戒疏》载："弟子基承积善，生在皇家，庭训早趋，胎教夙渐，福理攸钟，妙机须悟。耻崎岖于小径，希优游于大乘；笑止息于化城，誓舟航于彼岸。"这一思想当与其童年生活环境有关，即从小受佛教熏陶，希望"生生世世，还生佛家"③。佛法对隋炀帝思想的影响在其所作诗句中多有显现。其诗"法轮天上转，梵声天上来。灯树千光照，花焰七枝开。月影凝流水，春风含夜梅。燔动黄金地，钟发琉璃台"④，佛教思绪流露自然。吴越国末代国君钱弘俶亦诚心向佛。其在位三十余年，创建寺院至少143所。登基前，名僧释德韶劝诫"他日为霸主，无忘佛恩"。其登基后兑现承诺，"遣使迎德韶，伸弟子之礼"⑤。后命僧道潜入王府为其受菩萨戒。成为真正佛教徒后，"万机之暇，口不辍诵释氏之书，手不停披释氏之典"⑥，并览阅佛典《永嘉集》，佛学造诣之深已超越名僧。

都市中佛教活跃是隋唐五代佛教兴盛的重要标志。其勃兴主要表现为佛寺遍布、僧尼众多、僧才凝聚、经典丰硕、弘传活跃、宗派林立等多个方面。佛教于都市迅速发展，得益于都市特殊政治、经济、文化地位。都市人口集中是佛教弘法的基础。文化程度较高的士大夫等阶层集聚，各地人员频繁交流，多种外来思想与文化交融碰撞，促使佛教思想丰富和完善。更多信徒能够理解和接受佛教教义，并借助自身条件加以宣传与弘扬。佛教于此传播能够度化更多众生，取得佛法宣扬效益最大化。都市亦为经济、商贸发达

---

① （宋）赞宁：《宋高僧传》，中华书局1987年版，第284页。
② （宋）赞宁：《宋高僧传》，中华书局1987年版，第147页。
③ （清）严可均编：《全上古三代秦汉三国六朝文》，中华书局1958年版，第8107页。
④ 杜文玉：《中国中古政治与社会史论稿》，三秦出版社2010年版，第174页。
⑤ 普济：《五灯会元》，中华书局1984年版，第567页。
⑥ 周绍良主编：《全唐文新编》，吉林文史出版社2000年版，第1463页。

之处,为佛寺修建、法事施行等佛教活动提供了丰富的物质条件。关键在于,都市之地多为王朝与地方政治中心,都市佛教具有与王权贵族发生关联的多种机遇,益于获取帝王的关注与支持。隋唐五代都市佛教景况显示,无论隋文帝、隋炀帝、唐太宗广修佛寺、像塔,普施财物,抑或武则天佛经缮写、翻译与僧尼广度,名僧崇奉,均属所持宗教政策表象。他们对都市佛教鼎力支持,断言完全缺少帝王单纯信仰追求显有武断之嫌,亦不可否认,满足政治斗争现实需要,以皇权政治管控宗教发展实为支持都市佛教的主要因由。

都市宗教之花盛开于天国,枝叶则扎根于尘世。这一本质特性决定无论作为社会文化抑或精神、政治力量,不可避免与政治形成良性或恶性互动。其欲求生存发展机遇,即须顺应皇权需要,毕恭毕敬地向君王行礼,接受世俗王权监督与惩处。处于政治金字塔顶层之帝王,出于自身利益需要,自然要求都市中的佛教与其政治谋划相适应。以抬高都市中佛教地位和受制于宗教价值观的形式,神话其作为公共权力以及权力持有者地位,将自身与由之建立的政治体系描绘成特殊文化象征与履行天职的代表。这一动机决定他们中的多数不以思想观念或信仰区别对待都市中的佛教,而是从都市中的佛教政治态度与是否利于巩固特定社会秩序来取舍。正是都市中的佛教对帝王权势迁就与王权对都市中佛教的积极借用,促使都市中的佛教于隋唐五代中国达到发展史上的顶峰。

二、都市中的道教兴盛与政治互动

道教是中国土生土长的宗教,早期主要流布于社会底层。魏晋南北朝时期,道教影响从社会下层逐步上移,发展成为一种适应封建统治需求的宗教,得到统治上层重视,获取由山野走向都市的难得契机。至隋唐时期,绵延数百年战乱与分裂局面结束,南北重新统一。强大封建王朝下的政治、经济、文化等领域空前发展,中外之间频繁文化交流,统治者兼容并纳文化政策,均为道教于都市兴盛提供了良好条件。"五代时期,虽政治动荡局面甚于隋唐,道教发展仍为隋唐宗教兴盛之余绪。道教于此时期所受限制仍属较少,并有多朝君主继续崇奉,都市中道教勃兴之势未减。"[①]由此,隋唐五代都市中的道教,以南北朝为发展基础,逐步成为封建统治阶层重要精神支柱。

(一)都市中的道教繁盛景况

隋唐五代都市中道教勃兴首先表现为都市上层社会极力推崇与广泛信

---

① 梁鸿飞、赵跃飞:《中国隋唐五代宗教史》,人民出版社1994年版,第4页。

奉,道士的社会地位明显提高。隋文帝杨坚对知名道士宠爱有加,即位后,曾重用张宾、焦子顺等道士,尊奉道士焦子顺为天师,专门为其于皇宫附近建造五通观。隋炀帝杨广延续先帝尊崇道教遗风,拜著名道士王知远为师,迷恋金丹,以求永生。"与隋代各帝相较,唐朝上层崇奉道教之风更炽。唐朝皇室与老子李耳同姓,自李渊始,李唐皇帝便以老子后裔自居,积极扶持道教。武德八年(625),李渊敕令道教居儒教、佛教之上,贵为三教之首,确立有唐一代之崇道政策。"①"贞观十二年(638),唐太宗规定道士、女冠位于僧、尼之前,使一般道士地位大幅提升,确立道教于唐王朝的特殊地位。"②并于老子故乡建造太上老君庙,各地亦增建道观多处。乾封元年(666),高宗追封老子为"太上玄元皇帝",老子之母为"先天太后",命王公、官僚、举人皆习《老子》,敕道士隶宗正寺、道士行立序位在诸王之次。玄宗时代对道教更是推崇备至。曾诏令道士、女冠隶宗正寺,视为皇族宗室。时至武宗,其亦特别信奉道教,相信长生不老之术,研习摄气之学。将道士赵归真推为座上宾,并于宫中修建金箓道场,以赵归真为右街道门教授先生。

都市中道士、信徒众多与道观林立是隋唐五代都市中道教蓬勃表现之二。这一时期道士与信徒遍布城市各个阶层,上至王公贵族,下达黎民百姓,传播、崇信道教之人甚多。史料记载,"唐代炼丹之人不计其数"。唐高宗时,仅皇宫内炼丹道士即有百余人之多。葛兆光曾用数以"万计"形容盛唐道士多寡。③ 隋唐五代道士具体人数,限于资料无法确切统计。但从唐代弘道元年(683)皇帝下令天下诸州普设道观的情况即可见一斑。当时诏令要求,各道观于原有规模基础上,每观度道士七人。④ 仅此诏令即度道士不下七千人,由此而见当时度人入道规模之大。之外,唐代都市是高道荟萃之地。长安道士李荣、成玄英、李仲卿、刘进喜、蔡晃、张惠元、姚义玄、郭行真等均享誉内外。东明观道士李荣,时称"老宗魁首"。龙兴观道士成玄英是明"重玄之道"的著名道士。这些级别较高之道士大多广招门徒,高道门下,道众云集。如茅山高道王轨,乾封二年(667)于华阳观传道,门下弟子众多。⑤ 高道叶法善居京传道,"二京受道箓者,文武中外男女子弟千余

---

① 钟敬文主编:《中国民俗史·隋唐卷》,人民出版社2008年版,第373页。
② 梁鸿飞、赵跃飞:《中国隋唐五代宗教史》,人民出版社1994年版,第127页。
③ 参见葛兆光:《道教与中国文化》,上海人民出版社1987年版,第185页。
④ 参见(后晋)刘昫等:《旧唐书》,中华书局1975年版,第111页。
⑤ 参见(元)赵道一:《历世真仙体道通鉴》,文物出版社1988年版,第245页。

人"①。可以想见，都市入道、信道之人当不在少数。

就信徒而言，除上述各代皇帝对道教崇敬有加外，皇帝子孙亦有多人入道。咸亨元年(670)，武则天之母荣国夫人死，其以爱女太平公主为女冠，特于颁政坊置太平观，"以幸冥福"。仪凤(676—678)中，吐蕃请婚太平公主，武则天"不欲弃之夷，乃真筑宫，如方士薰戒，以拒和亲事"②。景云元年(710)，唐睿宗之女金仙公主和玉真公主出家入道，睿宗下令为他们兴建奢华金仙道观。居于贵族之士大夫阶层对道教宣扬长生不老之说充满向往，多存崇敬之情。初唐四杰之一的王勃，曾有"在流俗而嗜烟霞，恨林泉不比德，而嵇阮不同时"③"吾之有生二十载矣，雅厌城阙，酷嗜江海，常学仙经，博涉道记"④之感叹。时常畅游道观，结识道士。卢照邻曾多次学习炼丹之术，"学道于东龙门精舍"⑤。孟浩然深信道教，并在其作品中时有表现。其《宿天台桐柏观》表示"愿言解缨绂，从此去烦恼。……纷吾远游意，学彼长生道"，自认为已"渐通玄妙理，深得坐忘心"。李白曾"五岁诵《六甲》，十五游神仙"，成年结交东岩子、元丹丘等道士，与名道胡紫阳"高谈混元"。之后登坛受箓，成为道教中人。达官显贵、大夫贵族求仙、炼丹，徜徉道观而外，都市庶民为道教信仰的主体之一，一些富庶殷实之家多崇尚道教。《唐国史补·叙风俗所侈》载，自德宗贞元年间后，长安民俗"侈于服食"，亦有从事炼丹术者。《北梦琐言》载有庶民炼丹之景："处士蔡畋者……取瓦一片，研丹一粒，半途入火，烧成半截紫磨金。"显现当时都市道教发展之景况。

隋唐五代都市中道教兴盛另一表现为道观规模宏大、数量颇丰。据杜光庭的《历代崇道记》载，"开皇三年(583)，隋文帝于首都大兴城建造道观36所。之后隋炀帝迁都洛阳，在洛阳造观24所"⑥。唐代都城长安，东都洛阳，宫观林立，高道荟萃。东都洛阳玄元皇帝庙，彰显"山河扶绣户，日月近雕梁"的宏大气势。长安太清宫置有两丈有余的白玉老君像，身旁立有白玉雕刻之玄宗，显现雍容肃穆。《唐两京城坊考》卷4载，普宁坊的东明观："规度仿西明之制，长廊广殿，图画雕刻，道家馆舍，无以为比"。武德二年(619)，李渊敕楼观令鼎新修营老君殿、天尊堂及尹真人庙，应观内屋宇

---

① (宋)李昉等编：《太平广记》，中华书局1961年版，第170页。
② (宋)欧阳修、宋祁：《新唐书》卷83，中华书局1975年版，第3650页。
③ (清)董诰等编：《全唐文》，中华书局1983年版，第1845页。
④ (清)董诰等编：《全唐文》，中华书局1983年版，第1845页。
⑤ (清)董诰等编：《全唐文》，中华书局1983年版，第5000页。
⑥ 转引自介永强：《论隋唐时期的宗教消费》，《思想战线》2008年第4期。

务令宽博称其瞻仰。玄宗十年(722),诏两京及诸州置玄元皇帝庙一所,画其像,以高祖、太宗、高宗、中宗、睿宗五帝神位配祀,每年依道法斋醮。唐睿宗为金仙、玉真二公主兴建金仙、玉真二观,用功数百万,钱百万余缗。韦述《两京新记》描述二观:"二观门楼绮榭,耸对通衢,西土夷夏自远而至者,入城遥望,宾若天中。"

隋唐五代各地都市中道观总数量,史籍并无明确记载。《唐六典》载,开元间"凡天下观总一千六百八十七所"①,且不含私立道观。宋王溥《唐会要》统计,唐代长安共有32座道观,张泽洪等认为此数不确。"《唐会要》记载的长安道观遗漏较多,宋敏求《长安志》提到的长安道观,就多有《唐会要》所不载者。清人徐松据《长安志》撰《唐两京城坊考》,述及长安道观共有42座。"②张泽洪则认为,唐代长安共有道观50座,隋代置立者10座。与唐韦述《两京新记》"隋大业初,有寺一百二十,谓之道场;道观十,称之玄坛"的记载基本吻合。唐代新置道观32座。据《唐两京城坊考》统计,"唐代长安共有佛寺109座,比隋代的120座减少了11座。而道教宫观却增加了40座"③。由此显示,李唐王朝对道教的尊崇以及都市中道教的发展。

(二) 都市中道教繁盛的政治动因

道教与政治有着密切联系,历代道教兴衰,均与当时政治、社会演变有直接关联。道教发展与演变,往往受当时政治社会直接或间接之影响。隋唐五代都市中道教得以发展是综合因素共同作用之结果,其中,政治因素是隋唐五代都市中道教发展的重要因由。隋唐五代的君主多存崇道思想,他们所以崇奉并扶植道教,帝王纯粹信仰追求是因素之一,与之相较,政治利用则为主要因由。各代君主大多利用道教神灵制造获取政权之合法理由,并伴以舆论宣传,强调符合政治需求之君权神授思想,达到神化帝王与强化皇权之政治目的。这一境况尤其于王朝建立之初表现明显。

隋文帝杨坚是善于运用道教以获皇权的君主之一。其虽出生尼姑庵,并由神尼抚养成人,自幼受佛教影响至深,但改朝换代建立隋朝时,道教作为中国传统文化与宗教的结合体,已在中国土地上根深叶茂,拥有大批信徒。鉴于道教于北方中国的蓬勃,表面不敢有丝毫藐视表现。获得道教徒支持,成为其谋取政权的动力支持。《隋书·来和传》载:"道士张宾、焦子

---

① (唐)李林甫等:《唐六典》,中华书局1992年版,第125页。
② 张泽洪、景志明:《唐代长安道教》,《宗教学研究》1993年第Z1期。
③ 转引自张泽洪:《多元文化视野下的唐代佛道关系——以唐代长安为中心》,《兰州大学学报》(社会科学版)2009年第5期。

顺、雁门人董子华,此三人,当高祖龙潜时,并私谓高祖曰:'公当为天子,善自爱。'"①《大唐创业起居注》载:"开皇初,太原童谣云:'法存在,道德在,白旗天子出东海。'"于是杨坚即依此穿白衣至东海,并画五级木坛自随,"常修律令,笔削不停"②以事道。由此,当时杨坚利用道教,制造政治舆论之政治目的已昭然若揭。

　　出身关陇贵族,发迹于山西的李渊、李世民父子,利用道教为当政舆论之术不逊杨坚。隋末天下大乱,社会上纷纷传播"老子度世,李氏当王"之类的道教谶语。隋大业十二年(616),李渊出任太原道安抚大使兼太原留守,有意利用道教谶语,为自己做政治宣传。《大唐创业起居注》载,李渊"以太原黎庶,陶唐旧民,奉使安抚,不逾本封,因私喜此行,以为天授",亦曾以"隋历将尽,吾家继膺符命,不早起兵者,顾尔兄弟未集耳"语李世民。③表明其利用道教图谶的真实目的。道教难得如此传播与发展大好时机,自然不容错过,政治敏锐的道士,体会李渊喜好符命之心理,主动为其大造舆论,积极向统治阶层靠拢。茅山宗领袖王知远,不顾年高路远,亲至晋阳,当"高祖龙潜"时,"密传符命",④利用自然天象与偶发事件,宣扬李渊为"真龙天子",夺取帝位,实"天命所在"。

　　类似含有道教色彩的谶语,为李渊起兵做了思想上和舆论上的充分准备。建唐功臣裴寂的回忆印证了这一论断:"晋阳起兵,未萌之前,谣谶遍于天下,今睹其事,人人皆知……天下信为灵效。"⑤《混元圣纪》卷8载,大业十三年(617),以能预卜吉凶而著称之山人李淳风,称终南山老君降显,老君对李淳风说,唐公当受天命。对于李渊利用道教之效能,亲身经历此事的唐太宗后来说:"朕之本系,出于柱史。今鼎祚克昌,既凭上德之庆;天下大定,亦赖无为之功。"⑥可见道教徒于李渊起兵政治宣传中扮演之重要角色。即使李渊称帝之后,亦一再宣称"李氏将兴,天祚有应""历数有归,实为天命",并强调其与道教教主老子一脉相承之渊源。⑦遂于羊角山修建老君庙,取名伏唐观,将老子作为李氏祖宗加以祠祀,以此强化与老子李耳之祖孙关系。李渊对于道教如此费神用力,因由即以老子为先祖,以示李氏"神仙之苗裔"

---

① (唐)魏征、令狐德棻:《隋书》,中华书局1973年版,第1774页。
② (清)杜文澜:《古谣谚》,中华书局1958年版,第279页。
③ 参见(宋)司马光编著,(元)胡三省音注:《资治通鉴》,中华书局1956年版,第5731页。
④ (后晋)刘昫等:《旧唐书》,中华书局1975年版,第5125页。
⑤ 王永平:《隋末唐初的山西道教》,《沧桑》1999年第1期。
⑥ 黄正建:《中晚唐社会与政治研究》,中国社会科学出版社2006年版,第436页。
⑦ 参见周勇:《道教与政治关系论》,四川大学博士学位论文,2001年,第64页。

地位，借此抬高门第出身，神化统治合理性。唐太宗李世民为争夺皇位继承权，也曾利用道士制造政治舆论。其为秦王时，与房玄龄私访道士王知远，询问未来之事。王氏迎合其心理，称之"方作太平天子，愿自惜也"①。道士薛颐对李世民说："德星守秦分，王当有天下，愿王自爱"②。此类政治预言，实质是为李世民发动"玄武门政变"做舆论准备。

时至五代，处于社会动荡、风云变幻政治氛围的各路军阀亦明晰道教之效用。他们大多懂得披带宗教外衣，争取宗教意识浓厚民众的支持。吴越国创建者钱镠为借助道教制造"天人感应、君权神授"的典型，于发迹之初，即借助道士东方生编出一个池龙生于钱家的宗教神话："先是邑中旱，县令命道士东方生起龙以祈雨，生曰：'茅山前池中有龙起，必大异'，令乃止。明年复旱，生乃遽指镠所居曰：'池龙已生此家。'时镠实诞数日矣。"③以此证明钱镠具有显赫家世与过人之处，再次彰显道教于政治争斗中所起重要作用。

依上而论，隋唐五代各君王道教政策环境存有类似之处，即经过南北朝之发展，道教已由先前山野宗教逐步演化为官方所控正统宗教。道教与封建王朝间激烈对峙局面趋于改观。其流传与演变亟须依附封建王朝，制定一套得到封建王朝认可的制度与仪法，以换取封建君主相应的扶植政策。各代君主，尤其于立国之初，迫切需要利用道教神灵制造君权神授舆论，以达皇权神化和神化帝王之目的。他们利用道教法术蒙蔽民众，以获得政治争斗有力支撑。这一利益驱动，要求各代君王须采取利于道教发展之宗教政策，以换取道教徒的感恩戴德。此种历史境遇，使政治政策调整于都市中道教蓬勃中充当了不自觉的工具。诚然，隋唐五代都市中道教的勃兴，并非完全依靠政治推手的推动，道教利用君王政治需求，积极主动涉入政治中心，谋求自身发展的广阔机遇，创建深层次发展权力平台，干预政治，提高并稳固道教正统地位，亦为这一时期道教繁盛重要因由。

（三）都市中道教的政治参与

都市中道教经过东汉的创立、魏晋南北朝的充实改造，至隋唐时代已趋于成熟。尤其唐代，都市中道教作为一种宗教信仰，已位居儒、释、道三教之首，构成唐代文明重要内容，出于宗教自身发展之需要，向政治、文化、经济等领域进行广泛渗透。对政治的涉入和干预为其发展创造了难得机遇，使

---

① （后晋）刘昫等：《旧唐书》，中华书局1975年版，第5125页。
② （后晋）刘昫等：《旧唐书》，中华书局1975年版，第5089页。
③ （清）吴任臣：《十国春秋》，中华书局1983年版，第1045页。

之能够于较长时段稳固正统地位。

迎合政治需求,谋取发展机遇。隋唐五代都市中道教积极入世,涉足政治方式之一为利用舆论宣传,迎合政治斗争,满足统治者政治需求,于世事艰辛中谋划发展,抢抓机遇,借以提高道教社会地位。这一方式于王朝建立之初有明显表现,亦可看作一种权益交换。试图谋求政治地位的各路豪强,亟待得到教徒众多,且能干预舆论导向的都市中道教支持。都市中道教从自身发展需要出发,期望谋求新的政治势力支持,换取有利发展空间,于儒、释、道争斗中独占鳌头。于是,积极主动投入政治旋涡,火中取栗,成为都市中道教发展机遇与挑战。史料表明,王朝更迭期间,都市中道教鼎力推举和支持的君王,一旦于争斗中取胜,谋得王权,或出于感恩情结,或出于继续利用之政治目的,多能对都市中的道教给予支持,使都市中的道教于客观上获得难得发展要件。

前文所及,隋文帝杨坚起事之初,即曾利用道教符谶,自称"朕抵奉上玄,君临万国"①,以天命所在自封。由此显示,都市中的道教于杨坚获得王权过程中确有明显舆论作用。杨坚亦能明晰都市中的道教之效能,于建国后大加支持与重视。其开国年号制定即是对道教的有力肯定。《隋书·经籍志》载,元始天尊开劫度人,"然其开劫,非一度矣,故有延康、赤明、龙汉、开皇,是其年号"②。有研究者认为,隋文帝所定国号"开皇"为道教的一"劫"之始,表明新纪元的到来。隋文帝取此为年号,正是力图证明历史进入了新纪元,其则像至高无上的元始天尊那样济度众生,开劫度人。隋文帝杨坚开皇年号照道教神仙系统年号所取,显现双重意味。一为杨坚对道教扶持夺取皇权的报恩,并继续支持利用都市中道教巩固其政治地位;二为都市中道教由山野宗教进入政治中枢,攀附于皇亲贵族,淋漓发挥道教神学的象征意义。

都市中道教积极参与政治表现之二为知名道士于政治中枢谋取官位。都市中道教入世的这一途径仍与隋文帝建国之初的政治回馈有所关联。因其谋取帝位之初曾得到道教名士私告符命,获取王权后,自然对于私告符命之道士大加宠用。都市中的道士由此获得进入王朝中枢的难得机遇。史料记载,"道士张宾、焦子顺、雁门人董子华,此三人,当高祖龙潜时,并私谓高祖曰:'公当为天子,善自爱。'及践阼,以宾为华州刺史,子顺为开府,子华

---

① (唐)李延寿:《北史》,中华书局1974年版,第407页。
② (唐)魏征、令狐德棻:《隋书》,中华书局1973年版,第1091页。

为上仪同"①。这一说法于《隋书·律历志》中亦有表现。"时高祖作辅,方行禅代之事,欲以符命曜于天下。道士张宾揣知上意,自云玄相,洞晓星历,因盛言有代谢之征,又称上仪表非人臣相。由是大被知遇,恒在幕府。及受禅之初,擢宾为华州刺史,使与仪同刘晖……议造新历。"②张宾作为知名道士,于王朝中枢发挥重要作用。这一点于其打击佛教一事即有明显表现。"如在北周时,其曾鼓动武帝宇文邕打击佛教,显见具有较强政治活动能力。"③即使之后因卷入政争而获罪,亦能免予死刑。当时其"坐当死,上以龙潜之旧,不忍加诛,并除名为民"④。由此显现道教入政之深厚影响。

张宾之外,道士焦子顺亦颇受隋文帝优宠。《长安志》卷10载:"子顺能驱役鬼神,传诸符箓,预告隋文膺命之应。及即位,拜上开府永安公,立观以五通为名,旌其神术。"《唐会要》卷50记述类似:"开皇八年,为道士焦子顺能役使鬼神,告隋文受命之符,及立,隋授子顺开府柱国,辞不受。常咨谋军国,帝恐其往来疲困,每遣近宫置观,以五通为名,旌其神异也。号焦天师。"上述史实说明,道教名士参与隋文帝夺取最高权力的政治斗争,为其提供"受命之符",证明权力合乎"天命",隋文帝则援引道士论证,后以高官厚禄拉拢道士为其巩固统治地位效劳。道士上层借用杨坚之恩典,进入政权内部,谋求官位,提升道教社会地位。

时至唐代,知名道士参与政权之例颇多。李渊对助其开国的皇帝无不赐号封爵,厚待有加。武德七年(624),高祖诏授王远知朝散大夫,赐金缕冠、紫丝霞帔。为嘉奖岐晖,唐高祖下诏曰:"道士岐平定,铲迹求真,销名离俗,恬淡荣利,无闷幽闲,而能彻损衣资,以供戎服,抽割菽粟,以赡军粮,忠节丕嘉,理须标授,平定宜受紫金光禄大夫,已下并节级授银青光禄大夫,以酬其义。"平定力辞,高祖曰:"师且受,俟得京城,别有进止。"⑤贞观(627—649)中,薛颐上表请为道士,太宗为其置紫府观。

唐玄宗时期,道教名士争言符瑞,以迎合玄宗心理,以致"君臣表贺无虚月"。道术高深之道士及献符瑞者自然受到玄宗宠信,多委以重任。《历代真仙高道传》载,吴筠"深受玄宗欣赏,遣使征之。既至,与语甚悦,令待诏翰林"⑥。《旧唐书·王希夷传》载:"王希夷……孤贫好道……隐于嵩

---

① (唐)魏征、令狐德棻:《隋书》,中华书局1973年版,第1774页。
② (唐)魏征、令狐德棻:《隋书》,中华书局1973年版,第420页。
③ 李刚:《隋文帝与道教》,《福建论坛》(人文社会科学版)1992年第1期。
④ (唐)魏征、令狐德棻:《隋书》,中华书局1973年版,第1142页。
⑤ 韩理洲:《唐文考辨初编》,陕西人民出版社1992年版,第17页。
⑥ 周永慎:《历代真仙高道传》,中国社会科学出版社2003年版,第83页。

山……及玄宗东巡,敕州县以礼征,召至驾前,年已九十六。上令中书令张说访以道义,宦官扶入宫中,与语甚悦。开元十四年。下制曰:'徐州处士王希夷……可朝散大夫,守国子博士,听致仕还山。'"①开元二十二年(734),玄宗对恒州张果封官赐物,"授银青光禄大夫,号曰通玄先生"②,甚至要将玉真公主嫁之为妻。开元二十五年(737),拜"道士尹愔为谏议大夫,集贤学士兼知史馆事"③。道士王屿也"专以祀事希幸"④。"参军田同秀因献符瑞而官封朝散大夫。陈希烈因精通玄学,编造老子显圣谎话,深得玄宗重用,曾官居宰相之职。"⑤

之后各代承宠道遗风。"唐僖宗在位期间,优宠茅山道士吴法通、太清宫道士吴崇玄、马含章、孙栖梧。五代十国时期,后唐君主先后笼络道士程紫霄、孙晟、郑遨、陈抟等。后晋、后汉、后周时期,道士频频出入宫掖,地位甚高。"⑥由此而见,隋唐五代帝王对道教名士的大力推崇,抬高了道士和道教的地位。知名道士声望提升,利于将崇道风气渗透至社会各个角落,濡染和塑造着时人文化心理和社会风尚,使道教教义与影响远播名扬。

借助有利宗教政策,树立并稳固道教正统地位,扩大道教影响为都市中道教积极参与政治另一表现。武德八年(625),唐高祖诏叙三教先后曰:"老教、孔教,此土先宗;释教后兴,宜崇客礼。令老先,次孔,末后释宗。"⑦显示道教社会、政治地位之提升,这一结果当是统治当局重视利用与道界人士共同努力之结果,侧面反映当时道士们积极入世,涉入政治中枢,产生了广泛影响。时至贞观十一年(637),唐太宗明确批判"殊俗之典,郁为众妙之先;诸夏之教,翻居一乘之后"现象。下诏曰:"天下大定,亦赖无为之功",故令"道士、女冠,可在僧尼之前"。⑧对于道教地位的快速提升,佛教徒们大为不满,纷纷上表反对。为巩固道教社会地位,道教徒积极组织反驳,并与儒教人士联合对抗佛教。道教徒借能够直接上书唐高祖的傅奕⑨,

---

① (后晋)刘昫等:《旧唐书》,中华书局1997年版,第5121页。
② (后晋)刘昫等:《旧唐书》,中华书局1997年版,第1200页。
③ (后晋)刘昫等:《旧唐书》,中华书局1997年版,第1207页。
④ (后晋)刘昫等:《旧唐书》,中华书局1997年版,第3617页。
⑤ 陈海岭:《唐玄宗的崇道抑佛政策及其社会影响》,《河南大学学报》(社会科学版)1999年第6期。
⑥ 田晓膺:《隋唐五代帝王崇道活动述略》,《西南民族大学学报》(人文社科版)2007年第7期。
⑦ (唐)道宣:《续高僧传》,中华书局2014年版,第940页。
⑧ (清)董诰等编:《全唐文》,中华书局1983年版,第73页。
⑨ 傅奕原为道士,李渊任扶风太守时对其评价甚高。李渊建立唐朝后,其先后任太史丞、太史令。公元621—626年间,其七次上疏,请除佛法,灭绝佛教。

在朝廷大造反佛之势,严词攻击佛教。"武德九年(626)年,清虚观道士李仲卿著《十异九迷论》,刘进喜著《显正论》,直接参加反佛活动,他们将自己的反佛之作,托傅奕上奏高祖。"①贞观十三年(639),道士秦世英密奏唐太宗,称法琳的《辩正论》一书攻击老子,诽谤皇宗,有罔上之罪。太宗亲自查问,抓捕法琳。后被太宗免去死罪,放逐益州,暴毙途中。

唐武宗时期,开展会昌灭佛活动,此举对佛教而言实为灭顶之灾。道教名士借此机会大肆攻击佛教。有研究者认为,武宗灭佛的根本原因在于唐代寺院经济膨胀,直接威胁国家财政收入与经济发展,是僧侣地主与世俗地主经济矛盾加剧,以至不可调和的反映。究其直接原因,则为道士向偏好道术的武宗积极进言,挑动排佛情绪的结果。武宗即位后,召道士赵归真等81人到宫内修"金箓道场",亲受法箓。赵氏借此机会向武宗引荐道士邓元起、刘玄靖等人,他们借助受宠之机,攻击佛教,煽动毁佛,以巩固提升道教的社会地位。

上述宗教间的争斗无论孰胜孰负,均为表象,实质是宗教间政治地位之争,即儒、佛、道于国家政治和宗教活动中序位先后之争。道教所以能于争斗中占据上风,并非道教道义优于佛教佛法,幕后动因为统治者试图通过抬高道教地位以压抑、贬低佛教。争辩中道教的取胜,除道士们采取多种方式合力对佛教发动进攻外,主要因由当为统治当局的鼎力支持。这一点于唐太宗时期僧人智实对太宗规定道先佛后不服,上表力争,遭到杖责,以及上文提及之法琳因《辩正论》而被流放均有明显体现。由之反向思考,道士们之所以冒灭门之险涉足皇权政争,攀附权贵,并非无聊之余的消遣,亦非谋求身心与肉体的刺激,其目的无非是对帝王权势的借用。通过对崇道帝王的附和,获取道教发展的政治支撑。利用统治者对佛教的贬低,抑制佛教势力发展之宗教政策,达到抬高道教社会地位之真实目的。

道教是中国本土传统宗教。其孕育生长于秦汉时期神州大地的沃土,吮吸着中国古代传统文化的营养,于东汉末年呱呱坠地。经过魏晋南北朝的充实改造,隋唐五代已日趋成熟。由山野乡村之底层信仰逐步上移,进入皇宫、都市,发展成为一种适应封建统治需求的正统宗教。完成从远离尘世,隐居山林,修道成仙到涉入世俗,出世干政的转身。知名道士广交贵族官僚,出入宫廷,为帝王师,参与朝政,成为封建统治阶层重要精神支柱。

隋唐五代为都市中的道教繁盛时期,都市上层极力推崇与广泛信奉,道士阶层社会地位大幅提高,道士、信徒数量攀升与都市道观林立,是其蓬勃

---

① 梁鸿飞、赵跃飞:《中国隋唐五代宗教史》,人民出版社1994年版,第38页。

发展的有力例证。绵延数百年的战乱与分裂局面完结,封建王朝的政治、经济、文化等领域空前发展,中外间的文化交流频繁,统治者兼容并纳的文化政策,为道教于都市兴盛之外部条件。而上述要件之中,道教与政治自其进入都市之日即存有紧密联系。

都市中道教与封建政治的结合以合作共赢为前提。君主支持都市中道教发展真实用意在于道教能给他们带来博取权势的实用价值。统治阶层总以君权神授为由头,理论上确立统治地位的合法性。将都市中道教作为政治的精神支柱,把精神现象与政治运作相互联结,实现政治权力与秩序神圣化,发挥都市宗教维护既定政治秩序或重新确立符合需要新秩序之效能,成为各代统治者推崇道教幕后动因。

反观都市中的道教,其欲图存发展,稳固都市正统信仰地位,亦须伴随时代发展,不断从政治、经济、思想等方面调整自身,积极谋求附会政治、参与政争之机遇。都市中的道教不论追求自身理论完备,抑或获取广阔生存空间,均以入世为其理论切入和行为选择。道教名士虽不乏宦途失意之徒,确曾表现出对政治的失望和厌世情绪,但对于政治的关怀始终未能彻底泯灭。出于自身政治前景的私欲与道教教义的传播,道士们迫切需要强化道教教义政治色彩,以隐性与显性的多种方式,将道教与政治紧密结合,实现道教关怀政治,寻求自我发展的理念。由之,对隋唐五代都市中道教兴盛因由的历史追寻,理当考量两种路径,即政治对宗教的利用与宗教对政治权力的借取。隋唐五代都市中道教的勃兴实为政治与宗教合作共赢的硕果。

隋唐五代时期,除统治阶级上层对佛、道等宗教有所偏好之外,普通市民亦受到宗教的广泛影响。姚潇鸫的《隋唐时期中土商人的佛教信仰》一文即对隋唐时期商人的宗教信仰有所涉及。文章指出,"隋唐时期,大量中土商人信仰佛教,具体表现在商人诵持、抄写、捐刻佛经,出资开窟造像,举办或参加各种斋会,与僧人交友往来,延请密僧禁咒除厄,前往寺院祈子延嗣,结成佛社,本人或后嗣出家为僧,死后由僧人为其设斋诵经、撰写墓志等方面。同时中土商人对佛教在汉地进一步传播与发展亦发挥了积极作用,具体表现在向寺院与僧伽布施,资助各种佛事活动,协助僧侣往来各地,帮助僧侣寻觅经书,本人或后嗣成长为弘扬佛法的高僧等方面"①。王涛的《唐宋之际城市民众的佛教信仰》认识到,隋唐时期,"佛教广泛地渗入到城市民众的日常生活中。其表现形式多种多样:有直接的信奉,表现为佛经的实用化,佛教神明的普及化,佛僧神异功能的日常化等。也有间接的折射,

---

① 姚潇鸫:《隋唐时期中土商人的佛教信仰》,《云南社会科学》2013年第4期。

主要是指他们的日常生活中浸润了浓重的佛教因子,在饮食习惯、节令习俗、丧葬习俗、闲暇生活以及城市公益事业等方面,都深深打上了佛教的烙印。从中既反映出这一时期城市民众功利的、淡漠的、分散的佛教信仰意识,又显现出他们的佛教信仰意识中具有一定的虔诚性"①。佛教还影响了唐代妇女的生活。苏士梅的《从墓志看佛教对唐代妇女生活的影响》一文从对唐墓志的分析入手,"得知唐代妇女信佛者较多在家修行,这一比例占绝对多数,且相当一部分奉佛者为孀居妇女。其中不少孀居妇女、宫人、宦官夫人、无子和不育的妇女多从佛教中寻求精神和情感寄托。唐代妇女崇佛对社会风尚、生死观念和丧葬观念产生了很大的影响"②。

隋唐五代都市是各地经济、政治、文化中心,立足于都市之佛教,造就佛寺遍布、僧尼众多、僧才凝聚、经典丰硕、弘传活跃、宗派林立之盛况。都市中佛教勃兴与鼎盛,关涉多重历史因素,帝王秉持之宗教政策无疑至关重要。帝王支持都市之佛教初衷,不乏来自单纯精神慰藉之追求。出于政治斗争现实需要,以王权政治管控宗教发展,使都市中佛教与其政治谋划相适应则为主要因由。正是王权于都市中佛教的积极借用与都市中佛教对帝王权势的迁就,促使都市中佛教于隋唐五代中国达到发展史上的顶峰。而道教是中国本土宗教,早期流布于社会底层,至隋唐五代日趋成熟。由山野乡村步入皇宫、都市,完成远离尘嚣至出世干政的转型。都市上层推崇,道士地位提升,信徒人数增加,城市道观林立,彰显都市中道教之勃兴。都市中道教兴盛动因之一源自政治支撑。道教博取权势实用价值为君主支持都市中道教真实用意。都市中道教欲图存发展,稳固正统信仰地位,亦须附会政治、参与政争。隋唐五代都市中道教兴盛实为政治与宗教合作共赢之硕果。统治上层的宗教信仰并非都市中宗教信仰的全部,普通民众中不乏一些出入俗世的士人,但毕竟为少数。更多的民众即便信仰某种宗教也不愿抛开世俗,他们更多的是将修行落实到修心之中,即内修道心,外行臣礼,宗教对他们的影响更多地体现于日常生活中的居家礼佛和信奉,而他们信奉宗教的目的多数在于寻求心理安慰和精神寄托,以及解决现实的疾苦,更多体现出实用性和盲从性特点。

---

① 王涛:《唐宋之际城市民众的佛教信仰》,《山西师大学报》(社会科学版)2007年第1期。
② 苏士梅:《从墓志看佛教对唐代妇女生活的影响》,《史学月刊》2003年第5期。

第九章　城市教育文化与城市发展

　　城市是人类文明的结晶。其一旦产生,就成为人类文化的凝聚点,以至可以说人类社会文化集中地表现为城市文化。城市以其独特的功能综合协调着人类的行为和劳动成果,进一步深化了人与自然结合关系的水平和层次,并不断地改变着人类自身。因此,人类现代化的历史也就是城市化的历史。有些西方学者甚至肯定地说:"五千年来的欧洲文明是在城市的孕育下形成的。"在城市的发展中,文化教育是其重要方面。城市的形成与发展从来就伴随着文化教育的飞跃与演进。城市馈赠给文化教育一个理想的舞台,而文化教育则丰富了城市发展的内涵。

第一节　中外文化交流与多民族文化融合

　　隋唐五代是中国历史上对外关系发展的重要时期。该时期的文化是秦汉魏晋南北朝文化的继续和发展,并兼具时代特色。这一时期,中国由分裂走向统一,对外开放,同东方各国建立了友好关系。物质文化和精神文化不断东传,对东方各国的发展作出巨大贡献。对内各民族文化逐步融合亦起到至关重要的推动作用,尤其到了南北朝后期,民族界限逐步缩小甚至消失。经过长期民族融合之后,中原地区的文化已不再是单纯的汉族文化,而是在传统的汉文化中增加了多种少数民族文化的内容。隋唐五代时期这种兼容并包的文化特色,表明其已非单纯的华夏传统文化,而是在原有文化基础上,融合多民族和外来文化的新型文化。这一文化的形成与隋唐社会的开放风气密切相关,有力地推进了隋唐五代时期城市开放的进程。

一、中外文化交流

　　"隋唐时期是中国历史上的黄金时代,自汉以来混乱分裂之局面,隋代而复归统一,至唐代乃趋于极盛;不仅疆土广阔,宇内承平,而文化之隆盛,尤远播四邻诸国。"[①]唐朝建立后,实行对外开放政策,中外文化交流的广度

---

① 钱宜叔:《隋唐时代中日文化关系之检讨》,《学术界》1943年第4期。

与深度得到前所未有的加强。就交往国家而言,①不仅与亚洲各国交往密切,还与阿拉伯、欧洲等国有较强联系;就对外交往形式而言,政府交往与民间交流并行,相互补充。交往内容包罗万象,不仅有使节往来、派遣留学生,还有科技交流、宗教传播、医术传播等多个方面。一方面,随着唐王朝国力的强盛以及对外文化交流的加深,逐渐形成了以唐朝为中心的东亚文化圈;另一方面,唐朝对外来文化采取宽容、吸收、借鉴政策,与外来文化进行平等、双向交流,造就了唐朝兼容并包的文化特色。城市是国家的经济、政治、文化中心,随着商品经济的飞速发展和四通八达水陆交通网络的形成,唐朝出现了许多商业、文化繁荣的大都市,如长安、洛阳、扬州、益州、荆州、汴州。这些城市既是中外进行商业贸易、友好往来的中心所在,也是中外文化交流、碰撞的中心地区,中外文化的频繁交流,创造出绚丽多彩的城市文化。

隋唐时期,随着国家大一统局面的形成,中国经济文化空前繁荣。而周边的亚洲国家,有的刚进入阶级社会,有的仍处于奴隶制阶段,比较落后,均被唐朝先进的政治、经济和文化所吸引,纷纷与唐朝建立邦交,进行经济文化交流。凭借雄厚的物质基础和发达的科学技术,唐朝在中外文化交流中处于文化输出中心位置,对外文化输出的主要内容包括儒家思想、道教传播、政治制度、文学艺术、科学技术等方面。其中,对周边附属小国,诸如日本、朝鲜、越南等,文化输出主要集中在宗教文化、政治制度、儒家思想等;对印度的文化输出主要为药石、炼丹术、算数等;对阿拉伯国家及欧洲主要输出则是造纸术、纺织、瓷器制造等科学技术。

(一) 与日本的文化交流

倭国于武周时期改称日本,很早就与中国建立了邦交,双方来往十分密切。据《隋书》记载,日本使者第一次到隋朝的时间为开皇二十年(600)。②"唐朝建立后,日本不断派遣唐使来中国,据统计,自日本舒明天皇二年(630)第一次派遣唐使起,日本先后派遣了18次遣唐使。"③遣唐使团规模巨大,人数最多时可达五六百人,团中除了使臣之外,还有大量留学生、学问僧以及来唐学习锻造、音律、医术等科学技术的人才,促进了中日政治、经济、文化的交流。

"大化改新"是日本国家发展史上具有重大意义的一次革新运动。公

---

① 说明:隋唐五代时期,世界各国与中国交往频繁,如大食(阿拉伯人建立的帝国)、日本、新罗(高丽、新罗、百济均在朝鲜半岛,后来统一)、印度(天竺)。由于这些国家和地区名称变化较大,为便于行文,故采用今日之称谓。
② 参见(唐)魏征等:《隋书·倭国传》,中华书局1973年版,第1826页。
③ [日]木宫泰彦:《中日文化交流史》,胡锡年译,商务印书馆1980年版,第20—39页。

元645年,孝德天皇模仿中国建立年号,定年号为"大化"。大化二年(656),以留过唐的僧旻、高向玄理为国博士,颁布《改新之诏》,效法唐朝政治制度推行政治、经济革新,建立中央集权制国家。

政治上,废除了世袭氏姓贵族制度,以唐制为蓝本确立中央集权的官僚政治体制,"改去旧职,新设百官"①,"改增官位十九阶,置八省百官"②,以二官、八省为中央机构。二官指神官和太政官,后者相当于唐代尚书省。八省即中务、式部、治部、民部、兵部、刑部、大藏、宫内,其职能与唐代六部相同。地方则设置国、郡、里,分别由国司、郡司、里长治理,与唐代州县制相仿。

经济上,废除部民制,仿照唐朝"均田制"和"租庸调制",实行"班田收授法"和"租庸调制"。"罢昔在天皇等所立子代之民,处处屯仓及别臣、连、伴造、国造、村首所有部曲之民,处处田庄。"③将贵族的土地收归国家所有,将部民转为臣民。在此基础上实行班田收授法和租庸调制,即国家定期把土地分给六岁以上的人民进行耕种,并向他们征收赋税。

日本的律令基本沿袭唐代。日本留学生大和长冈归国后,以《唐令》为蓝本,修成《大宝令》,于文武天皇大宝年间颁布,其后养老二年(718)颁布《养老令》,基本都是仿照唐朝律令制成。正如桑原骘藏所言:"自奈良至平安朝,吾国王朝时代的法律,无论在形式上还是精神上,皆依据唐律"④。

仿照唐长安城、洛阳城的规划布局理念,日本修造了奈良城(平城京)。奈良城南北长4.95公里,东西宽4.4公里,面积约为长安的四分之一。城北端有正方形的宫城。宫城内建有许多宏伟而优美的宫殿。宫城四周有十二道门,出朱雀门(南门)有南北走向、85米长的朱雀大路把市街分开。路东为左京,路西为右京。左、右两京街道如棋盘,纵横相交,有规则地划出方形的坊里,城市结构整齐划一,布局严整。

日文中的片假名和平假名是根据汉字而创造的。相传片假名是留唐学生吉备真备根据汉字偏旁而创制的,而平假名是留唐学问僧空海和尚根据汉字草书而创造的。虽然"语言本身是一定集体的产物"⑤,文字是以语言为基础的,它的创造必然是日本人民在长期生产、生活中吸取中国先进文

---

① 赵建民等编:《日本通史》,复旦大学出版社1989年版,第27页。
② (清)黄遵宪:《日本国志》,天津人民出版社2005年版,第41页。
③ 由嵘等编:《外国法制史参考资料汇编》,北京大学出版社2004年版,第256页。
④ [日]桑原骘藏:《中国法制史论丛》,岩波书店1968年版,第213页。
⑤ 民族问题译丛编译室:《资本主义生产以前各形态》,中央民族学院研究部1969年版,第560页。

化,并总结自己民族语言的结果,但吉备真备、空海对唐朝文化的借鉴无疑是起过很大作用的。

佛教最早盛行于印度,后传入中国,南梁时期传入日本。唐朝佛教大盛,大量佛教经语录盖用汉文,附丽于佛寺的各种建筑、工艺、绘画、音乐、医药等等,不断赋予佛教中国文化的特色。隋唐时期,随着日本与唐代交流的加深,佛教逐渐在日本兴盛起来,遣唐使团的大批学问僧将大量汉文佛教经典带回日本,中国名僧鉴真大师也到日本传播佛法。受中国佛教的影响,日本佛教也有法相宗、三论宗、华严宗、律宗等。日本各地开始出现大量寺庙,如护国寺、法华灭罪寺等。除上述列举之外,儒家学说、唐诗、书法、艺术、音乐、医学等文化对日本中古的制度影响深远,纵观日本历史可发现日本在文化上"有好多完全是模仿唐制的"。

(二) 与朝鲜半岛的文化交流

唐初,朝鲜半岛三个政权并立,分别是位于半岛东北部的高句丽,西部的百济以及东南部的新罗,三个国家均与唐朝建立了密切的朝贡关系。公元668年,在唐朝的帮助下,新罗完成了朝鲜半岛的统一。新罗统一朝鲜半岛后,与唐朝保持着密切的联系。新罗向唐称臣,唐封新罗王金法敏为鸡林州都督新罗王。据统计,"隋唐时期,百济与隋唐往来25次,新罗与唐朝通使往来120余次"[①]。频繁的使臣往来和朝贡贸易加深了双方的联系,唐文化对新罗的政治、经济、文化等方面均产生了深刻的影响。

新罗仿照唐朝的政治制度组建其行政机构,废除骨品制度,建立中央集权统治。中央设执事省,长官为侍中,相当于唐朝尚书省;地方推行郡县制,行政机构有州、郡、县,设都督、太守、县令等官职。同时,模仿唐朝科举制度选拔官员,考试科目以《左传》《礼记》《孝经》为主。骨品制的废除和科举选官制的确立,加快了新罗从奴隶制向封建制的过渡,下层民众有机会通过科举考试跻身仕途,社会阶层的垂直流动促进了国家的稳定与发展。

新罗对唐朝的儒家文化推崇至极,派遣了大量留学生到唐朝学习儒家学说,最多时一次就有105人,其中不少人还参加唐朝的进士考试,如新罗人李同、崔彦㧑等就考取了进士科。新罗人崔致远,考中进士后继续在唐朝做官。其著《桂苑笔耕集》保存了不少当时中国的史料。这些留学生回国时带回大量中国文化典籍,《左传》《昭明文选》《晋书》以及诸子百家的著述都在这个时期相继传入新罗。唐代著名文人的作品也曾在新罗得到广泛流传,张鷟、白居易等人的著作即为代表。

[①] 韩国磐:《南北朝隋唐与百济新罗的往来》,《历史研究》1994年第2期。

唐朝文化对新罗的影响是多方面的。中国天文历法很早就传入朝鲜，百济人"晓候星宿，预知年岁丰约"①。唐朝《麟德历》《大衍历》先后被新罗采用。"675年，新罗以唐宣明历为历法。692年，新罗留学僧道证带回唐朝天文图。718年，仿照唐朝设漏刻典置博士。唐朝的医学广泛传播于新罗，朝鲜半岛的中医理论体系即是在这一时期开始的。692年，武则天遣使新罗，置医学博士2人。此后，《本草》《素问》《针经》《脉经》《名堂经》《难经》以及《伤寒论》《诸病源候论》《本草经集注》《千金方》《外台秘要》《针灸甲乙经》得以传播。"②"796年，唐朝颁行《广利方》，今中国已失传，但其部分内容却保存在朝鲜医术《乡药集成方》内"③，足见双方医学交流的广泛。

中国饮茶风俗早在唐初就已传入新罗，直至唐朝中后期新罗使者带回茶种，饮茶风俗才在新罗盛行起来。据朝鲜《三国本纪》记载，唐文宗太和后期，新罗使节大廉将茶种带回国内，种于智异山华岩寺，朝鲜的种茶历史由此开始，"入唐回使大廉，持茶种子来，王使植地理山。茶自善德王时有之，至于盛焉"④。

唐以前，朝鲜地区已利用汉字作为官方书写的工具，为朝鲜贵族所掌握。唐时，新罗学者薛聪创造了"吏读式"，"用汉字作为音符来标记朝鲜语的助词、助动词等，夹在汉文中间，帮助阅读汉文，推动了朝鲜文化的普及和文学艺术的发展"⑤。唐末五代时期，中国的雕版印刷术传入朝鲜，大大便利了朝鲜文化的普及。另外，新罗的都城平壤，也是模仿隋唐的长安、洛阳建造的。诚然，朝鲜半岛对唐朝丰富多彩的文化也有重要贡献。朝鲜民族文化丰富，人民能歌善舞，朝鲜音乐舞蹈在南北朝时期已传入中国。唐时，唐太宗选定"十部乐"就有"高丽乐"。高丽乐的舞台装扮和表演十分精彩。武则天时期，高丽乐保存有25套曲谱。玄宗时期，"新罗号君子之国，颇知书礼，有类中华，以卿学术，善与论讲"⑥。由此而见，双方的交流对彼此的文化发展具有共同的推动作用，是一种互利共赢的选择。

（三）与印度的文化交流

印度古称"身毒"，很早就与中国有经济文化交流，汉张骞曾说"身毒国

---

① 刘义棠：《中国边疆民族史》，中华书局1982年版，第81页。
② 武斌：《中华文化海外传播史》，陕西人民出版社1998年版，第466页。
③ 马伯英：《中外医学文化交流史——中外医学跨文化传通》，文汇出版社1993年版，第24页。
④ 武斌：《中华文化海外传播史》，陕西人民出版社1998年版，第467页。
⑤ 张习孔：《隋唐五代大事本末》，中国国际广播出版社2007年版，第210页。
⑥ （后晋）刘昫等：《旧唐书》，中华书局1975年版，第5337页。

又居大夏东南数千里,有蜀物,此其去蜀不远矣"①。隋朝时期,中印交流并不通畅,"隋炀帝时,遣裴矩通西域诸国,独天竺、拂菻不至以为恨"②。唐初,印度又称天竺、贤豆,唐玄奘西游归唐之后,才有了统一的"印度"之称,"详夫天竺之称,异议纠纷,旧云身毒,或曰贤豆,今从正音,宜云印度"③。

互派使臣。唐太宗时期,中天竺王尸罗逸多(戒日王)统一印度五部,玄奘开启了唐与印度的友好交流。贞观十年(636),玄奘到达天竺,获得尸罗逸多的召见,贞观十五年(641),"尸罗逸多自称摩伽陀王,遣使朝贡"④,受到唐太宗的热情接待,"诏卫尉丞李义表报之,大臣郊迎,倾都邑纵观,道上焚香,尸罗逸多率群臣东面受诏书,复献火珠,郁金、菩提树"⑤。贞观二十二年(648),太宗派王玄策、蒋师仁等出使印度,印度"送牛马三万馈军,及弓、刀、宝缨络"⑥。此后,唐高宗、武则天、唐玄宗时双方使臣往来不绝,经常互赠礼物。

文化、医学、科技交流。自唐太宗开始,中印两国多次互派使者,使者的频繁往来促进了中印两国的科技文化交流。其中以唐王玄策出使印度次数最多,在第三次出使印度时,即贞观二十一年(647),中天竺摩伽陀国遣使来中国"献波罗树,树类白杨"后,"上遣使往摩伽池国取其法,令扬州煎诸蔗之汁"⑦。"取熬糖法,即诏扬州上诸蔗,拃沈如其剂,色味愈西域远甚。"⑧早在战国时期,我国已经能制造麦芽糖。制蔗糖的技术要晚些,南北朝时也已成熟。唐朝人从印度带回来的熬糖法,进一步提高了中国的制糖技术水平。

印度的古典医学主要通过印度方士影响唐代皇室健康,进而影响唐代医学。据《新唐书》记载,王玄策从印度"得方士那逻迩娑婆寐,自言寿二百岁,有不死术,帝改馆使治丹,命兵部尚书崔敦礼护视。使者驰天下,采怪药异石,又使者走婆罗门诸国。所谓畔茶法水者,出石臼中,有石象人守之,水有七种色,或热或冷,能销草木金铁,人手入辄烂,以橐它髑髅转注瓠中"⑨。其中较具代表性的即是长年方。印度长年方作为印度长生不老的古典医学

---

① (汉)司马迁:《史记》,太白文艺出版社2006年版,第586页。
② (宋)欧阳修、宋祁:《新唐书》,中华书局1975年版,第6237页。
③ 岑仲勉:《汉书西域传地理校释》,中华书局1981年版,第94页。
④ (后晋)刘昫等:《旧唐书》,岳麓书社1997年版,第3358页。
⑤ (宋)欧阳修、宋祁:《新唐书》,中华书局1975年版,第6239页。
⑥ (宋)欧阳修、宋祁:《新唐书》,中华书局1975年版,第6239页。
⑦ 吴玉贵:《唐书校辑》,中华书局2008年版,第94页。
⑧ (宋)欧阳修、宋祁:《新唐书》,中华书局1975年版,第6239页。
⑨ (宋)欧阳修、宋祁:《新唐书》,中华书局1975年版,第6238页。

代表,与道教炼丹术有许多共同之处,对唐太宗、高宗、武后的身体健康影响重大,也在唐文化中产生了重要影响。"长年方是印度古典医学阿输吠陀的八支之一,它不仅指回春术或能够治疗一切疾病的药物,还指防止衰老和延长寿命的方法"①,对唐代中医产生了一定的影响。长年方最初以植物成分为主,一些常用药物很快被唐代中医所采用,见于诸唐代医术之中,其中较为频繁出现的是"三勒","即庵摩勒、毗梨勒、诃梨勒:庵摩勒,味苦、甘、寒,无毒。主风虚热气。一名余甘。生岭南交、广、爱等州。树叶细,似合欢、黄花,子似李柰、青黄色,核圆作六七棱,其中仁亦入药用。毗梨勒,味苦,寒,无毒。功用与庵摩勒同。出西域及岭南交、爱等州,戎人谓之三果。树似胡桃,子行亦似胡桃,核似诃梨勒而圆短无棱,用之亦同法。诃梨勒,味苦,温,无毒。主冷气,心腹胀满,下宿物。生交、爱等州。树似木梡,花白,子形似栀子,青黄色,皮肉相着。水磨或散水服之"②。

大多数学者认为,7世纪中后期,我国的纸张和造纸术通过尼泊尔传到了印度。公元650年左右,松赞干布向唐高宗"请蚕种及造酒、碾硙、纸墨之匠,并许焉"③,西藏由此获得内地的造纸技术。其后,"尼泊尔人从西藏学会了造纸术,并把中国的造纸术传入印度"④。尤其是王玄策出使印度,使中印关系进一步加深,造纸术在这一时期逐渐在印度传播开来。至此,印度结束了用白桦树皮和贝叶书写的时代。

在中、印两国的文化交流中,印度对唐朝最重要的文化输出无异于佛教。佛教早在西汉末年就已从印度传入中国,历代统治者大多对佛教采取包容态度,经过长期传播和发展,至隋唐时期,佛教已经逐渐成为具有民族特色的中国佛教。唐代为中国佛教作出卓越贡献者为高僧玄奘。贞观二年(628),玄奘为寻求统一中国佛学思想分歧,开始西行求得佛法,足迹遍布中亚一带,并于贞观四年(630)左右进入中印度,在那烂陀寺学习五年,备受优遇,被选为通晓三藏的十德之一。其后离开那烂陀寺,继续访师参学。唐贞观十五年(641),玄奘受到戒日王礼遇,戒日王以玄奘为论主,在曲女城召开佛学辩论大会,玄奘以《制恶见论》中心论点"真唯识量"为主题,任人问难,但一连18天阔论雄谈,无一人能予以诘难。"曲女城会毕,戒日王为玄奘在钵罗耶伽举行七十五日子无遮大会"⑤,而后回国。贞观十九年

---

① 韩吉绍:《印度长年方在唐代的传播和影响》,《自然科学史研究》2012年第2期。
② (唐)苏敬:《新修本草》,安徽科学技术出版社1981年版,第339页。
③ (后晋)刘昫等:《旧唐书》,岳麓书社1997年版,第3632页。
④ 王宏纬:《尼泊尔》,社会科学文献出版社2004年版,第400页。
⑤ 梁启超:《拈花笑佛》,北京联合出版社2013年版,第214页。

(645)正月,玄奘抵达长安,二月,太宗诏令于洛阳接见之。太宗深感欣慰,曰"师出家与俗特隔,然能委命求法惠利苍生"①。"玄奘归国,从印度及中亚地区带回梵文佛典526箧、657部。其后,玄奘余生大多数时间均用于翻译佛典,至其圆寂之时,合七十四部总一千三百三十五卷。"②玄奘西行期间,曾将"秦王破阵乐"传入印度,回国后将《老子》等中国经典著作译成梵文,促进了中印之间的文化交流。此外,玄奘根据其西行所见著成《大唐西域记》12卷,记录了其所亲历的28个地区、城邦和国家概况,包括疆域、气候、风土、人情以及大量传说,既是研究佛史的重要文献,亦为研究中古时期中亚诸多历史、地理、宗教的珍贵资料。

印度对唐代中国佛教的重要影响还体现在众多佛教艺术上。莫高窟、云冈石窟、麦积山石窟及洛阳龙门石窟的壁画和雕塑,大多保留着印度北部艺术风格。印度佛教中"飞天艺术",对中国佛教壁画和雕刻中普遍流行的男女成组的飞天形式影响重大。

印度天文学曾在中国本土天文学及其历法编纂中产生了重要影响。僧一行所编《大衍历》自开元十七年(729)颁付有司,实行至宝应元年(762),被公认为是一部具有里程碑意义的历法,《新唐书·历志三上》评价说:"自《太初》至《麟德》,历有二十三家,与天虽近而未密也。至一行,密矣,其倚数立法固无以易也。后世虽有改作者,皆依仿而已。"③但这样一部历法在颁行之初就颇受争议。曾担任唐朝太史的印度天文学家瞿昙譔控告《大衍历》抄袭其编写的《九执历》。据《新唐书·历志三上》载:"时善算瞿昙譔者,怨不得预改历事,二十一年,与玄景奏:'《大衍》写《九执历》,其术未尽。'太子右司御率南宫说亦非之。诏侍御史李麟、太史令桓执圭较灵台候簿,《大衍》十得七八,《麟德》才三四,《九执》一二焉。乃罪说等,而是否决。"④"目前,大多数学者认为一行在《大衍历》中确实采用了《九执历》中的一些方法。"⑤李唐政府通过"较灵台候簿"这一在现在看来很科学的方法是不能否决《大衍历》抄袭《九执历》这一指控的。⑥

(四)与阿拉伯国家及欧洲的文化交流

中国与阿拉伯国家早在西汉张骞出使西域时就有了友好往来,其后通

---

① (唐)慧立、彦悰:《大慈恩寺三藏法师传》,中华书局1983年版,第128页。
② 梁启超:《拈花笑佛》,北京联合出版社2013年版,第216页。
③ (宋)欧阳修、宋祁:《新唐书》,中华书局1975年版,第587页。
④ (宋)欧阳修、宋祁:《新唐书》,中华书局1975年版,第587页。
⑤ 陈久金:《瞿昙悉达和他的天文工作》,《自然科学史研究》1985年第4期。
⑥ 参见江晓原:《天学真原》,辽宁教育出版社1992年版,第374页。

过横贯欧亚大陆的丝绸之路进行直接或者间接的文化交流。隋唐时期,中国高度繁荣的政治、经济、文化使中阿经济、文化交流进入全盛时期。双方最早的使者来往是唐高宗永徽二年(651),"大食王瞰密莫末腻始遣使者朝贡"①。阿拉伯第三任哈里发奥斯曼遣使来唐,揭开了中阿官方经济、文化交流的序幕。"开元初,复遣使献马、钿带。"②唐玄宗封大食使者为果毅都尉,并赐以排袍银带。据统计,从永徽二年(651)至贞元十四年(798)中,阿拉伯国家遣唐使共有 37 次。

  唐初就已在中国经商的阿拉伯商人,积极在唐朝传播伊斯兰文化。他们努力在中国传播伊斯兰教,形成南、北两大活动区,还将阿拉伯音乐和建筑技术传入中国。唐时长安城内,居住着许多波斯人,他们信奉伊斯兰教。唐朝政府为尊重其信仰,于玄宗天宝元年(742)为之修建了清真寺。至今,其时的《创建清真寺碑记》还保存在西安城内最大的清真寺里。阿拉伯商人中不少人在中国定居,还有的在唐朝担任官职。如唐宣宗时,大食商人的后裔李彦升,在长安中了进士并留居。唐时,长安、洛阳、扬州、益州、泉州、广州等大城市中均有阿拉伯商人活动的足迹,他们带来大量香料和珠宝供皇室贵族和上层市民享受,如芸辉、沉檀、沉香、龙脑、辟邪香、金凤香、辟寒香等。许多阿拉伯国家的农作物都是唐朝时期始见于记载,如枣椰树、刺桐(油橄榄)、阿月浑子、茉莉花、胡荽、押不芦(曼陀罗花)、胡椒、莙荙菜(根刀菜)、蔽齐、无食子、波斯枣等都是唐朝时期传入我国的阿拉伯植物。杜甫曾有《海棕行》一诗云:"左绵公馆清江濆,海棕一株高入云。龙鳞犀甲相错落,苍棱白皮十抱文。自是众木乱纷纷,海棕焉知身出群。移栽北辰不可得,时有西域胡僧识。"③就是对四川绵阳枣椰树的记载。《本草拾遗》载:"阿月浑子,气温辛温,清无毒。主治诸痢,去冷气,令人肥健。"胡椒"出摩伽陀国,呼为昧履支。其苗蔓生,茎极柔弱,叶长寸半,有细条与叶齐,条上结子,两两相对,其叶晨开暮合,合则裹其子于叶中,形似汉椒,至辛辣。六月采,今人作胡盘肉食皆用之"④。蔽齐即白松香,"出波斯国,拂林呼为勃梨他。长一丈余,围一尺许。皮色青薄而极光净,叶似阿魏,每三叶生于条端,无花实。西域人常八月伐之,至腊月,更抽新条,极滋茂。若不剪除,反枯死。七月断其枝,有黄汁,其状如蜜,微有香气,入药疗病"⑤。无食子作

---

① (宋)欧阳修、宋祁:《新唐书》,中华书局 1975 年版,第 6262 页。
② (宋)欧阳修、宋祁:《新唐书》,中华书局 1975 年版,第 6262 页。
③ (清)彭定求等编:《全唐诗》,中华书局 1960 年版,第 2315 页。
④ (唐)段成式:《酉阳杂俎》,团结出版社 2018 年版,第 376 页。
⑤ 张星烺:《中西交通史料汇编》,中华书局 2003 年版,第 1350 页。

药用,又称无石子,"出波斯国,波斯呼为摩贼。树长六七丈,围八九尺,叶似桃叶而长。三月开花,白色,花心微红。子圆如弹丸,初青,熟乃黄白。虫食成孔者正熟,皮无孔者入药用"①。波斯枣,唐称"窟莽","广州有一种波斯枣,木无旁枝,直耸三四丈,至巅四向,其生十余枝,叶如棕榈,彼土人呼为海棕木,三五年一着子,每朵约三二十颗,都类北方青枣,但小耳"②。

阿拉伯国家于中国文化影响较大的另一个表现为对中医的影响。唐朝时期,中外医学交流的重心逐渐从印度转到阿拉伯国家,中国史籍中有关伊斯兰医药的记载逐渐增多。据宋岘先生研究:"唐代段成式在《酉阳杂俎》一书里,记载了数十种动物、植物类的药名,对其性状描写得十分具体,从本草学的角度看,有较高的学术性。"③如矿物类有青琅玕、硇砂、绿盐、琥珀等;植物类有乳香、没药、木香、砂仁、诃梨勒、芦荟、琥珀、乌香、底野迦、补骨脂、荜拨、苏合香等;动物类有象牙、腽肭脐、牛黄、犀角等。这里仅就矿物类药材作史料列举。青琅玕又名卤股石,"味辛平,无毒。主身痒,大疮痈伤,白秃疥搔,死肌浸淫在皮肤中……此石今亦无用,唯以疗手足逆胪口,化丹之事未的见其术"④。绿盐即是硫酸铜,主治眼疾,"出波斯国,生石上,舶上将来,谓之石绿,装色久而不变。方家言波斯绿盐色青,阴雨中干而不湿者为真"⑤。硇砂"味咸、苦、辛温,有毒,不宜久服。主积聚,破结血、烂胎,止痛、下气,疗咳嗽宿冷,去恶肉,生好肌,金银,可为汗药,出西戎"⑥。

在对唐朝进行文化输出的同时,阿拉伯商人又将中国的植物、纸张、火药、纺织技术、制陶工艺等带回阿拉伯国家。如阿拉伯商人移栽了中国的桃杏、肉桂、姜,"中国土"(即高岭土)、"中国根"(土茯苓)等被引入到阿拉伯国家。在中阿经济、文化交流中,唐朝文化对阿拉伯文明影响最深者为造纸术的传播与应用。目前大多数学者认为,阿拉伯造纸术与怛逻斯战役有关,怛逻斯战役与其说是一场东西方帝国之间的直接碰撞,不如说是一次影响巨大的中阿科学技术交流。

唐玄宗天宝十年(751)八月,刚刚建国的阿拔斯王朝的呼罗珊总督阿卜·穆斯林和唐朝的安西四镇节度使高仙芝,分别应中亚地方王公的请求出兵怛逻斯城。中阿双方在怛逻斯附近进行了决战,唐军被阿特拉赫统率

---

① (唐)段成式:《酉阳杂俎》,团结出版社2018年版,第1331页。
② (明)李时珍:《本草纲目》,中国中医药出版社1998年版,第779页。
③ 宋岘:《回回药方考释》,中华书局2000年版,第3页。
④ 王孝先:《丝绸之路医药学交流研究》,新疆人民出版社1994年版,第156页。
⑤ (明)李时珍:《本草纲目》,人民卫生出版社1956年版,第643页。
⑥ 韩毅:《唐宋时期阿拉伯农作物和药材品种在中国的传播》,《古今农业》2005年第4期。

的阿拉伯军所击。"高仙芝之虏石国王也,石国王子逃诣诸胡,具告仙芝欺诱贪暴之状。诸胡皆怒,潜引大食欲共攻四镇。仙芝闻之,将蕃、汉三万众击大食,深入七百余里,至怛逻斯城,与大食遇。相持五日,葛多禄部众叛,与大食夹攻唐军,仙芝大败,士卒死亡略尽,所余才数千人。"①

季羡林先生曾指出:"中国造纸术的西传和这次战争有关","据阿拉伯方面的记载,在被俘的中国士兵里有造纸工人",他们"把自己的技术传给阿拉伯人",并通过阿拉伯人,将造纸术传遍全世界。大批汉地士兵被俘往阿拉伯地区,其中有不少技术工匠。杜环即是怛逻斯战役中被俘的士兵之一,他在大食住了十年,归国后著成《大食国经行记》一书,介绍了大食城的盛况,"四方辐辏,万货丰贱;锦绣珠玉,满于市肆",书中提到被俘工匠中有"绫绢机杼,金银匠、画匠,汉匠起作画者,京兆人樊淑、刘批,织络者,河东人乐环、吕礼"②,促成了中阿之间的技术转移。"中国纸张很早前就已传入阿拉伯国家,但直到怛逻斯战役之后,中国的造纸术才传入穆斯林世界。质地平滑、质量较轻的纸张代替了笨重粗糙的羊皮纸,大大促进了伊斯兰文明的发展。据载,被俘中国造纸工匠协助阿拉伯人在撒马尔罕建立了第一家造纸厂"③,其后扩展到大马士革、开罗,④以及埃及、西班牙和欧洲。⑤

中国的炼丹术也在唐代传到大食,再传到西方,成为后世的化学。据阿拉伯历史学家考证,阿拉伯炼金术除自己的固有技术外,还吸收了希腊、埃及、中国、印度的方术。一些现代学者认为阿拉伯炼金术受到过中国道家的影响。这一论断已被世界著名学者黄子卿、贝尔纳、李约瑟等所证明。

二、胡风泛滥:多民族文化融合

多民族的唐代文化最鲜明的时代特征乃胡风泛滥,即"胡风"渗透进社会生活的方方面面。"胡"是对广泛分布于中国北方并与西域有密切联系的少数民族的总称。唐代胡风泛滥的文化现象已为众多史学家所认可。究其原因,首先,李唐王朝在西域建立起了有效的统治,并与广大西域各国建立了广泛而密切的经济、文化交流,西域文明⑥在唐代"胡风"中占了最主要

---

① (宋)司马光:《资治通鉴》,中国和平出版社2004年版,第2583页。
② 转引自张星烺编注,朱杰勤校订:《中西交通史料汇编》,中华书局2003年版,第704页。
③ 马树德编著:《中外文化交流史》,北京语言文化大学出版社2000年版,第12页。
④ 参见纳忠:《中世纪中国与阿拉伯的友好关系》,《历史教学》1979年第1期。
⑤ 参见南开大学历史系编:《中国和阿拉伯人民的友好关系》,河北人民出版社1958年版,第8页。
⑥ 向达《唐代长安与西域文明》一书中认为,先及葱岭以东于阗、龟兹、疏勒诸国,然后推及中亚、西亚,如昭武九姓以及波斯诸国。观于此辈,而后西域文明流行长安,其性质之复杂,亦可概见。

的成分,对唐代绚丽多彩的文化产生了重要影响。其次,李唐王朝与鲜卑族有密切血缘关系,唐高祖、唐太宗等大唐王朝的奠基者均有胡族血统,唐王朝统治者对于"胡族"风气并不排斥。再者,公元631年唐太宗灭东突厥后,东突厥贵族万家住入长安。以后西域各族人士称昭武九姓者接踵而来,加上波斯、阿拉伯商人、印度僧侣、日本和新罗的留学生、学问僧,东南亚各国艺人及非洲昆仑奴,在长安的胡人可能在十万人以上。数量庞大的胡人进入唐朝统治中心,必然对唐代文化产生重大影响。更为重要的是,"魏晋南北朝时期是我国民族融合的高峰期,西晋以后,大量少数民族进入中原地区,在长期的共同生活中,相互通婚,接受中原地区先进的物质文明与精神文明,甚至建立少数民族政权,在长期的共同开发、生活中,民族融合程度大大提高,民族间的界限日益缩小。因此,经过魏晋南北朝长达300多年的民族融合,中原地区的汉文化已经不再是单纯的汉文化,而是在传承的汉族文化中增加了许许多多的少数民族文化因素"①。

(一)"胡汉一家":称谓与姓氏的交融

秦始皇以后,中原的最高统治者都称皇帝,即使割据一隅之地的分裂格局者,也都自称皇帝,以显示其至高无上的地位。周边少数民族政权的最高统治者,如匈奴称单于,突厥称可汗,吐蕃称赞普,各不相同。隋唐时期,随着民族大融合进程的发展,不少中原地区的统治者也开始有了少数民族首领的称号。

隋朝末年,割据于马邑的刘武周,既称皇帝,又是突厥的定杨可汗;而割据朔方郡的梁师都,既按照汉族礼俗建都称帝,又称大度毗伽可汗。值得一提的是,他们的可汗之称,均是在突厥的胁迫下被迫承认的。中原的皇帝大多以敌对的态度歧视周边各族及其首领,连匈奴人刘渊得势称帝,也"鄙单于之号,窃帝王之宝"②,中原皇帝均不会主动去戴其他各族首领的桂冠。

至唐太宗时期,这一现象得到明显改变。贞观十年(636),唐王朝彻底打败东突厥,原东突厥各属国归属唐朝,北方各族首领抵达长安,请尊太宗为"天可汗",太宗曰"朕为大唐天子,又下行可汗事乎",各族首领皆称万岁,"今称陛下为天可汗,令外俗知可汗以上,又有天可汗,自然益加畏服"。自此以后,"以玺书赐西域、北荒之君长,皆称'皇帝天可汗'"③。太宗以后,唐高宗、武则天、唐中宗、唐睿宗、唐玄宗、唐肃宗、唐代宗也曾被尊称为

---

① 赵文润主编:《隋唐文化史》,陕西师范大学出版社1992年版,第5页。
② 转引自苏晋仁:《〈册府元龟〉吐蕃史料校证》,四川民族出版社1981年版,第71页。
③ (唐)杜佑:《通典》,中华书局1988年版,第5494页。

天可汗。从刘武周、梁师都被迫称可汗到唐太宗乐于称可汗,"自古皆贵中华,贱夷、狄,朕独爱之如一"①,唐太宗对待周边民族的态度,反映出在民族融合过程中人们思想文化领域的变化。

隋唐姓氏沿袭前朝,有三字姓、两字姓、单姓,亦有稀姓。三字姓多源于北方少数族。他们以部族或部落之名命名姓氏。如北魏时有二十六国、九十九姓,国人与皇族又有十姓。当这些少数民族进入中原之后,他们便各以其姓氏定居各地。到了隋唐时期,此种姓氏仍大部分保留未变。但在此期间,也有一些汉人因在少数民族政权中建功立业,被赐胡姓,而采用了少数民族的三字姓。故三字姓中有胡、汉血统的混合。及至少数民族统治政权退出统治,汉族文化制度恢复之后,胡化者又重新恢复汉族的原姓。此种类例较多。"如三字姓见于隋唐史籍的有阿史那、侯莫陈、叱伏列等。其后来汉化时则分别依照中国姓氏的传统习惯,改三字姓为单姓。如阿史那改称史姓,侯莫陈改称侯姓,万扭于改称于姓。隋唐时期两字姓也颇多,如皇甫、闻人、公孙、司空、欧阳等都是汉族传统的复姓,但亦有从少数民族的姓转变而来的。如独孤、尔朱、库狄、慕容、贺兰、贺若、达奚、贺娄、长孙、尉迟、宇文、执失、契苾、吐突、吐万、拓跋等。"②两字姓也有汉化的例子,北魏宗族拓跋氏进入中原后改称元氏,把双姓改单姓便是北朝胡姓改称汉姓的典型例子。其间亦有汉人胡化改称胡姓后又恢复原姓的例子,如北魏献帝赐寇俊为若口引氏,北周太祖赐杨纂姓为莫胡卢氏。他们在隋文帝抛弃胡化改从汉魏制度后都一一恢复了本来的汉姓。

汉字单姓中也有为胡人"归化"后而改姓的。较为著名的如安禄山之安氏、史思明之史氏,是中亚九姓胡归化之姓。此外,如浑瑊之浑氏,先世为铁勒人;李谨行、李多祚的李氏,先世为靺鞨人;论弓仁之论氏,为吐蕃人;尚可孤的尚氏,为鲜卑宇文氏的别种。阿史那忠改姓为史,为突厥人,裴玢的裴氏,先世为疏勒人,泉男生的泉氏,先世为高丽人等等。③ 隋唐人物的姓除保留胡姓以及汉化后改从汉姓外,也有因政治文化等多种原因而改姓的。如有因功勋而赐国姓的,有因过失或避仇避嫌而改姓的,有仰慕前贤名字而冒姓的,有声音文字异同以及省言省文而转姓的。

(二) 胡服成风:开放的服饰制度

如历朝统治者一样,唐朝统治者对服饰有严格的等级规定。贞观四年

---

① (宋)司马光编著,(元)胡三省音注:《资治通鉴》,中华书局1956年版,第6247页。
② 赵文润主编:《隋唐文化史》,陕西师范大学出版社1992年版,第249页。
③ 参见徐连达:《唐朝文化史》,复旦大学出版社2003年版,第249页。

(630)唐太宗制定了唐朝舆服制度:"三品以上服紫,五品以下服绯,六品、七品服绿,八品、九品服以青,带以鍮石。妇人从夫色。虽有令,仍许通著黄。"①至唐中宗时期,规定除了天子以外,任何人不许再穿黄袍,民间则开始流行穿着朝廷不加限制的胡服。胡服的基本特征是翻领、对襟及窄袖,在衣领、衣袖、对襟等部位缀有一道宽阔的锦边,具有强烈的游牧民族气息。"天宝初,贵族及士民好为胡服、胡帽,妇人则簪步摇钗,衿袖窄小。"②各地出土的墓室壁画中,多有女子着胡服的图案,且于服装腰部系一条缀有若干条小带子的革带,这乃是从北方少数民族服装中"鞊鞢带"演化而来,用以取代文武官员腰间烦琐饰品的装饰带。

胡服样式对唐代的官服也有较大影响。历代官服一般是圆领、大襟、大袖,有利于冬季御寒保暖,但不利于行动便捷。太宗贞观年间改造官服,吸收了胡服样式,将官服向紧身、适体方向发展,尤其是袖子改为紧裹双臂的窄袖,便于日常行动。女子服装则更多地吸收了胡服的元素,大多为上穿小袖短襦,下着紧身长裙,裙腰束至腋下,然后用绸带系紧。胡服的标志性样式翻领,启发了唐代妇女着装的灵感,因此唐代妇女流行袒领,里面不穿内衣,袒露大半胸脯于外。唐人方干《赠美人》诗中"粉胸半掩疑暗雪"、施肩吾《观美人》诗中"长留白雪占胸前"的句子即是对这种装束的写照。回鹘服饰也曾在唐代流行一时,甘肃安西榆林窟的壁画上曾有过这样的服装。回鹘装类似长袍,翻领,袖子窄小,衣身宽大,下长及地,多用红色织锦成衣,衣领、袖口处缀有宽阔的织金锦边修饰。

胡帽跟随胡服样式一起流行于唐代社会,包括蕃帽、搭耳帽、浑脱帽、珠帽、毡帽等样式。唐以前的传统发饰为幞头、幅巾,但幞头和幅巾质地过软且系结的过程过于复杂,因此隋唐时期人们开始学习胡人的发饰,首先大受欢迎的即是"羃䍦"。《旧唐书·舆服制》记载,武德、贞观时,"王公贵人多戴羃䍦"③,"其俗以皮为帽,形圆如钵"④,此风俗即"发自戎夷",盛行于武德、贞观时期,"宫人骑马者,依齐、隋旧制,多着羃䍦……"⑤,主要是为了"全身障蔽,不欲途路窥之。王公之家,亦间此制"⑥。羃䍦从头面以下全部用黑纱障蔽,一直下垂到膝上,多用轻薄而透明的罗纱制成。若要见人或视

---

① (后晋)刘昫等:《旧唐书》,中华书局1975年版,第1952页。
② (宋)欧阳修:《新唐书》,新疆青少年出版社1999年版,第164页。
③ (后晋)刘昫等:《旧唐书》,中华书局1975年版,第1952页。
④ (唐)李延寿:《北史》,中华书局1974年版,第3193页。
⑤ (后晋)刘昫等:《旧唐书》,中华书局1975年版,第1953页。
⑥ (后晋)刘昫等:《旧唐书》,中华书局1975年版,第1953页。

物,可以用手撩开。但戴幂䍦行动很不方便,故自唐高宗永徽以后,渐废弃不用而流行起戴帷帽。帷帽的纱幕较短,仅拖拽到头颈为止,"女人戴者,其四网垂下网子,饰以朱翠",这样全身遮蔽渐渐浅露仅只露面颈。到了玄宗开元年间,随着经济日益发达以及思想开放的加深,百姓认为帷帽"有障蔽之状",便盛行起更为便捷的胡帽来。胡帽,即北方胡人所戴的小帽,由皮革或毛毡制成,没有遮挡面部的纱幕,脸面姿容全都暴露无遗,开元初年"从驾宫人骑马者,皆着胡帽,靓妆露面,无复障蔽"[①]。"太常乐尚胡曲,贵人御馔,尽供胡食,士女皆竞衣胡服,故有范阳羯胡之乱,兆于好尚远矣"[②]。

据记载,"天宝初,贵族及士民好为胡服胡帽",而女子身着胡服的先行者则是太平公主。据说,一次唐高宗和武则天举行家宴,太平公主一身男性装束出现,其后为宫廷女性所效仿,宫中妇人"或有着丈夫衣服靴衫,而尊卑内外,斯一贯矣",公主喜爱胡服的喜好传至民间,为广大妇女竞相效仿。元稹《法曲》诗云:"女为胡妇学胡妆……五十年来竞纷泊。"唐玄宗以后,城市中随处可见身着胡服的市民,尤其女子着男装、身着胡服则构成一道亮丽的城市风景线。

(三) 别具特色的饮食文化

不仅胡服在城市之中流行,北方少数民族的"胡食"也开始在城市居民的饮食中出现。唐代颇具胡风的饮食是"饼",早在先秦时期,汉人就已经懂得种植麦,但将麦子磨粉做饼却是受到匈奴等北方胡族的影响。饼在汉代就已开始作为食物出现在百姓餐桌上,至唐代时期,作为胡食的代表,饼的种类有很多,"胡食者即毕罗、烧饼、胡饼、搭纳等是"。毕罗或饆饠,是唐代从西域传入的新食品,制作方法是把米饭与肉类或蔬果拌和,然后煮成饭食,类似于今日的八宝饭。不仅在西北丝绸之路沿途各大城市均有出售,而且由"蕃中"毕氏、罗氏好食此味而传入长安与洛阳。本作毕罗,后加食字偏旁成饆饠,《酉阳杂俎》载将军韩约家能作樱桃饆饠的名食。又据《卢氏杂说》记载,宫廷中赐食有"杨若饆饠",滋味香美,人称之为"诸王修事"。唐代在京城就设有专卖毕罗的毕罗店,一些文人举子颇有到毕罗店就食者。

炉饼是在炉火中烧烤而成,源自胡人所食。后传入中国,故称"胡饼",上掺胡麻,故又称"胡麻饼"。也有无馅、有馅两种。有馅麻饼多用肉类、葱油制作而成,称"肉胡麻饼"。这是北方人的传统常食。在两京十分盛行。如长安城内的辅兴坊出卖的胡麻饼面脆、油香,驰名全国,可作为馈送人的

---

① (后晋)刘昫等:《旧唐书》,中华书局1975年版,第1957页。
② (后晋)刘昫等:《旧唐书》,中华书局1975年版,第1957页。

礼品食物，白居易即有"胡麻饼样学京都，面脆油香新出炉。寄与饥馋杨大使，尝看得似辅兴无"的诗句。《清异录》记载有一士人，在旅舍中就食，其中食物便有炉饼"各五事"，细加品味，馅料各有不同，士人惊叹道："此五福饼也。"这五福饼便是有馅炉饼。通常用羊肉、葱白、豉汁及食盐拌和作料。民间所食胡饼多是无馅的。每个饼大约用面半升，形状较大。

胡食包罗万象，不仅仅指面食一类。公元709年，韦巨源曾向唐中宗进献了一顿"烧尾宴"。宴会的菜单被收录在五代陶谷的《清异录》中。据其记载，这场宴会共有58种菜肴，其中过半的菜肴借鉴了胡族的饮食风格。唐代宴会天子的菜肴有如此浓厚的胡食风格，便可猜想民间菜肴中的胡风了。由西域传入的胡麻油（芝麻油）在唐代普遍使用，长安宣平坊有一张姓的卖油郎，每天都用毛驴驮数桶胡麻油进行贩卖，因其"油好且贱"，总是极其畅销。另一调味品胡椒从摩伽陀国传入中国，又称"昧履支"，因为稀少价格昂贵，被达官贵人奉为招待贵客的重要作料。

唐代经济、文化发达，饮酒是城市居民饮食结构的重要组成部分，除了传统的汉族酒类外，具有胡族气息的酒在唐代也颇为流行。《唐国史补》记载了唐穆宗长庆年间的14种名酒："酒则有郢州之富水，乌程之若下，荥阳之土窟春，富平之石冻春，剑南之烧春，河北之乾和葡萄，岭南之灵溪、博罗，宜城之九酝，浔阳之湓水，京城之西市腔，虾蟆陵之郎官清、阿婆清。又有三勒浆类酒，法出波斯。三勒者谓庵摩勒、毗梨勒、诃梨勒。"

"河北之乾和葡萄"指西域传入的葡萄酒。据《册府元龟》记载，公元640年，侯君集攻破高昌，"收马乳蒲桃实于苑中种之，并得其酒法……造酒成，凡有八色，芳辛酷烈……既颁群臣，京师始识其味"。不仅获得葡萄培植方法，还获得了葡萄酒酿造之法，韩愈所咏"若欲满盘堆马乳，莫辞添竹引龙须"说明马奶子葡萄已经在中国境内普遍种植，其所酿之酒才会跻身名酒之列。三勒浆即是一种完全由波斯引进植物所酿造的类似酒的饮料，"波斯国有三勒浆，类酒"，因其酿造原料的异域性，具有十分新奇的吸引力，受到唐代人们的喜爱。

胡人的酒具也受到唐人的欢迎。《杨太真外传》里说杨贵妃喝西凉州所酿葡萄酒时用的是玻璃七宝杯，所谓"葡萄美酒夜光杯"。李白《客中行》"兰陵美酒郁金香，玉碗盛来琥珀光"，以玉碗盛葡萄酒，以映衬葡萄酒的色泽。唐代盛行的许多胡风酒具包括环柄八曲杯、高足杯、舞马衔杯壶、环柄八棱杯、提梁罐、提梁壶、桃形盘等。胡食、胡具在唐代上层社会十分风行。

酒肆中还出现了劝酒的工具"酒胡"。"酒胡"是用木头刻成胡人的相貌，下端为锥形，置于盘中旋转，木人倒下时所指向者即当饮酒。此外，酒店中还用胡姬充侍酒,作为招徕生意的特色。士人为了胡姬而去酒店饮酒的例子不在少数,张祜《白鼻䭾》写得十分清楚:"为底胡姬酒,长来白鼻䭾。摘莲抛水上,郎意在浮花。"大诗人李白素来喜欢与胡姬交往,他的诗句中有许多是描写胡姬招揽生意的,如:"何处可为别,长安青绮门。胡姬招素手,延客醉金樽。"酒肆选用胡姬招揽顾客,一来是凭借异国情调的美貌,二则是高超的歌舞技巧。李白曾有诗云:"书秃千兔毫,诗裁两牛腰。笔踪起龙虎,舞袖拂云霄。双歌二胡姬,更奏远清朝。举酒挑朔雪,从君不相饶。""琴奏龙门之绿桐,玉壶美酒清若空。催弦拂柱与君饮,看朱成碧颜始红。胡姬貌如花,当垆笑春风。笑春风,舞罗衣,君今不醉欲安归。"胡姬侍酒非寻常百姓所能消费,因此胡人所开酒肆顾客多为唐代社会上层。"五陵年少金市东,银鞍白马度春风。落花踏尽游何处,笑入胡姬酒肆中。""银鞍白鼻䭾,绿地障泥锦。细雨春风花落时,挥鞭直就胡姬饮。"是为真实写照。

(四) 兼容并蓄的大唐乐舞

唐代乐舞是古代汉族音乐舞蹈艺术发展的最高峰,其主要原因则是在强大的国力支持下,社会思想开放,各民族及外来文化能相互交融吸收。隋唐时期,歌舞相形益彰,互不分离,如《秦王破阵乐》也称《秦王破阵舞》,各族音乐的相互交融糅合促进了舞蹈艺术的发展。以龟兹乐为代表的西域诸乐对唐代乐舞的繁荣有重大影响。

隋文帝开皇初(581)定令置"七部乐":《国伎》《清商伎》《高丽伎》《天竺伎》《安国伎》《龟兹伎》《文康伎》。开皇中(590),龟兹乐器大盛于朝野。当时著名乐师有曹妙达、王长通、李士衡、郭金乐、安进贵等人,精通龟兹弦乐、管乐,新声奇变,公王之间,争相慕尚。大业中,隋炀帝定"九部乐",即:《清乐》《西凉乐》《龟兹乐》《天竺乐》《康国乐》《疏勒乐》《安国乐》《高丽乐》《礼毕乐》。唐太宗时期,定"十部乐",增加了《高昌乐》。

从隋初七部乐到盛唐十部乐,可见西域诸乐在隋唐时期乐曲中占有十分重要的地位。而西域乐中尤以龟兹乐最为繁盛,"不仅朝廷诸大乐率用龟兹乐,笛及羯鼓亦复用之",许多音乐都"杂以龟兹乐"。[1] 龟兹是唐代安西四镇之一,与中原内地文化有很大差异,"文字则取印度,粗有改变,服饰锦褐,断发巾帽。货用金钱,银钱,小铜钱"[2]。龟兹在艺术方面成就非凡,尤以音乐、歌舞享有盛名。早在东晋时期,苻坚大将吕光伐龟兹,就把龟兹的乐人带到凉州,龟兹音乐与汉人音乐相互交流,产生了著名的西凉乐。南

---

[1] 向达:《唐代长安与西域文明》,生活·读书·新知三联书店1957年版,第62页。
[2] (唐)玄奘、辩机著,季羡林等校注:《大唐西域记校注》,中华书局2000年版,第54页。

北朝时期,龟兹乐十分流行,不管宫廷抑或民间,随处都可以听到龟兹乐的演奏和歌舞表演。而龟兹乐又分为三部:西国龟兹(西魏或北周时传入的库车乐)、齐朝龟兹(北齐时传入的库车乐)、土龟兹(直接从新疆传入的库车乐)。

龟兹乐在唐代大放异彩。唐朝设乐工 196 人,《新唐书》记载,"分四部:一、龟兹部,二、大鼓部,三、胡部,四、军乐部。龟兹部,有羯鼓、揩鼓、腰鼓、鸡娄鼓、短笛、大小觱篥、拍板,皆八;长短箫、横笛、方响、大铜钹、贝,皆四。凡工八十八人,分四列,属舞筵四隅,以合节鼓"①。唐代最有名的乐舞有两出均与龟兹乐有关,一是《秦王破阵乐》,二是《霓裳羽衣舞》。前者是为纪念公元 620 年秦王李世民击败刘武周,巩固新生李唐政权所作的大型舞曲。在原有的曲调中糅进了龟兹的音调,婉转而动听,高昂且极富号召力。"按图教乐工百二十人,被甲执戟而习之……有往来疾徐击刺之象,以应歌节","观者见其抑扬蹈厉,莫不扼腕踊跃,凛然震竦……蛮夷十余种自请率舞,诏许之,久而罢"②。《霓裳》乃唐玄宗时期河西节度使杨敬述所献西凉乐曲。"玄宗根据这一乐曲编写了这部乐舞,由散序、中序、曲破三大部分组成,共 36 段,描写了唐玄宗梦游月宫见到仙女的过程。杨贵妃为之编排了舞蹈,设计了动作,吸收了南方软舞和西域健舞的共同特点,使舞姿轻柔飘逸,充满神仙境界。"③

随着龟兹乐在中华大地上的传播与盛行,各地流行的龟兹乐早已不是原始的龟兹歌舞,而是增加了不同地域民族因素的新音乐,是各民族经过融合、发展创造的结果。如西凉乐与龟兹乐相关,是龟兹乐在"凉人所传中国旧乐"基础之上,"杂以羌胡之声"形成的。龟兹乐虽"起自吕光灭龟兹"④,但"吕氏亡,其乐分散",北魏统一中原后才得以恢复,此时已经"其声后多变易"。龟兹乐的演变,反映了在隋唐时期民族融合大背景下,各民族文化的相互交融与发展。疏勒乐、高昌乐在发展中内容有所改变。此外,北狄乐(鲜卑、吐谷浑等北方部落)在北周、隋唐时期与"《西凉乐》杂奏"。唐初,北狄乐颇为流行,开元初年的技工长孙元忠,自称其"自高祖以来,代传其业",其祖父"受业于侯将军,名贵昌,并州人也,亦世习北歌,贞观中,有诏令贵昌以其声教乐府"⑤。隋唐时期突厥歌舞也有较大

---

① (宋)欧阳修、宋祁:《新唐书》,中华书局 1975 年版,第 6309 页。
② (后晋)刘昫等:《旧唐书》,中华书局 1975 年版,第 1046 页。
③ 黄新亚:《消逝的太阳:唐代城市生活长卷》,湖南人民出版社 2006 年版,第 10 页。
④ (唐)魏征、令狐德棻:《隋书》,中华书局 1973 年版,第 378 页。
⑤ (后晋)刘昫等:《旧唐书》,中华书局 1975 年版,第 728 页。

影响。贞观七年(633),太上皇李渊"命突厥颉利可汗起舞,又遣南越酋长冯智戴咏诗",并称"胡越一家,自古未有也"①。武延秀与默啜之女和亲不成,被突厥扣留长达六年之久,不仅学会了突厥语,还熟悉其歌舞。归唐后,与安乐公主结婚,曾"唱突厥歌,作胡旋舞,有姿媚,主甚喜之"②。突厥歌舞在唐朝流行并非偶然。贞观年间,唐朝对突厥战争取得决定性胜利后,许多突厥人纷纷进入内地,甚至不少人到朝廷为官,"其入居长安者近万家"。而隋朝末年,中原流落突厥者,仅贞观五年(631)就赎回"男女八万口"③,突厥人善歌舞,长期流落突厥的人回到唐代后,必然带回具有突厥风俗的歌舞。

"泼寒胡戏"是一种具有西域风俗的歌舞性游乐活动,类似于今天仍流行于傣族地区的泼水节。唐代的泼寒胡戏在每年冬十一月与十一月之间举行,舞者或者裸体跣足,或者戴着兽面,奔驰追逐,喧噪喊叫,尽情欢乐,成群结队地跳着《浑脱》舞蹈,唱起《苏幕遮》歌曲,相互投泥泼水,以示不畏寒。

除胡食、胡服、西域音乐外,各民族娱乐活动在长安、洛阳等大城市中也受到普通百姓乃至王公贵族的喜爱。打马球起源于吐蕃,西传波斯后再传唐都长安,称"波罗"。马球用质量轻而有韧性的木材挖空制成,涂红漆、绘花纹,球杖一段弯曲,亦绘彩绘。马球场球门分单门、双门两种。单门是以木板墙,墙下开一个一尺见方的孔,加上网,赛手设法避开阻挡者,将球击入门内,击入多者为胜。双门是球场两边各设一门,由木桩加横梁、球网组成,状如今日足球门,比赛时有守门员与裁判员,向对方球门进攻。场外观众击鼓、奏乐,以壮本队声威。由于打马球者要有娴熟的骑术与击球技能,所以被誉为"军中戏",唐代贵族少年无不精通此道。唐太宗、唐中宗、唐玄宗均是马球好手。章怀太子生前热衷马球,死后"打马球图"置入他的墓室壁画上。打马球也受到唐代女子的喜爱,"十对红妆伎打球"。还有一种奚车,本为契丹人所用,开元、天宝年间流传到长安。同时,巴蜀妇人所用的兜笼也进入长安、洛阳、成都等大中城市市民的生活之中。这两种用具,自肃宗以来,"蕃将多著勋于朝,兜笼易于担负,京城奚车、兜笼,代于车舆矣"④。

唐代国力强盛,经济发达,对自身文化有强大的自信心,对外族甚至异域文化采取包容态度,敢于吸收、借鉴外来文化,由此形成唐朝兼容并蓄、包

---

① (后晋)刘昫等:《旧唐书》,中华书局1975年版,第15页。
② (后晋)刘昫等:《旧唐书》,中华书局1975年版,第2990页。
③ (宋)欧阳修、宋祁:《新唐书》,中华书局1975年版,第6035页。
④ (后晋)刘昫等:《旧唐书》,中华书局1975年版,第1957页。

罗万象的文化格局。基于各种原因,西域胡风在唐代文化中大放异彩,是唐代民族融合的重要成果,元稹《法曲》一诗形象地描绘了唐代城市之中胡风泛滥的景象:"自从胡骑起烟尘,毛毳腥膻满咸洛。女为胡妇学胡妆,伎进胡音务胡乐。火凤声沉多咽绝,春莺啭罢长萧索。胡音胡骑与胡妆,五十年来竞纷泊。"

第二节　科举制建立与城市教育变迁

隋唐五代是中国科举考试发展的重要时段。其改变了魏晋时期以选举为主的人才选拔形式,开创了中国考试制度的先河,将考试作为选士的主要方式,并与城市官学、私学共同确立了封建教育体制,培育了大量人才。

科举制是中国封建社会通过分科考试的办法选拔官吏的一种考试制度。其产生对中国封建社会的发展演变、政治稳定以及中华文明和儒家文化的传播继承等,均曾产生过不可低估的作用。隋唐五代科举制的发展,使孔子"有教无类"的教育思想得以推行;魏晋南北朝时期门阀士族垄断仕途的局面被打破,教育开始向全社会开放。中国传统主流文化亦得以维系。开创了中国考试制度的先河,并确立了封建时代教育体制,培育了大量人才。又因其以为政治服务为目的,造成不良学习和社会风气,导致学校教育与社会需求脱节的弊端逐步显露,严重阻碍了教育和社会的发展。无论功过是非,值得关注的是,科举制的建立推动了城市教育的变迁,城市教育的日益成熟,亦有力地倒逼科举制的革新。

一、科举制的发展

科举制产生于隋朝,发展于唐朝。其建立以前,人才选拔以及官员任用主要是乡举里选的推举制,魏晋以后多采用九品中正制。"科举"一词由来已久,不同时代均有其确定含义,共同的核心是设科举士。设科举士有时成为"科举",更多则以"科第""科选"称之,尽管称呼多变,但均突出"科"字,其目的在于分科取士,即统治者通过考试手段选拔人才。

隋朝统一后,政权稳定,急需一大批人才解决官吏缺乏问题,加之门阀士族势力日渐衰弱,庶族地主势力开始发展,隋文帝为团结广大庶族地主,缓解阶级矛盾,同时为了集中选士权,改革用人制度,废除了九品中正制,下令举贤良,以德才为标准选拔官吏,对应试者身份不再过多限制。开皇二年(582)正月,隋文帝"诏举贤良"。开皇三年(583),"如有文武才用,未为时知,宜以礼发遣,朕将铨擢"。开皇十八年(598),"京官五品以上,总管、刺史,以志行修谨,清平干济二科举人"①。其后又令"州县搜扬贤哲,皆取明知今古,通识治乱,穷政教之本,达礼乐之源,不限多少,不得不举。限以三旬,咸令进路"②。炀帝继位后,发展了隋文帝时期科举取士思想,大业二年(606)设进士科,标志着科举制的开端,"以策取士"成为后世科举定制。

大业三年(607)四月,炀帝下诏:"夫孝悌有闻,人伦之本,德行敦厚,立身之基,或节义可称,或操履清洁,所以激贪厉俗,有益风化。强毅正直,执宪不挠,学业优敏,文才美秀,并为廊庙之用,实乃瑚琏之资。才堪将略,则拔之以御侮,膂力骁壮,则任之以爪牙。爰及一艺可取,亦宜采录,众善毕举,与时无弃……文武有职事者,五品已上,宜依令十科举人。有一于此,不必求备。"③明确提出分科取士办法,即以十个不同科目分别取士。大业五年(609)六月,又下诏:"诸郡学业该通,才艺优洽;膂力骁壮,超绝等伦;在官勤奋,堪理政事;立性正直,不避强御四科举人。"④为巩固政治统治的需要,将十科缩减为四科,更加强调选拔实用人才。隋代科举虽未形成完善制度,却开启了知识分子步入仕途的大门,得到了庶族地主和知识分子的支持,同时将官吏选拔权从地方集中至中央,加强了中央集权。

唐朝是科举制进一步发展并逐渐完善时期,考试科目分常科和制科两类。每年分期举行者称常科,由皇帝下诏临时举行的考试称制科。常设科目众多,50多种。有秀才、明经、俊士、明法、明字、明算、一史、三史、开元礼、道举、童子。而明经之别,有五经、三经、二经、学究一经、三礼、三传、史科⑤。其中许多科目如明法、明算、明字等科不为人重视。由此,唐朝实际经常举行的科目是秀才、明经、进士等,秀才一科在唐初要求很高,后来渐废。明经、进士便成为唐代常科的主要科目。

明经注重经义与时务策,要求精确掌握经书本文和注,考试内容基本是儒家经典,如三礼:《周礼》《仪礼》《礼记》;三传:《春秋左氏传》《春秋公羊传》《春秋穀梁传》;《论语》《孝经》等。"凡明经,先帖文,然后口试,经问大义十条,答时务策三道,亦为四等"⑥。"一般而言,凡明经,先帖经,每经十帖,每帖三言,通六以上为及格。然后口试,问经义十条,通十为上上,通八为上中,通七为上下,通六为中上,皆为及格。答时务策三道,通二为及格,

---

① 于立文主编:《四库全书》卷4,北京艺术与科学电子出版社2007年版,第1013页。
② (唐)魏征等:《隋书》,中国文史出版社2003年版,第1094页。
③ (唐)魏征等:《隋书》,中国文史出版社2003年版,第1098页。
④ (唐)魏征等:《隋书》,中国文史出版社2003年版,第1099页。
⑤ (宋)欧阳修、宋祁:《新唐书》,中华书局1975年版,第761页。
⑥ (宋)欧阳修、宋祁:《新唐书》,中华书局1975年版,第762页。

三试皆及格为及第"①。明经对应试者要求较低,只要熟读注疏即可,对经义却未必真懂,录取概率较大。

　　进士科注重诗赋,唐初沿用隋制,仅试策一场。唐高宗永隆二年(681),考功员外郎刘思建言,进士唯诵旧策,皆无实才,而有司以文数充第,建议"进士试杂文二篇,通文律者然后试策"②。八月,高宗颁布《条流明经进士诏》,规定"进士杂文两首,识文律者,然后并令试策"。即考取进士科,首先要进行文律考察,合格者才有资格进行试策。其后,又加入帖经一场,即进士科包括帖经、试杂文、时务策三场考试。"帖既通而后试文试赋各一篇。文通而后试策,凡五条,三试皆通者为策。"③帖经最开始试《老子》,后来改为《尔雅》;杂文即诗赋各一篇,须"洞悉文律";而时务策,则要求"义理惬当者为通",若"事义有滞,词句不伦"则为下。经策全通为甲,策通四、帖通四以上为乙,以下为不及第。可见,进士科虽试诗赋,但经策是决定及第与否的关键。直至开元九年(721),唐玄宗诏曰:"求贤济理,询事考言,务取由衷,以观深识,顷年策试,颇成弊风,所问既不切于时宜,所对亦何关于政事,徒征隐僻,莫见才明,以此择贤,良未得所"④。随着诗赋逐渐成为通用问题,天宝之后,诗赋逐渐被重视起来,至大和年间,诗赋逐渐超越策问,成为进士科偏重之科,帖经不及格者若在诗赋上发挥良好亦可及第。进士及第者经过吏部再次考试即选试即可获得官职,其内容和标准有四点:"一曰身,二曰言,三曰书,四曰制。"⑤甲等从九品上,乙等从九品下。

　　科举制至唐时逐渐完善,除确立进士科的重要地位,还设立有武举。武则天时期,由兵部主持选拔武官,开设武举,其内容包括智谋将帅、军谋越众、武足安边、识洞韬略、军谋出众等十五个科目。选授标准为"五等三奇"。五等"一曰长垛,二曰马射,三曰马枪,四曰步射,五曰应对";三奇则"一曰骁勇,二曰材艺,三曰可为统领之用"⑥。武举作为科举制的组成部分,使许多不善于舞文而善于骑射者通过武举跻身仕途,以达到人尽其才,扩大统治基础的目的。武科举虽设,但不如文科举,时而被废,时而恢复,武举出身者地位亦不如文科出身之进士。

　　五代时期,科举取士已是一种无可替代的选人制度,科举考试形式与内

---

① 冯晓琳:《中国隋唐五代教育史》,人民出版社1994年版,第132页。
② (宋)欧阳修、宋祁:《新唐书》,中华书局1975年版,第763页。
③ (唐)杜佑:《通典》,中华书局1988年版,第356页。
④ 周绍良主编:《全唐文》,吉林文史出版社2000年版,第3220页。
⑤ 李孔怀:《中国古代行政制度史》,复旦大学出版社2006年版,第26页。
⑥ (唐)李林甫:《唐六典》,中华书局1992年版,第150页。

容具有明显的传承性。虽处大分裂之乱世,并未造成科举考试形式与内容的中断。科举依然年年进行,继续传承着唐代旧制。诗赋作为科举考试的主要形式依然为各割据政权所相沿袭用。与此同时,五代科举亦显露自身特点,在继承唐代科举基础上,体现唐宋之际科举制度变化的趋向性。"首先是科目设置减少;其次是贡举程序的变化,三级考试制度逐步形成,从地方到中央层层选拔的制度模式渐趋完备;三是省试中出现昼试,糊名制度,科举考试更具公平性、严肃性;四是知贡举官的差遣化色彩在进一步加重,通过限制知贡举官与举子之间的关系,防止出现朋党之争;五是录取名额的猛增;六是及第后举子们的宴集活动受到限制和尊重,逐渐取消除闻喜宴关宴之外的其它宴集活动,庆贺宴席由自筹改为官办。"①

概而言之,隋唐五代时期中国科举制度创立并不断发展、完善。众多科目中,进士科逐渐成为科举考试的核心内容。虽每年录取名额无限定,但因考试难度较大,实际录取较少。每年应试千余人中及第者不过一二十人,少则几人,有唐一代,等进士仅有三千余人。尽管如此,科举及第仍是士子最为荣耀之事,有"登龙门"之称。进士及第为官是跻身仕途最重要的途径。唐代宰相共计368人,出身进士者就有142人,高级官员和地方封疆大吏多出于进士。因此,隋唐五代时期,以科举及第为重要目的的学校教育十分发达。

二、官学教育的发展

随着国家大一统完成,隋唐时期经济得到迅速恢复与发展,尤其唐代,其发展程度远远领先于世界其他国家,国力的强盛促进了文化事业与教育事业的繁荣,尤其是逐渐完善的科举制度,使"读书"成为普通市民改变命运、跻身仕途的有效途径,以科举考试为核心的城市教育由此发展壮大。隋唐时期学校种类之齐全,管理之严密,生徒之众多,都是前代所无法比拟的。②

隋朝统一全国后,在学校制度方面进行了很多创新,为中国古代教育制度的确立与完善奠定了基础。隋文帝设立国子学,作为隋代中央官学,其后又设国子寺,置国子祭酒一人,专司教育。国子寺与国子祭酒的设置是教育史上教育行政部门和教育长官设置的肇始。国子祭酒下设主簿和录事各一人,统领国子、太学、四门、书算学,各置博士、助教、学生等员。

---

① 张咏梅:《五代科举制度考》,东北师范大学硕士学位论文,2004年。
② 孙培青:《中国教育史》,华东师范大学出版社2000年版,第148页。

教师配置上，国子、太学、四门配置博士、助教各5名；书学、算学配置博士、助教各2名。国子学学员人数140人，太学、四门各360人，书学40人，算学80人。

经历南北朝时期的分裂割据后，复兴儒学，统一南、北之学成为统治集团在意识形态上的必然需求。隋文帝十分重视国子学，开皇二年（582）十二月，"赐国子生明经者束帛"①，鼓励学员参加科举考试，并亲自到国子学巡视，以提高国子学的地位，在强化中央官学的同时，也加强对地方教育的管理。开皇三年（583）四月，文帝"诏天下劝学行礼"②，命令州县设置学校，礼祀孔子。隋文帝后期认为学校过多，学员"徒有名录，废止太学，四门学及州县学"。大业三年（607），炀帝改国子寺为国子监，恢复文帝后期废止的学校。"征辟儒生，远近毕至，使相与讲论得失于东都之下。"③总体而言，隋朝以国子学为中心的太学、四门学、书学、算学共同构成中央官学以及州县地方官学的形制，并为唐代所继承，加以完善与发展。其以儒家经典为主要教学内容的制度也为唐代继续实施并进一步系统化。隋朝在城市教育上采取的开创性措施，虽然较短统治时期内未发挥应有作用，却对后代学校教育产生重要影响。

唐代是中国古代学校教育发展的高峰时期。在学校组织、分类体系，科目设置，课程内容，入学资格，学校管理等方面形成了较为严密的体制。

中央官学。唐代中央官学又称"六学二馆"。六学指国子学、太学、四门学、律学、书学和算学。武德元年（618），唐高祖"命裴寂、刘文静等修订律令，置国子、太学、四门生合三百余员。郡县学也各置生员"④，建立了唐代中央官学与地方官学的雏形。"二馆"即指弘文馆与崇文馆。武德四年（621），唐高祖于门下省置修文馆，为弘文馆前身。武德九年（626），太宗于"弘文殿聚四部书二十余万卷；置弘文馆于殿侧……取三品以上子孙充弘文馆学士"。武德十年（627），为进一步鼓励学风，太宗诏"在京文武职事五品以上之有性爱学书及有书性者，听于弘文馆内学书"⑤，当年便有24名官僚之子入弘文馆学书，太宗命书法家虞世南、欧阳询于弘文馆教授楷书，并令太学助教侯孝尊教授儒家经典，许敬宗教授《史记》与《汉书》。贞观二年

---

① 韩晖：《隋及初盛唐赋风研究》，广西师范大学出版社2002年版，第17页。
② （唐）魏征、令狐德棻：《隋书》，中华书局1973年版，第19页。
③ （唐）魏征、令狐德棻：《隋书》，中华书局1973年版，第1517页。
④ 韩晖：《隋及初盛唐赋风研究》，广西师范大学出版社2002年版，第57页。
⑤ （清）徐松：《登科记》，中华书局1984年版，第9页。

(628),"为学生置讲经博士,考试经业,准式贡举,兼习书法"①,弘文馆由此成为中央官学的重要组成部分。

崇文馆原名崇贤馆,隶属东宫。上元二年(675)因避章怀太子李贤之讳,改名崇文馆,最初职能类似图书馆。永徽七年(656),高宗于崇贤馆置学士及生徒,成为中央官学组成部分。中央官学学生来源及人数均有严格规定:"国子学,生三百人,以文武三品以上子孙,若从二品以上曾孙及勋官二品、县公、京官四品带三品勋封之子为之;太学,生五百人,从五品以上子孙,职事官五品期亲,若三品曾孙及勋官三品以上有封之子为之;四门学,生千三百人,其五百人以勋官三品以上无封,四品有封及文武七品以上子为之。八百人以庶人之俊异者为之;律学,生五十人,书学,生三十人,算学,生三十人,以八品以下子及庶人之通其学者为之。"②"凡馆二:门下省有弘文馆,生三十人;东宫有崇文馆,生二十人。以皇缌麻以上亲,皇太后、皇后大功以上亲。宰相及散官一品,功臣身食实封者,京官职事从三品,中书黄门侍郎之子为之。"③

由上述招生来源可知,唐代中央官学均为官僚子弟所垄断,其中国子学、太学、弘文馆、崇文馆乃是贵族性质的学校,非五品以上京官子弟不得入学;四门学、律学、算学、书学这类学校为下级官吏和一般庶人子弟俊异者所享有。中央官学教师队伍有明确规定。就学校管理而言,国子监设祭酒1人,司业2人,"掌儒学训导之政"。就教师设置而言,"国子监博士五人,助教五人,掌佐博士分经传授。直讲四人,掌佐博士助教以经术讲授。太学、四门学各博士十六人,助教六人。律学,博士三人,助教一人。书学算学,各博士二人,助教一人"④。二馆因有数职,因此与六学编制上有所差异,弘文馆"学士掌详正图籍,教授生徒,朝廷制度沿革,礼仪轻重皆参议焉。校书郎二人,掌校理典籍、刊正错谬。凡学生,教授考试如国子之制"⑤,崇文馆"学士二人,掌经籍图书,教授诸生课试举如弘文馆。校书郎二人,掌校理书籍"⑥。

武德二年(619)六月,高祖确立崇尚儒学的文化政策,"朕君临区宇,兴化崇儒,永言先达,情深绍嗣。宜令有司于国子学立周公、孔子庙

---

① 程舜英等:《隋唐五代教育制度史资料》,北京师范大学出版社1998年版,第176页。
② (宋)欧阳修、宋祁:《新唐书》,中国文史出版社2003年版,第259页。
③ (宋)欧阳修、宋祁:《新唐书》,中国文史出版社2003年版,第260页。
④ (宋)欧阳修、宋祁:《新唐书》,中国文史出版社2003年版,第280页。
⑤ (宋)欧阳修、宋祁:《新唐书》,中国文史出版社2003年版,第712页。
⑥ (宋)欧阳修、宋祁:《新唐书》,中国文史出版社2003年版,第762页。

各一所,四时致祭"①,提倡尊孔崇儒。儒家经典成为中央官学主要教学内容。国子学、太学、四门学专讲授经学,包括正经九种与旁经两种。正经九种为大经《礼记》《春秋左氏传》,学制 3 年;中经《诗》《周礼》《仪礼》,学制 2 年;小经《易》《尚书》《春秋公羊传》《穀梁传》,学制 1 年;旁经《孝经》《论语》,学制 1 年。正经不要求全部精通,旁经为必修课程。

书学、算学与律学属于专业性质学校。书学主要学习书法,要求"日纸一幅"②,兼习时务策与文字学,"读《国学》《说文》《字林》《三苍》《尔雅》"③。学制要求为《石经三体》3 年,《说文》2 年,《字林》1 年。算学以 7 年为学限,学生分为两组,学习不同内容。一组学《九章算术》《海岛算经》共 3 年,《孙子算经》《五曹算经》学习 1 年,《张丘建算经》《夏侯阳算经》各 1 年,《周髀算经》《五经算术》1 年;另一组读《缀术》4 年,《缉古算经》3 年。律学以律令为专业,兼习格式法例。弘文馆、崇文馆课程、学制与国子学相似。

六学二馆之外,东都洛阳有规模较小的国子监下辖各学校以及广文馆、医学、乐学、崇玄学、历学等,其学制与生员构成与西京六学二馆类似。

唐代地方官学由京都学、都督府学、州学、县学、市镇学、里学构成。京都学以西京长安为中心;都督府学根据下辖州数量不同而分为上、中、下三级;州学则根据所辖县数量不同分为上、中、下三级。县学根据行政等级不同分为上、中、中下、下四等,京县如长安、洛阳、万年、太原、晋阳等以及畿县如京兆、河南、太原所辖诸多县为上等。市镇学与里学是县级、乡级的学校。地方官学教学内容以经学和医学为主,与中央官学一样,地方官学在教师配置和学生名额上有较为严格的规定。

唐代地方官学教师与学员数量配置表④ （单位:人）

学类	学科	博士	助教	学员
京东学	经学	1	2	80	—
	医学	1	2	20	—

---

① 白毅:《中国古代教育史概要》,西安交通大学出版社 2018 年版,第 83 页。
② (宋)欧阳修、宋祁:《新唐书》,中国文史出版社 2003 年版,第 261 页。
③ (宋)欧阳修、宋祁:《新唐书》,中国文史出版社 2003 年版,第 261 页。
④ 赵文润主编:《隋唐文化史》,陕西师范大学出版社 1992 年版,第 30 页。

续表

学类		学科	博士	助教	学员
都督府学	大	经学 医学	1 1	2 1	60 15
	中	经学 医学	1 1	2 1	60 15
	下	经学 医学	1 1	1 1	50 12
州学	上	经学 医学	1 1	2 1	60 15
	中	经学 医学	1 1	1 1	50 12
	下	经学 医学	1 1	1 无	40 10
县学	京	经学	1	1	50
	畿	经学	1	1	40
	上	经学	1	1	40
	中	经学	1	1	35
	中下	经学	1	1	35
	下	经学	1	1	20
市镇学里学		无明文记载	—	—	—

三、私学、家学、留学的勃兴

　　唐朝前期,由于社会政治安定和统治者大力提倡,城市官学教育在国家教育体系中居于主导地位。书生士子大多云集京都和府州县各级官学之中,隐居的鸿师硕儒大多为政府请出山林,进入城市之中为各级官学担任博士、助教。据统计,贞观时期,中央各学校共有学生三千余人。至开元时期,全国各级官学中,学生人数多达六万余人。除官学外,私学与家学亦颇为兴盛。私学是私人举办的学校,与官学概念相对应。其兴起于春秋时期,其后历代均为官学教育的重要补充。唐代前期,由于国家政策的倾斜,官学教育得到长足发展,私学教育处于依附地位。安史之乱后,随着唐朝国势衰退,加之藩镇林立,大批士子书生流向私学,加上重进士之风盛行,中举之士在社会上威望颇高,私学逐渐兴盛起来,担负起唐后期国家教育重任。

唐代私学教育类型大致可分为隐居读书、私人讲学、家学等类型。中国封建社会历史长河中,隐居读书一直为古代知识分子所崇尚。唐朝后期,社会风气的转变使得许多知识分子选择这一方式。唐代隐居读书大多是指一些知识分子选择一安静娴雅之地与读书自修,与魏晋时期狂歌酣醉的愤世嫉俗方式不同,隐居读书的士子学成后选择参加科举考试。晚唐诗人皮日休,"襄阳竟陵人也。业文,隐鹿门山,号醉吟先生,窃比大圣,榜末及第"①。刘璨出自河东著姓,少年时期家境贫困,无亲友援助,只好选择通过采樵伐木以供自己读书,"少孤贫好学,僻居林泉。昼则采樵,夜则燃木叶以照书"②。晚唐著名宰相牛僧孺为显宦之后,十五岁时在长安附近的庄园中读书,"数年业就,名声入都中……登进士上第"③。可见,唐朝末年,隐居读书者既有贫穷学生,亦有显贵子弟,显现隐居读书现象的普遍化。

无论隐居读书者身份有何不同,其最终目的却是一致的,即考取功名。李颀《缓歌行》诗曰:"男儿立身须自强,十年闭户颍水阳。业就功成见明主,击钟鼎食坐华堂。"有些学业已成但并未入仕者,则借隐居山林而博取高名,以待朝廷重用。温造乃名门世家之后,曾祖父曾任南阳令,父亲为太常丞,自幼嗜学,"不喜试吏,自负节概,少所降志,隐居王屋,以渔钓逍遥为事"④,其后寿州刺史张建封闻其名声而致书招延,温造由此获得官位。玄宗时期宰相房琯父亲房融,武周时期为凤阁鸾台平章事,房琯本荫补入弘文馆学习,但其"于陆浑伊阳山中读书为事,凡十余岁。开元十二年,玄宗将封岱岳,琯撰《封禅书》一篇及笺启以献。中书令张说奇其才,奏授秘书省校书郎,调补同州冯翊尉"⑤。由此,唐代学生士子隐居读书有其特殊性,其不同于先秦两汉时期的隐居出仕,亦与魏晋时期的愤世嫉俗式蛰居存异,具有很强的社会性与广泛性,成为知识分子共同崇尚的社会风气和读书学习的一种方式,很大程度上具有教育意义,并为整个时代知识分子阶层共同参与。

唐代私人讲学继承了春秋、两汉时期聚徒教授的传统教育方式,虽不及两汉时期学徒数千的宏大规模与气派,但在官学教育衰微的唐后期,对社会教育产生重大影响。教授的经师,一般是在学问上很有造诣的宿儒,学生亦

---

① (宋)孙光宪:《北梦琐言》,中华书局1960年版,第7页。
② (后晋)刘昫等:《旧唐书》,岳麓书社1997年版,第2950页。
③ (唐)杜牧:《樊川文集校注》,巴蜀书社2007年版,第596页。
④ (后晋)刘昫等:《旧唐书》,岳麓书社1997年版,第2714页。
⑤ (后晋)刘昫等:《旧唐书》,岳麓书社1997年版,第2074页。

来源于本地,也有许多远方慕名而来者。"平阳燕凤祥,颇涉六艺,聚徒讲授。"①王义方被贬后,"于昌乐聚徒教授。母亡,遂不复仕进。总章二年卒。撰《笔海》十卷。门人何彦光、员半千为义方制师服,三年丧毕而去"②。滑州白马人王恭,最初在乡间设私学,后因学徒众多而声名远播,被诏入官学授课。"少笃学,教授乡间,弟子数百人。贞观初,诏拜太学博士,讲三礼,别为《义证》,甚精博"③。王质"寓居寿春,躬耕以养母。专以讲学为事,门人受业者大集其门"④。窦常进士及第后,"居于广陵之柳杨。结庐种树,不求苟进,以讲学著书为事,凡二十年不出"⑤。荆州号称"唐五经"学生众多,"唐咸通中,荆州有书生号'唐五经'者,学识精博,实曰鸿儒,旨趣甚高,人所师仰,聚徒五百,以束修自给。优游卒岁,有西河、济南之风"⑥。

唐代官学教育规定,品官子弟年满十四岁才能进入州县学校或者中央各官校学习。大量唐代墓志显示,大多数人在六七岁就已开始接受初级教育,可见当时私塾教育之发达。私塾教育主要是唐人在六七岁至十四岁之前接受教育的地方。无论在京师地区还是一般城市均有私塾开设以供孩童启蒙教育。"戚道遥,冀州南宫人也,父以教授自资"⑦。其父以教授自资,从事专门职业,以维持生活。江南道"蒋琛,精熟二经,常教授于乡里。每秋冬,于霅溪太湖中流,设网罟以给食,常获巨龟"⑧。

私塾教育之外,亦有家学教育。家学教育的教授者一般为家族或者家庭里的父亲、长者,受者则为家庭之中的子女、晚辈,是学校教育的补充。胡珦"居陵下七年,市置田宅,务种树为业以自给,教授子弟"⑨。胡珦刚正不阿,被贬陵令后,郁郁不得志,亲自教授子弟经义典籍。武则天时期,"并州人毛俊诞一男,四岁,则天召入内试字,《千字文》皆能暗书,赐衣裳放还"⑩。四岁孩童便能书写、默写《千字文》,且年龄未到入私学学习时限,应是家教所教。蒋乂年幼聪慧,外祖父亲自教授,"性锐敏,七岁时,见庾信

---

① (宋)李昉等编:《太平广记》,哈尔滨出版社1995年版,第3148页。
② (唐)刘肃原:《大唐新语》,中华书局1984年版,第30页。
③ (宋)欧阳修、宋祁:《新唐书》,中华书局1975年版,第5645页。
④ (后晋)刘昫等:《旧唐书》,中国文史出版社2003年版,第917页。
⑤ (清)彭定求等编:《旧唐书》,中华书局1960年版,第4112页。
⑥ (宋)孙光宪:《北梦琐言》,中华书局1960年版,第20页。
⑦ (宋)李昉等编:《太平广记》,哈尔滨出版社1995年版,第439页。
⑧ (宋)李昉等编:《太平广记》,哈尔滨出版社1995年版,第2701页。
⑨ (清)董诰等编:《全唐文》,中华书局1983年版,第5686页。
⑩ (宋)李昉等编:《太平广记》,哈尔滨出版社1995年版,第1357页。

《哀江南赋》，再读辄诵。外祖吴兢位史官，又幼从外家学，得其书，博览强记"①。韦丹"既孤，以甥孙从太师鲁公真卿学。太师爱之，举明经第"。《旧唐书·刘邺传》称其"六七岁能赋诗，李德裕尤怜之，与诸子同砚席师学。大中初，德裕贬逐，邺无所依"②。刘邺应是李德裕养子，因天资聪慧，在李德裕家学中跟随其他儿子共同学习。

家学教育值得一提者是母亲对儿女的训育。唐代不少士大夫家庭出身的妇女在丈夫故亡后，担负起对后代的教育责任。颜真卿"少孤，母殷氏躬加训导。既长，博学，工辞章，事亲孝。开元中，举进士"③。云苗蕃"少丧父，受业母夫人。举进士第"④。河东薛播兄弟由母亲教育成才。"初，播伯父元暧终于隰城丞，其妻济南林氏，丹阳太守洋之妹，有母仪令德，博涉五经，善属文，所为篇章，时人多讽咏之。元暧卒后，其子彦辅、彦周、彦伟、彦云及播兄据、鏻，并早孤幼，悉为林氏所训导，以至成立，咸致文学之名。开元、天宝中二十年间，彦辅、据等七人并举进士，连中科名，衣冠荣之"⑤。可见，私学与官学多有不同，官学有着严格的等级尊卑制度，私学之间的教授关系松散、随和，无论学生处于什么阶层，只要诚信访学求师，皆有机会得到学问高深隐居者的教授，甚至在家中就能得到家中长者较好的教育。其知识的传播是开放的、平等的。私学形式和内容的不断发展，逐渐打破了唐朝前期官学兴盛的局面，担负起了国家教育的重责。

都市教育之中，留学生教育颇值得一提。唐代教育中的留学生教育构成一道独特的风景线。唐代经济文化发达，具有强大的包容、吸收、消化外来文化和广泛的传播能力，形成以唐朝为中心的东亚文化圈层。大量外国留学生随本国使者进入唐朝，留居长安潜心学习中国文化。贞观年间，"四夷若高丽、百济、新罗、高昌、吐蕃，相继遣子弟入学，遂至八千余人"⑥。留学生以新罗、日本为多。新罗"弁韩苗裔也。居汉乐浪也……兴光袭新罗王……玄宗开元中，数入朝……又遣子弟入太学，学经术"⑦。开成元年（836），"新罗宿卫生王子金义宗等，所请留住学生员，仰准旧例留二人，衣粮准例支给"⑧。开成二年（837）三月，"新罗差入朝宿卫王子，并准旧例，

---

① （宋）欧阳修等：《新唐书》，岳麓书社1997年版，第2803页。
② （后晋）刘昫等：《旧唐书》，中国文史出版社2003年版，第1056页。
③ （宋）欧阳修、宋祁：《新唐书》，中华书局1975年版，第485页。
④ （清）董诰等编：《全唐文》，中华书局1983年版，第5728页。
⑤ （后晋）刘昫等：《旧唐书》，中华书局1975年版，第3955页。
⑥ （宋）欧阳修等：《新唐书》，岳麓书社1997年版，第713页。
⑦ （宋）欧阳修等：《新唐书》，中华书局1975年版，第621页。
⑧ （清）董诰等编：《全唐文》，中华书局1983年版，第10443页。

割留习业学生,并及住学生等共二百十六人"①。据周一良先生统计,从9世纪到10世纪中叶约150年间,"朝鲜人在中国科举考试及第者约90人",其中著名的如李同、崔彦㧑、崔致远、金可纪、金夷吾等。

日本留学生数目无详细记载,有几位十分著名,不仅科举及第,还在唐朝入朝为官。晁衡(朝衡),日本名阿倍仲麻吕。开元四年(716)入唐,十九岁跟随日本使节团抵达长安,其后进入国子监太学,攻读《礼记》《周礼》《左传》等儒家经典,太学毕业后参加科举考试,中进士及第,任左散骑常侍安南都护,主持中日文化交流。与著名诗人王维、李白、储光羲等密切交往。753年,晁衡归国,王维赠其送行诗《送秘书晁监还日本国》:"积水不可极,安知沧海东。九州何处远,万里若长空。向国惟看日,归帆但信风。鳌身映天黑,鱼眼射波红。乡树扶桑外,主人孤岛中。别离方异域,音信若为通。"船在东归途中遇到大风,长安传闻其海上遇难,李白挥泪写下著名诗篇《哭晁卿衡》:"日本晁卿辞帝都,征帆一片绕蓬壶。明月不归沉碧海,白云愁色满苍梧。"755年,仲麻吕回到长安,看到李白诗词,百感交集,当即写下了著名诗篇《望乡》:"卅年长安住,归不到蓬壶。一片望乡情,尽付水天处。魂兮归来了,感君痛苦吾。我更为君哭,不得长安住。"著名的日本留学生吉备真备,开元四年至中国,主要研究经学,对三史、五经、阴阳、数学、历算、天文有较高修养。开元二十三年(735)归国,将《唐礼》《大衍历经》带回日本,对日本法令制定有较大贡献。

有唐一代,因其强大经济实力以及科举制度的进一步完善,文化教育事业发展较快。贞观时期,由于唐太宗重视教育,城市教育事业十分兴旺,仅六学二馆的学生就多达3200人。开元年间学校教育进一步发展。安史之乱后,藩镇林立,政局动荡,官学教育逐渐衰败。"元和中兴"时城市教育一度复苏,但已无法恢复到盛唐时期之局面,唐朝末年濒于崩溃。唐朝学校教育与科举制度相得益彰,不仅培养了大批有学之士,推动了唐文化的繁荣与昌盛,也为后世城市教育奠定了基本的形式与制度。

进入五代,学校教育多沿袭隋唐旧制,但因战乱多,时间短,统治者虽有心发展教育,但在人力与财力上均有很大困难。后梁开平三年(909),国子监上奏朝廷要求修建文宣王庙,并请从官吏俸钱中每贯抽取十五文,充作经费。后唐明宗天成三年(928),国子祭酒崔协因经费匮乏,奏请国子监每年只置监生二百员。安定社会环境的缺失,财政实力的下降,严重制约五代时期城市教育的发展。

---

① 孙昌武:《隋唐五代文化史》,东方出版中心2007年版,第412页。

隋唐五代科举制发展,推行了孔子"有教无类"的教育思想,打破了魏晋南北朝时期门阀士族垄断仕途的局面,开创了中国考试制度的先河,确立了封建时代教育体制,培育了大量人才,解决了官吏缺乏问题,缓解了阶级矛盾。同时表现出与前代不同的特点。考试形式与内容具有明显继承性、创新性。唐代传承了隋代科举考试的优秀之处,五代亦在唐代基础上有所发展。如唐代确立进士科重要地位,创立武举制,五代继续将诗赋作为科举考试主要形式,但科目设置减少,三级考试制度形成,开始出现昼试和糊名制度等。

官学、私学、家学等教育方式与科举制一起构建了城市教育体系。隋朝以国子学为中心的太学、四门学、书学、算学共同构成中央官学以及州县地方官学的形制,并为唐代所继承、完善与发展。外国留学生、国内书生士子多云集京都和府州县各级官学之中,隐居的鸿师硕儒大多为政府请出山林,进入城市之中为各级官学担任博士、助教。隐居读书、私人讲学、家学等成为私学教育主要类型。其与官学在组织形式、分类体系、科目设置、课程内容、入学资格、学生管理等方面虽多有不同,但均以考取功名为最终追求。由于学校培养的学生须经科举选拔取得授官机会,科举制在一定程度上推动了城市官学、私学的发展。统治者单纯依靠科举选拔人才多有不足的认知,加之上层偶有举人须由国子和郡县学之限定,以及城市教育的日趋成熟,有力地倒逼科举制进行相应的调整和变革。

第三节 文学艺术的繁荣

隋朝的统一,结束了东晋十六国以来分裂割据的局面,建立了统一的国家,有利于经济文化的发展。继隋而建立的唐朝发展了大一统的局面,国力强盛,交通发达。正是于此背景之下,隋唐五代都市文学、艺术获得繁荣与兴盛的难得机遇。

一、云蒸霞蔚的诗词

隋唐时期,结束了魏晋南北朝时期长期分裂割据的局面,国家大一统局面的形成,为文化发展提供了良好的和平环境。隋代文学的主要成就是诗歌,虽然它还未摆脱齐梁浮艳文风的影响,但为唐代文学的繁荣做了铺垫工作。隋代诗人分别来自原北齐、北周及南朝梁陈,这三种人因受其原在地区文学风尚的影响,诗风有相当明显的差别。"卢思道、薛道衡虽为北方诗人,但刻意学习南方诗文,创作了不少颇有南方宫廷气息的艳诗。如卢思道的《采莲曲》《从军行》，薛道衡的《昔昔盐》《秋日游昆明池诗》均较出名。杨广的诗多为艳情篇什，透露出一股宫廷脂粉气，《喜春游歌》是为代表。其边塞诗笔势遒迈，笔格高朗。如《饮马长城窟行》《悲秋诗》均有表现。"①

唐代文学空前繁荣，以诗歌最为光彩夺目，唐朝也因此被誉为"诗歌的黄金时代"。唐朝诗歌繁荣的根本原因在于城市经济的恢复和发展，南北水陆交通的发达以及对外文化交流的日益繁盛，极大地促进了国家经济的繁荣。长安、洛阳、扬州、成都、杭州、泉州、苏州等都是全国乃至世界首屈一指的人口众多、工商发达的大都市。在此基础上，以诗歌为代表的城市文学得以发展壮大，云蒸霞蔚，名家辈出，诗歌数量多达五万余首，后世即有"熟读唐诗三百首，不会作诗也会吟"的说法。

经历东晋十六国长期的分裂局面，隋唐社会对边疆热土有着特有的情怀和感触。因此该时期边塞诗较多，内容风格往往浑厚苍茫，散发着以身报国、热爱边疆的壮志豪情，最具代表性的即是被章太炎先生称为"绝句之首"的王之涣《凉州词》以及王昌龄《出塞》。如王之涣《凉州词》："黄河远上白云间，一片孤城万仞山。羌笛何须怨杨柳，春风不度玉门关。"这首诗写戍边士兵的怀乡情。写得苍凉慷慨，悲而不失其壮，虽极力渲染戍卒不得还乡的怨情，却丝毫没有半点颓丧消沉的情调，充分表现出盛唐诗人的宽广胸怀。

魏晋南北朝的民族融合至隋唐时期已大体完成，给唐朝诗歌的繁荣注入了新鲜的血液。因此唐代诗歌经常流露出一种尚武精神，这种尚武精神正融汇了北方少数民族彪悍、豁达的民族风貌。王维《观猎》一诗以一种游侠豪情和尚武精神描绘城市郊区的打猎活动："风劲角弓鸣，将军猎渭城。草枯鹰眼疾，雪尽马蹄轻。忽过新丰市，还归细柳营。回看射雕处，千里暮云平。"唐代文人郁郁不得志之时，诗句经常流露出一种弃文从武、投身报国、建功立业的豪情，如杨炯《从军行》诗云："宁为百夫长，胜作一书生"，高适《淇上酬薛三据兼寄郭少府微》诗云："十年守章句，万里空寥落。北上登蓟门，茫茫见沙漠。倚剑对风尘，慨然思卫霍。"

值得注意的是，隋唐时期城市经济发达，大多数诗人学者居住在如长安、洛阳等大城市之中，他们中又有许多是科举及第为官者，生活的地方均以各地区中心性城市为主，因此隋唐诗歌有许多涉及对城市及城市生活的描写。如在"诗词名句网"中输入"长安"二字，共计657首诗中有"长安"二字："长安不见使人愁"（李白《登金陵凤凰台》）、"落叶满长安"（贾岛《忆江

---

① 赵文润：《隋唐文化史》，陕西师范大学出版社1992年版，第206页。

上吴处士》)、"我在长安住"(白居易《徽寄之三首》)、"长安多大宅"(白居易《凶宅》)、"君不见长安城北渭桥边"(卢照邻《行路难·君不见长安城北渭桥边》)、"长安大道横九天"(李白《峨眉山月歌送蜀僧晏入中京》)、"长安多门户"(韩愈《送文畅师北游》)、"列翠满长安"(王贞白《终南山》)等;"洛阳"出现频率居其次,有421首:"洛阳城里见秋风"(张籍《秋思》)、"洛阳城东桃李花"(刘希夷《代悲白头翁》)、"洛阳城外花如雪"(韦庄《秦妇吟》)、"四万到洛阳"(杜牧《群斋独酌》)、"洛阳城中市儿眼"(王冕《有感》)、"驱驰洛阳道"(寒山《诗三百三首》)、"洛阳风俗不禁街"(薛逢《醉春风》)、"住饮洛阳杯"(高适《送崔录事赴宣城》)等;"金陵"出现频率也较大,有120首:"金陵津渡小山楼"(张祜《题金陵渡》)、"极眺金陵城"(李白《登瓦官阁》)、"金陵城中谁家子"(李白《示金陵子》)、"金陵向西贾客多"(张籍《相和歌辞》)、"宛陵行乐金陵住"(许浑《陪宣城大夫崔公泛后兼北楼晏二首》)、"金陵风景好"(李白《金陵新亭》)等。此外,另一些唐诗提及的重要城市如"扬州"有113首,"成都"有50首,"杭州"有23首,"苏州"有37首。

二、推陈出新的散文

隋唐时期,除诗歌之外,文学也取得了辉煌的成就,主要体现在隋唐时期文体的变革上。自秦汉以来,文章多以骈文为佳,骈文以偶句为主,讲究对仗和声律,易于讽诵。骈文辞藻华丽,过分追求对偶和声律,意少而词多,在表达思想内容方面受到很多限制,逐渐走向僵局。隋文帝时期,针对汉朝以来华艳的文风,诏令"公私文翰,并宜实录"①。大臣李谔曾上书抨击华丽文风之人,得到隋文帝赞许,"颁示天下,四海靡然向风,深革其弊"②。唐朝时期,统治阶层明确提出文学必须有益于政教的主张,反对淫靡、华丽、空洞的文风。在唐代,先秦时期盛极一时的散文再度兴盛,逐渐成为当时主要的文风。韩愈、柳宗元率先提倡"古文运动",骈文开始遭到唐代文人的抨击。韩愈主张继承先秦两汉散文传统,文章气势雄伟,说理透彻,逻辑性强,被尊为"唐宋八大家"之首。韩愈一些说理散文针对当时社会上存在的一些弊端作了一针见血的分析,不仅文字精练,结构严谨,且有理有据,具有较强的逻辑性。《师说》就是其散文中的佼佼者。作者运用流利畅达的笔触,通过反复论辩,申明了为师的性质与作用,"无贵无贱,无长无少"都可以从师,

---

① (清)宋宗元:《正经》,吉林大学出版社2011年版,第186页。
② (唐)魏征、令狐德棻:《隋书》,中华书局1973年版,第1038页。

"弟子不必不如师,师不必贤于弟子,闻道有先后,术业有专攻,如是而已"。论述了从师的重要意义与正确原则,批评了当时普遍存在的不重师道的不良习俗。此文是为李蟠而作,实际上是借此抨击那些自恃门第高贵、不肯从师学习,甚至讥笑别人从师的士大夫阶层,有着鲜明的针砭时弊的作用。《杂说四·说马篇》《原道》《争臣论》等都是其优秀的散文代表作。

柳宗元的散文与韩愈齐名,多反映现实,"不平则鸣",富于革除时弊的批判精神。韩愈、柳宗元理论上奠定了散文的基础,实践上作出了典范。《答韦中立论师道书》《封建论》《捕蛇者说》是柳宗元的散文代表作。《捕蛇者说》由"异蛇"引出主人公"捕蛇者"——蒋氏。先写蒋氏三代捕蛇之"利",继而写捕蛇之"害"——"吾祖""吾父""吾"三代有的"死于是",有的"几死者数矣"。一个"且曰",将写"利"转为写"害",再用蒋氏的神情"貌若甚戚"极其生动地写出了"捕蛇"并非好事,"争奔走焉"实属无奈,字里行间,深含悲苦。只"言之貌甚戚者"一句,便把回首往事、悲痛在心、哀形于色的情态勾勒了出来。明明是备受毒蛇之苦,却说独享捕蛇之利,表现了作者对于朝廷横征暴敛的愤恨,对民不聊生状态的心痛与无奈。

韩、柳去世之后,李商隐、温庭筠、段成式继续发扬散文文体,三人皆排行第十六,故世称"三十六体",此后散文大家层出不穷,而骈文自此渐衰。唐代古文运动的兴盛,结束了骈文对中国古代文坛长期垄断的局面,开创了散文的新天地,为古代文学注入了活力,推广了文学的实用性与现实性。

三、传诵不绝的唐传奇

传奇是唐代兴起的新体小说,它的基本特点是叙事曲折细致,形象鲜明生动,讲究文采和意想,篇幅一般较长。"唐传奇主要有四种类型:爱情故事,如《霍小玉传》《李娃传》《莺莺传》等;神怪故事,如《柳毅传》《南柯太守传》等;剑侠故事,如《虬髯客传》《红线》等;逸史别传,如《海山记》《迷楼记》等。其中亦有交叉,如《柳毅传》既属神怪故事,又是爱情故事。唐传奇的题材极为广泛,大凡帝王将相、后妃嫔姬、文人墨客、英雄豪侠、道士僧徒、隐者逸民、巫祝医卜、娼优婢妾,乃至神人仙子、冥鬼幽魂、花妖狐魅等都成为描写对象;丰富多彩的社会生活,上到军国大事,下到人间琐闻,从人的外部行为到人的内心世界,都或直接或曲折地得到生动细致的表现。主题是多种多样的,爱情、历史、政治、伦理、梦幻、英雄、神仙、命运、报应等都是被反复表现的重要主题。在这些主题中闪烁着许多有价值的思想"[①]。

---

① 杨文榜:《论唐传奇小说兴起与繁荣的原因》,《扬州教育学院学报》2004年第2期。

唐代以前，小说还未成为一种独立的文学体裁形式，多是一些传闻异录或者历史轶事等。到唐朝，小说进入了一个全新的阶段："小说亦如诗，至唐而一变，虽尚不离于搜奇记逸，然叙述宛转，文辞华艳，与六朝之粗陈梗概者较，演进之迹甚明，而尤显者乃在是时则始有意为小说"[①]。唐朝小说又称为"传奇"，唐朝城市经济的繁荣为传奇提供了丰富多样的题材，从原来单纯的谈神说鬼，逐渐走向反映复杂的社会现实生活，"变异之谈，盛于六朝，然多是传录舛讹，未必尽设幻语；至唐人乃作意好奇，假小说以寄笔端"[②]。韩愈、柳宗元所倡导的古文运动也为传奇创作提供了新的表达能力和丰富的内涵。此外，科举考试中的行卷风气也有一定影响作用。唐代科举考试有"行卷""温卷"的风气，应试的文人为了获得考官的赏识，往往在考前送上自己的文章，第一次送上叫"行卷"，以后再送叫"温卷"。"行卷"和"温卷"的文章中就包括传奇小说，宋人赵彦卫《云麓漫钞》说："唐世举人，先借当时显人以姓名达主司，然后投献所业，逾数日又投，谓之'温卷'，如《幽怪录》《传奇》等皆是也。盖此等文备众体，可见史才、诗笔、议论。"唐代一些大家如韩愈、柳宗元等人都撰写传奇小说，使之逐渐形成自己的文风和特点，渐趋发展成为一种独立的文学形式。

《古镜记》和《补江总白猿传》是唐代最早的传奇小说。两书的内容总体上来讲还未脱离前代谈神论怪、搜奇猎异的模式，但叙述较为完整、详尽，主要人物活动和地点环境的描写，以及情节逐渐丰富，无论结构还是叙事均有很大进步。《游仙窟》是初唐时期著名的传奇小说，作者张鷟，采用自叙体形式，描写作者奉使河源，途中夜宿某大宅，大宅即神仙窟，与两女子调笑戏谑，宴饮歌舞，无所不至。作者不再描写神仙鬼怪，而将小说转向现实生活，着重描写唐初文人放荡、轻佻的狎妓生活。

唐玄宗以后，唐传奇逐渐进入繁盛、多产时期，许多优秀的传奇小说都产生在这一时期。"惟自大历以至大中中，作者云蒸，郁术文苑，沈既济、许尧佐擢秀于前，蒋防、元稹振采于后，而李公佐、白行简、陈鸿、沈亚之辈，则其卓异也。"[③]小说题材逐渐丰富，除传统的神怪外，还有爱情、历史、侠义诸类。沈既济的《枕中记》和李公佐的《南柯太守传》是其中的代表作。前者描写郁郁不得志的士子卢生在邯郸旅店住宿，借用道士的青瓷枕入睡，梦中娶妻登科，仕途顺利，被封燕国公，一觉醒来发现店主所蒸黄粱饭尚未熟，仅

---

① 鲁迅：《中国小说史》，江西教育出版社2014年版，第39页。
② 胡应麟：《少室山房笔丛》，载《明清小说资料选编》，南开大学出版社2006年版，第960页。
③ 鲁迅：《鲁迅杂文全编》，人民文学出版社2006年版，第90页。

是"黄粱一梦"。后者讲述游侠淳于梦与友人豪饮大醉后,梦见被槐安国招为驸马,拜为南柯太守,出将入相,醒来后才发现自己不过梦游蚁穴,"南柯一梦"。两篇小说通过描写主人公沉浮宦海、追求人生富贵的故事,揭露了唐朝广开科举后知识分子热衷于功名、追求仕途的思想,同时以入梦的形式宣扬了浮生若梦,富贵不过过眼云烟的消极思想。

唐朝中后期,爱情类传奇小说逐渐增多,并将唐传奇推向艺术的高峰。《柳氏传》《李娃传》《霍小玉传》《柳毅传》《莺莺传》《虬髯客传》等都是流传至今的优秀作品。许尧佐《柳氏传》收入《太平广记》卷485,描写"有诗名"的寒士韩翊与富而爱才的李生为友。李有美妾柳氏,爱慕韩翊,李知其意,便将柳嫁韩。后值安史之乱,柳剪发毁形,寄身佛寺。两京收复后,韩翊使人潜寻柳氏,最终经人帮助而团圆。白行简《李娃传》收入《太平广记》卷484,描写荥阳大族郑生热恋长安倡女李娃,屡经波折,几经丧生,终获科举连中,登第为官,与李娃结为夫妇,李娃也被封为汧国夫人的美好故事。蒋防《霍小玉传》描写陕西李益与长安霍小玉相爱,后登第授官,遂致负心,霍小玉绝望而死,李益终生不得安宁。《虬髯客传》写李靖于隋末在长安谒见司空杨素,为杨素家伎红拂所倾慕,随之出奔,途中结识豪侠张虬髯,后同至太原,通过刘文静会见李世民。虬髯本有争夺天下之志,见李世民器宇不凡,知不能匹敌,遂倾其家财资助李靖,使其辅佐李世民成就功业。这一时期还有历史类传奇小说,如《长恨歌传》《高力士传》《安禄山事迹》等;游侠类传奇如《聂隐娘》《昆仑奴》《红线传》《无双传》等。

唐传奇发展中逐渐具有了独特的叙事方式、文本结构,成为独立的文学形式,在思想内容的现实性及艺术手法、语言技巧等方面有所突破,标志着我国小说的发展日趋成熟,对后世小说创作影响很大。如元稹《莺莺传》在金代演变为董解元的《西厢记诸宫调》,到元代则被王实甫改编为《西厢记》;陈鸿的《长恨歌传》到元代则被白朴改编为《唐明皇秋夜梧桐雨》,至清代则演变为洪昇的《长生殿》。因此,唐传奇不仅奠定了中国小说的基本叙事形式和结构,还为后世小说的创作提供了丰富的题材宝库。

五代时期黄河流域战争频仍,但西蜀、江南一带却相对安定,在这些偏安的小王国里,统治阶级弦歌饮宴,昼夜不休,过着奢靡腐化的生活,于是,适应歌楼舞榭的需要,词就大量产生了。五代时期后蜀赵崇祚选录温庭筠、皇甫松、韦庄等18家词为《花间集》,其中除温庭筠、皇甫松、孙光宪外,都是蜀地文人。他们在词风上大体一致,后世称之为花间词人。花间派词人的多数作品是用华艳的辞藻来描绘妇女的服饰、体态和闺阁生活的,题材比温词更狭窄,内容也更空虚,格调也更卑下,对后代词人产生了消极的影响。

四、俗讲、变文与绘画

唐代城市经济的繁荣,促进了市民阶层的产生和发展。随之而来的是市民文学与文艺的兴起,唐代流行的市民文学即是俗讲和变文。

俗讲是说唱艺术的一种。唐朝是传播佛教思想的隆盛时代,印度佛教徒在诵经中通过讲说和歌唱并用的方式将佛教传到中国。僧侣将佛经译成文雅的经文;为向人们进行宣讲,又把经文和其中的动人故事编成通俗文字夹叙夹唱,先用说白散文叙述事实,然后用歌唱(韵文)加以铺陈渲染,并配图画增加通俗性,这种演唱佛经的形式,称"俗讲",俗讲时用的话本被称为变文。后来,民间艺术家也采用变文的形式讲唱故事,逐渐发展成为大受城市居民欢迎的娱乐活动。民间俗讲非常流行,韩愈的《华山女》诗云"街东街西讲佛经,撞钟吹螺闹宫廷",就是对这一现象的描述。但宋代以后,话本、戏曲、诸宫调等文学形式兴起,俗讲逐渐退出历史舞台,后世传承下来的变文及相关记载很少,仅敦煌藏经洞内发现少量传世文献。

隋唐五代时期的绘画艺术也取得了较高的成就。国家大一统局面的形成促进社会稳定,经济繁荣,对外往来的扩大以及佛教等外来文化艺术的影响,使隋唐五代时期的绘画艺术呈现出多姿多彩的生活气息和异域风情。

隋代国祚仅三十八年,但绘画成就显著。国家统一促进南北著名画家的交流,著名画家如展子虔、田僧亮、孙尚子、郑法士、杨契丹等云集长安、洛阳等大城市,相互借鉴与交流。隋代绘画以表现鬼神人物为主,同时佛教的复兴使国内广修寺院,宗教美术重新活跃,长安、洛阳、江都等地各大佛寺均有名家手笔,为城市文化增加了宗教色彩。展示贵族人物肖像和生活场面的绘画也有较大发展,孙尚子以"美人魑魅为胜",杨契丹以"朝廷簪组为胜",郑法士以"游宴豪华为胜"①。以山川风景为主的山水画也取得一定成就,展子虔的《游春图》是我国现存最古老的山水卷轴画,被誉为"天下第一画卷",对唐代山水画影响较大。

据宋代《宣和画谱》和清代官修《佩文斋书画谱》记载,唐代有姓名可考的画家四百多人。无论人物画、山水画、壁画都取得了很高的艺术成就。人物画在唐代绘画中占主要地位,唐代释道画兴盛,人物画中宗教壁画占重要地位。阎立本、吴道子、张萱、周昉、韩滉等都是唐代人物画的代表画家。阎立本的绘画艺术,先承其父阎毗,后师张僧繇、郑法士,史书评价其"尤善图

---

① (南齐)谢赫:《四库家藏》,山东画报出版社2004年版,第46页。

画,工于写真"①,以史学记载加以想象而成的《历代帝王图》,包含了13位帝王的肖像,成功地刻画了帝王们的人格特点,是唐代画家表现人物性格特点的代表作。阎立本的《步辇图》"画太宗坐步辇上,宫人十人舆辇,皆曲眉丰颊,神采如生,一朱衣髯官,执笏引班。后有赞普使者,服小团花衣,及一从者,赞皇李卫公小篆题其上,唐人八分书。赞普辞婚事,宋高宗题印,定真,奇物也"②,将唐太宗的帝王气派以及吐蕃使者的忠顺质朴描绘得栩栩如生、跃然纸上。《秦府十八学士图》《凌烟阁学士图》《西域图》《永徽朝臣图》《昭陵列像图》都是阎立本重要的绘画创作。

吴道子是盛唐时期成就最高的画家,其一生在长安、洛阳等寺庙画壁画三百余间,变相人物,千变万态,奇踪异状,无有同者;其在技巧上也有重要创造,中年以后善用遒劲奔放、变化丰富的"莼菜条"线描表现高低深斜卷折飘带之势,并于焦墨痕中略施微染,取得天衣飞扬、满壁风动和自然高出缣素的效果,"其傅彩,于焦墨痕中,略施微染,自然超出缣素,世谓之'吴装'"③。苏轼曾评价,"道子画人物,如以灯取影,逆来顺往,旁见侧出,横斜平直,各相乘除,得自然之数,不差毫末。出新意于法度之中,寄妙理于豪放之外,所谓游刃余地,运斤成风,盖古今一人而已"④,《地狱变相图》《宝积宾伽罗佛像》《道子墨宝》等均是其壁画佳作。《送子天王图》《八十七神仙卷》等作品在我国绘画史上具有很高的地位。

周昉、张萱的作品则重在反映贵族妇女的日常生活,如贵族妇女春游、踏雪、乞巧、扑蝶、烹茶、吹箫等,虽多将画笔用以追逐宫廷贵族生活风俗,但已脱离鬼怪神话色彩,开始关注社会风俗。二者流传至今的画作很少,周昉有《簪花仕女图》,张萱画作则是宋人摹本,如《捣练图》《虢国夫人游春图》。值得一提的是,韩滉绘画多以农村人物、马、牛、羊及生活风俗为题材。《田家风俗图》《田家移居图》《尧民击壤图》《五牛图》《村童戏蚁图》《丰稔图》等作品是其代表作。除上述画家之外,韩干、皇甫轸、韦偃、王维、李思训等人都是唐代重要画家。从唐初阎立本的帝王图像,至吴道子宗教画像、周昉、张萱宫廷人物像,再到韩滉的农村风俗像,说明唐代中国人物画题材由鬼神宗教等逐渐向现实生活转变,构成唐代现实主义文学艺术的重要组成部分。

隋唐以前,山水画仅是人物画的背景而已,不作为独立的绘画类别存

---

① (后晋)刘昫等:《旧唐书》卷77《阎立本传》,中华书局1975年版,第2680页。
② (唐)张彦远:《历代名画记》卷9《唐朝》,江苏美术出版社2007年版,第215页。
③ 张小庄:《清代笔记、日记绘画史料汇编》,荣宝斋出版社2003年版,第471页。
④ (宋)欧阳修等:《欧阳修合集》,时代文艺出版社2011年版,第76页。

在。隋代展子虔以山水画著称,此后山水画逐渐兴盛起来,经唐代发展逐渐演变为绘画类型的重要组成部分。吴道子不仅擅长人物画,也十分擅长山水画。"因写蜀道山水,始创山水之体"①。据说,其曾在江陵江写生,回长安后用一天的工夫就将江陵江三百里山水画于大同殿壁上。李思训、李昭道父子也是唐朝著名的山水画家。李思训受展子虔的影响,"尤工山石林泉,笔格遒劲"②。题材上多表现幽居之所。画风精丽严整,以金碧青绿的浓重颜色作山水,细入毫发,独树一帜。在用笔方面,能曲折多变地勾画出丘壑的变化。用色喜艳丽,开创了金碧山水画法。元代夏文彦在《图绘宝鉴》中评价说:"用金碧辉映,为一家法,后人所画著色山,往往多宗之。"有《山届四皓》《春山图》《海天落照图》《江山渔乐》《群山茂林》等作品。其子李昭道亦继承父亲风格,有作品《秦王独猎图》《海岸图》《摘瓜图》《春山行旅图》《明皇幸蜀图》等。

王维不仅以山水诗出名,其山水画亦负盛名,其曾自豪地说"当代谬词客,前身应画师。不能舍余习,偶被时人知"。王维以写诗的笔调作画,无论诗还是画都颇有诗情画意,别具风格。苏轼在《东坡题跋·书摩诘〈蓝关烟雨图〉》中写道:"味摩诘之诗,诗中有画;观摩诘之画,画中有诗"。《旧唐书》卷190下《王维传》亦载:"书画特臻其妙,笔踪措思,参于造化,而创意经图,即有所缺,如山水平远,云峰石色,绝迹天机,非绘者之所及也。"王维作画意境深远,极富于想象力,《太平广记》曾评价其《辋川图》"山谷郁盘,云水飞动,意出尘外,怪生笔端"。《辋川图》《山阴图》《雪溪图》《袁安卧雪图》等都是其重要作品。

就山水画而言,李思训所开创的金碧山水画是"正宗",而王维等人的水墨画则为"旁支",但经过五代的发展,水墨山水画逐渐取代金碧山水画的地位,成为山水画的主流。五代时期著名的水墨山水画画家有荆浩、关仝、巨然、董源等。

荆浩是中国五代后梁最具影响的山水画家,博通经史,并长于文章。荆浩在后梁时期,隐居太行山洪谷,长期的山林隐居生活使他更能领悟到自然界的奥妙,其所创山水笔墨并重。著有《山水诀》一书。擅画"云中山顶",有《山阴宴兰亭图》3幅、《楚襄王遇神女图》4幅、《匡庐图》等50余幅画作,其作品被奉为宋画典范。

关仝乃荆浩学生,有"工画山水,学从荆浩,有出蓝之美。驰名当代,无

---

① (唐)段成式撰,许逸民校笺:《酉阳杂俎校笺》,中华书局2015年版,第1774页。
② (清)吴历:《吴渔山集笺注》,中华书局2007年版,第422页。

敢分庭"①的赞誉。其画作内容多描绘秋山寒林、村居野渡、幽人逸士、渔市山驿,"石体坚凝,杂木丰茂,台阁古雅,人物幽闲者,关氏之气也","画木叶……时出枯梢,笔踪劲利,学者难到"②。有《山溪待渡图》《关山行旅图》《秋山图》《江山渔艇图》《春山萧寺图》等画作。

董源与巨然尚有师徒关系,董源山水画有两种风格:一种宛有李思训风格,"皱纹甚少,用色浓古,人物多用红青衣,人面亦有粉素者……皆佳作也"。而成就最高的当属第二种水墨山水画,"出自胸臆,写山水江湖、风雨溪谷,峰峦晦明,林霏烟云,与夫千岩万壑,重汀绝岸,使览者得之,真若寓目于真处也"。宋代沈括称他"多写江南真山,不为奇峭之笔"③。有《秋山晚霭图》《夏景山口待渡图》《潇湘图》等传世。巨然师从董源,继承董源水墨山水画,"笔墨秀润,善为烟岚气象,山川高旷之景"④。《圣朝名画评》评价其画"古峰峭拔,宛立风骨,又于林麓间多用卵石,松柏草竹,交相掩映;旁分小径,远至幽墅,于野逸之景甚备"。其传世作品有《秋山问道图》《层岩丛树图》《万壑松风图》等。

隋唐五代的山水画,从吴道子、李思训等到荆浩、关仝等人,由金碧山水画到水墨画,由浓墨重彩到清素淡雅,由写景走向写意,为宋代趋向意境渲染的风格奠定基础,对宋元时期清新秀逸、意境深远的南国风光画影响巨大。

第四节　科学技术的发展

隋唐时期,随着国家大一统的完成和政治革新的顺利推动,社会意识形态逐渐趋于一致,加之经济的迅速恢复与发展,有力地推动了思想文化的发展和中外文化的交流,随之而来的是科学技术的长足进步。特别是唐代科学技术水平与成就,远远超过同时期欧洲而居于世界前列,为中华文明乃至世界科技文明作出重要贡献。隋唐五代时期科学技术的进步,有力地促进了城市规划、设计水平的提高,科学技术于城市建造的时代特色与成熟功不可没。这里以城市规划、建造、排给水为例加以说明。

隋唐时期,广泛应用的木结构建筑技术和高层结构建筑技术体系以及布局合理、规划严谨的城市规划领先于世界。隋代著名建筑家宇文恺主持

---

① 沈曾植:《海日楼诗注》,中华书局2001年版,第580页。
② (清)叶德辉:《园诗钞》,岳麓书社2010年版,第838页。
③ (宋)沈括:《梦溪笔谈》,中国画报出版社2011年版,第148页。
④ 余城:《宋代绘画发展史》,荣宝斋出版社2017年版,第133页。

修建大兴城及洛阳城,唐代严格规划、扩建的长安城,都是隋唐时期城市规划水平和建筑水平的杰出成果。皇宫、民居、里坊、街道、水源供给、绿化等规划,成为朝鲜、日本营造都城的范本。

隋代大兴城(长安城)由隋代著名建筑家宇文恺主持修筑。在规划建设大兴新都前,宇文恺走访了北魏都城洛阳、曹魏都城邺城,从中汲取前人城市建设与规划的经验,认为汉长安城"凋残日久"且"旧经丧乱",加上土地和水源逐渐盐碱化,城市供水不足。因此,他充分考虑自然条件,结合龙首原一带的地形特点,因地制宜地对城市进行了完整而周密的规划设计。突破旧有建城思想,采用先建城墙,再辟道路,修建坊里的施工顺序,充分利用了地形的变化,建筑高低错落有致,使新都在总体上布局整齐、周密,气势恢宏。隋炀帝即位后,将洛阳改为首都,长安作为陪都。因此,宇文恺又对东都洛阳进行了新城建造。宇文恺在洛阳城内先后建有天经宫,筑西苑,挖龙鳞渠,修造十六院,堂殿楼观,极其华丽,蔚然壮观。

唐朝统治者以隋大兴城为都,并更名为长安。唐长安城的规划与布局承袭了隋大兴城的建筑特色,对长安城进行了大规模的扩展和改造。在城市改造、建设过程中,主要考虑到唐代快速发展的经济和急剧增长的人口所带来的城市管理与城市扩张以及交通、水源、城市园林建设等多方面因素,又依据唐代社会高层统治者的需要,对长安城进行了科学、全面规划与周密布局,将城市分为"宫城""皇城"以及"罗城"三大部分,分别进行建设与改造,使之成为世界上规模最大、功能齐全、管理先进的国际性大都市。宫城在长安城中央最北面,由掖庭宫、东宫、太极宫组成,是唐朝统治中心。皇城又称子城,位于宫城南面,是中央官署所在地。皇城内街道整齐,布局严谨。皇城与宫城中间筑有东西走向的"横街",是长安城内最宽阔的大街,供国家举行重大庆典、士兵操练以及各种大规模公共活动所用。罗城是长安百姓居住生活所在,是长安城外城,从东、西、南三面将宫城与皇城围绕其间。依照古代都城布局中轴线对称、方正规划的传统思想布局街道与里坊,里坊与街道规整、对称,气势恢宏。全城南北向11条大街,东西向14个大街,纵横交错,形成网格状布局,道路交错处共计110个街坊,里坊之间均有坊墙形成独立体系,"百千家似围棋局,十二街如种菜畦"。

隋唐五代时期造桥技术颇为先进。赵州桥造型奇特,设计精巧,是世界上现存最古老、跨径最大的敞肩坦弧石拱桥。由隋代著名工匠李春等人于开皇十五年(595)至大业元年(605)建成。唐中书令张嘉贞在《安济桥铭》中载:"赵州洨河石桥,隋匠李春之迹也,制造奇特,人不知其所以为。"古人囿于知识水平的局限性,无法探究其设计奥妙所在,直至1933年,中国著名建筑学家梁思成对赵州桥进行了详尽的研究和考察,才使人们认识到赵州桥在桥梁设计、材料选择和力学性能方面的高超水准。

我国是世界上最早利用运河的国家之一,早在西周时期就已有人工运渠的出现,隋唐时期,中国运河开凿有了跨越式发展。隋朝初期,文帝鉴于"渭水多沙,流有深浅,漕者苦之"①,命宇文恺率领水工开凿沟渠,在汉代漕渠基础之上,引渭水经大兴城(长安城)北,东至潼关300余里,沟通长安至潼关的水运航线,名为广通渠。开皇七年(587),为渡江灭陈,于"扬州开山阳渎,以通运漕",开沟旧有邗沟,南起江都县扬子津(今扬州南),北至山阳(今淮安),全长300余里,将长江与淮河沟通。同时整修了汴河以及黄河三门峡一段,为开通大运河打下良好基础。大业元年(605),隋炀帝继位后,即展开了大规模开凿运河建设。"命尚书右丞皇甫议发河南、淮北诸郡民,前后百余万,开通济渠","自西苑(洛阳)引谷、洛水达于河……通于淮……自山阳至扬子江",将黄河与淮河水系沟通起来,自东都洛阳至江都,全场2200余里,渠广40步。隋炀帝大业四年(608),诏"发河北诸郡男女百余万,开永济渠,引沁水,南达于河,北通涿郡",是为永济渠,全场1000多公里,可通大型龙舟。大业六年(610),"敕穿江南河,自京口至余杭,八百余里。广十余丈,使可通龙舟,并置驿宫、草顿。欲东巡会稽"②,沟通长江与钱塘江水系。至此,全长2700公里的隋朝大运河开凿成功,流经河北、河南、安徽、江苏、浙江5省,沟通了长江、海河、淮河、黄河、钱塘江五大水系,反映出我国高超的水利建造技术。隋朝以后,直至清朝时期,大运河一直是中国南北交通运输的主动脉,对南北经济的交流与发展起了很大的作用。

需要论及的是,隋唐五代时期城市供水系统是城市建造水平的重要标志。城市是人类社会发展的产物,给人们生活提供了安全保障。居住于城市的人们获得安全的同时更需便利生活。城市供水是城市生活的重要构成。隋唐五代城市范围与结构得以发展。城市水利较之前代明显进步,彰显供水方式多样化倾向。城市给水方式主要为河流给水、穿渠引水、池沼湖泊蓄水、凿井汲水。河流为城市供水主要来源;水渠是城市给水重要通道;池沼、湖泊是城市水源储备方式;井泉为城市用水内在保障。四者相互连接,共同构建城市给水网络系统。

水为城市生命之源,水利作为最关键因素介入城市建设发展之中,关乎

---

① 孟昭华:《中国灾荒史记》,中国社会出版社1999年版,第283页。
② 陈桥驿主编:《中国运河开发史》,中华书局2008年版,第220页。

城市生存状态、发展规模、建筑风格、环境质量等多个方面。城市给水为城市提供生产、生活用水水源，是一切城市市政设施的基础。近年来，功能至上的城市规划思想于城市设计工作中主导作用明显。城市供水成为城市水利狭义概念的重要构成。伴随城市空间密集与城市特色的丧失，城市社会问题日益尖锐。城市规划中将物质形体环境、社会环境、生态环境综合考虑，是为当今社会各界亟待重视的问题。

河流：城市供水主要来源。隋唐五代时期城市生产、生活用水主要来源于地下水、地表水两个方面。地下水以泉水、井水为主要表现。地表水主要包括河流、渠道来水。城市多以地表水为都市用水主要来源，又因渠道之水多引自城内或城外之河流，古人在城市选址时即将河流因素放置于首要位置。

隋唐长安城城址就选在龙首原东南面灞水、浐水与潏水之间的平原上，潏水之南有洨水，潏河之西有沣水和滈水，城市北面有泾水和渭水，长安城建造其间，即有"八水绕长安"之说。《长安志》载，"京城南侵终南子午谷，北据渭水，东临灞浐，西枕龙首"，彰显古人城址选择时已将河流这一城市供水的主要来源作为选址重要因素。"关于长安附近之河流流量，西安水利志载：潏河年径流量2亿立方米，滈河0.95亿立方米。"①"两河相交而成的交水年径流量为2.95亿立方米。渭水年平均流量最大达到70.24亿立方米；泾水是渭水最大的一级支流，年平均流量20.129亿立方米；灞水和浐水分别是17.9亿立方米和1.88亿立方米；沣水年平均流量15.36亿立方米；洨水年平均流量4亿立方米。"②"如此丰沛的水源足以满足隋唐长安城西居民生产、生活用水。"③

之后事实亦证明，"八水"四面围绕隋唐长安城，构成长安城周密水网系统，长安城建城之初即为一个用水富足的城市。"城中宫禁、苑囿用水，居民日常生活用水，园林景观用水以及东西两市的放生池，均来自于长安城周围的八水。"④"八水"滋润了长安城的各个角落，既提供城市生产、生活用水，又满足城市大面积景观用水，对长安城繁盛发展的促进作用无可替代。唐朝盛期，长安城人口总数达100万人，如此规模与繁盛均得益于其富足的河流供水。

隋唐洛阳城城址周围有伊、洛、瀍、涧四条大的自然河流，其中伊水、涧

---

① 西安水利编撰委员会编：《西安市水利志》，陕西人民出版社1999年版，第38页。
② 温亚斌等：《隋唐长安城的供水系统》，《四川建筑科学研究》2008年第1期。
③ 慈平：《唐长安城永安渠与西市》，《西安文理学院学报》（社会科学版）2011年第2期。
④ 温亚斌：《隋唐长安城"八水五渠"的水系研究》，西安建筑科技大学硕士学位论文，2005年。

水、瀍水三河为洛水支流。它们共同构成洛阳城丰富自然水资源。"伊水掠城南来向东北流;洛水由城西上阳宫南入城,并沿皇城城南向东横贯全城,是对洛阳城市影响最大的一条河流;瀍水由城北入城,经过进德坊、履顺坊、思恭坊、归义坊,终于漕渠相连,汇入洛水;涧水即谷水,从城西北角流入城内,流经宫城、上阳宫、西苑,终汇入洛水。由此,隋唐洛阳城不仅洛水贯城,而且三面环水,伊洛二水近似平行。其自然水系提供了城中宫禁、苑囿用水和居民日常生活用水,为后来洛阳兴盛提供了得天独厚的条件。"①关于这一情况,《新唐书》亦有记载:"前直伊阙,后据邙山,左瀍右涧,洛水贯其中。"②以至隋炀帝即位初即对洛阳大加称赞:"洛邑自古之都,王畿之内,天地之所合,阴阳之所和。控以三河,固以四塞,水陆通,贡赋等,故汉祖曰'吾行天下多矣,唯见洛阳'……我有隋之始,便欲创兹,怀洛日复一日;越暨于今,今兹在兹,兴言感哽。"③之后,统治者对洛阳水利给予了考虑,"充分利用这些水道,根据其流经区域与地势,有计划地将涧、瀍、洛等水引入宫城、御苑、皇城和里坊区,整个城内河渠成网,对城内生活用水,排污,防火及漕运均产生良好作用"④。

唐时,成都水利有所发展。唐乾符时,西川节度使高骈在郫江修建縻枣堰并开凿了护城河。高骈开凿的新城河为成都提供了三面城河环抱的城河水系。与内城隋代开凿的摩诃池等河湖水系共同构成成都完善的市政水道和园林河湖,形成河岸亭台与街坊市井相连、园林与作坊杂陈交错的格局。高骈曾赋诗描述成都水利:"蜀江波影碧悠悠,四望烟花匝郡楼。不会人家多少锦,春来尽挂树梢头。"李白、杜甫等人到成都,多有吟咏成都水利诗句,李白有"芳树笼秦栈,春流绕蜀城";杜甫有"清江一曲抱村流,长夏江村事事幽"。边远之城,将河流作昌。高昌故城在吐鲁番东约25公里,胜金口以南二堡和三堡之间,从胜金口流出的木头沟水,经过二堡流入故城。唐代交河城即雅尔湖古城为城市主要水源的情况亦为普遍。《前汉书·西域传》载,唐代高昌城古称西在吐鲁番城西10公里处,位于两条宽而深得河床之间的狭长地带上,两河在城南汇合,交河城名由此而来。可见时人对城市水系构成之河流的重视,河流于城市水利中的重要地位得以凸显。

水渠:城市给水重要通道。水渠供水是隋唐五代时期城市给水重要

---

① 钱珂等:《隋唐洛阳城景观水系构景艺术研究》,《西南林学院学报》2010年第2期。
② (宋)欧阳修、宋祁:《新唐书》卷385《地理二》,中华书局1975年版,第981页。
③ (唐)魏征、令狐德棻:《隋书》卷3《炀帝纪》,中华书局1973年版,第21页。
④ 田莹:《论隋唐洛阳水环境与城市发展的互动关系研究》,陕西师范大学硕士学位论文,2008年。

渠道。城内水渠与城内外河流相连，河流与人工渠道相互沟通，形成以河流为主干，城内水渠为给水方式的水道网络。将水流源源不断供给城内各个用水区域。仍以隋唐洛阳城为例，洛阳城不仅洛水贯城，而且三面环水，伊洛二水近似平行，这一地势十分有利开凿水渠。隋炀帝即位次年便命宇文恺营建东都洛阳，在充分考虑四水流经区域和地势后，有计划地筑渠，将洛水、瀍水、涧水引入宫城、御苑、皇城和里坊，使得整个城市水网四通八达。

隋唐洛阳供水主要来自洛河。洛阳引水渠道分洛河南部、洛河北部两个部分。洛河南部引水渠道自洛河上游和伊河上游引水入城，在城内流入洛河。洛河南岸入城之渠道有四，分成五支，其中通济、通津二渠引水在洛河上游，两条伊河支渠和运渠引自伊河。洛河北部引水渠道从城内洛河直接分引北出，或者从支流谷水和瀍水注入城内。"其主要渠道有三条，即漕渠、泄城渠、写口渠。漕渠即隋代开凿的通远渠，自城内惠训坊北修坝引洛水，向东流经立德、归义、景行、时泰、时邕、毓财和积德七坊，解决了洛北诸坊、北市和含嘉仓供水、运输问题。泄城渠由城北入城，向南流经道政、道光、清化和立德四坊，于立德坊东南汇入漕渠。写口渠于东城东门宣仁门南清化坊西南处枝分泄城渠，向南流经立德坊，于其坊东南流入漕渠。"①之外，"洛北还有谷水渠道。隋炀帝建洛阳城时，使谷水回复故道，并在城北外修渠二条，一条引入宫城，一条引入上阳宫，其余则由城西旧道进入西苑，之后于城西南注入洛水"②。

城内水渠供水另一表现为隋朝皇家园林的建造。《隋书》中记载隋炀帝建造西苑时"开渠引谷、洛水自苑西入，而东注于洛"③，说明园中之水引自涧水、洛水，而后又注入洛水。水入西苑后，据《资治通鉴》载，西苑"周二百里，其内为海，周十余里，为蓬莱、方丈、瀛洲诸山，高出水百余尺……北有龙鳞渠，萦纡注海内。缘渠作十六院，门皆临渠"④。说明当时隋炀帝注重并贯彻了城内开渠引水与河流相通，形成水系网络的城市水利规划思想。

与洛阳类似，唐代长安亦十分注重城内水渠供水。"唐在隋都基础上继续营建，长安供水工程日渐完善，终于形成沟渠纵横、南北东西相通的城市水利系统。其时长安的引水工程主要有四处：城以东的龙首渠、城东南的

---

① 田莹：《论隋唐洛阳城的池沼》，《唐都学刊》2008年第1期。
② 田莹：《隋唐洛阳水环境与城市发展的互动关系研究》，陕西师范大学硕士学位论文，2008年。
③ （唐）魏征、令狐德棻：《隋书》卷24，《食货志》，中华书局1973年版，第128页。
④ （宋）司马光编著，（元）胡三省音注：《资治通鉴》，上海古籍出版社1987年版，第1196页。

黄渠、城以南的清明渠和漕渠以及永安渠"。具体而论，龙首渠在长安东南引浐水，经通化门入城，主要为解决宫城内苑用水而修建。清明渠在城南分沇水东南流，经安化门至皇城、西与永安渠会，解决外郭西城及皇城、宫城部分用水。黄渠，隋代宇文恺在城东南角利用泉水开曲江池，辟其周围为皇家苑囿。"唐代更开水源，引南山溪水注入曲江池，渠称黄渠。曲江池以下渠道入城，称御沟，与许多私家园林相通。漕渠于隋开皇四年（584）宇文恺主持开凿，引渭水经长安城北，东至潼关，长300里。永安渠在城东南，凿于隋开皇二年（582），在城南引洨水，从大安坊入城，直北入芳林园，然后出城，北入渭水。"①

关于永安渠，中唐韦述所著《两京新记》载："西市，隋曰利人市，市西北有海池，长安中僧法成所穿，分永安渠以注之，以为放生之所。"②《类编长安志》亦载："隋开皇三年引潏水西北流入城，经大通、信义、永安、延福、崇贤、延康六坊之西，又经西市东，北流经布政、颁政、辅兴、崇德四坊及兴福寺西，北入芳林园，又北入苑，注之于渭。"可见永安渠修建时间、流向与城市水利之关联。关于永安渠的作用，有研究者从西市与永安渠关系方面作有论述，认为永安渠为西市居民提供了日常生活用水，并于西市利用永安渠水流开凿了放生池。永安渠源源不断的供水保证了放生池水量的稳定，同时补充了地下水，从而为西市的工商业用水提供了保障。这一观点从《太平广记》中得到印证——居住在西市的窦乂，经常雇佣人在崇贤坊西门洗涤衣物等生活用品。这个水涧即为永安渠。显示永安渠是城内居民居家、生产用水的重要渠道。

水渠供水不单在都城中广泛使用，地方性城市亦较为普遍。"以唐代为例，唐武德元年，陕东道大行台金部郎中长孙操开广济渠，引水入陕县城，以代井汲；贞观中，长史李勋架汾水之上，引晋水入太原东城，以甘民食，谓之晋渠；开成年间，坊州州郭缺水，刺史张怡自城东北七里上善泉架水入城，以纤远汲。"③"唐代成都为解决城区供水问题，方便几十万居民生活饮用，洗濯、消防及市内交通，由白敏中主持，在成都西郊开渠引岷江水入城。水自城西入，穿城而过，至东城出，汇入府河，近代称金河。"④金水河引水工程开凿后，大大方便了成都市民生活，改善了城市交通和环境。

---

① 周魁一、谭徐明：《中华文化通志·水利与交通志》，上海人民出版社1998年版，第108页。
② （唐）韦述、杜宝撰，辛德勇辑校：《两京新记辑校·大业杂记辑校》，三秦出版社2006年版，第49页。
③ 齐涛：《魏晋隋唐乡村社会研究》，山东人民出版社1995年版，第114页。
④ 熊达成、郭涛：《中国水利科学技术史概论》，成都科技大学出版社1989年版，第389页。

唐代江西宜春是利用开渠引水解决城市水源问题的典型城市。其水源工程为著名的李渠引水工程。宜春县城唐代为袁州州城,北临秀江,因城市地势由南向北倾斜,秀江水位较低,城市用水十分不便。城区多火灾,居民灭火得下河担水,十分艰巨。为改善城区用水条件,唐代元和四年(809)州官李将顺开渠引水。水源选在秀江南岸支流清沥江上游,宜春城西南5千米处。据清代宜春知县程国观重修《重修李渠志》记载,"这次工程筑堰凿渠,引水溉田二万亩,又决而入城,缭绕间灌间,其深阔使可通舟。李渠引水工程以解决城市供水为主,综合解决了航运、灌溉等各种问题,效益显著。"①《重修李渠志》在描述李渠引水工程给宜春城带来的变化时说:"本与居民御火灾,不辞迢递费迂回。夜澄明月家家到,春泛余光处处来。漱潆寒声喧巷陌,碎光红影见楼台。凭栏如解思经始,知我为亭有旨哉。"由此,当时城市用水在当局用水管理中被置于重要地位,城市用水工程修造亦得到各级政府关注与重视,并给地方民众带来用水便利。

池沼、湖泊:城市水源储备方式。前文已述,隋唐五代时期,河流为城市供水主要水源。无论王朝都城抑或地方城市,在城址选择上均坚持近水原则,即多依傍河流而建。应城内居民生产、生活之需,采取铺设水渠方式将河流之水注入城内,水渠与城市内外河流相互连接,形成网状城市水系。城市网状水系结构构成要素之一为城内池沼、湖泊,二者与河流、水渠等供水方式相辅相成。一方面,城市内外分布之河流、水渠为池沼、湖泊提供充足水源。与此对应,城内池沼、湖泊具有蓄水功能,成为城市储备水源,对保持城市供水平衡具有重要意义。

隋唐洛阳城宫苑内及外郭城私家园林多凿有池沼。关于洛阳城内池沼数量,曾有研究者做过粗略统计,洛阳城内17坊之中约有21处池沼。其中最大池沼为位于宫城西北隅隋代兴修的九洲池。《唐两京城坊考·宫城》载:"其池屈曲,象东海之九洲,居地十顷,水深丈余,鸟鱼翔泳,花卉罗植。"考古发掘显示,"该池平面呈不规则形,东西长约205米,南北宽约130米,深约3.6米"。②"进水渠道在水池北侧,渠宽4—5米,深4米,用砖石砌筑而成,出水渠道在南侧。"③最为人称道者当属西苑内之池沼。史料记载,西苑建于隋炀帝大业元年(605),初"开渠引谷、洛水,自苑

---

① 熊达成、郭涛:《中国水利科学技术史概论》,成都科技大学出版社1989年版,第405页。
② 杨鸿勋:《宫殿考古通论》,紫禁城出版社2001年版,第510页。
③ 王岩:《隋唐宋时期洛阳园林考古学初探》,载《汉唐与边疆考古研究》第1辑,中国社会科学院考古研究所《汉唐与边疆考古研究》编委会1994年编,第226页。

西入,而东注于洛"①。于苑内"开龙鳞渠回绕,贯通于十六院门,又筑山凿海,周十余里,水深数丈,有方丈、蓬莱、瀛洲诸山相去各三百步……海东有曲泉池"②。《资治通鉴》载,西苑"周二百里,其内为海,周十余里,为蓬莱、方丈、瀛洲诸山,高出水百余尺……北有龙鳞渠,萦纡注海内。缘渠作十六院,门皆临渠"③。西苑中所谓之"海"由相互连通的池沼组成,三山分列其间,形成海、湖、渠等多类型水体形态。除以上二池外,唐代曲江池亦值得一提。曲江池最早开挖于隋初营建大兴城时,"宇文恺以其地在京城东南隅,地高不便,故此地不为居人坊巷,而凿之以为池。""唐玄宗开元时期(713—741)进行了大规模扩建营修。开凿黄渠,从南山大峪口引潏水北流注入池内,加大水量,使池面扩大到约七十万平方米"④。由此而见当时曲江池规模。

客观而论,上述池沼仅为长安当时众多园池之代表,类似沼池于长安仍属不少,限于篇幅,难以一一列举,摘录主要者列表如下。

长安主要园池及给水渠(或河)系

主要园池(面积)	给水渠或河
昆明池(14.7平方千米)、镐池(1.4平方千米)	交水、沣水
内苑兴庆池(0.21平方千米)、太液池(0.16平方千米)、龙首池、灵符池、凝碧池、积翠池、胜业坊宁王九曲池、昌化坊岐阳公主宅沼、大宁坊太清宫池、东市放生池等	龙首渠
鲍陂(0.48平方千米)、曲江(1平方千米)、昭国坊韦应物宅池、永宁坊永宁园池、独孤公转池、长兴坊杨师道园池、晋昌坊慈恩寺池等	黄渠
皇子陂(0.56平方千米)、兴化坊斐度园池、太平坊园池、太极宫西海池	清明渠
定昆池(1.5平方千米)、昭行坊王昕园池、西市放生池、修德坊兴福寺池	永安渠
鱼藻池(0.56平方千米)	漕渠

资料来源:周魁一、谭徐明:《中华文化通志·水利与交通志》,上海人民出版社1998年版,第110页。

上述表格所列长安园池均为有籍可考者。表格所列各池主要特点有四:一是长安园池数量众多,仅不完全统计即达三十余处,无史料记载者并未列入,当仍属不少。二是长安园池并非孤立存在,全部与城市内外之明渠

---

① (唐)魏征、令狐德棻:《隋书》卷24《食货志》,中华书局1973年版,第686页。
② 梁思成:《中国建筑史》,生活·读书·新知三联书店2011年版,第74页。
③ (宋)司马光编著,(元)胡三省音注:《资治通鉴》卷180《隋纪四》,上海古籍出版社1987年版,第1196页。
④ 张永禄:《唐都长安》,西北大学出版社1987年版,第177页。

相连,明渠继而与自然河流承接,池沼与渠水、河流共同构成城市水系。侧面印证上文所述,河流、渠道于城市供水中所处地位至关重要。三是园池面积较大者亦属不少,加之数量众多,供水量之大可以想见。四是园池多置于宫廷苑囿,由官府开凿、管理和使用,并未包含城内大量私人园林开凿之池沼。

唐长安城大明宫太液池遗址,"2000—2005年,中国社会科学院考古研究所与日本奈良文化财研究所联合发掘,发现池岸、道路、殿址、廊院址、水榭址、杆栏式建筑基址以及其他建筑基址和给排水设施。对于太液池的范围、池岸结构以及池周建筑布局有了较为全面的了解"。

私家园林中池沼众多是为隋唐时期城内园林别具一格之所在。由于城中渠网纵横,使得大多数里坊内水渠环绕,水量充沛,因而隋唐洛阳私家园林多引水入院,开凿池沼,于保证充足水源供应的同时,使园中之水长流不息,不致污浊。据记载,"裴度湖园是一个以平津池为主体的水景园,从伊水东支渠引水入园,湖面很大,中有3岛。又如白居易的履道宅园,同样从伊水东支渠引水,园中形成白莲池、水阁池、后园池3池后又汇入伊水东支渠。整个园区水面面积几乎占到全园的三分之一,院内处处有水,水系有聚有分,匠心独运"①。昆明池自汉代以来一直是皇帝和达官贵人宴乐的场所,唐代水面仍然很大且水很深。唐人记载,昆明池地320顷,中有小舟各数十,楼船百艘,船上建戈矛,四角垂幡旌麾盖。玄宗开元时开黄渠后,曲江池水域扩大,昆明池地位被其取代。

地方性城市中,囿于自然因素,湖泊多居于江南都市。唐代宗时(763—779),杭州刺史李泌曾于城中主持开凿六井,以西湖水为源,城市用水得以改善。当时六井只是六处蓄水池,蓄水用瓦管或竹筒从西湖引来,将城市与西湖水系联系起来。由六井开始,西湖成为杭州城市不可分割的部分。白居易出任杭州刺史时,主持对西湖水利进行系统治理。疏浚湖泊,修筑东堤,提高西湖蓄水量和调节能力,并将城区供水后的余水用于农田灌溉。五代十国时期,钱镠以杭州为吴越国都城,西湖被经营成杭州的水源工程。与杭州类似,西南重镇成都市内亦存多处水塘和水池。这些池塘,雨季能蓄水排涝,旱季可放水灌田,兼可养鱼种莲,改善城市环境,成为城市重要辅助水源。隋代扩大成都子城,在市中区挖土筑墙,形成一个名曰摩诃池之大水池。《元和郡县图志》亦有摩诃池在"州中府城内"的记载。摩诃池又称"龙池",五代时蜀王的花蕊夫人有诗云:"龙池

---

① 钱珂等:《隋唐洛阳城景观水系构景艺术研究》,《西南林学院学报》2010年第2期。

九曲远相通,杨柳丝牵两岸风。长似江南好风景,画船来去碧波中。"说明五代时摩诃池水面之大。"唐咸通十二年(871),南诏入寇,民争入城。时城中乏水,取摩诃池泥汁澄而饮之。显示摩诃池关键时刻起到了供水作用"。①

  井泉:城市用水内在保障。利用井泉取水是古代解决城市供水重要措施之一。囿于古代环境卫生条件,即使一个城市同时具备多种水源,井水因其水质稳定、清洁,经过地下土层过滤澄清水质,无须经过烦杂净化程序而始终是最主要的饮用水水源,成为城市供水系统重要补充。井泉供水隋唐五代时期得到政府、民众普遍重视,意义和价值体现明显。"唐末天祐元年(904)朱全忠逼昭宗迁都洛阳,烧毁宫殿,夷平坊市,唐长安沦为废墟。后虽经历代重建,规模却已不及唐城六分之一。隋唐时代引水系统自此即坏,入城三渠大抵湮废,城内饮水只能依赖井水。"②其他文献有关井的记载亦不少见。"武后时,来俊臣家井水赤如血。"③天宝"十三载秋,大霖雨,害稼,六旬不止。九月,闭坊市北门,盖井。"④"长安初,醴泉坊太平公主第井水溢流。"⑤"景龙四年三月庚申,京师井水溢。"⑥以上所述均与隋唐水井有关。韦述的《两京新记》载:"醴泉坊版筑之初,即掘甘泉浪井七所,民争赴饮。""王涯奢豪。庭穿一井,金玉为栏。"⑦姚合的迁居,乃是因为"旧客常乐坊,井泉浊而咸;新屋新昌里,井泉清而甘"⑧。之外,多数平民则使用公井,如亲仁坊某井就是"数家同汲",贞元末的五坊小儿甚至可以利用公井勒索居民;僧寺供厨,亦常取井水。宫廷平素饮用水也是井水而不是渠水。隋朝即曾在醴泉坊置监,以甘泉水供御。⑨ 唐开元时"日以骆驼从善和坊运井水入内,以供内厨"⑩;"白鹿原又有神谷泉,唐时亦每日取运入宫,酿造御酒"⑪。隋唐长安城井泉具体分布,曾有研究者作过粗略统计。

---

① 熊达成、郭涛:《中国水利科学技术史概论》,成都科技大学出版社1989年版,第393页。
② 杜鹏飞、钱易:《中国古代的城市给水》,《中国科技史料》1998年第1期。
③ 赵强:《略述隋唐长安城发现的井》,《考古与文物》1994年第6期。
④ 王学泰:《中国古典诗歌要籍丛谈》(下册),天津古籍出版社2004年版,第153页。
⑤ (宋)欧阳修、宋祁:《新唐书》,中华书局1975年版,第1334页。
⑥ (宋)欧阳修、宋祁:《新唐书》,中华书局1975年版,第1334页。
⑦ (宋)李昉等编:《太平广记》,中华书局1961年版,第1824页。
⑧ 王双怀、王宏海主编:《西安唐代历史文化研究》,陕西人民出版社2018年版,第218页。
⑨ 参见史念海主编:《唐史论丛》第4辑,三秦出版社1988年版,第275页。
⑩ 史念海主编:《唐史论丛》第4辑,三秦出版社1988年版,第275页。
⑪ 杜鹏飞、钱易:《中国古代的城市给水》,《中国科技史料》1998年第1期。

隋唐长安城可考井泉分布

官坊名	井泉名	数量	官坊名	井泉名	数量
大明宫	麟德殿西侧井	2	务本坊	先天观井	1
兴庆宫	龙泉	1	靖安坊	张籍宅井	1
大安宫	—	3	开化坊	寿春公主宅井	1
西内苑	云韶殿井	1	光福坊	权德舆宅井	1
芙蓉苑	汉武泉	1	靖善坊	大兴善寺井	1
道政坊	刘某宅井	1	开明坊	萧氏宅井	1
长乐坊	八角井、姚合寓井	2	兰陵坊	宣上人宅泉	1
新昌坊	姚合宅井、青龙寺井	2	保宁坊	昊天观井	1
安兴坊	同昌公主宅井	1	善和坊	御井	1
安邑坊	奉诚园井	1	太平坊	王供宅井	1
宣平坊	来俊臣皂井、某宅井	2	布政坊	王纯宅井	1
青龙坊	普耀寺井	1	光德坊	御用井、京兆府廨井	2
光宅坊	光宅寺井	1	延康坊	西明寺井	1
永兴坊	魏征宅井、王乙宅井	2	醴泉坊	醴泉监七井、僧方回宅井、太平公主宅井	9
平康坊	—	4	怀远坊	大云经寺井	1
永宁坊	杨凭宅井、王涯宅井	2	合计	—	52
晋昌坊	慈恩寺井	1			

资料来源：李令福：《关中水利开发与环境》，人民出版社2004年版，第204页。

上述表格显示，隋唐长安城内井泉数量甚为可观。粗略统计即达五十余井。当与隋唐长安位于南山之阴，有沣、滈、滴、沇、浐、灞周流其间，地下水比较丰富有关。水井分布面广。表中所列水井，遍布宫廷、苑囿、官贵宅地、普通坊间。说明当时宫廷、官贵、僧道和部分平民都凿有井泉，凿井汲水已属普遍。表中所列城中井泉可考者五十多处，于城内分布有所侧重，约有半数分布于城内东南部。这一分布特点应与当时坊间分布和人口密度、聚集特点有关。

凿井取水于地方城市亦为普遍。史料记载，"唐代都督刘巨麟即曾于广州开凿千秋井、万岁井，方便百姓汲取，人皆利之"[①]。考古工作者曾在扬州故都发现唐代水井，大部分集中在"官河"（为唐代南北漕运重要运输线）

---

① 吴庆洲：《广州古代的城市水利》，《人民珠江》1990年第6期。

东岸附近。① 考古发掘证实隋唐五代时期城市居民凿井取水十分普遍。"考古队曾在西北大学发现一些唐代太平坊水井遗迹,说明唐代太平坊周围地区地下水水位较高,易于凿井取水。侧面反映太平坊周围人口密度很大,需要大量地下水满足居民日常生活需要。"②这一认识得到部分研究者认可。黄盛璋认为"隋文帝迁都龙首原的原因之一是汉长安城之水咸卤,不适饮用。所以新都城选择利用龙首、永安、清明三渠开凿引水。唐末城废后,三渠湮废,居民饮用改为井水,直到宋初因井水咸苦不堪食用,才恢复龙首西渠"③。郭声波指出,"隋唐长安城市居民生活即饮食用水主要是掘井汲泉,利用地下水,只在个别特殊的坊里或缺乏地下水的季节偶尔饮用渠水"④。张永禄的《唐都长安》与上述观点趋向一致。⑤ 由此,隋唐五代时期都市居民凿井汲水已相当普遍。上至皇帝宫禁苑囿,下至达官显贵私宅、僧侣寺院以及寻常百姓之家,掘井汲泉遍及都市。

隋唐五代时期城市供水,体现地表水与地下水兼而用之,二者之中以地表水源为主的特点。时人已能明晰地表水源是地下水之源头,地下水量一般少于地表水的道理。单纯依靠地下水难以满足城市,特别是大型城市用水需要。源源不断的河流供水则弥补了单纯依靠地下水之不足。这也即是古人城市建造多依傍河流之因由。隋唐五代时期城市兴盛之要件为水源充足,并与政治因素、经济发展相互作用。城市兴盛繁荣的背后,供水系统虽非唯一因素,确为必备条件之一。充沛水源滋养是城市发展的持续动力。无论当时的都城抑或普通地方性城市,均为注重城市给水系统之营造。共同之处在于,隋唐五代城市大多遵循城市供水方式多样化理念,将河流作为城市供水主要源泉;水渠为城市给水重要通道;池沼、湖泊当作城市水源储备方式;井泉担负城市用水内在保障。并有意识地将四者相互连接,共同构建科学型城市给水系统。其城市供水认知的科学思想和规划实践,于促成当时城市繁盛局面的同时,亦为当今城市规划与水利建设提供了有益镜鉴。

城市排水系统。水为城市生命之源,水利作为最关键因素介入城市建设发展,关乎城市生存状态、发展规模、建筑风格、环境质量等多个方面。城市排水是提高城市新陈代谢能力的重要方式,亦为一切城市市政设施的基

---

① 薛炳宏:《扬州发现唐代河道及古水井遗迹》,《中国文物报》1994年6月12日。
② 贾麦明、吉笃学:《西北大学校北门唐代遗迹的发掘》,《考古与文物》2005年第6期。
③ 史念海主编:《唐史论丛》第4辑,三秦出版社1988年版,第274页。
④ 郭声波:《隋唐长安的水利》,载史念海主编:《唐史论丛》第4辑,三秦出版社1988年版。
⑤ 参见张永禄:《唐都长安》,西北大学出版社1987年版。

础。隋唐时期城市排水方式与功能体现出古人城市规划排水理念,并为当今化解城市内涝难题提供有益参考。

沟渠:城市排水主干力量。隋唐时期都市水利兴建十分注重城市排水问题,此问题作为城市水利的重要构成,地位与作用完全可与城市供水相提并论。二者均为制约和影响城市持续兴盛、繁荣的重要因素。"隋唐时期洛阳和长安的排水系统是当时城市排水技术、水平的最高代表。洛阳城修建之初已虑及城市排水问题。当时洛阳城内排水体系大致分为地上明沟和地下暗沟两种,二者又同城内的天然河流、城壕等紧密结合,共同构成较为完整的城市排水网。"[1]

目前考古发掘显示,当时洛阳城内街道纵横,主要街道两旁大多设有排水沟。"隋至盛唐时期定鼎门街东西两侧各有一条水渠,皆呈南北走向,东侧水渠西距定鼎门街中线约64.5米。上口东西宽14.2米,深1.85米。西侧水渠东距定鼎门街中线约63.5米,西距宁人坊坊墙1米,上口东西宽9米,深1.6米。"[2]有研究者认为这两条水渠具有如此规模,显示其功能强大与担负沉重,具有排泄定鼎门街面雨水和承接郭城外侧来水双重功能。与此类似,仁和坊与兴教坊之间的南北向街道西侧,考古工作者曾发现1处沿街的排水沟,沟宽2.5米,深0.8—1.1米。因上述两处水沟铺设于街道两侧,发掘时清晰可见,研究者认定为排水明沟。之后,"考古队在唐寺门附近发现盖下水道用的青石板,将青石板相接处以石灰薪结,称之为地下暗沟"[3]。说明当时城市排水沟渠主要分类为二,一为露天之明沟,一为地下排水管道之暗沟。

与洛阳类似,长安城建成之前经过周密调查和精心设计,其后不断加以扩充,总面积达83平方公里,人口逾百万。对于此种特大城市而言,排水系统对于整个城市正常运转具有重要意义。城市规划中,时人注重对城市排水沟渠的修筑。赵强等人在《考古与文物》杂志上发文指出,隋唐长安城遗址平康坊、南坊曾发现多处排水沟渠。当时发掘土挡北侧有一排水沟。排水沟底部深于道路最低点至少一米,上口宽度约2.5米以上。在友谊路南侧排水沟遗迹,考古工作者发现一条东西向的排水沟断面暴露,沟中心北距友谊路中心约110米,沟宽为100米上下。沟底距今地表深约3.2米,距沟

---

[1] 田莹:《隋唐洛阳水环境与城市发展的互动关系研究》,陕西师范大学硕士学位论文,2008年。
[2] 余扶危、叶万松等:《1981年河南洛阳隋唐东都夹城发掘简报》,《中原文物》1983年第2期。
[3] 阎文儒:《洛阳汉魏隋唐城址勘查记》,《考古学报》1955年第1期。

南沿原生土顶约3米。防洪渠北侧道路与沟渠遗迹曾开挖出东西向管道沟渠一处,宽约24米。沟东岸有一宽15米左右的道路断面,道路底部约高于沟底1米左右,道路底部东高西低,约有三十分之一的倾斜度。道路底部有两对深宽的车辙窝,车轨距1.35—1.40米。由此说明,当时长安城大路路面中间高,两边低,排水沟渠位于道路两侧,并均明显低于路面一米左右,便于及时排除雨水,已充分考虑路面排水问题。

上述论断得到城市规划学者关注。对古代城市规划研究颇有建树的吴庆洲认为,唐长安城规划设计时是考虑了排水问题的。"城内大部分街的两侧或一侧均建有排水沟,沟的宽度都在2.5米以上,沟渠形状均为口宽底窄,两壁倾斜。朱雀街两侧的水沟形制是沟上口宽3.3米,底宽2.34米,沟东壁(即朱雀街的西边)深2.1米,另一壁深1.7米。断面为上宽下窄的梯形。沟两壁均呈76度的坡度,沟壁修制光整,未加木板或砌砖。西市街道两侧也有与街平行的水沟。水沟分早晚两次修建。早期沟底距晚期路面深2.1米,沟底宽0.75米,上口宽0.9米。晚期水沟因路面升高,早期沟被淤土填塞,失去排水功能,便在其上面建新沟,沟口与沟底均宽1.15米,深0.65米。两壁砌以长方砖,沟底平铺素面方砖。说明城内各街之沟大致都与朱雀街之沟宽度和深度相同,即上口宽3.3米,底宽2.34米,深1.7—2.1米。"①

城内存有与朱雀街之沟宽度、深度类似之羊沟,或称为御沟。据唐末马缟《中华古今注》载长安御沟"谓之杨沟,植高杨于其上也。一曰羊沟,谓羊喜抵触垣墙,故为沟以隔之,故曰羊沟。亦曰禁沟,引终南山水从宫内过,所谓御沟"②。这些排水沟是排泄城市污水、雨水的重要渠道。唐长安城周围之壕池与水渠是城市排水又一重要方式。长安城外郭城外有一圈壕池,其周长为36.7公里,"城壕宽9米,深4米,假定其边坡为2:1,则底宽5米,其蓄水断面为28平方米,环城壕池总容量为103.6万立方米"③。城内三条主要供水渠道分别为龙首渠、永安渠、清明渠。三条水渠修筑初衷主要是解决城内供水问题,并非为城内排水进行设计。事实是它们仍有一定的排水功能。为说明此问题,以隋唐长安城五渠为分析对象。

---

① 吴庆洲:《中国古代城市防洪研究》,中国建筑工业出版社1995年版,第105页。
② 庾莉萍:《我国古代都城水文化及恢复措施》,《城建档案》2008年第2期。
③ 吴庆洲:《唐宋明清京都排水排洪系统的研究》,《城市规划》1988年第6期。

隋唐长安城内五渠情况一览表

渠道	开凿时间	引用水源	基本情况	资料来源	渠水与长安城的关系
清明渠	开皇初年（581）	潏水	饮潏水自丈八沟分支，经杜城之北，曲而东北流，经京城之南的安化门入城。入城后，经大安坊的东南隅，又曲而东，经安乐坊之西南隅，曲而北流，经安乐、昌明和朱雀门街西第一街左右的各坊	张礼《游城南记》	渠水惠施了长安城的中西部分，为宫城中的南海、西海、北海提供水源
龙首渠	开皇二年（582）	浐水	至长乐坡西北，分为二渠：东渠北流，经通化门外至郭城东北隅，由小儿坊东南向西折入东内苑，入东内苑为龙首池，入苑后分为南北两支渠，一支东北流经凝碧池、积翠池后西北流注入太液池，另一支进入大明宫南部向西流去，再折而北流，入于苑内	《长安志》卷9《唐京城三》	渠水惠施了长安城的东北部分，为宫城中的北海以及大明宫中的太液池提供水源
永安渠	开皇三年（583）	洨水	自南郊香积寺西南筑香积堰引洨水西北流，经石拦桥、第五桥至外郭城西南，经过景耀门至大安坊西侧的南北大街的南端，沿街流入城内	《长安志》卷12《长安县》	渠水惠施了长安城的西半部分，为大明宫太液池提供水源
黄渠	唐武德六年（623）	潏水	黄渠水出义谷，北上少陵原，西北流经三像寺。鲍陂之东北，今有亭子头，故巡渠亭子也。北流入鲍陂。鲍陂、隋改曰杜陂，以其近杜陵也。自鲍陂西北流，穿蓬莱山，注曲江。由西北岸直西流，经慈恩寺而西	张礼《游城南记》	渠水惠施了长安城的东南部分
漕渠	玄宗天宝元年（742）	潏水	京兆尹韩朝宗自南郊分潏水，向北流至外郭城西面，自金光门入城，东流经群贤坊和西市北部流至西市东边，凿潭于西市之街，以贮材木	《新唐书》	渠水主要为长安城运输木才和薪炭

资料来源：温亚斌：《隋唐长安城"八水五渠"的水系研究》，西安建筑科技大学硕士学位论文，2005年。

依据上表,隋唐长安城有五条主要的供水渠。五渠又以龙首渠、永安渠、清明渠为代表,三者之中有两渠未明最终流向。共通之处为,五渠均顺应长安城西南高而东北低的地势,由南向北分布。这种设计理念确实考虑了城市供水与排水问题,利于城市防洪排涝。因长安城位于渭水以南,秦岭山脉以北的龙首原,五渠又选于岗原之间,沿其间低地铺设,河水被引入长安城。遇有雨季,河水暴涨,五渠即可迅速将洪水汇集,通过各个渠道线路,流入城北河流。史料明确记载永安渠最终泄水于渭河即为明显例证。已有考古发现证实,隋唐长安城比较完备的排水系统运行情况大致如下:先于居民房屋附近挖掘专门用于汇集污水或雨水的坑,这些坑连接到小的排水沟(明沟或暗沟),小排水沟再把水排放到街边的大沟,通过大沟排入城壕,最后由城壕或排水渠排入周围的河流。由此判断,三个主要供水渠道以及分布于城内的排水支流,能够减少城中洪水流量,缓解城市排水压力,具有排泄疏导积水、雨水的功能。

除此之外,时人已开始简单使用排水装置。隋唐长安大明宫太液池岸发现十多条排水沟遗迹,并在发现的八座早晚期房址散水周围出现有小排水沟。太液池西岸发现由北向南流的主排水沟和九条汇入此沟的小排水沟。主排水沟深 0.76—1.18 米,宽 1.2—1.5 米。沟的两壁比较陡直,壁面残存部分砌砖,于沟底两边淤泥二层台砌垒而成,首先顺铺两层砖,其上侧立一层同样的砖,上面再间隔用顺铺,侧立的方法依次垒砌到要求的高度。所用砖为长方形素面砖和手印砖,长 35 厘米、宽 15 厘米、厚 5 厘米。沟底底面平整,东、西砖墙之间宽 0.85 米,未见铺砖。这条主排水渠的东西两侧还发现汇入此沟的 9 条砖砌小排水沟。这些沟一般宽在 20—30 厘米之间,最宽的大约 60 厘米,深度在 25—30 厘米之间,有的沟前端有一个宽 1 米左右的汇水坑。主排水沟和 9 条小排水沟的发现,说明当时太液池池岸周围应有统一规划的排水系统。

2005 年,考古队在对太液池东岸的考古发掘中又发现 3 条用陶管套接而成的排水管道。"排水渠道内设置有横向砖壁,雨水经过时可将较大的杂物拦截。西内苑发现的排水暗渠为砖石结构,为防止渠道淤塞,分段安装了多道铁质闸门,第一道闸门先由铁条构成直棂窗,拦阻较大的垃圾杂物,第二道闸门布满细小的菱形镂孔,可以滤出较小的杂物。闸门拆卸自如,方便疏通。"[①]"排水渠道不畅通时,只要打开闸门附近渠道口部覆盖物,即可进行清理。坊市之内,一般在曲、巷之中的小路之下有砖砌地下排水道,污

[①] 赵强、李喜萍、秦建明:《唐长安城发现坊里道路遗迹》,《考古与文物》1995 年第 6 期。

水由此流入坊市街道两边的水沟,再汇入城内大街两旁的明渠,最后排到城外。"①

地方城市排水系统亦较为完善。"唐代成都修建有完善的城市排水系统,这一系统将城市内外排供水相互结合。成都于战国末年建成的都江堰水利工程,为城区提供了稳定的水源供给,完善的河渠水系和便利的水运与泄洪通道。来自都江堰的两江从西北入城,在城南自西而东流,市坊街区分布在河流东岸和北岸,使成都既有舟楫便利,河流洪水又不会入城,即使有水灾也只集中在沿河两岸。"②同时,城区内部具有完善的城市排水系统。城市排水干渠为南北走向的明渠,地下排水道为东西走向,城区雨洪和污水由排水道入明渠后排入二江。这种城河格局和排水系统布局是成都利用自西北向东南倾斜的地形修建的成功案例。

渗井:城市排水重要构成。渗井是黄土高原地区常见排水设施,工作原理为利用黄土高原土壤疏松、吸水力大的特点,于合适之处挖掘直径大约30—50厘米、深度大约为3—5米的渗井,日常的生活污水随时排入其中,由于土壤疏松,吸水力大,经过一段时间,污水于井中慢慢被井壁土壤吸收,水中不溶物质沉淀。这种排水设施由于简单有效,成为当时北方城市居民普遍采用的排水方式。

上文所及,隋唐时期城市排水系统主要由沟渠、渗井、渗坑、河流共同构成。当时洛阳城内排水体系即为典型。隋唐洛阳城除明沟和地下暗沟两种地上地下排水道外,城内天然河流、城壕等遍及各处,它们与地上明沟、地下暗沟紧密结合,共同构成一个完整的城市排水网。关于这一情况,已有研究曾有论述,田莹认为,"当时宫城皇城内的排水设施分为排水沟和渗井两类"③。考古学者曾在宫城夹城内发现排水沟4条,渗井2个。

这一情况于同时期的长安城亦广泛存在。温亚斌的《隋唐长安城"八水五渠"的水系研究》指出:"唐代长安城内分布多个渗井,其功能主要是排泄生活污水,是城市的辅助排水设施。"④这一论断得到考古成果印证。"近年考古发掘确实发现多口渗井散布长安城各个里坊以及宫禁园囿。1982年,西北大学基建中曾发现砖砌渗井两口,所在地属太平坊温国寺内。"⑤

---

① 杜鹏飞、钱易:《中国古代的城市排水》,《自然科学史研究》1999年第2期。
② 庾莉萍:《我国古代都城水文化及恢复措施》,《城建档案》2008年第2期。
③ 田莹:《隋唐洛阳水环境与城市发展的互动关系研究》,陕西师范大学硕士学位论文,2008年。
④ 温亚斌:《隋唐长安城"八水五渠"的水系研究》,西安建筑科技大学硕士学位论文,2005年。
⑤ 贾麦明:《西北大学发现砖垒唐代水井》,《文博》1985年第1期。

"1985年,位于延康坊西南部的唐代名刹西明寺遗址发掘,于庭院南部偏西处发现渗井一口,井口圆形,直径0.95米,井为直筒形,砖砌井壁,井深2.5米。井口南部与砖砌排水道相连,水道往南与穿过南回廊埋入地下的陶水管道相通。"①几年后,考古工作者又陆续发现渗井多处。如1992年在雁塔路西安地质博物馆南30米处发现渗井一口,并于渗井以南发现青泥井十余口,分布南北长度达60米。这类渗井距今地表3—4米,原井深达6—7米,依据渗井中出土之陶器、砖瓦判断,分布地点当属当时的平康坊。

"1994年,西安南二环路防洪渠施工,现场发现水井、渗井各一口,并于防洪渠南岸发现暴露渗井一口。该渗井口小底大,口径1米,底1.5米,井深1.65米。"②王意乐同样认识到渗井、渗坑是隋唐长安城排水系统的重要构成。认为"隋唐长安城排水渠道并非完美,有时不能很好的发挥功能,由此给居民日常生活带来诸多不便。为解决生活排水问题,排水渠和排水管道之外,长安城内遍布渗井或渗坑,作为城市排水系统重要构成"③。"2001年,醴泉坊遗址发现大量窖穴和渗井、渗坑。"④"西北大学校内发现唐代渗井数量多达数十口。"⑤以上渗井多发现于里坊之内。事实上,里坊之外的宫苑内亦有大量渗井存在。"2002年,考古工作者于太液池发现15个南北向一线排开的渗坑和渗井。"⑥这些渗坑坑口呈圆形、长方形、椭圆形和不规则形等,大小和深度不一。一般直径不会超过1米,深度多在2—3米,最深则不超过4米。

上述考古发掘表明,当时以长安和洛阳为代表的城市渗井和渗坑体现以下特点:其一,就数量而言,已发现隋唐时代渗井数量较多,仅西北大学校园内就发现有几十口,可见当时渗井、渗坑使用十分普遍。其二,渗井分布面积较广。渗井上至宫苑,下至普通坊间、居民住宅、街道均有分布。其三,渗井零散分布与集中布局并存。这一特点主要表现为渗井分布的不规则性。集中分布渗井表明当时挖掘,布局经过了具体规划。渗井零星分布当属临时性随意挖掘,以备紧急之需,说明当时都市内存在因陋就简挖掘渗井排水的情况。其四,渗井多分布于生活区,由此推断渗井功能之一为处理生

---

① 社科院考古所唐城队:《唐长安西明寺遗址发掘简报》,《考古》1990年第1期。
② 赵强:《略述隋唐长安城发现的井》,《考古与文物》1994年第6期。
③ 王意乐:《隋唐长安城的城市水利系统初探》,西北大学硕士学位论文,2008年。
④ 姜捷:《唐长安酸泉坊的变迁与三彩窑址》,《考古与文物》2005年第1期。
⑤ 张湿:《西大发现38口唐代水井》,《西安晚报》2002年10月26日。
⑥ 中国社会科学院考古研究所考古队:《唐长安城大明宫太液池遗迹发掘简报》,《考古》2003年第11期。

活污水。有些渗井与地下排水管道相连接,生活废水进一步通过管道排到水渠,并与城内河流汇合,最终排出城外,显示渗井、渗坑为城市排水系统组成部分,再次彰显渗井、渗坑的排水、渗水功能。

河流、池沼、湖泊:城市排水必要补充。隋唐时期,河流、池沼、湖泊既是城市供水主要水源,亦为城市蓄水、排水重要方式。当时王朝都城抑或地方城市于城址选择上均坚持近水原则,多依傍河流而建。应城内居民生产、生活之需,采取铺设水渠方式将河流之水注入城内,水渠与城市内外河流、池沼、湖泊相互连接,形成网状城市水系。这些河流、池沼、湖泊一方面为城市发展提供充足水源;另一方面则显示其强大排水、蓄水功能,对保持城市供排水平衡具有重要意义。

关于这一情况,许宏的《中国古代城市排水系统》曾有涉及。"隋唐长安城南北 11 条、东西 14 条大街,将全城划分为 110 个坊。排水系统遍布于由街、坊组成的棋盘格状的都市。建筑周围常见砖铺散水、渗水井和排水管道。大部分街道的两侧都修有水沟,有土筑和砖砌两种。沟渠外侧设人行道。大路路面中间高、两边低,便于及时排除雨水。城门下建有排水涵洞。永安渠、清明渠和龙首渠流经城内的里坊和池苑后,注入渭河等河流,除供应城市用水外,也起到了分洪的作用。"①

"隋唐洛阳城周围有伊、洛、瀍、涧四条大的自然河流,其中伊水、涧水、瀍水三河为洛水支流。它们共同构成洛阳城丰富自然水源。伊水掠城南来向东北流;洛水由城西上阳宫南入城,并沿皇城城南向东横贯全城,是对洛阳城市影响最大的一条河流;瀍水由城北入城,经过进德坊、履顺坊、思恭坊、归义坊,终于漕渠相连,汇入洛水;涧水即谷水,从城西北角流入城内,流经宫城、上阳宫、西苑,终汇入洛水。"②之后,"统治者对洛阳水利给予考虑,充分利用这些水道,根据其流经区域与地势,有计划地将涧、瀍、洛等水引入宫城、御苑、皇城和里坊区,整个城内河渠成网。同时,将贯城之河流与明沟、暗沟、蓄水池沼等连接,对城内生活用水,排污,防火及漕运均产生良好作用"③。

地方性城市通过河流排水的情况亦表现明显。以唐代扬州为例,据考古勘探发掘证实,扬州城有护城河贯通四周,城门中开有东水门、西水门和南水门三个水门。"扬州城通过三个水门与城外河流沟通,出东水门往东

---

① 许宏:《中国古代城市排水系统》,《中国文物报》2012 年 8 月 3 日。
② 钱珂等:《隋唐洛阳城景观水系构景艺术研究》,《西南林学院学报》2010 年第 2 期。
③ 田莹:《隋唐洛阳水环境与城市发展的互动关系研究》,陕西师范大学硕士学位论文,2008 年。

北过湾头、山光寺北流至山阳,出南门接扬子津连瓜州出长江,出西水门连通勾城湖、爱敬陂等西北五塘。扬州城内河流呈"井"字状,南北向为市河官河,市河位于官河以西,直对子城南门,从子城南门前与浊河交汇处开始,贯穿整个罗城。"官河自东水门向西,过驿桥以北,向南北分流。向北在子城东南隅与浊河相连,可西出西水门,与距城7.5千米的勾城湖、爱敬陂相连。向南穿过罗城中部出南水门,接扬子津、瓜州出长江。城内东西向有位于罗城中心周家桥位置沟通官河和市河的河流,漕河在周家桥以南位置,与官河和护城河相连。"[①]由此,当时的河流贯城规划,时人既注重城市供水问题,又将利用河流排水纳入考虑范围。

池沼、湖泊是隋唐时期城市蓄水、排水的另一方式。隋唐时代的洛阳,除利用排水沟和渗井排水外,池沼和湖泊亦发挥了重要作用。洛阳宫城内的九洲池及其他池沼,在丰雨季节即充当排水池,通过明暗水道将周围建筑的积水排泄入池。据考古发现,"九洲池边上的两座长廊式建筑与九洲池之间有明暗水道,通过这些水道将二者之间的积水直接泄入池内"[②]。与河流通过疏导方式排泄城市水流相较,池沼、湖泊主要通过蓄水承担城市排水任务。蓄即调蓄洪水,使水归于壑,不致漫溢泛滥。城内外的湖池有重要的调蓄作用。城外湖池可调蓄城外洪水,降低洪水水位,以减少洪水灌城之患。城内湖池可以调蓄雨洪,减少雨潦之灾。这种利用河流排水与城内池沼蓄水相结合的方式,在城外洪水困城,城内雨洪无法外排时效果最为明显。这一情况下,城市调蓄系统的蓄水能力对避免内涝之灾具有决定性作用。由此,"利用城内外池沼、湖泊蓄水成为古代城市防洪的重要方略,亦是流域防洪重要方法"[③]。

隋唐时期,城市排水系统主要由河流、沟渠、池沼、渗井、渗坑等分支共同构成。时人城市排水规划体现对排水系统建构的重视。充分考虑城市内外水文、地理等诸多因素。具体规划中,河流担负城市供水与排水双重职能;沟渠于城市引水与排泄城内积水方面发挥积极作用;池沼、渗井、渗坑则以其自身蓄水功能成为上述排供水方式重要补充。多种排水方式综合运用,体现城市排水分流理念,利于对城市用水水质进行分流处理,增强了城市排水系统收集、排放与净化水质的能力。

隋唐时期城市排水系统构建值得今日学习借鉴之处有以下四个方面。

---

① 万京京、万乾山:《扬州唐代"城市水利"初探》,《江苏水利》2012年第5期。
② 田莹:《隋唐洛阳水环境与城市发展的互动关系研究》,陕西师范大学硕士学位论文,2008年。
③ 吴庆洲:《中国古城防洪的历史经验与借鉴(续)》,《城市规划》2002年第5期。

其一，应将城市排水系统设计置于城市规划之初。城市规划首先应充分考虑城市排水防洪，将城市排水设施与城市建筑、布局同步规划、同步施工。排水设施规模、水平应与城市发展程度相适应，必须满足城市排水系统承受能力与城市生产、生活规模成合理比例之要件。这一比例严重失调于当今城市内涝中显现无遗。近年国内多个大中城市内涝问题，即是城市规划缺乏远见排水系统设计的必然结果。

其二，城市规划应将排水系统与供水系统结合设计。城市选址阶段即应考虑城市排水、供水问题，将二者统一考虑。增加城市内部河道密度，增大湖泊、池沼调蓄能力，使修筑之城市供水系统兼具部分排水功能。留置充足城市空间，严格控制填湖建筑，为增强城市内部池沼、湖泊蓄水调洪能力创造空间条件。

其三，应充分实现现代水利科技成果的现实转化。上文所及，隋唐时期城市排水规划已配置排水处理装置，防止沟渠淤塞，阻挡污物。而现代城市内涝现象，下水管道淤积与污物堵塞问题颇为严重，直接影响城市排水效果。由此，充分利用现代水利科技成果，灵活运用于城市排水系统至关重要。

其四，城市排水系统规划应将自然河流、湖泊、池沼与人工挖掘沟渠、湖泊、池塘相结合。改变单一依靠城市地下排水管道疏导城市积水之旧有规划思想。将城市排水、供水、绿化、防洪、灌溉、防火等系列问题综合考虑，既解决城市供水与内涝问题，亦改善生态环境，维持社会安定。

城市排水至今仍为世界性难题。隋唐城市排水系统构建虽非完美之作，仍包含古人改造自然，利用自然的成功经验，体现时人用水、治水科学理念。总结古人城市排水经验、教训，学术意义与实用价值兼而有之。如何完备现代城市排水基础设施，合理高效解决快速城市化与城市排水系统严重滞后，用水污染态势日趋扩大之间的尖锐矛盾，是当今社会各界亟须共同应对的时代问题，古人城市水利规划的有益探索，当为今日人们破解城市排水难题之镜鉴。

参考文献

一、古代文献

1. (唐)杜佑:《通典》,中华书局1988年版。
2. (唐)房玄龄等:《晋书》,上海古籍出版社、上海书店1986年版。
3. (唐)魏征、令狐德棻:《隋书》,中华书局1973年版。
4. (唐)房玄龄等:《晋书》,中华书局1974年版。
5. (唐)李延寿:《南史》,中华书局1975年版。
6. (唐)李林甫等:《唐六典》,中华书局1992年版。
7. (唐)李肇:《唐国史补》卷上,上海古籍出版社1979年版。
8. (唐)释道宣:《大唐内典录》,上海古籍出版社2002年版。
9. (唐)杜宝:《大业杂记》,中华书局1982年版。
10. (唐)韦述:《两京新记》,三秦出版社2006年版。
11. (唐)李肇:《唐国史补》卷下,上海古籍出版社1979年版。
12. (后晋)刘昫等:《旧唐书》,中华书局1975年版。
13. (南朝宋)范晔:《后汉书》,中华书局1965年版。
14. (宋)薛居正等:《旧五代史》,中华书局1976年版。
15. (宋)欧阳修、宋祁:《新唐书》,上海古籍出版社1986年版。
16. (宋)李昉等编:《太平广记》,中华书局1961年版。
17. (宋)欧阳修、宋祁:《新唐书》,中华书局1975年版。
18. (宋)王钦若等编纂:《册府元龟》,凤凰出版社2006年版。
19. (宋)司马光编著,(元)胡三省音注:《资治通鉴》,中华书局1956年版。
20. (宋)赞宁:《宋高僧传》,中华书局1987年版。
21. (宋)王溥:《唐会要》,中华书局1955年版。
22. (宋)王溥:《五代会要》,上海古籍出版社1978年版。
23. (宋)宋敏求:《唐大诏令集》,商务印书馆1959年版。
24. (宋)宋敏求:《长安志》,商务印书馆1986年版。
25. (宋)计有功:《唐诗纪事》,上海古籍出版社1987年版。
26. 黄永武主编:《敦煌丛刊初集》,新文丰出版股份有限公司1985年版。
27. (宋)李焘:《续资治通鉴长编》,上海古籍出版社1986年版。
28. (宋)欧阳修撰,(宋)徐无党注:《新五代史》,中华书局1974年版。
29. (元)骆天骧撰,黄永年点校:《类编长安》,三秦出版社2006年版。

30. (清)董诰等编:《全唐文》,上海古籍出版社1990年版。
31. (清)彭定求等编:《全唐诗》,中华书局1960年版。
32. (清)董诰等编:《全唐文》,中华书局1983年版。
33. (清)吴任臣:《十国春秋》,中华书局1983年版。
34. (清)王谟:《汉唐地理书钞》,中华书局1961年版。
35. (清)徐松撰,张穆校补:《唐两京城坊考》,中华书局1985年版。
36. (清)缪荃孙:《大唐创业起居注》,上海古籍出版社1983年版。
37. (清)顾炎武:《历代宅京记》,中华书局1984年版。
38. 中华书局编辑部点校:《全唐诗》,中华书局1999年版。

二、著 作

1. 张轸:《中华古国古都》,湖南科学技术出版社1999年版。
2. 邹逸麟:《中国历史人文地理》,科学出版社2001年版。
3. 史念海:《中国古都和文化》,中华书局1998年版。
4. 史念海:《中国的运河》,陕西人民出版社1988年版。
5. 陈桥驿主编:《中国七大古都》,中国青年出版社1991年版。
6. 叶骁军:《中国都城发展史》,陕西人民出版社1988年版。
7. 吴松弟:《中国古代都城》,中共中央党校出版社1991年版。
8. 杨宽:《中国古代都城制度史研究》,上海古籍出版社1993年版。
9. 贺业钜:《中国古代城市规划史》,中国建筑工业出版社1996年版。
10. 何一民:《中国城市史纲》,四川大学出版社1994年版。
11. 冯天瑜、周积明:《中国七大古都——从殷墟到紫禁城》,武汉出版社1997年版。
12. 中国古都学会编:《中国古都研究》,浙江人民出版社1985年版。
13. 中国古都学会编:《中国古都研究》,浙江人民出版社1986年版。
14. 中国古都学会编:《中国古都研究》,浙江人民出版社1987年版。
15. 中国古都学会编:《中国古都研究》,浙江人民出版社1989年版。
16. 中国古都学会编:《中国古都研究》,山西人民出版社1991年版。
17. 中国古都学会编:《中国古都研究》,山西人民出版社1994年版。
18. 中国古都学会编:《中国古都研究》,山西人民出版社1998年版。
19. 陈桥驿主编:《中国都城辞典》,江西教育出版社1999年版。
20. 阎崇年主编:《中国历代都城宫苑》,紫禁城出版社1987年版。
21. 李洁萍编著:《中国历代都城》,黑龙江人民出版社1994年版。
22. 丘菊贤、杨东晨:《中华都城要览》,河南大学出版社1989年版。
23. 辛德勇、中村圭尔主编:《中日古代城市研究》,中国社会科学出版社2004年版。
24. 郭引强主编:《华夏文明的核心——古代都城》,辽宁师范大学出版社1996年版。
25. 傅崇兰:《中国运河城市发展史》,四川人民出版社1985年版。

26. 何一民:《中国城市史》,武汉大学出版社2012年版。

27. 傅崇兰:《中国城市发展史》,社会科学文献出版社2009年版。

28. 辛德勇:《隋唐两京丛考》,三秦出版社1991年版。

29. 李孝聪主编:《唐代地域结构与运作空间》,上海辞书出版社2003年版。

30. 叶骁军:《都城论》,甘肃文化出版社1994年版。

31. 曹家齐:《唐宋时期南方地区交通研究》,香港华夏文化艺术出版社2005年版。

32. [英]崔瑞德编:《剑桥中国隋唐史(589—906年)》,中国社会科学出版社1990年版。

33. 曲英杰:《古代城市》,文物出版社2003年版。

34. 肖建乐:《唐代城市经济研究》,人民出版社2009年版。

35. 张雁南:《唐代消费经济研究》,齐鲁书社2009年版。

36. 张泽咸:《唐代工商业》,中国社会科学出版社1995年版。

37. [日]平冈武夫:《唐代的长安与洛阳》,京都大学人文科学研究所1956年版。

38. 宋肃懿:《唐代长安之研究》,台北大立出版社1983年版。

39. 樊锦诗主编:《敦煌与隋唐城市文明》,上海教育出版社2010年版。

40. 宁欣:《唐宋都城社会结构研究——对城市经济与社会的关注》,商务印书馆2009年版。

41. 程存洁:《唐代城市史研究初篇》,中华书局2002年版。

42. 荣新江:《隋唐长安史地丛考》,北京大学出版社2003年版。

43. 李斌城等:《隋唐五代社会生活史》,中国社会科学出版社1998年版。

44. 黄新亚:《消逝的太阳——唐代城市生活长卷》,湖南人民出版社1996年版。

45. 程蔷、董乃斌:《唐帝国的精神文明——民俗与文学》,中国社会科学出版社1996年版。

46. 李廷先:《唐代扬州史考》,江苏古籍出版社2002年版。

47. 庄林德、张京祥编著:《中国城市发展与建设史》,东南大学出版社2002年版。

48. 王文才:《成都城坊考》,巴蜀书社1986年版。

49. (清)徐松撰,李健超增订:《增订唐两京城坊考》(修订版),三秦出版社2006年版。

50. 张泽咸:《唐五代农民战争史料汇编》,中华书局1979年版。

51. 郭绍林:《隋唐洛阳》,三秦出版社2006年版。

52. 吴枫:《隋唐五代史》,人民出版社1958年版。

53. 张泽咸、朱大渭主编:《魏晋南北朝农民战争史料汇编》,中华书局1980年版。

54. 《中国军事史》编写组编:《中国军事史:附卷 历代战争年表(上)》,解放军出版社1985年版。

55. [美]帕特里克·奥沙利文:《战争地理学》,郑荣旻译,解放军出版社1988年版。

56. 蔡云辉:《战争与近代中国衰落城市研究》,社会科学文献出版社2006年版。

57. 岑仲勉:《隋唐史》,河北教育出版社 2000 年版。
58. 李洁萍:《中国古代都城概况》,黑龙江人民出版社 1981 年版。
59. 武金铭、颜吾芟、杨西岩:《中国隋唐五代经济史》,人民出版社 1994 年版。
60. 陈志贵:《贞观之治新探——唐太宗政绩兴与衰》,辽宁人民出版社 1990 年版。
61. 韩国磐:《隋唐五代史纲》,人民出版社 1979 年版。
62. 陈守民:《打开战争之门(上)》,世界知识出版社 2011 年版。
63. [美]刘易斯·芒福德:《城市发展史——起源、演变和前景》,倪文颜、宋俊岭译,中国建筑工业出版社 1989 年版。
64. 郑学檬:《五代十国史研究》,上海人民出版社 1991 年版。
65. 薛正超:《五代金陵史研究》,中央编译出版社 2011 年版。
66. 李世平:《唐代人口史》,四川大学出版社 1987 年版。
67. 陶懋炳:《五代史略》,人民出版社 1985 年版。
68. 谭天星、陈关龙:《未能归一的路——中西城市发展的比较》,江西人民出版社 1991 年版。
69. 邹逸麟主编:《黄淮海平原历史地理》,安徽教育出版社 1997 年版。
70. 吴慧:《中国古代商业》,商务印书馆 1998 年版。
71. 傅宗文:《宋代草市镇研究》,福建人民出版社 1989 年版。
72. 高启安:《唐五代敦煌饮食文化研究》,民族出版社 2004 年版。
73. 范文澜:《中国通史》第 3 册,人民出版社 1965 年版。
74. 赵冈:《中国城市发展史论集》,新星出版社 2006 年版。
75. 张弓:《汉唐佛寺文化史》,中国社会科学出版社 1997 年版。
76. 介永强:《西北佛教历史文化地理研究》,人民出版社 2008 年版。
77. 严耀中:《江南佛教史》,上海人民出版社 2000 年版。
78. 方立天主编:《中国佛教简史》,宗教文化出版社 2001 年版。
79. (宋)普济:《五灯会元》,中华书局 1984 年版。
80. 梁鸿飞、赵跃飞:《中国隋唐五代宗教史》,人民出版社 1994 年版。
81. 钟敬文:《中国民俗史·隋唐卷》,人民出版社 2008 年版。
82. 冻国栋:《唐代人口问题研究》,武汉大学出版社 1993 年版。
83. 葛兆光:《道教与中国文化》,上海人民出版社 1987 年版。
84. 黄正建:《中晚唐社会与政治研究》,中国社会科学出版社 2006 年版。
85. 周永慎:《历代真仙高道传》,中国社会科学出版社 2003 年版。
86. 梁鸿飞、赵跃飞:《中国隋唐五代宗教史》,人民出版社 1994 年版。
87. 西安水利编撰委员会编:《西安市水利志》,陕西人民出版社 1999 年版。
88. 周魁一、谭徐明:《中华文化通志·水利与交通志》,上海人民出版社 1998 年版。
89. (唐)韦述、杜宝撰,辛德勇辑校:《两京新记辑校·大业杂记辑校》,三秦出版社 2006 年版。
90. (明)马理等纂,董健桥等校注:《陕西通志》,三秦出版社 2006 年版。

91. 齐涛:《魏晋隋唐乡村社会研究》,山东人民出版社1995年版。
92. 熊达成、郭涛:《中国水利科学技术史概论》,成都科技大学出版社1989年版。
93. 张永禄:《唐都长安》,西北大学出版社1987年版。
94. 李令福:《关中水利开发与环境》,人民出版社2004年版。
95. 吴庆洲:《中国古代城市防洪研究》,中国建筑工业出版社1995年版。
96. 长安县地方志编纂委员会编:《长安县志》,陕西人民教育出版社2009年版。
97. 李令福:《古都西安城市布局及其地理基础》,人民出版社2009年版。
98. 秦浩:《隋唐考古》,南京大学出版社1992年版。
99. 《陕西省志·文物志》编纂委员会:《陕西省志·文物志》,三秦出版社1995年版。
100. 肖爱玲等:《隋唐长安城》,西安出版社2008年版。
101. 谢遂联:《唐代都市文化与诗人心态》,浙江大学出版社2010年版。
102. 严耕望:《唐代交通图考》,上海古籍出版社2007年版。
103. 李敬洵:《唐代四川经济》,四川省社会科学院出版社1988年版。
104. 卢华语等主编:《古代长江上游的经济开发》,西南师范大学出版社1989年版。
105. 翁俊雄:《唐区域经济研究》,首都师范大学出版社2001年版。
106. 卢华语:《古代重庆经济研究》,重庆出版社2002年版。
107. 方铁主编:《西南通史》,中州古籍出版社2003年版。
108. 谷更有、林文勋:《唐宋乡村社会力量与基层控制》,云南大学出版社2005年版。
109. 黄敏枝:《唐代寺院经济的研究》,台湾天一出版社1970年版。
110. 范文澜:《唐代佛教》,人民出版社1979年版。
111. 郭朋:《隋唐佛教》,齐鲁书社1980年版。
112. 张曼涛主编:《佛教经济研究论集》,大乘文化出版社1981年版。
113. 汤用彤:《隋唐佛教史稿》,中华书局1982年版。
114. 何兹全:《五十年来汉唐佛教寺院经济研究》,北京师范大学出版社1986年版。
115. 郝春文:《唐后期五代宋初敦煌僧尼的社会生活》,中国社会科学出版社1998年版。
116. 陈寅恪:《隋唐制度渊源略论稿》,生活·读书·新知三联书店1999年版。
117. 王永平:《道教与唐代社会》,首都师范大学出版社2002年版。
118. 荣新江主编:《唐代宗教信仰与社会》,上海辞书出版社2005年版。
119. 朱立挺:《长安胜迹》,西安出版社2007年版。
120. 朱偰编:《中国运河史料选辑》,中华书局1962年版。
121. 周振鹤:《中国地方行政制度史》,上海人民出版社2005年版。
122. 周魁一:《中国科学技术史·水利卷》,科学出版社2002年版。
123. 王仲荦:《隋唐五代史》,上海人民出版社2003年版。
124. 唐长孺:《魏晋南北朝隋唐史三论》,武汉大学出版社1992年版。

125. 马正林编著:《中国城市历史地理》,山东教育出版社1998年版。

126. 吕思勉:《隋唐五代史》,上海古籍出版社2005年版。

127. 刘海峰:《唐代教育与选举制度综论》,台湾文津出版社1998年版。

128. 杜文玉:《五代十国经济史》,学苑出版社2011年版。

129. 葛剑雄:《中国人口发展史》,福建人民出版社1991年版。

130. 张驭寰:《中国城池史》,中国友谊出版公司2009年版。

131. 董鉴泓主编:《中国城市建设史》,中国建筑工业出版社2004年版。

132. 刘致平:《中国居住建筑简史——城市、住宅、园林》,中国建筑工业出版社2000年版。

133. 姚汉源:《京杭运河史》,水利水电出版社1998年版。

134. 童书业编著:《中国手工业商业发展史》,齐鲁书社1981年版。

135. 周振鹤主编:《中国行政区划通史》,复旦大学出版社2009年版。

136. 王铎:《洛阳古代城市与园林》,远方出版社2005年版。

137. 姜波:《汉唐都城礼制建筑研究》,文物出版社2003年版。

138. 杨鸿年:《隋唐两京考》,武汉大学出版社2000年版。

139. 杨鸿年:《隋唐两京坊里谱》,上海古籍出版社1999年版。

140. 苏健:《洛阳古都史》,博文出版社1989年版。

141. 李久昌:《国家、空间与社会——古代洛阳都城空间演变研究》,三秦出版社2007年版。

142. 顾颉刚、史念海:《中国疆域沿革史》,商务印书馆1999年版。

143. 刘宏煊:《中国疆域史》,武汉出版社1996年版。

144. 翁俊雄:《唐初政区与人口》,北京师范学院出版社1990年版。

145. 翁俊雄:《唐朝鼎盛时期政区与人口》,首都师范大学出版社1995年版。

146. 翁俊雄:《唐后期政区与人口》,首都师范大学出版社1999年版。

147. 马大正:《中国边疆研究论稿》,黑龙江教育出版社2002年版。

148. 刘君德、靳润成、周克瑜:《中国政区地理》,科学出版社1999年版。

149. [日]野开三郎:《唐代邸店的研究续编》,福冈印刷株式会社1970年版。

150. 程幸超:《中国地方行政制度史》,四川人民出版社1992年版。

151. 罗志渊:《中国地方行政制度》,独立出版社1943年版。

152. 张国刚主编:《隋唐五代史研究概要》,天津教育出版社1996年版。

153. [日]加藤繁:《中国经济史考证》(第1卷),吴杰译,商务印书馆1959年版。

154. 向达:《唐代长安与西域文明》,生活·读书·新知三联书店1957年版。

155. 熊铁基:《汉唐文化史》,湖南人民出版社1992年版。

156. 赵文润主编:《隋唐文化史》,陕西师范大学出版社1992年版。

157. 陈戍国:《中国礼制史·隋唐五代卷》,湖南教育出版社1998年版。

158. 吴玉贵:《中国风俗通史·隋唐五代卷》,上海文艺出版社2001年版。

159. 徐庭云主编:《中国社会通史·隋唐五代卷》,山西教育出版社1996年版。

160. 梁思成:《中国建筑史》,百花文艺出版社1998年版。
161. [日]冈大路:《中国宫苑园林史考》,常瀛生译,农业出版社1988年版。
162. 谭蝉雪:《敦煌民俗》,甘肃教育出版社2006年版。
163. 中国科学院考古研究所编著:《唐长安大明宫》,科学出版社1959年版。
164. 安金槐主编:《中国考古》,上海古籍出版社1992年版。
165. 谢生保主编:《敦煌民俗研究》,甘肃人民出版社1995年版。
166. 顾树森:《中国历代教育制度》,江苏人民出版社1981年版。
167. 黄文弼:《西北史地论丛》,上海人民出版社1981年版。
168. 黄正建:《唐代衣食住行研究》,首都师大出版社1998年版。
169. 朱雷:《敦煌吐鲁番文书论丛》,甘肃人民出版社2000年版。
170. 高启安:《唐五代敦煌饮食文化研究》,民族出版社2004年版。
171. 孟元老等:《东京梦华录》,上海古典文学出版社1956年版。
172. 叶骁军等:《城市论》,甘肃文化出版社1998年版。
173. 阎崇年:《中国都市生活史》,文津出版社1997年版。
174. 同济大学城市规划教研室编:《中国城市建设史》,中国建筑工业出版社1982年版。
175. 王瑞成:《中国城市史论稿》,四川大学出版社2000年版。
176. 薛凤旋:《中国城市及其文明的演变》,世界图书出版公司2010年版。
177. 于云汉、马继云:《中国城市发展史纲》,天津人民出版社1996年版。
178. 戴均良主编:《中国城市发展史》,黑龙江人民出版社1992年版。
179. 宁越敏等:《中国城市发展史》,安徽科学技术出版社1994年版。
180. 何一民、王毅、蒋成主编:《文明起源与城市发展研究——中国古都研究》,四川大学出版社2004年版。
181. 周积明:《中国古都》,广东人民出版社、华夏出版社1996年版。
182. 陈国灿、奚建华:《浙江古代城镇史研究》,安徽大学出版社2000年版。
183. 魏天安:《宋代行会制度史》,东方出版社1997年版。
184. 伊永文:《宋代城市风情》,黑龙江人民出版社1987年版。
185. 伊永文:《宋代市民生活》,中国社会科学出版社1999年版。
186. 陈国灿:《宋代江南城市研究》,中华书局2002年版。
187. 李春棠:《坊墙倒塌以后——宋代城市生活长卷》,湖南出版社1993年版。
188. 庞德新:《宋代两京市民生活》,香港龙门书店1974年版。
189. 吴涛:《北宋都城东京》,河南人民出版社1984年版。
190. 周宝珠:《宋代东京研究》,河南大学出版社1992年版。
191. 姚坚:《唐代的长安》,中华书局1963年版。
192. 武复兴:《唐长安旧事》,上海文化出版社1987年版。
193. 周峰主编:《隋唐名郡杭州》,浙江人民出版社1990年版。
194. 完白编:《唐代的长安》,四联出版社1954年版。

195. 任重：《魏晋南北朝城市管理研究》，中国社会科学出版社2003年版。
196. 周峰：《南北朝前古杭州》，浙江人民出版社1992年版。
197. 曾一民：《唐代广州之内陆交通》，国漳出版社1987年版。

三、论　文

1. 刘太祥：《试析汉唐行政管理制度的特色》，《黄淮学刊》（社会科学版）1994年第3期。
2. 肖建乐、孙德华：《唐代城市经济发展研究》，《城市发展研究》2007年第1期。
3. 赵常兴、周敏：《唐代城市群发展过程中的经济因素》，《西安电子科技大学学报》（社会科学版）2007年第3期。
4. 张剑光、张洁：《唐代城市消费的方式、水平和结构研究》，《吉林大学社会科学学报》2006年第2期。
5. 宁欣：《转型期的唐宋都城：城市经济社会空间之拓展》，《学术月刊》2006年第5期。
6. [日]斯波义信：《商业在唐宋变革中的作用》，张天虹译，《文史哲》2009年第3期。
7. 宁欣：《唐宋城市经济社会变迁的思考》，《河南师范大学学报》（哲学社会科学版）2006年第2期。
8. 刘志远：《雏议唐代"夜市"经济的雏形——鬼市》，《中北大学学报》（社会科学版）2009年第2期。
9. 陈磊：《从〈太平广记〉的记载看唐后期五代的商人》，《史林》2009年第1期。
10. 宁欣：《文本的阐释与城市的舞台——唐宋笔记小说中的城市商业与商人》，载荣新江主编：《唐研究》第15卷，北京大学出版社2009年版。
11. 武建国：《唐代市场管理制度研究》，《思想战线》1988年第3期。
12. 宋立：《唐都长安与宋都汴京"宫市"探析》，《西安文理学院学报》（社会科学版）2011年第1期。
13. 宋立：《唐宋都城商业市场管理机构考略》，《宜宾学院学报》2011年第5期。
14. 林立平：《唐宋之际城市租赁业初探》，《中国史研究》1988年第3期。
15. 林立平：《唐宋之际城市旅店业初探》，《暨南学报》（哲学社会科学版）1993年第2期。
16. 韩香：《唐代长安的旅舍》，载荣新江主编：《唐研究》第15卷，北京大学出版社2009年版。
17. 胡发强：《唐代图书市场探究》，《内蒙古社会科学》（汉文版）2009年第2期。
18. 宿白：《唐五代时期雕版印刷手工业的发展》，《文物》1981年第5期。
19. [日]妹尾达彦：《唐代长安东市的民间印刷业》，《中国古都研究——中国古都学会第十三届年会论文集》1995年第13辑。
20. 温翠芳：《唐代长安西市中的胡姬与丝绸之路上的女奴贸易》，《西域研究》2006

年第 2 期。

21. 宁欣:《唐宋城市社会公共空间形成的再探讨》,《中国史研究》2011 年第 2 期。

22. 宋立:《唐都长安与宋都汴京"宫市"探析》,《西安文理学院学报》(社会科学版)2011 年第 1 期。

23. [日]室永芳三:《唐都长安城的坊制与治安机构》,《九州大学东洋史论集》1974 年 75 卷。

24. [日]佐藤武敏:《唐代的市制与行——尤其以长安为中心》,《东洋史研究》1966 年第 25 卷。

25. 宁欣:《街:城市社会的舞台——唐宋城市变革中的线形空间》,《文史哲》2006 年第 5 期。

26. 陈有忠:《唐五代洛阳开封间的交通路线》,《郑州大学学报》(哲学社会科学版)1985 年第 3 期。

27. 张永禄:《唐都长安城坊里管理制度》,《人文杂志》1981 年第 3 期。

28. 贺从容:《(隋大兴)唐长安城坊内的道路》,载王贵祥主编:《中国建筑史论汇刊》第 2 辑,清华大学出版社 2009 年版。

29. 赵立瀛:《论唐长安城的规划思想及其历史评价》,《建筑师》1988 年第 29 期。

30. 马正林:《唐长安城总体布局的地理特征》,《历史地理》1983 年第 1 期。

31. 张泽咸:《唐代城市构成的特点》,《社会科学战线》1991 年第 2 期。

32. 牛来颖:《唐宋建筑构造变化与城市新格局——以接檐建筑为例的研究》,《中国经济史研究》2010 年第 1 期。

33. 李孝聪:《唐宋运河城市城址选择与城市形态的研究》,载侯仁之主编:《环境变迁研究》第 4 辑,北京古籍出版社 1993 年版。

34. 宁欣:《唐初至宋中期城市修建扩建述略——兼论南北地区城市发展之异同》,《扬州大学学报》(人文社会科学版)2006 年第 2 期。

35. 肖建乐:《试论唐代城市发展的原因》,《云南民族大学学报》(哲学社会科学版)2008 年第 1 期。

36. 史向军:《唐长安城市文化特征探究》,《扬州大学学报》(人文社会科学版)2006 年第 4 期。

37. 荣新江:《盛唐长安与敦煌——从俄藏〈开元廿九年(741)授戒牒〉谈起》,《浙江大学学报》(人文社会科学版)2007 年第 3 期。

38. [日]妹尾达彦:《韩愈与长安——9 世纪的转型》,载杜文玉主编:《唐史论丛》第 9 辑,三秦出版社 2007 年版。

39. 于赓哲:《唐人疾病观与长安城的嬗变》,《南开学报》(哲学社会科学版)2010 年第 5 期。

40. 耿占军:《汉唐长安乐舞百戏演出场地的选择及其启示》,《唐都学刊》2005 年第 6 期。

41. 朱玉麒:《唐宋都城小说的地理空间变迁》,载荣新江主编:《唐研究》第 11 卷,北京大学出版社 2005 年版。

42. 荣新江:《高楼对紫陌,甲第连青山——唐长安城的甲第及其象征意义》,《中华文史论丛》2009 年第 4 期。

43. 蒙曼:《唐代长安的公主宅第》,载荣新江主编:《唐研究》第 9 卷,北京大学出版社 2003 年版。

44. 王静:《唐长安城中的节度使宅第——中晚唐中央与方镇关系的一个侧面》,《人文杂志》2006 年第 2 期。

45. 张永帅、唐亦功:《论唐长安住宅所有权的延续与转移》,《陕西师范大学学报》2009 年第 5 期。

46. 张永帅、唐亦功:《唐长安住宅的规模》,《史林》2009 年第 2 期。

47. 刘阿平:《唐宋城市私有房产出租者构成浅析》,《咸阳师范学院学报》2009 年第 3 期。

48. 杜文玉:《唐代长安的宦官住宅与坟茔分布》,《中国历史地理论丛》1997 年第 4 期。

49. 郭正忠:《唐宋时期城市的居民结构》,《史学月刊》1986 年第 2 期。

50. 宁欣:《由唐入宋都市人口结构及外来、流动人口数量变化浅论——从〈北里志〉和〈东京梦华录〉谈起》,《中国文化研究》2002 年第 2 期。

51. 宁欣:《唐代长安流动人口中的举选人群体——唐代长安流动人口试析之一》,《中国经济史研究》1998 年第 1 期。

52. 王晓鹃:《从〈北里志〉看唐末长安歌妓的生活》,《兰州学刊》2009 年第 10 期。

53. 姜伯勤:《从判文看唐代市籍制的终结》,《历史研究》1990 年第 3 期。

54. 范邦瑾:《唐代蕃坊考略》,《历史研究》1990 年第 4 期。

55. 马娟:《唐宋时期穆斯林蕃坊考》,《回族研究》1998 年第 3 期。

56. 刘莉:《试论唐宋时期的蕃坊》,《中央民族大学学报》(哲学社会科学版)1999 年第 6 期。

57. 黄煌:《唐代的城市居民生活与城市经济》,《华东师范大学学报》(哲学社会科学版)1992 年第 3 期。

58. 刘伯骥:《唐长安为中心的唐代社会风气》,《陕西文献》1980 年第 1 期。

59. 周益、姚丽君:《从长安、扬州的繁荣看唐代城市个人消费特点》,《湖南师范大学社会科学学报》2001 年第 S2 期。

60. 牛来颖:《论唐长安城的营修与城市居民的税赋》,载荣新江主编:《唐研究》第 15 卷,北京大学出版社 2009 年版。

61. 林立平:《中唐后城市生活的"俗世化"倾向》,载中国唐代史学会编:《中国唐史学会论文集》,三秦出版社 1991 年版。

62. 冻国栋:《略论唐代人口的城乡结构与职业结构》,《魏晋南北朝隋唐史资料》2002 年第 19 辑。

63. 宁欣:《中国古代市民争取话语权的努力——对唐朝"罢市"的考察》,《中国经济史研究》2009年第3期。

64. 成荫:《日常生活视野下的唐宋都城变革——以节日游乐社会环境为中心》,《中国经济史研究》2009年第3期。

65. 武伯纶:《唐长安郊区的研究》,载中华书局编辑部编:《文史》第3辑,中华书局1963年版。

66. 李昌舒:《中唐时期东都士人的生活方式及其美学意蕴》,《安徽师范大学学报》(人文社会科学版)2012年第6期。

67. 王涛:《唐后期南方城市的兴起与繁荣》,《晋阳学刊》1999年第5期。

68. 杜瑜:《汉唐河西城市初探》,载《历史地理》编委会编:《历史地理》第7辑,上海人民出版社1990年版。

69. 张剑光:《略论唐五代江南城市的经济功能》,《上海师范大学学报》(哲学社会科学版)2001年第3期。

70. 李孝聪:《论唐代后期华北三个区域中心城市的形成》,《北京大学学报》(哲学社会科学版)1992年第2期。

71. 赵鸿昌:《唐代南诏城镇散论》,《云南社会科学》1991年第4期。

72. 李映涛:《唐代巴蜀地区城市等级结构与空间分布特征研究》,《社会科学研究》2009年第3期。

73. 李映涛:《唐代巴蜀城市商业发展特征浅析》,《西南民族大学学报》(人文社科版)2009年第6期。

74. 史念海:《唐代通西域道路的渊源及其途中的都会》,《中国历史地理论丛》1995年第1期。

75. 顾敦信:《扬州在唐代国际交往中的地位》,《海交史研究》1982年第3期。

76. 史念海:《论唐代扬州和长江下游的经济地区》,《扬州师院学报》(社会科学版)1982年第2期。

77. 万京京、万乾山:《扬州唐代"城市水利"初探》,《江苏水利》2012年第5期。

78. 龚国强、何岁利:《唐长安城大明宫太液池遗址发掘简报》,《考古》2003年第11期。

79. 安家瑶:《唐长安西明寺遗址发掘简报》,《考古》1990年第1期。

80. 贾麦明:《西北大学发现砖垒唐代水井》,《文博》1985年第1期。

81. 吴庆洲:《唐宋明清京都排水排洪系统的研究》,《城市规划》1988年第6期。

82. 贾麦明、吉笃学:《西北大学校北门唐代遗迹的发掘》,《考古与文物》2005年第6期。

83. 慈平:《唐长安城永安渠与西市》,《西安文理学院学报》(社会科学版)2011年第2期。

84. 陈海岭:《唐玄宗的崇道抑佛政策及其社会影响》,《河南大学学报》(社会科学版)1999年第6期。

85. 张泽洪:《多元文化视野下的唐代佛道关系——以唐代长安为中心》,《兰州大学学报》(社会科学版)2009 年第 5 期。

86. 赵云旗:《武则天与唐代佛教》,《五台山研究》1989 年第 4 期。

87. 严耕望:《唐代佛教之地理分布》,《民主评论》1953 年第 24 期。

88. 李映辉:《唐代佛教寺院的地理分布》,《湘潭师范学院学报》(社会科学版)1998 年第 4 期。

89. 王光照:《唐代长安佛教寺院壁画》,《敦煌学辑刊》1993 年第 1 期。

90. 牟发松:《唐代草市略论——以长江中游地区为重点》,《中国经济史研究》1989 年第 4 期。

91. 郑学檬:《唐五代太湖地区经济试探》,《学术月刊》1983 年第 2 期。

92. 汪世俊:《对唐宋草市变迁的历史思考》,《经济学情报》2000 年第 2 期。

93. 谢涛:《成都唐宋时期城市考古》,《中国古都研究》2002 年第 19 辑。

94. 张天启、张剑光、邹国慰:《唐五代江南城市的园林建设及其特点探析》,《江西社会科学》2014 年第 4 期。

95. 吴松弟:《唐后期五代江南地区的北方移民》,《中国历史地理论丛》1996 年第 3 期。

96. 张剑光:《唐五代江南的外商》,《史林》2006 年第 3 期。

97. 朱逸宁:《花间词人与晚唐五代江南的城市文化》,《河南大学学报》(哲学社会科学版)2007 年第 5 期。

98. 王洪军:《唐代人口数量及其地理分布》,《东方论坛》(青岛大学学报)1999 年第 3 期。

99. 陈磊:《唐后期江淮城市的发展及衰落》,《史林》2010 年第 6 期。

100. 吴涛:《唐"安史之乱"至五代时期的洛阳》,《郑州大学学报》(哲学社会科学版)1988 年第 5 期。

101. 陈丽、杨晓敏:《冷兵器时代战争对经济发展的影响——以唐、五代时期华北平原为考察中心》,《军事历史》2007 年第 1 期。

102. 王双怀:《论武则天当政时期的经济形势》,《唐都学刊》2005 年第 6 期。

103. 肖建乐、孙德华:《以唐代为例看城市与国家统一的关系》,《沈阳建筑大学学报》(社会科学版)2007 年第 4 期。

104. 陈克明:《试论唐代"贞观之治"(下)》,《辽宁大学学报》(哲学社会科学版)1981 年第 6 期。

105. 张仁木:《"开元盛世"论》,《南昌大学学报》(人文社会科学版)1988 年第 4 期。

106. 肖建乐:《唐代城市发展动力初探》,《思想战线》2007 年第 4 期。

107. 马得志:《唐代长安城考古纪略》,《考古》1963 年第 11 期。

108. 王炳华:《唐置轮台县与丝绸之路北道交通》,载荣新江主编:《唐研究》第 16 卷,北京大学出版社 2010 年版。

109. 王涛:《唐代中后期城乡关系之状况及其成因》,《山西大学学报》(哲学社会科学版)2001年第4期。

110. 郭正忠:《唐宋城市类型与新型经济都市——镇市》,《天津社会科学》1986年第2期。

111. 王静:《终南山与唐代长安社会》,载荣新江主编:《唐研究》第9卷,北京大学出版社2003年版。

112. 赵超:《唐代洛阳城坊补考》,《考古》1987年第9期。

113. 呼琳贵:《由礼泉坊三彩作坊遗址看唐长安坊里制度的衰败》,《人文杂志》2000年第1期。

114. 安家瑶、李春林:《唐大明宫含元殿遗址1995—1996年发掘报告》,《考古学报》1997年第3期。

115. 李向菲:《唐大明宫浴堂殿方位考》,《中国历史地理论丛》2008年第4期。

116. 樊波:《唐大明宫玉晨观考》,载严耀中主编:《唐代国家与地域社会研究——中国唐史学会第十届年会论文集》,上海古籍出版社2008年版。

117. 李鸿宾:《唐幽州雄武军(城)位置再考》,《唐研究》2010年第16卷。

118. 高敏:《〈唐两京城坊考〉东都部分质疑》,《中华文史论丛》1980年第3期。

119. 马得志:《唐长安青龙寺建筑规模及对外影响》,载"中国考古学研究"编委会编:《中国考古学研究——夏鼐先生考古五十年纪念论文集》,文物出版社1986年版。

120. 王涛:《唐宋城市保护神二元格局的形成与分布》,《社会科学战线》2009年第5期。

121. 王静:《城门与都市——以唐长安通化门为主》,载荣新江主编:《唐研究》第15卷,北京大学出版社2009年版。

122. 介永强:《〈唐长安佛寺考〉补苴》,《中国历史地理论丛》2009年第3期。

123. 陈忠凯:《唐长安城寺院与丝绸之路》,《文博》1992年第2期。

124. 刘文波:《唐末五代泉州对外贸易的兴起》,《泉州师范学院学报》2003年第3期。

125. 李东华:《唐末泉州的兴起及其背景》,《台大历史学报》1982年第9期。

126. 谢元鲁:《成都:唐宋城市公共空间的变迁》,载严耀中主编:《唐代国家与地域社会研究——中国唐史学会第十届年会论文集》,上海古籍出版社2008年版。

127. 严耕望:《唐五代时期之成都》,载《严耕望史学论文选集》(上),中华书局2006年版。

128. 徐效慧:《略述唐代营州的经济》,《渤海大学学报》(哲学社会科学版)2006年第3期。

129. 衡之:《唐代西州的市场经济》,《西域研究》1997年第3期。

130. 宁欣、李凤先:《试析唐代以幽州为中心地区人口流动》,《河南师范大学学报》(哲学社会科学版)2003年第3期。

131. 姜华昌:《渤海上京龙泉府与唐长安城建筑布局的比较》,《北方文物》1988年第2期。

132. 全汉昇:《唐宋时代扬州经济景况的繁荣与衰落》,《历史语言研究所集刊》第11册,1943年。

133. 李廷先:《唐代扬州城区的规模》,《中国历史地理论丛》1991年第4期。

134. 韩茂莉:《唐宋之际扬州经济兴衰的地理背景》,《中国历史地理论丛》1987年第1期。

135. 周运中:《港口体系变迁与唐宋扬州盛衰》,《中国社会经济史研究》2010年第1期。

136. 林家劲:《唐代广州与南海的交通》,《学术研究》1979年第6期。

137. 李庆新:《论唐代广州的对外贸易》,《中国史研究》1992年第4期。

138. 吴涛:《盛唐时期的东都洛阳》,《郑州大学学报》(哲学社会科学版)1992年第6期。

139. 林立平:《试论唐宋之际城市分布重心的南移》,《暨南学报》(哲学社会科学版)1989年第2期。

140. 左益寰:《唐代科举制度述略》,《复旦学报》(社会科学版)1983年第6期。

141. 徐苹芳:《唐代两京的政治、经济和文化生活》,《考古》1982年第6期。

142. 马得志:《唐代长安与洛阳》,《考古》1982年第6期。

143. 郭绍林:《洛阳天津桥、中桥与唐代社会生活》,《洛阳师专学报》1996年第6期。

144. 吴宏岐:《论唐末五代长安城的形制和布局特点》,《中国历史地理论丛》1999年第2期。

145. 孙鸿亮:《论唐代服饰及夷夏观的演变》,《唐都学刊》2001年第3期。

146. 王赛时:《唐代的夜生活》,《东岳论丛》2000年第4期。

147. 高明士:《唐代敦煌的教育》,《汉学研究》1986年第4期。

148. 周谷平:《敦煌出土文书与唐代教育的研究》,《华东师范大学学报》(教育科学版)1995年第4期。

149. 赵楠:《从敦煌遗书看唐代的庶民教育》,《社会科学评论》2008年第4期。

150. 宁欣:《唐代敦煌水利问题初探》,《敦煌吐鲁番文献研究论集》1986年第3辑。

151. 郑炳林:《唐五代敦煌手工业研究》,《敦煌学辑刊》1996年第1期。

152. 张跃飞:《唐五代时期的江陵城》,《南都学坛》2010年第2期。

153. 王勤金:《述论运河对唐代扬州城市建设之影响》,《南方文物》1992年第4期。

154. 伍晓晴:《魏晋南北朝民族迁徙的特点及影响》,《河北学刊》1997年第2期。

155. 伯岳:《隋炀帝为何营建东都洛阳》,《西北大学学报》(哲学社会科学版)1987年第2期。

156. 刘进宝:《隋末唐初户口锐减原因试探》,《中国经济史研究》1989年第3期。

157. 刘进宝:《隋末农民起义的原因、特征和作用》,《西北师大学报》(社会科学版)1988年第2期。

158. 姜伯勤:《隋末农民战争与反佛浪潮》,《历史研究》1978年第2期。

159. 王光照:《隋末安徽农民起义简论》,《安徽史学》2007年第5期。
160. 尚民杰:《隋唐长安城的设计思想与隋唐政治》,《人文杂志》1991年第1期。
161. 魏明孔:《隋唐手工业与居民饮食结构的改善》,《首都师范大学学报》(社会科学版)1997年第6期。
162. 李久昌:《隋唐洛阳城里坊住宅时空变化与环境的关系》,《西北大学学报》(自然科学版)2009年第4期。
163. 王树声:《隋唐长安城规划手法探析》,《城市规划》2009年第6期。
164. 程义:《隋唐洛阳城不是半成品——兼论东西二京布局差异》,载荣新江主编:《唐研究》第12卷,北京大学出版社2006年版。
165. 肖爱玲:《隋唐长安城空间等级规范》,《建筑与文化》2009年第5期。
166. 宿白:《隋唐长安城和洛阳城》,《考古》1978年第6期。
167. 傅熹年:《隋唐长安洛阳城规划手法的探讨》,《文物》1995年第3期。
168. 肖爱玲:《隋唐长安城空间秩序及其价值》,《陕西师范大学学报》(哲学社会科学版)2009年第5期。
169. 石自社:《隋唐东都形制布局特点分析》,《考古》2009年第10期。
170. 霍宏伟:《〈大业杂记〉与隋唐洛阳城》,《中国地方志》2006年第12期。
171. 方孝廉:《隋通济渠与东都洛阳城布局》,《华夏考古》2009年第3期。
172. 雍际春:《隋唐都城建设与六朝都城之关系》,《中国历史地理论丛》1997年第2期。
173. 胡方:《隋唐长安、洛阳城空间形态的演变》,《广西师范大学学报》(哲学社会科学版)2008年第1期。
174. 辛德勇:《〈冥报记〉报应故事中的隋唐西京影像》,《清华大学学报》(哲学社会科学版)2007年第3期。
175. 朱玉麒:《隋唐文学人物与长安坊里空间》,载荣新江主编:《唐研究》第9卷,北京大学出版社2003年版。
176. 康震:《隋唐长安城若干布局特点与初盛唐诗歌美学特征》,《人文杂志》2002年第1期。
177. 荣新江:《关于隋唐长安研究的几点思考》,载荣新江主编:《唐研究》第9卷,北京大学出版社2003年版。
178. 孙英刚:《隋唐长安的王府与王宅》,载荣新江主编:《唐研究》第9卷,北京大学出版社2003年版。
179. 韩昇:《南北朝隋唐士族向城市的迁徙与社会变迁》,《历史研究》2003年第4期。
180. 周怀宇:《论隋唐五代淮河流域城市的发展》,《安徽大学学报》2001年第3期。
181. 史念海:《隋唐时期的交通与都会》,《唐史论丛》1995年第6辑。
182. 钱珂等:《隋唐洛阳城景观水系构景艺术研究》,《西南林学院学报》2010年第2期。

183. 温亚斌等:《隋唐长安城的供水系统》,《四川建筑科学研究》2008 年第 1 期。
184. 赵强:《略述隋唐长安城发现的井》,《考古与文物》1994 年第 6 期。
185. 阎文儒:《洛阳汉魏隋唐城址勘查记》,《考古学报》1955 年第 1 期。
186. 郭声波:《隋唐长安的水利》,《唐史论丛》1988 年第 4 辑。
187. 王岩、冯承泽、杨焕新:《洛阳隋唐东都城 1982—1986 年考古工作纪要》,《考古》1989 年第 3 期。
188. 田莹:《论隋唐洛阳城的池沼》,《唐都学刊》2008 年第 1 期。
189. 田晓膺:《隋唐五代帝王崇道活动述略》,《西南民族大学学报》(人文社科版) 2007 年第 7 期。
190. 李刚:《隋文帝与道教》,《福建论坛》(文史哲版)1992 年第 1 期。
191. 介永强:《论隋唐时期的宗教消费》,《思想战线》2008 年第 4 期。
192. 华方田:《隋文帝与隋代佛教的复兴》,《佛教文化》2003 年第 1 期。
193. 杜文玉:《隋炀帝与佛教》,《陕西师范大学学报》(哲学社会科学版)2001 年第 2 期。
194. 郭绍林:《隋代东都洛阳的佛教内道场和翻经馆》,《世界宗教文化》2006 年第 4 期。
195. 陈文英:《隋唐帝王与佛教传播》,《历史教学》(高校版)2008 年第 4 期。
196. 魏明孔:《隋唐手工业与我国经济重心的南北易位》,《中国经济史研究》1999 年第 2 期。
197. 周怀宇:《论隋唐统一对淮河流域手工业的促进》,《安徽史学》2001 年第 2 期。
198. 孙英刚:《想象中的真实——隋唐长安的冥界信仰与城市空间》,载荣新江主编:《唐研究》第 15 卷,北京大学出版社 2009 年版。
199. 荣新江:《隋唐长安的寺观与环境》,载荣新江主编:《唐研究》第 15 卷,北京大学出版社 2009 年版。
200. 杜立晖:《隋唐五代黄河三角洲的开发——以棣州为中心的考察》,《东岳论坛》2010 年第 6 期。
201. 魏存成:《渤海都城的布局发展及其与隋唐长安城的关系》,《边疆考古研究》2003 年 5 月。
202. 李裕群:《隋唐时代的扬州城》,《考古》2003 年第 3 期。
203. 蒋忠义:《隋唐宋明扬州城的复原与研究》,载中国社会科学院考古研究所编:《中国考古学论丛中国社会科学院考古研究所建所 40 年纪念》,科学出版社 1993 年版。
204. 史念海:《隋唐时期运河和长江的水上交通及其沿岸的都会》,《中国历史地理论丛》1994 年第 4 期。
205. 陈有忠:《隋唐时期的洛阳商业》,《郑州大学学报》1983 年第 2 期。
206. 潘京京:《隋唐运河沿岸城市的发展》,《云南师范大学学报》(哲学社会科学版)1988 年第 2 期。
207. 李昌九:《隋唐洛阳里坊制度考述》,《郑州大学学报》(哲学社会科学版)2008

年第 1 期。

208. 阎文儒:《隋唐东都城的建筑及其形制》,《内蒙古大学学报》(哲学社会科学版)1994 年第 4 期。

209. 王维坤、张小丽:《论隋唐洛阳城的设计思想与影响》,《西北大学学报》(哲学社会科学版)2004 年第 4 期。

210. 傅熹年:《隋唐长安洛阳城规则手法的探讨》,《文物》1995 年第 3 期。

211. 曹尔琴:《隋唐时期行政区划的演变》,《中国历史地理论丛》1992 年第 1 期。

212. 孙旭:《吴越国杭州佛教发展的特点及原因》,《浙江社会科学》2010 年第 3 期。

213. 徐规、林正秋:《五代十国时期的杭州》,《杭州师范学院学报》(社会科学版)1979 年第 1 期。

214. 吕以春:《五代吴越的基本国策与都城杭州的开拓》,《杭州研究》1993 年第 6 期。

215. 何剑明:《南唐时期江苏区域经济与社会发展论要》,《江苏行政学院学报》2004 年第 3 期。

216. 姚亦锋:《南唐金陵城格局追溯》,《现代城市研究》2006 年第 8 期。

217. 臧嵘:《关于五代十国时期北方和南方经济发展估价的几点看法》,《史学月刊》1981 年第 2 期。

218. 薛平拴:《五代宋元时期古都长安商业的兴衰演变》,《中国历史地理论丛》2004 年第 1 期。

219. 袁英光:《"五代十国"历史中几个问题的探索》,《历史教学问题》1957 年第 5 期。

220. [日]久保和田男:《五代宋初的洛阳和国都问题》,赵望秦、黄新华译,《中国历史地理论丛》2001 年第 3 期。

221. 刘连香:《张全义与五代洛阳城》,《洛阳工学院学报》(社会科学版)2002 年第 2 期。

222. 李东华:《五代北宋时期泉州海上交通之发展》,《台大历史学报》1984 年第 12 期。

223. 郭琳:《五代十国的流民问题》,《安徽大学学报》2005 年第 5 期。

224. 杜文玉、高长天:《五代人口的数量与分布》,《延安大学学报》(社会科学版)1989 年第 2 期。

225. 陈双印:《五代时期的扬州城考》,《中国历史地理论丛》2005 年第 3 期。

226. 刘石农:《五代州县表》,《师大月刊》1934 年第 15 期。

227. 荣新江:《五代洛阳民间印刷业一瞥》,《文物天地》1997 年第 5 期。

228. 李孝聪:《公元十至十二世纪华北平原北部亚区交通与城市地理的研究》,载《历史地理》编委会编:《历史地理》第 9 辑,上海人民出版社 1990 年版。

229. 李虎、申红涛:《周宋时期开封城市的形态发展研究》,《沈阳大学学报》2010 年第 5 期。

230. 侯甬坚:《周秦汉隋唐之间:都城的选建与超越》,《唐都学刊》2007 年第 2 期。

231. 宁欣:《从士人社会到市民社会——以都城社会的考察为中心》,《文史哲》2009 年第 6 期。

232. 毕斐:《张彦远笔下的长安画家与画迹》,《唐研究》2009 年第 15 卷。

233. [美]A.F.Wright:《象征性与功能——关于长安及其他大都市的考察》,《历史教育》1966 年第 14 卷。

234. 邹逸麟:《淮河下游南北运口变迁和城镇兴衰》,载《历史地理》编委会编:《历史地理》第 6 辑,上海人民出版社 1988 年版。

235. 吴庆洲:《中国古城防洪的历史经验与借鉴(续)》,《城市规划》2002 年第 5 期。

236. 中国社会科学院考古研究所洛阳唐城队、洛阳市文物工作队:《定鼎门遗址发掘报告》,《考古学报》2004 年第 1 期。

237. 庾莉萍:《我国古代都城水文化及恢复措施》,《城建档案》2008 年第 2 期。

238. 杜鹏飞、钱易:《中国古代的城市排水》,《自然科学史研究》1999 年第 2 期。

239. 中国社会科学院考古研究所、日本独立行政法人文化财研究所奈良文化财研究所联合考古队:《西安城大明宫太液池遗址的新发现》,《考古》2005 年第 12 期。

240. 黄盛璋:《西安城市发展中的给水问题以及今后水源的利用与开发》,《地理学报》1958 年第 4 期。

241. 吴庆洲:《广州古代的城市水利》,《人民珠江》1990 年第 6 期。

242. 杜鹏飞、钱易:《中国古代的城市给水》,《中国科技史料》1998 年第 1 期。

243. 方立天:《长安佛教的历史地位》,《中国宗教》2010 年第 8 期。

244. 张学君、张莉红:《长江上游市镇的历史考察》,《社会科学研究》2006 年第 5 期。

245. 沈祖春:《草市概说》,《重庆师专学报》2000 年第 2 期。

246. 邹逸麟:《历史时期黄河流域的环境变迁与城市兴衰》,《江汉论坛》2006 年第 5 期。

247. 赵春容:《古运河城市发展特征分析》,《四川建筑》2010 年第 6 期。

248. 蔡云辉:《战争与古代中国城市衰落的历史考察》,《中华文化论坛》2005 年第 3 期。

249. 史念海:《中国古代都城的萧条与破坏》,《中国古都研究——中国古都学会第七届年会论文集》1989 年第 7 辑。

250. 蔡云辉:《战争与中国古代城市的衰落》,《贵州社会科学》2005 年第 6 期。

251. 彭子尹:《古都洛阳的城市发展与变迁》,《城市规划》1982 年第 3 期。

252. 钱程、韩宝平、唐娟:《历代战争对徐州社会经济发展的影响》,《中国矿业大学学报》(社会科学版)2009 年第 1 期。

253. 陈双印、张郁萍:《扬州城"四面十八门"再考辨》,《敦煌研究》2008 年第 5 期。

254. 赵虹光:《渤海上京龙泉府城址调查发掘工作的回顾》,《北方文物》1988 年第 2 期。

255. [日]小野胜年:《长安的大明宫》,《佛教艺术》1963年第51期。

256. 张可辉:《敦煌写本〈诸山圣迹志〉所载扬州城考补》,《敦煌学辑刊》2006年2期。

257. 丹化沙:《略谈渤海上京龙泉府》,《黑龙江大学学报》(哲学社会科学版)1979年第2期。

258. 杜瑜:《历史地理变迁与扬州城市兴盛的关系》,载《平准学刊》第4辑,光明日报出版社1989年版。

259. 谢元鲁:《论"扬一益二"》,《唐史论丛》1987年第3辑。

260. 杨东晨:《论中国都城的发展和民族变迁的关系》,《河南大学学报》(社会科学版)1994年第1期。

261. 王仲殊:《中国古代都城概说》,《考古》1982年第5期。

262. 王瑞成:《运河和中国古代城市的发展》,《西南交通大学学报》(社会科学版)2003年第1期。

263. 汪文学:《古代都城地理格局之发展及其相关问题研究》,《江海学刊》2000年第1期。

264. 谭其骧:《中国历史上的七大首都》,《历史教学问题》(上)1982年第1期。

265. 李传永:《论中国历代都城之变迁》,《西华师范大学学报》(哲学社会科学版)2005年第5期。

266. 焦书乾:《我国古都城市的历史地理特征》,《中南民族学院学报(哲学社会科学版)》1996年第3期。

267. 龚良:《中国古代都城选地刍议》,《江苏社会科学》1995年第1期。

268. 陈代光:《运河的兴废与开封的盛衰》,《中州学刊》1983年第6期。

269. 陈乃华:《古代城市发展与河流的关系初探》,《南方建筑》2005年第4期。

270. 王明德:《大运河与中国古代运河城市的双向互动》,《求索》2009年第2期。

271. 段鹏琦:《洛阳古代都城城址迁移现象试析》,《考古与文物》1999年第4期。

272. 张剑:《略论古都洛阳历史发展的有利自然环境》,《河洛春秋》2003年第1期。

273. 李正宇:《敦煌古城谈往》,《西北史地》1988年第2期。

274. 潘明娟:《成都古代园林初探》,《西安教育学院学报》2003年第3期。

275. 任士英:《长安宫城布局的变化与玄宗朝中枢政局——兼及"太子不居于东宫"问题》,载荣新江主编:《唐研究》第9卷,北京大学出版社2003年版。

276. [日]妹尾达彦:《9世纪的转型——以白居易为例》,载荣新江主编:《唐研究》第11卷,北京大学出版社2005年版。

277. 尚民杰:《长安城郊唐皇室墓及相关问题》,载荣新江主编:《唐研究》第9卷,北京大学出版社2003年版。

278. 黄敏枝:《从开元天宝社会的积富看长安生活的奢华》,《成功大学历史学报》1975年第2期。

279. 肖建乐:《中国传统城市发展动力研究》,《云南民族大学学报》(哲学社会科学版)2009 年第 3 期。

280. 郭天沅:《上古至宋中国古代城市考略》,《学术月刊》1981 年第 6 期。

281. 成一农:《走出坊市制研究的误区》,载荣新江主编:《唐研究》第 12 卷,北京大学出版社 2006 年版。

282. 齐东方:《魏晋隋唐城市里坊制度——考古学的印证》,载荣新江主编:《唐研究》第 9 卷,北京大学出版社 2003 年版。

283. 李润田:《自然条件对洛阳城市历史发展的影响》,《中国古都研究——中国古都学会第三届年会论文集》1985 年第 3 辑。

四、硕 博 论 文

1. 宋雪玲:《魏晋南北朝战争诗文研究》,浙江大学博士学位论文,2012 年。
2. 陈俊志:《中晚唐五代洛阳开封地位消长对比研究——以漕运为中心》,山东大学硕士学位论文,2008 年。
3. 李鑫:《唐五代宋初的敦煌城市》,南京师范大学硕士学位论文,2008 年。
4. 许三春:《唐宋运河开发与开封发展研究》,山东大学硕士学位论文,2009 年。
5. 井红波:《唐代汴河流域社会经济发展与环境问题研究》,安徽师范大学硕士学位论文,2007 年。
6. 林西朗:《唐代道教管理制度研究》,四川大学博士学位论文,2005 年。
7. 刘庆佳:《唐宋都城规制转型研究——以唐长安、洛阳与北宋东京为例》,郑州大学硕士学位论文,2011 年。
8. 张同利:《长安与唐小说》,南开大学博士学位论文,2009 年。
9. 关德洪:《唐代小说与城市研究》,西北大学硕士学位论文,2010 年。
10. 孙运芳:《唐代长安家庭衣食住行风俗变迁》,曲阜师范大学硕士学位论文,2010 年。
11. 侯晓燕:《唐都长安城绿化》,陕西师范大学硕士学位论文,2009 年。
12. 史兵:《唐代长安城军事防御体系研究》,陕西师范大学博士学位论文,2010 年。
13. 李瑞:《唐宋都城空间形态研究》,陕西师范大学博士学位论文,2005 年。
14. 张洁:《唐代城市消费经济研究》,上海师范大学硕士学位论文,2006 年。
15. 陈艳玲:《唐代城市居民的宗教生活:以佛教为中心》,华东师范大学博士学位论文,2008 年。
16. 马军:《唐代长安、沙洲、西州三地胡汉民众佛教信奉研究》,中央民族大学博士学位论文,2010 年。
17. 景宇平:《寺观与唐朝长安》,东北师范大学硕士学位论文,2006 年。
18. 张莹:《唐代两京地区佛教的传播与影响》,陕西师范大学硕士学位论文,2008 年。
19. 温亚斌:《隋唐长安城"八水五渠"的水系研究》,西安建筑科技大学硕士学位论文,2005 年。

20. 田莹：《隋唐洛阳水环境与城市发展的互动关系研究》，陕西师范大学硕士学位论文，2008年。

21. 王意乐：《隋唐长安城的城市水利系统初探》，西北大学硕士学位论文，2008年。

22. 张径真：《法律视角下的隋唐佛教管理研究》，中国社会科学院研究生院博士学位论文，2012年。

23. 赵湘军：《隋唐园林考察》，湖南师范大学硕士学位论文，2005年。

24. 尹姗姗：《佛教寺院与隋唐长安城市布局》，辽宁大学硕士学位论文，2012年。

25. 李连秀：《隋唐五代时期下层妇女的社会生活研究》，福建师范大学硕士学位论文，2003年。

26. 陈海平：《隋唐佛教慈善公益事业研究》，福建师范大学硕士学位论文，2007年。

27. 王美子：《隋唐长安城格局、遗存及标识》，西安建筑科技大学硕士学位论文，2007年。

28. 王春强：《隋唐五代时期幽州地区战争与军事研究》，首都师范大学硕士学位论文，2007年。

29. 薛明磊：《隋唐时期新设州研究》，首都师范大学硕士学位论文，2005年。

30. 王金根：《隋唐大运河通济渠与沿岸聚落空间关系研究》，郑州大学硕士学位论文，2012年。

31. 钱珂：《隋唐洛阳城洛南里坊区历史名园价值评价及保护利用途径》，河南农业大学硕士学位论文，2010年。

32. 郑小艳：《时代的映像——魏晋南北朝时期至隋唐五代绘画中女性形象的研究》，福建师范大学硕士学位论文，2012年。

33. 郝文林：《隋唐五代西北地区丧葬风俗》，西北师范大学硕士学位论文，2009年。

34. 郭峰：《隋唐五代开封运河演变与城市发展互动关系研究》，陕西师范大学硕士学位论文，2007年。

35. 段重庆：《隋唐五代西南地区自然灾害及对策研究》，西南大学硕士学位论文，2012年。

36. 陈艳玲：《〈大藏经〉中反映隋唐社会状况的资料及研究》，陕西师范大学硕士学位论文，2005年。

37. 严秋水：《隋唐时期汴州的发展——以运河漕运为中心》，辽宁大学硕士学位论文，2011年。

38. 霍小敏：《五代十国手工业研究》，厦门大学硕士学位论文，2007年。

39. 李晓霞：《五代奠都开封述论》，东北师范大学硕士学位论文，2004年。

40. 张咏梅：《五代科举制度考》，东北师范大学硕士学位论文，2004年。

41. 王志勇：《五代科举制度研究》，福建师范大学硕士学位论文，2010年。

42. 刘闯：《五代时期汴州城市环境初探》，陕西师范大学硕士学位论文，2014年。

43. 温翠芳：《五代十国时期草市镇发展研究》，山西大学硕士学位论文，2003年。

44. 朱永杰:《五代至元时期西安城市地理的初步研究》,陕西师范大学硕士学位论文,2002年。
45. 周勇:《道教与政治关系论》,四川大学博士学位论文,2001年。

责任编辑:段海宝
封面设计:毛　淳　胡欣欣

图书在版编目(CIP)数据

隋唐五代城市史/冯兵 著.—北京:人民出版社,2021.12
(国家社科基金后期资助项目)
ISBN 978－7－01－023984－2

Ⅰ.①隋…　Ⅱ.①冯…　Ⅲ.①城市史-中国-隋唐时代-②城市史-中国-五代十国时期　Ⅳ.①K928.5

中国版本图书馆 CIP 数据核字(2021)第 232289 号

隋唐五代城市史
SUITANG WUDAI CHENGSHI SHI

冯　兵　著

人民出版社 出版发行
(100706 北京市东城区隆福寺街99号)

环球东方(北京)印务有限公司印刷　新华书店经销
2021年12月第1版　2021年12月北京第1次印刷
开本:710毫米×1000毫米 1/16　印张:23
字数:407千字
ISBN 978－7－01－023984－2　定价:85.00元
邮购地址 100706　北京市东城区隆福寺街99号
人民东方图书销售中心　电话 (010)65250042　65289539

版权所有·侵权必究
凡购买本社图书,如有印制质量问题,我社负责调换。
服务电话:(010)65250042